U0774938

The Migration of the Village Labors and Urbanization in Medieval and Early Modern England

英国农村劳动力转移与城市化

——中世纪盛期及近代早期

谷延方◎著

献给我的导师侯建新先生

前　言

古代历史的学习、教学和研究活动都在相当程度上远离现实生活，还记得意大利著名哲学家贝奈戴托·克罗齐说过，研究古代或原始历史的渊博的大论文常被视为“离心的序曲”而已。他将其称为“语文性历史”和渊博的“编年史”，因为它们无法“滋养及温暖人们的精神与心灵”，结果博学成为“华美的无知”的代名词。[①] 不论正确与否，这段话都足以使历史研究者感到无奈和辛酸，因为它实实在在地道出了史学研究存在的一些问题及由此而面临的困境。

时下，史学发展趋向纯“学术化”，一些史学研究逐渐脱离社会现实而失去生命力，不过史学研究者不能因此放弃对社会承担的责任，不能将历史研究变成为数极少的一部分人把玩的“阳春白雪”。意大利的历史学家在文艺复兴时唤醒了“躺在墓室中的古希腊和古罗马人”，原始文明在王政复古时代的欧洲重新受到关注，可见，当哑然无声的文献被“新的生活光辉所扫射”时，都会再度发言的。这个时候死历史就会复活，过去史就会变成现在的，古老的历史学就会同现实社会密切联系在一起。由此可见，只要我们紧紧地把握时代脉搏，心系国家社会和民族大众，历史学研究一定会像其他社会科学一样兴旺繁荣、焕发出应有的光彩，甚至跻身于社会舞台前列。

余资质驽钝，虽不才，难为往圣继绝学，亦不能兼济天下，唯愿所学施益于社会，服务于社会。故研究“英国农村劳动力转移与城市化”现象，不为英国，不为历史而历史，乃是以古鉴今、洋为中用，借他山之石以攻玉，希望此书对中国现代化和城市化建设有所裨益。

① 〔意〕贝奈戴托·克罗齐：《历史学的理论和实际》，傅任敢译，北京，商务印书馆，1997年，第16～18页。

目 录

图索引

表索引

内容提要

本书主要探讨了工业革命之前英国农村劳动力转移与城市化问题。全文分五部分（共八章），第一部分（第一章导论）简要介绍了国内外关于英国农村劳动力转移与城市化问题的研究现状和发展趋势，第二部分（第二章）分析了英国农村劳动力转移与城市化产生的历史大背景；第三部分（第三、四、五、六章）主要阐述了劳动力转移与城市化发展的历史过程：中古盛期、晚期的初级阶段和近代早期16、17世纪的发展时期；第四部分（第七章）对工业革命之前的英国农村劳动力转移与城市化作简要分析和评价。第五部分（第八章）通过叙述英国农村劳动力转移与城市化过程，阐明了对我国城市化进程的启示。各章主要内容如下：

第一章导论在介绍国内外研究现状时指出，目前学者研究成果为进一步深入研究劳动力转移打下了良好基础，同时也指出该问题仍存在研究空间和余地；第二章从“摆脱农奴制”、“农业生产局限性”和“生产力提高”三方面阐述中世纪农村生产者向城市流动、向非农产业转移的原因。在中古时期，农奴人身依附于领主，没有自由迁移和转业权利，即便是较为自由的小农也受到各种限制。因此，农村劳动力转移同摆脱农奴制紧密相连；农业生产固有的局限性像季节性失业、农业生产边际收益递减和土地资源有限等，也是推动农村劳动力转移的重要原因；农业生产力的提高程度制约着劳动力转移规模和节奏，最终决定了脱离农业能够生存的城市和非农产业人口数量。在农村劳动力转移的三个原因中，其中前两个是劳动力转移的直接原因，后一个是劳动力转移的深层原因。没有农业生产力的提高，没有农业剩余产品的增加，城市和乡村非农产业人口无法独立生存和发展，转移出去的农村人口最后仍需回归农业。所以，农业生产力提高是劳动力转移之根本原因。当然，农村劳动力可能通过诸种途径、采取各种方式实现向城市和非农产业转移。

第三、四章分别描述了英国11~15世纪劳动力转移与城市化初期概况。在中古盛期，11~13世纪农村劳动力一度产生向城市迁移热潮，促进了中世纪城市复兴，各种非农产业涌现，使英国初步形成了农牧混合经济结构。在中古晚期的14、15世纪，农村人口向城市流动步伐明显变缓，中世纪晚期许多城市出现人口削减、经济发展缓慢现象，不过，也有一部分地区如伦敦附近各郡保持了平稳发展势头，城市化地域不平衡局面出现。随着农业衰落，畜牧业、纺织业等非农行业地位得到提高，农牧混合经济结构得到进一步确立，从而为农村劳动力向非农领域转移打下较为坚实的基础。因此，中古英国农村人口向城市迁移较少，主要还是在农村社会内部流动，像中世纪盛期的垦荒运动就是这种劳动力转移的表现之一。在黑死病之后，农村人口在村际和庄园之间短距离地域流动现象更为显著，也有一些农业人口转而从事各种乡村非农产业，乡村养羊业和纺织业此时得到一定发展。总体来说，劳动力转移程度较低是同当时农业较低生产力水平相适应的。

第五、六章主要勾勒英国近代早期16、17世纪和18世纪早期劳动力转移与城市化发展状况。这一时期农村劳动力向城市迁移数量较多，城市化得到较为迅速发展，首都伦敦发展最为显著，成长为英国城市化历史舞台上的巨人。劳动力转移在地域上出现严重失衡局面。近代早期英国也出现了许多新型城镇，像旅游疗养城镇、港口船坞城镇和工业城镇等，吸引了越来越多农村居民，这预示着下一个世纪英国城市化失衡状态将得到修正，会逐渐均衡化、网络化；与此同时，在近代早期英国，乡村工业在以往基础上发展到新阶段——原工业化时期，乡村毛纺织业、木材加工、酿酒和金属冶炼等吸收了大量农业剩余劳动力，从事非农产业的人口群体日渐庞大，这部分亦农亦工的半独立手工业者、农村雇工就是近代产业工人的前身。劳动力转移与城市化之所以出现这种大发展局面，主要是16、17世纪后农业生产力进步较为迅速所致，将大量农村人口从土地上解放出来，而圈地运动在英国大部分地区得到广泛发展，同时推动着农村生产关系和社会结构变革，从而加速了农村劳动力向各种非农行业转移、向城市迁移的速度，故称这一时期为劳动力转移与城市化的“发展时期”。

第七章关于工业革命前劳动力转移与城市化的评价问题。从动力机制、流动规模、流动方向和流动模式等方面，简要比较古典时代和中世纪农村劳动力转移与城市化、中古英国与工业革命后劳动力转移，从而凸显出中古英国农村劳动力转移特点及其在城市化发展进程中的历史地位。作者还分析了工业革命前劳动力转移与城市化存在的政治、经济和思想观念等方面的制约因素，最后阐述工业革命前第一阶段（11～15世纪）中古英国劳动力转移与城市化加速了封建农奴制解体，对英国社会政治制度变革具有重要意义；第二阶段近代早期（16、17世纪和18世纪早期）劳动力转移与城市化则奠定了不列颠社会由传统社会向现代社会转型的经济基础，大量剩余农村人口向乡村工业转移，“原工业化”为工业革命创造了一定历史前提，推动农本社会向现代工业社会转变。

第八章分析概括了英国农村劳动力转移与城市化进程对我国城市化的启示。启示之一：农业生产力的提高是实现劳动力转移的根本保证；启示之二：劳动力转移道路上存在着制度制约因素，积极主动消解障碍性制度，为人口自由流动创造条件，才能促进和加速劳动力转移进程；启示之三：发展工业化，拉动农村剩余劳动力向城市转移，建立完整的人口流动的“推—拉”机制，对于我国完成劳动力向城市转移具有决定意义；启示之四：在城市现代大工业没有建立时，应发展乡村工业，缓解劳动力向城市转移超快造成的就业压力，为劳动力向城市转移准备条件；启示之五：中央和地方各级政府应建立相应的社会保障措施，维持社会稳定，降低劳动力转移和城市化造成的社会成本。

第一章 导 论

农村劳动力，从内涵上讲，包括农村两部分居民，即农业劳动力和农村从事各种非农产业之居民，但实际上，在工业革命前相当长时期内，农村居民绝大部分主要从事农业生产，只有很小一部分从事非农生产活动，而且这一小部分乡民也未完全摆脱农业生产脐带，处于一种"亦牧亦农"、"亦商亦农"或"亦工亦农"状态。因此，在很大程度上，农村劳动力主要就是指农业劳动力，农业劳动力内涵虽然小于农村劳动力，但在实际生产活动中两者区别甚小，相差无几。随着畜牧业、纺织业等其他非农产业的发展，农村社区里从事非农生产活动的居民比例才逐渐增大。因此，书中"农村劳动力转移"和"农业劳动力转移"多数时候所指意义相同。出于逻辑上的对应关系，劳动力向城市转移时就称之为"农村劳动力转移"，主要是相对城市劳动力而言，向畜牧业、纺织业、金属冶炼和木材加工业非农产业转移时，则称之为"农业劳动力转移"。

一、国内外关于农村劳动力转移与城市化问题的研究现状

（一）国外研究概况

关于英国农村劳动力转移与城市化问题，国外很多学者否认工业革命之前存在城市化，认为城市化是英国近代工业革命的产物，所以自然而然地选择了 18 世纪之后作为城市化问题的研究时限，尤其是着力考察工业革命和城市化以及人口流动之间的逻辑关系，像 P. 迪恩（P. Deane）、W. 科尔（W. Coll）和 G. 明盖（G. Mingay）等人是这一观

点的典型代表。[①] 这是英国学术界存在的一种正统观点，也是比较传统的。因与本书主题较远，我们在此不作过多评论。

另一方面，相当一部分西方学者认为农村劳动力转移与城市化是一种很古老的历史现象，在工业社会之前一直存在，而且近些年来，这种研究趋势有加强的迹象，越来越多的学者开始关注研究工业革命之前的城市化，像苏珊·雷诺兹（Susan Reynolds）、爱德华·米勒（Edward Miller）、约翰·哈彻尔（John Hatcher）、E. A. 里格利（E. A. Wrigley）、艾伦·戴尔（Alan Dyer）和彼得·克拉克（Peter Clark）以及保罗·斯莱克（Paul Slack）、帕利泽（Palliser）等人，都在其各自的代表作中专门考察了中世纪英国的"城市"、"农村人口流动"和"劳动力转移"[②]，像雷诺兹在《中世纪英格兰城镇史》中系统研究了英国城镇在中世纪早期的起源、中古盛期大发展以及中古晚期面临的各种问题，发现中世纪城镇与周边农村存在密切关系，甚至可以说是一种依赖关系，这主要体现在城市人口来源、城市居民生活用品以及手工业生产原料来源、产品消费市场等诸方面，在这里是"农村决定了城市的命运"，城市化进程取决于周边农村生产力进步水平和生产关系变革程度。当然，中世纪英国城镇本身对城市化进程也有一定积极作用，因为城镇是"享有特别的法律、行政和司法，一个享有特权的集体法人"[③]，其"自由"和自治权利对乡村居民尤其是农奴产生很大吸引力，吸引了络绎不绝的农村移民。不过，雷诺兹对于中世纪英国城镇在拉动农村劳动力转移与人口流动方面的作用，并没有给予特别重要的地位，这可以从他对城市经济

---

① 这一观点主要代表作有：P. Deane and W. A. Coll, 1964: *British Economic Growth 1688 - 1959: Trends and Structure*, London; G. E. Mingay, 1968: *Enclosure and the Small Farmer in the Age of Industrial Revolution*, London; A. K. Cairncross, 1949: "Internal Migration in Victorian England", *Manchester School*, XVII; A. Redford, 1976: *Labour Migration in England 1800 - 1850*; J. A. Grrard, 1971: *The English and Immigration, 1880 - 1910*; B. M. Kerr, 1942: "Irish seasonal Migration to Great Britain 1800 - 1838", *Irish History Studies*, III; E. J. T. Collins, 1976: "Migrant Labour in Britain Agriculture in the Nineteenth Century", *Economic History Review*, 2nd ser., XXIX。

② Susan Reynolds, 1977: *An Introduction to the History of English Medieval Towns*, Oxford: Oxford University Press; Edward Miller and John Hatcher, 1995: *Medieval England: Towns, Commerce and Crafts 1086 - 1348*, London and New York: Longman; E. A. Wrigley, 1992: *People, Cities and Wealth: The Transformation of Traditional Society*, Oxford, Oxford: Massachusetts: Blackwell; R. H. Hilton, 1992: *English and French Towns in the Feudal Society*, Cambridge: Cambridge University Press; Christopher Dyer, 2005: *An Age of Transition? Economy and Society in England in the Later Middle Ages*, Oxford: Clarendon Press.

③ 〔比〕亨利·皮朗：《中世纪欧洲经济社会史》，乐文译，上海，上海人民出版社，2001年，第53页。

规模和城市人口数量的估算上看出来，雷诺兹很谨慎甚至有些保守，认为在“1086年之后”和“1377年之前”，几乎没有任何有价值的“总体估算”，很多城镇居民数量不到5000人。[①]

无独有偶，希尔顿在一定程度上与雷诺兹观点相同，他认为许多规模较大的城镇也弥漫着“乡村气息”，像剑桥、考文垂、诺丁汉、沃里克和莱斯特，他甚至将许多小城镇直接归之于“农村社会的组成部分”。[②] 小城镇尽管在经济结构上与乡村有着显著差别，但在希尔顿看来，小城镇在政治结构和社会管理上“更接近于周围的乡村或庄园”，有的甚至没有什么分别。实际上，许多欧美学者对于中世纪英国城市化水平都持有与雷诺兹、希尔顿类似的观点，像皮朗、克拉潘等人，估算的城市人口比例均在10%以下，他们认为大多数城镇都是带有浓厚“田园”色彩的半城半农类的居民点。

理查德·霍尔特（Richard Holt）等人主编的论文集《英国城市史上的中世纪城镇：1200～1540》，也依然坚持了学者们原有的观点：城镇规模小，绝大多数人口不到1500人，到14世纪晚期时伦敦人口在45000～50000人之间，500多个市场小镇人口在500～2000人之间，不过绝大部分很可能是“接近500人而不是2000人”[③]。这就不可避免地提出了一个新问题，即城镇的定义，究竟多少人的居民点才能称之为“城镇”？晚近出版的《中世纪英格兰百科全书》的作者们依然认为，直至1500年，英国最大的城市伦敦只有50000～65000人，人口在5000～10000之间的也仅有约克、诺里奇、布里斯托尔、埃克塞特和纽卡斯尔等六七个城市而已，其余六七百个小城镇居民大多数都在1500人以下。[④] 显而易见，即便以5000人，甚至2000人作为城镇标准，中世纪英国城市化水平也是很低的。不过，这依然表明中世纪英国是存在着农村劳动力转移与城市化现象的，而且得到一些学者关注和研究。因为城市人口少、规模小仅仅表明劳动力转移与城市化水平程度低，却无法否认中世纪存在农村劳动力转移和人口流动的事实。

---

① Susan Reynolds, 1977: *An Introduction to the History of English Medieval Towns*, Oxford: Oxford University Press, p. 62.

② R. H. Hilton, 1976: *The English Peasantry in the Later Middle Ages*, Oxford: Oxford University Press, pp. 76－77.

③ Richard Holt and Gervase Rosser, 1990: *The English Medieval Town, A Reader in English Urban History 1200－1540*, Longman, p. 1, 22.

④ Paul E. Szarmach, M. Teresa Tavormina, Joel T. Rosenthal, 1998: *Medieval England: An Encyclopedia*, New York & London: Garland Publishing, Inc., p. 736.

E. 米勒（Edward Miller）和 J. 哈彻尔（John Hatcher）在《中世纪英格兰：城镇、贸易和手工业 1086～1348》（*Medieval England：Towns, Commerce and Crafts 1086 - 1348*）一书中，也从中世纪“手工业”和“贸易”（包括内陆贸易和海外贸易）发展入手，论述了英国城镇的兴起原因和发展概况，实际上是将手工业和商业贸易视为中世纪城镇发展繁荣的两大因素，文中直接使用了“中世纪英国城市化”之类术语。不过，与雷诺兹等人不同的是，米勒与哈彻尔认为单从“人口数量”来衡量中世纪英国城市化存在“明显缺陷和不足”，除了考虑城镇的经济特点、功能和多种非农职业结构外，还必须正视中世纪城镇的“法律”地位和政治权利，中世纪城镇同农村社会区别开来的是其“政治、行政和法律表现”。[①] 应该说，他们的观点很有见地，抓住了中世纪城市的基本特征之一，在评价时充分地考虑了城市的“历史性”。因为单纯从人口数量衡量中世纪城市化水平，的确有将问题简单化之嫌疑，所以必须要重视“中世纪城镇”一词所蕴含的政治和社会意义。他们也对中世纪英国城市化水平作了大胆推测和估算，认为在 14 世纪早期英国城市人口约占总人口的 10%左右。[②]

而以詹·德·弗里斯（Jan De Vries）为代表的美国学者旗帜鲜明地提出了工业革命之前存在“城市化现象”。作者在《欧洲城市化：*1500～1800*》（*European Urbanization, 1500 - 1800*）一书中将城市化的研究范围扩展到整个欧洲，认为不仅英国在工业革命之前存在城市化现象，整个欧洲在 1500～1800 年间都出现了城市化现象，工业革命只是城市化发展的“一个阶段”，即工业城市化时期。作者一度将“1500～1800 年欧洲城市化”纳入更宏阔的历史范围里加以考察，其中有一节专门概括了“1300 至 1980 年之间欧洲城市化发展概况”[③]。作者认为，到 1800 年时，欧洲各国城市人口已经“接近 15%”，而地中海地区在 16 世纪时就已经超过 15%。[④] 当然采用不同的城市量标准，会得出不同的城市化水平。詹·德·弗里斯认为按照居民在 10000 人或以上的城市人口数量衡

---

① Edward Miller and John Hatcher, 1995: *Medieval England: Towns, Commerce and Crafts 1086 - 1348*, London and New York: Longman, p. 279.

② Edward Miller and John Hatcher, 1995: *Medieval England: Towns, Commerce and Crafts 1086 - 1348*, London and New York: Longman, p. 278.

③ Jan de Vries, 1984: *European Urbanization, 1500 - 1800*, Cambridge, Massachusetts: Har - vard University Press, p. 69.

④ Jan de Vries, 1984: *European Urbanization, 1500 - 1800*, Cambridge, Massachusetts: Har - vard University Press, p. 73.

量标准，城市居民占到欧洲总人口的5.6%，而如果以5000人为城市量标准的话，则城市人口占到了总人口的9.6%，他本人似乎倾向于后者，因为在文中多处涉及欧洲各国城市人口比例、城市居民数量的图表里，作者大多都以5000人作为城市的“最低标准”①。不过，在论及西北欧英国、尼德兰和丹麦等国时，弗里斯又将城市量标准降为2500人，在述及英国东盎格里亚地区城市化发展状况时甚至将2000人以下居民点也纳入“城镇”标准。② 可见，作者的城市量标准不是一成不变的，人口数量并不是弗里斯衡量城市的唯一标准。

还有一些学者也认为城市化现象贯穿于古代和前工业欧洲社会，像保罗·霍恩伯格（Paul M. Hohenberg）和大卫·尼古拉斯（David Nicholas）等人③即是如此，他们分别将城市化起始时间由近代早期向前溯及至公元1000年、公元1100年左右。尼古拉斯认为工业革命前12～17世纪晚期的欧洲城市具有七大特点：一、城市以市场为中心发展起来，主要从事食品和原材料交换；二、纯粹的工业城市非常罕见，而且这类城市大多经济并不兴旺；三、不论贸易还是工业都存在鲜明的“职业分化”；四、城市大多是宗教和世俗文化中心；五、城市大多有良好的交通条件；六、城市居民具有高度“流动性”；七、许多城市同以前的封建庄园存在“密切关联”。作者认为，到1100年，西欧大多数城市正在进行着“从庄园到城市化”的经济变革。④

保罗·霍恩伯格考察了从1000年至1950年欧洲城市化发展概况，将近1000年的城市化进程分成了三大阶段：11～14世纪的“前工业化时代”（Preindustrial Ages）、14～18世纪的“原工业化时代”（Protoindustrial Ages）和18～20世纪的“工业时代”（Industrial Ages）。霍氏的“前工业化时代”就是学界通常所指的“中世纪盛期”，而“原工业化时代”则涵盖了“中世纪晚期”（14、15世纪）和“近代早期”（16、17

---

① Jan de Vries, 1984: *European Urbanization, 1500－1800*, Cambridge, Massachusetts: Har－vard University Press, pp. 70－72.

② Jan de Vries, 1984: *European Urbanization, 1500－1800*, Cambridge, Massachusetts: Har－vard University Press, p. 60.

③ Paul M. Hohenberg, 1985: *The Making of Urban Europe, 1000－1950*, Massachusetts: Harvard University Press; David Nicholas, 2003: *Urban Europe, 1100－1700*, New York: Palgrave Macmillan.

④ David Nicholas, 2003: *Urban Europe, 1100－1700*, New York: Palgrave Macmillan, pp. 6－10.

世纪）两个阶段，较之其他学者认识的要长得多。[①] 霍氏认为，虽然加工业的单个生产单元在“技术和规模上没有出现什么变革”，但是生产总量的增加带来了“社会和经济重组”，从事工业生产活动成为农业之外的“替代选择”，是“成家立业”的最低条件。由此，传统社会对居民婚育的束缚、控制被打破，人口能够实现快速增长，推动了“生计移民”向城市流动。与此同时，许多乡村地区实现经济结构转换，从“食品生产转向加工业”，从而紧密地同城市联系在一起。[②] 上述学者对于研究时限的前伸意味着他们视历史发展为一连续过程，农村劳动力转移和城市化是一长时段的历史现象，这显然有助于我们加深对现代化早期、现代化起源问题的研究。

新近出版的《剑桥不列颠城市史》代表了西方学者在过去30年里对英国城市史研究的最新成果和最高水平，该书共三卷，汇聚了英国、欧洲大陆和北美近90位历史学家、考古学家和地理学家的共同努力，考察了英国从盎格鲁－撒克逊早期的居民点到20世纪中叶城镇成长、发展和演进过程。其中D. M. 帕利泽（D. M. Palliser）主编的《剑桥不列颠城市史》第一卷主要叙述了公元600年至1540年间英国城镇发展历程。作者认为，英国城镇生活从7世纪开始“复兴”了，主要在不列颠原罗马城镇旧址或附近地区，典型的如伦敦和约克等城市，一直成为当地政治中心。可以说，早期城市发展基本上是“罗马人留下的遗产”。帕利泽甚至认为，不列颠南部如果没有经历罗马人的长期占领，英国中世纪和现代城市模式也许会“完全不同”。[③] 理查德·霍尔特（Richard Holt）根据纳税人口的结构和比例，认为到1300年时，约有20%的居民住在城镇里，当然大约有一半的城市居民住在人口仅在数千人（其中许多不到2000人）的小城镇里。霍尔特认为，英国城镇居民达到了中世纪的“最高水平”，甚至断言英国城镇社会已经“走向成熟”。[④] 无疑，这是对英国中世纪城市化的一种乐观判断。达勒姆大学中世纪史教授理查德·布里特奈尔（Richard Britnell）则相对谨慎，认为城镇人口约占总人口15%，而伯明翰大学的克里斯托弗

① Paul M. Hohenberg, 1985: *The Making of Urban Europe, 1000 – 1950*, Massachusetts: Harvard University Press, p. 17, 101.

② Paul M. Hohenberg, 1985: *The Making of Urban Europe, 1000 – 1950*, Massachusetts: Harvard University Press, p. 104.

③ D. M. Palliser, 2000: *The Cambridge Urban History of Britain, Volume I, 600 – 1540*, Cambridge University Press, p. 17, 24.

④ D. M. Palliser, 2000: *The Cambridge Urban History of Britain, Volume I, 600 – 1540*, Cambridge University Press, pp. 103 – 104.

·戴尔教授的估算比布里特奈尔还要高出一倍。[①] 可见，西方学者们对中世纪英国城市化水平并未取得一致看法。

《剑桥不列颠城市史》第二卷由英国莱斯特大学经济社会史教授彼得·克拉克主编，该卷分三大部分，分别考察了1540~1840年英国城市经济、社会、人口等方面发展概况。第一部分按地区考察了英格兰、威尔士和苏格兰各地城市发展历程，其中将英格兰分为"东盎格里亚、东南地区、西南地区、中部地区和北部地区"分别加以论述；第二部分专门叙述了1540~1700年近代早期英国城市政治、经济、宗教和文化状况；第三部分则阐述了1700~1840年工业革命前和英国城市化与经济结构变化的联动关系、政府承担的角色以及文化、娱乐方面的情况。P. 格里菲斯（P. Griffiths）、J. 兰德斯（J. Landers）等人采纳里格利的研究成果，认为5000名居民以上的城镇人口在1540年时约占英格兰总人口的5%，1600年时达到8%，1650年则达到14%，城镇总人口则达到680000人，1700年时达到850000人，倘若算上5000人以下的小城镇则还要多，其中伦敦增长最为迅速，约占英格兰城市人口的70%。[②] 这正是彼得·克拉克教授在导论中提到的，即与法国、低地国家和北意大利相比，"近代早期不列颠城市发展呈现出显著的'极化'现象"，人口向首都伦敦空前集中。[③]

关于农村劳动力转移的"行业"流动方面，英国学者在论述城市经济时，多有涉及，因城市经济多为手工业和服务业等各种非农行业，故可参见相关章节，也有一些学者专门考察中世纪和近代早期工商业发展状况，其中较有代表性的学者如L. 萨尔兹曼（L. Salzmann），专门研究了英国中世纪酿酒、纺织、金属加工、皮革制造、采矿等十大非农产业发展状况，书中最后一章专门考察了政府和市镇当局对上述非农行业的管理。[④] 作者实际叙述了英国直至伊丽莎白女王统治时期各种非农产业发展概况，尤其在煤炭、铁、铅、银和锡矿开采方面着力颇多，鉴于已经有许多学者专门论及纺织业发展的著述，萨尔兹曼只是将"纺织

① D. M. Palliser, 2000: *The Cambridge Urban History of Britain, Volume I, 600 – 1540*, Cambridge University Press, p. 741.

② Peter Clark, 2000: *The Cambridge Urban History of Britain, Volume II, 1540 – 1840*, Cambridge University Press, p. 197.

③ Peter Clark, 2000: *The Cambridge Urban History of Britain, Volume II, 1540 – 1840*, Cambridge University Press, p. 27.

④ L. F. Salzmann, 1913: *English Industries of the Middle Ages: Being an Introduction to the Industrial History of Medieval England*, London: Constable and Company LTD, pp. 200 – 240.

业”列为第八章，不过这并非否认纺织业在英国传统经济社会中所发挥的重要作用；相反，直到“16 世纪中叶以前，英国政府即议会的注意力主要集中于呢绒纺织行业，各种法规的前言都表明了政府与市政当局对该行业的高度重视”①。

爱德华·米勒、哈彻尔在研究城镇的同时，也考察了黑死病之前英格兰非农行业发展概况，文中第一章、第二章分别考察了“末日审判书”以前和“中世纪”手工业，认为其时英国社会已经开始“商业化”，虽然程度很低，一些城镇和堡已成为地方“非农经济生活”中心，当地居民不仅从事地方贸易，也经营国际贸易和加工业，这些都是盎格鲁－撒克逊人留给诺曼人的“遗产”②。就中世纪手工业而言，尽管在像伦敦这样的大城市里行业生产分工很细，但整体而言，绝大多数城镇或乡村地区手工业几乎没有什么生产分工，“生产规模都很小、固定资本水平低、技术含量低，以及主要以家庭为生产单位”，这些构成了中世纪手工业的“基本特征”。③

伊丽莎白·克劳福特（Elisabeth Crowfoot）等人根据伦敦出土的考古发掘实物考察了中世纪英国的纺织业和呢绒业，作者详细划分了纺织业的种类，如羊毛纺织业、亚麻纺织业、丝织业和混纺以及编织业，还专门辟有一章“山羊毛纺织业”（Goathair textiles），考古证据指出这种粗糙的纺织品在 11～17 世纪之间一直被普遍使用，尤其在沿海地区。④ 而丝织业主要受到伊斯兰西班牙、意大利城市和中东地区影响，在整个中世纪时期英国并没有成功确立自己的丝织业，直到中古晚期和近代早期，丝织业才开始在纺织业中占有一席之地。⑤ 丝织业的一个生产中心是坎特伯雷，除当地居民外，还雇用了许多法国纺织工人。

西比尔·杰克（Sybil Jack）重新考察了英国都铎王朝和斯图亚特王朝时期贸易和工业发展状况。这是农村劳动力转移在行业流动方面取得重要进展的一个时期。不过，与内夫（Nef）不同的是，西比尔·杰克更

---

① L. F. Salzmann, 1913: *English Industries of the Middle Ages: Being an Introduction to the Industrial History of Medieval England*, London: Constable and Company LTD, p. 205.

② Edward miller and John Hatcher, 1995: *Medieval England: Towns, Commerce and Crafts 1086－1348*, London and New York: Longman, p. 49.

③ Edward miller and John Hatcher, 1995: *Medieval England: Towns, Commerce and Crafts 1086－1348*, London and New York: Longman, p. 55.

④ Elisabeth Crowfoot, Frances Pritchard and Kay Staniland, 1992: *Textiles and Clothing: c. 1150－c. 1450*, London, pp. 77－79.

⑤ Elisabeth Crowfoot, Frances Pritchard and Kay Staniland, 1992: *Textiles and Clothing: c. 1150－c. 1450*, London, pp. 82－89.

强调政府的“主导”作用，认为许多工业是在“政府保护之下”发展起来的，都铎和斯图亚特君主都对发展工业显示出浓厚兴趣，并采取了一系列相关措施。同时政府开支的增加也刺激了“市场经济”发展。① 但总的说来，这一时期工业发展仅体现在几个“无关联”行业，而且在不同时间点，没有引发其他部门的联动反应。因此，经济发展的重要进步并不是表现于大规模增长现象“本身”，而是主要体现在“经济结构”方面。②

迈克尔·泽尔（Michael Zell）则在《乡村工业——16 世纪的威尔德社会》中考察了英国肯特郡威尔德（Wealden）地区乡村工业发展的一个范例。作者从份地持有、继承习俗和家庭结构等方面分析了威尔德地区人口地域流动和行业转移的因素，相对说来，不可分割的财产继承制度促进了人口在地理上的流动性，而可分割继承制在一定程度上使人口具有某种地理稳定性，充当着“缓冲器”作用。不过，作者同时也发现，后一种财产继承制度使得许多居民获得了相对稳定的经济保障，明显有利于适龄居民成家婚育，因而实行可分割继承制的地区人口增长速度明显快于不可分割继承制地区，结果促进了人口增长；而当人口压力进一步增大时，可分割制的人口流动“缓冲器”的短暂作用则消失了，也无法阻挡人口流动和劳动力向“非农行业”转移。③ 从长期来看，相反还促进了农村劳动力转移。直至 16 世纪，威尔德地区的毛纺织业一直十分繁荣。通过“外包制”（putting - out），呢绒商为当地许多居民提供了衣食之源，产品不仅在当地销售，而且销往海外市场。按照门德尔斯的观点，16 世纪的威尔德地区进入了“原工业化”阶段。④

（二）国内研究概况

国内一些著名专家学者，像王章辉研究员、侯建新教授、王晋新教授、刘景华教授、钱乘旦教授、徐浩教授、李世安教授等，都在其论著

---

① Sybil M. Jack, 1977: *Trade and Industry in Tudor and Stuart England*, London: George Allen & Unwin LTD, pp. 134 - 135.

② Sybil M. Jack, 1977: *Trade and Industry in Tudor and Stuart England*, London: George Allen & Unwin LTD, p. 115.

③ Michael Zell, 2004: *Industry in the Countryside: Wealden Society in the Sixteenth Century*, Cambridge University Press, pp. 52 - 54.

④ Michael Zell, 2004: *Industry in the Countryside: Wealden Society in the Sixteenth Century*, Cambridge University Press, p. 189, 228.

中论述了农村人口流动和城市化问题，很有启发性。① 中国社会科学院王章辉研究员着重探讨了 18 世纪工业革命以及其后欧美国家工业化和城市化进程，对工业革命前社会背景和劳动力转移原因有所涉及，强调工业革命对欧美国家城市化进程具有决定性作用；中世纪史专家、天津师范大学侯建新教授则从一个独特视角——中古晚期农民个体物质力量和精神力量成长方面对农村人口流动、中古晚期社会变迁进行了实证研究，指出农奴逃亡、农村居民频繁流动都是劳动力转移的表现形式，是农民物质和精神力量成长的结果，这是西欧国家向近代社会转型的基础，也是一个国家和民族现代化进程之所以发生并成功的第一基石；东北师范大学王晋新教授对 15 ~ 17 世纪间英国都铎王朝和中国明王朝的农村经济进行了比较尝试，揭示出中英两国农村在人口流动和非农产业发展方面的基本差异和不同影响；英国史专家、北京大学钱乘旦教授等人则从宏观视角著述世界现代化发展进程，指出英国工业化在自由主义模式中具有领先地位；中国人民大学徐浩教授对中国清代华北地区和英国农村进行比较，指出两国在农村工副业、市场发展、非生产性支出和消费等方面存在许多差异，很有启发与借鉴意义。

我国著名中世纪农村经济史专家侯建新教授在其代表作《现代化第一基石》中特别强调，中世纪城市的兴起、农村人口向城镇流动的根本原因在于农业生产力的发展，只有农村首先创造出超过自身基本生存需要的农产剩余，才能使相当一部分农业人口从农业和农村中分离出来。尽管许多城镇兴起的一个重要标志是获得王室颁发的“特许状”，许多封建领主也积极主动创建城镇，但归根到底，是“农民兴建”的。（参

① 王章辉、黄柯可：《欧美农村劳动力转移和城市化》，北京，社会科学文献出版社，1999 年；侯建新：《现代化第一基石——农民个体力量成长与中世纪晚期社会变迁》，天津，天津社会科学院出版社，1991 年；侯建新：《社会转型时期的西欧与中国》（第二版），北京，高等教育出版社，2005 年；王晋新：《15 ~ 17 世纪中英两国农村经济比较研究》，长春，东北师范大学出版社，1996 年；刘景华：《西欧中世纪城市新论》，长沙，湖南人民出版社，2000 年；刘景华：《走向重商时代——社会转折中的西欧商人和城市》，北京，中国社会科学出版社，2007 年；钱乘旦、杨豫、陈晓律：《世界现代化进程》，南京，南京大学出版社，1999 年；徐浩：《农民经济的历史变迁——中英乡村社会区域发展比较》，北京，社会科学文献出版社，2002 年；徐浩：《18 世纪的中国与世界 · 农民卷》，沈阳，辽海出版社，1999 年；王加丰、张卫良：《西欧原工业化的兴起》，北京，中国社会科学出版社，2004 年；王章辉：《英国工业化与农村劳动力的转移》，《世界历史》1996 年第 6 期；王晋新：《人口运动与社会转型——人口史学与英国近代初期社会经济史研究》，《世界历史》1996 年第 3 期；陈紫华：《英国工业革命和人口问题相互关系初探》，《史学月刊》1986 年第 1 期；李世安：《英国农村劳动力转移的历史考察》，《世界历史》2005 年第 2 期；王章辉：《近代英国城市化初探》，《历史研究》1992 年第 4 期。

见《现代化第一基石》，第126页）同时，侯建新教授还强调中世纪城市所具有的特殊的“政治、法律”地位，也是吸引农村居民尤其是农奴向城市逃亡的一个重要因素。此外，侯建新教授在其一系列论著中还多处论及乡村工业，断言“英国高产农业孕育了乡村工业”，进而“孕育了整个工业世界”，“……传统农业变革……是多方面的：物质的，也是精神的；技术的，也是法律的；制度的，也是观念的”。（参见《社会转型期的西欧与中国》，第253页）这些论断对研究农村劳动力转移与城市化都极富启发与指导意义。

刘景华教授是国内研究中世纪城市问题的专家，著有《城市转型与英国的勃兴》（中国纺织出版社，1994年）、《西欧中世纪城市新论》（湖南人民出版社，2000年）、《走向重商时代——社会转折中的西欧商人和城市》（中国社会科学出版社，2007年），其中《走向重商时代》一书第三章论述了中世纪晚期和近代早期英国乡村工业，出发点虽是考察商人资本在乡村毛纺织业发展中的重要作用，但对农村劳动力在呢绒纺织业从业情况分地区——西部各郡、东盎格里亚和约克郡西区——作了较详尽介绍。作者还辟有一章，总结了中国学者对英国中世纪城市研究概况，梳理了国内学者关于中世纪城市研究的大量论著，为后来者进一步深入研究该问题作了良好铺垫。（参见《走向重商时代》，第276～290页）

王加丰、张卫良两位教授合著的《西欧原工业化的兴起》是一部详细研究工业革命前西欧农村手工业、原工业发展状况的专著，不仅介绍了西方学者关于“原工业化”理论的研究概况，而且考察了西欧中世纪农村手工业向原工业转变的各种条件、原工业化与工业化之间的复杂关系。作者对西欧原工业化现象进行了个案研究，其中第五章专门研究了“英国的原工业化”，详细介绍了原工业化理论在英国传播、接受和研究滞后概况，并从一种“地区”视角考察了英国西部、东盎格里亚和约克郡的乡村纺织业，分析了毛纺织业在乡村兴旺繁荣的各种原因，像自然资源、地理环境、城市纺织业相对衰落、财产继承制度等因素，在国内外市场拉动下，一些乡村工业成功地过渡到原工业化阶段，尤其是北部的约克郡和兰开夏郡。（参见《西欧原工业化的兴起》，第142～209页）

中国人民大学徐浩教授的《中世纪英国城市化水平研究》和李世安教授的《英国农村劳动力转移的历史考察》，为近年来我国世界史学者研究劳动力转移与城市化两篇高质量的专题论文。徐浩教授认为，在中古晚期和近代早期，英国城市人口在全国总人口的比例接近20%，已经达到城市化的"一般发展状态"。上述研究充分表明工业革命之前英国农村劳动力转移已经取得不俗成就，是英国城市化历史上一个不容忽视的重要阶段。不过，大部分学者们都主要将精力投诸在向现代社会转型的15~18世纪这一阶段，研究时段偏重于近代早期，对于中古时期劳动力转移与城市化的系统研究依然比较薄弱，像中古农村劳动力转移与城市化在工业化和城市化进程中的历史地位、与工业革命时期城市化的关系、人口流动兴起的历史背景、封建农奴制与劳动力转移的关系、重大突发性历史事件对农村劳动力转移与城市化的影响、英国王室和以后政策对人口流动、城市发展的影响、人口婚育模式与农村人口流动、非农行业的关系、中古城市与农村劳动力转移之间的复杂关系以及圈地运动对英国城市化进程的影响等问题，都需要在前人成果基础上继续深入研究。

总的说来，中外学者都对英国工业革命时期劳动力转移问题较为关注，作了大量研究，成果颇丰，为我们进一步深入研究农村劳动力转移与城市化问题提供了良好基础。而相对说来，对工业革命以前尤其是中世纪的农村劳动力转移与城市化现象进行详尽、系统研究者依然比较少，该领域仍有进一步深入研究的余地和空间。以上是笔者在力所能及的范围内所搜集到的重要资料和主要论著，还有其他许多学者关于劳动力转移与城市化问题直接或间接的中、外文专题论文、研究著作，详见书中脚注，此处不再一一列举。

二、基本观点与研究目的和意义

（一）基本观点

英国统计学家列文斯坦（Ravenstein）1889 年发表的《人口迁移规律》，可以被看做是人口流动研究的肇端，迄今已有120年的历史。但学术界一直并未对"人口流动"给出一个人们能够普遍接受的定义。通常所用的词汇大致有"Migration"、"Mobility"、"Movement"和"Circulation"等，相应的，中文里也有不同的称法，像"转移"、"流动"、"迁移"等。

本研究从宽泛的意义上来理解和定义农村劳动力转移与城市化这一现象。通常而言，农村劳动力"转移"主要包括两层含义：

第一，指农村人口跨越一定空间界限从事社会经济活动，其常住地从一个地理单元转移到另一个地理单元。根据其外在特征，可称之为“地域流动”；

第二，指农村人口跨越一定行业界限从事社会经济活动，主要从农业转移到畜牧业、纺织业和商业等非农领域，社会身份发生了相应变化，我们称之为“行业流动”。

当然，根据不同的标准，劳动力转移还可分为不同类型，像根据流动终极目标，人口流动又可分为生存型流动和发展型流动、保守型流动和创新型流动等；根据动力机制，人口流动还可分为被迫流动和自由流动、自愿型流动和非自愿型流动等。

从历史上看，农村劳动力转移主要包括地域流动和行业流动两大类型。地域性流动古常有之，然迁徙者一般不会因此而改变身份，依旧从事旧日的行当，或渔猎，或稼穑；只有当城市和大工业出现时，劳动力转移和农村农业人口流动才不再单纯是地域性的空间流动，而是转变成行业流动，并形成一种汹涌澎湃、不可遏止的历史运动。由此农村劳动力转移具有了新的含义和称谓，即工业化和城市化[①]，迁徙者不仅改变了职业，脱离农业转而从事手工业、工业或商业，同时也改变了原有身份，变成了城市市民——手工业者、工人和商人，这是地域流动和行业流动的高级阶段。这种劳动力转移是一种行业流动，也是一种社会性流动，较之此前的地域流动要复杂得多，会对移民流出地、接收地乃至整个地区的经济和社会发展产生不可估量的影响。可以说，在一定意义上，劳动力的地域流动和行业流动与工业化（“非农化”也许更合适）、城市化紧密相连，已经构成了现代社会经济增长的主要特征，即劳动力从农业部门转移出来和人口从乡村转移到城镇。从这个角度讲，农村劳动力转移就是现代化的重要组成部分和重要内容，只不过这一过程并不始于现代大工业，而是在工业革命之前就已发生了。

通观世界历史，农村劳动力转移与城市化是世界各国在不同历史阶段、程度不同地存在的普遍现象。这一现象贯穿了整个前资本主义时期，

① 一般说来，学界普遍认为城市化和都市化是近代工业革命的直接产物，参见《中国大百科全书·社会学卷》，北京，中国大百科全书出版社，1999 年，第 37 页。

构成了现代化内容的重要组成部分。[①] 工业革命前社会的主要特征是大量人口从事农业、林业和渔业，向近代社会转型意味着劳动力从上述部门转移到制造业、采矿业、工业、贸易和运输服务业。但是，在工业革命发生以前，农业劳动力的转移是缓慢的、曲折的，如石壁间渗出的涓涓细流，农业在国民经济中始终居于绝对主导地位，农业人口则占据了总人口的绝大多数。18 世纪下半叶发生的工业革命从根本上改变了英国社会经济结构，工业开始占据了主导地位，农村人口和农业劳动力不断向城镇和工矿区流动，城市人口比例急剧增加。到工业革命结束时，城市居民已经占到总人口的一半以上，英国人口基本上实现了城市化。这是世界范围内第一个完成城市化的欧洲国家。

英国城乡人口结构分布的这一重大变迁预示了世界人口构成变化的总趋势。法国经济史家保尔·芒图说，正是大批农村闲置劳动力“生力军”的涌现，大工业的发展才成为可能，大工业就像“本土中心的一块新大陆，大批移民都到那里去”……大多数自耕农和小佃农和其他从农村被赶出来的农民“除向工场提供其劳动力外，不能提供任何东西”，他们便形成工厂群众和产业革命队伍的来源。而大工业的发展显然又加速了农村人口流动和迁移，“加速并完成了”自耕农的消失……[②]最终实现了农村劳动力转移的工业化和城市化目标，两者密切相关，互为影响联系着。可见，在由传统社会向现代社会转型过程中，农业劳动力向非农产业转移和农村人口向城市流动构成了世界各国经济和社会变革——现代化——的重要内容。

---

① 当然，农村人口向城市迁移不完全等同于城市化，城市化是一种规模较大、持续较长的农村居民向城市流动现象，这也是多数中国学者认为城市化始于 18 世纪工业革命的原因。不过，也有部分中国学者认为，城市化开始于古代社会。见前文，亦可参见赵伟：《城市经济理论与中国城市发展》，武汉，武汉大学出版社，2005 年，第 58 页。笔者认为，城市化本身就是一个过程，是动态的，速度快慢、规模大小只表明城市化水平或程度高低，不能成为城市化的定义和标准。因此，不能因为工业革命之前城市化水平低就否认城市化本身。所以，作者原则上赞同后一种观点，即封建社会乃至奴隶社会都存在城市化，并对此加以补充。笔者将城市化分为“城市化现象”和“城市化运动”两个阶段，即工业革命之前的农村劳动力转移和人口流动可称之为“城市化现象”，速度慢、水平低；工业革命之后的则可称之为“城市化运动”，速度快、水平高。这样，我们可以通过农村劳动力转移与城市化在古代社会和现代社会之间架起一座桥梁，借此，可以通过城市化的视角重新解读一个传统社会的变革历程。另外，以工业革命作为城市化的历史起点也是“欧洲中心论”史观在城市化研究领域的一种体现，因为这一标准只适合于欧美发达国家，而根本没有考虑到广大发展中国家像中国、印度等国的具体国情，大多数发展中国家实际上是 20 世纪之后才开启城市化历程的，所以从全球史观角度，我们也没有理由将 18 世纪工业革命作为世界范围内城市化的历史起点。

② 〔法〕保尔·芒图：《十八世纪产业革命——英国近代大工业初期的概况》，杨人楩、陈希秦等译，北京，商务印书馆，1997 年，第 142～143 页。

实际上，工业革命时期英国劳动力转移与城市化运动是以往农村劳动力转移的继续和发展，是劳动力向非农产业和城市转移历史长过程中的一个阶段——高峰时期，因此，研究工业革命前，尤其是中古时期农村劳动力转移问题有助于我们深化对工业革命时期劳动力转移现象的理解，也有助于我们从另外一个角度解读工业革命和城市化。本书所关注的正是这一特定时期的劳动力转移，即从中世纪盛期到英国工业革命，希冀通过对英国农村劳动力转移与城市化这一历时久、规模大的社会现象的描述和分析，勾勒出一幅11～18世纪700余年间英国从传统社会走向现代化之路的历史画卷。

工业革命前英国农村劳动力转移与城市化发展历程如下。从11～18世纪工业革命的六七百年间，英格兰农村劳动力转移与城市化大致可分为三个阶段：11～13世纪末、14世纪初年的"城市兴起"阶段，14世纪中叶至15世纪末、16世纪初年的"衰落"阶段，16世纪中叶至18世纪中叶工业革命之前的"恢复和发展"阶段。

在第一阶段，劳动力主要表现形式是农村内部短距离的地域流动，同时乡村主要非农产业——畜牧业和纺织业开始兴起，农村劳动力转移的行业流动初见成果。与此同时，11～13世纪农村劳动力一度产生向城市迁移热潮，促进了中世纪城市复兴。在第一阶段，劳动力转移不仅受制于农业生产力低下，且受到农奴制束缚。当时庄园里多数劳动者都没有迁徙自由，农奴逃亡冲击着封建庄园的劳役制度，成为此时劳动力转移的一种特殊方式。因此，农村劳动力转移与城市化水平不仅体现了农业生产力进步程度，而且反映了农村社会的开放程度和封建农奴制的没落程度。第二阶段，在中古晚期的14、15世纪，农村人口向城市流动步伐明显变缓，中世纪晚期许多城市出现人口削减、经济发展缓慢现象，不过也有一部分地区如伦敦附近各郡保持了平稳发展势头，城市化地域不平衡局面出现。总的说来，第一阶段和第二阶段英国农村人口向城市迁移较少，主要还是在农村社会内部流动，所以可称之为劳动力转移与城市化的"初级阶段"。

第三阶段为16、17世纪和18世纪早期，可称为劳动力转移"恢复和发展阶段"。农村人口向城市转移的远距离地域流动获得长足发展，农业人口向非农产业转移的行业流动取得更大进步，乡村里大量农业人口脱离了农业转而从事毛纺织业等非农产业。劳动力转移之所以在16、17世纪后获得较大发展，除了在社会制度上不存在阻碍因素外，主要原因在于农业生产力此时获得显著进步，粮食产量大幅增加，英格兰开始向国外出口粮食，到17世纪末时成为西欧最大的谷物出口国家。正是在农产剩余长期增长基础上，乡村工业此时发展到一个新阶段——原工业化时期，曼德尔斯1972年在他的论文里开宗明义，称其为“工业化进程的第一阶段”①。工业史专家P. 克里德特、H. 米蒂科等人则将乡村工业的发展称之为“工业化前的工业化”②。到工业革命前夕，英格兰农村劳动力大约一半从业于这种原工业，加之城市人口，可以说国家大部分人口已经脱离农业生产。因此，在劳动力转移的第二阶段，英格兰就开始向工业国迈进，其后发生的工业革命加速并完成了这一历史进程。

在不同时期、不同地区，促使农村劳动力向非农行业转移和向城市流动直接动因也不尽相同，具体原因很多，像农业生产“季节性”失业、农奴对城市自由的向往、农业生产剩余产品增加以及人口数量膨胀等；在某一时期、某一地区，可能这种或那种原因起到主要作用，但从英格兰全国来说，农业生产力持续稳步提高才是劳动力转移产生和发展的根本原因。农产剩余的增长不仅为城市人口提供足够的剩余粮食和为城市工业提供必要生产原料，还同乡村自身的工业即乡村工业发展密切相关，广大普通老百姓对日常消费品、必需品需求的巨大增长的背后正是手中可用于交换的农产剩余增加。没有农产剩余量的增加和扩大，乡村工业就永远处于农本经济的附庸地位，就无法突破农本经济的闭塞从而也不能为近代工业的成长开辟道路。

在劳动力转移的前后不同阶段，英国统治阶级对农村劳动力转移的态度是不同的，而且发生显著变化。在第一阶段，封建统治阶级各个阶层采取措施限制劳动力流动，从1351年全国范围的《劳工法令》到基层庄园的劳役制、保人制和财产扣押等，强迫农业生产者固定在土地上，限制劳动力自由流动和迁移，对农民的经济剥削和压榨无一不流露着浓浓的超经济强制色彩。而在第二阶段，地主、乡绅和贵族开始圈围土地驱逐农村人口，或采取暴力或采取和平方式强迫农业生产者离开土地。就议会和王室而言，虽曾多次颁布法令禁止圈地，但令行而禁不止，因为许多议员和执行反圈地法令者都是圈地运动的积极参与者，统治阶级绝大多数成员都是这场运动的最大受惠者，执行农本政策的中央政府只是要制止圈地带来的社会动荡，并不真正禁止圈地。所以，透过一小撮

---

① 转引自吴于廑：《15、16世纪东西方历史初学集（续编）》，武汉，武汉大学出版社，1990年，第10页。

② Peter Kriedte, Hans Medick, Jurgen Schlumbohm, 1981: *Industrialization before Industrialization: Rural Industry in the Genesis of Capitalism*, Cambridge University Press, p. 135.

上层人士反对圈地的表象，我们看到统治阶级整体上还是赞同圈地的。无论是变耕地为牧场还是合并为大农场，所需劳动力较前少许多，多数农村人口逐渐不得不转入乡村工业或去城市谋生。这是"生产者与生产资料相分离"的资本原始积累过程，也是现代社会雇佣工人开始形成的过程。由此可见，英国统治阶级在劳动力转移前后两个阶段态度是不同的，实际上反映了主流社会生产观念、财富观念的变化，也反映了一个新兴阶级的新价值体系正在形成。

与此相反，东欧封建主阶级16、17世纪后日益强化对农民控制，尤以俄国为典型，1607年法规和1649年"法典"都以法律形式赋予封建领主无限期追捕农奴的权利，农奴永远不准易主。波兰亦是如此。16世纪后农奴制完全确立，劳动力流动受到严格限制，先前建立的具有资本主义因素的手工工场消失了，庄园劳役制度得到强化，接踵而来的是"国内市场萎缩，城市手工业者和工匠大量失业"，出现了"城市农业化"的反常现象。[①] 不过，此时易北河以东德国、波兰和俄国的农奴制已同西欧15世纪以前的农奴制大不相同，具有很大的开放性，不再和庄园制下的自然经济联系在一起，而是"亚欧大陆商品货币经济大发展、国际社会分工加强造成的后果"，庄园领主将领地上生产的谷物、木材等大量出口到西欧，显然"具有商品经济属性"。[②]

由此可见，商品经济并非必然促进封建制和自然经济的瓦解，在西欧发生的历史作用没有重现于东欧，当然，商品经济有不同类型，像东欧这种商品经济，真正的生产者并没有参与市场活动，市场的主体是"贵族和领主"，商品活动的盈余利润也没有投回生产领域，自然难以产生积极进步意义，我们可称之为"伪商品经济"。中国农民史专家侯建新认为，只有农民、市民等生产者比较普遍地进入市场，"生产和流通结构实现一体化"而不是脱节的，商品经济才会对封建经济产生解体作用。[③]

显而易见，东西欧统治阶级16、17世纪后对待劳动力流动态度是有差异的，这是造成东西欧农奴制出现不同历史命运的原因之一，也是劳动力转移与城市化取得不同成果的重要原因。在国家或王室政策扶持下，

① 刘祖熙：《波兰通史简编》，北京，人民出版社，1988年，第213页。

② 朱寰：《亚欧封建经济形态比较研究》，长春，东北师范大学出版社，1996年，第181~184页。

③ 侯建新：《现代化第一基石——农民个体力量成长与中世纪晚期社会变迁》，天津，天津社会科学院出版社，1991年，第223~224页。

西欧尤其是英国率先冲破了封建农本经济，畜牧业、纺织业和粮食加工业等非农行业得到较快发展，人口和生产力都实现了持续稳定增长，最先实现了城市化和工业化，进入了现代社会。而东欧，尤其是俄国迟至19世纪60年代“农奴制改革”之后才开始艰难的近代化进程，甚至在农奴解放以后，“差不多持续到1914年的村社土地所有制和村社负责征税制”还是使经常性的劳动力流动“非常困难”。[①] 由于劳动力流动受到严格限制，也由于农业生产力水平低下，工业发展和城市发展严重落后，较之西欧滞后一百余年。

实际上，在东西欧统治阶级对待劳动力转移和人口流动态度差异表象之下，我们也看到了相同的事物。限制也罢，驱逐也罢，统治阶级和集团的动机和目标还是一致的：即通过超经济强制——利用国家力量，采取暴力手段攫取经济利益。以英国为首的西欧在中古晚期主动放宽对农民的限制，以致采取暴力手段将农民驱出土地，是因为他们可以通过畜牧业、圈地改良等生产活动从中获得更多收益，也因为英国农业生产力已经提高到不需要如此多的农业劳动力从事谷物种植业的程度；而以俄国为首的东欧国家，在生产力水平低下的情况下，只有采用超经济强制手段才能确保土地收益最大限度地落入自己腰包，只有将农民束缚在土地上才能保证农业生产部门的产出，只有限制劳动力流动才能维持现存的社会等级结构，从而保障统治阶级的政治特权和既得经济利益。所以从根本上讲，英国农村劳动力转移与城市化率先获得成功也是农业生产力发展的结果，从而再一次验证了“生产力是社会进步的决定性因素”的唯物史观。

（二）研究目的和意义

选择“英国农村劳动力转移与城市化”这个研究题目，主要出于以下几种考虑：

第一，农村劳动力向城市转移和从农业向工业等非农产业部门流动，是城市化和工业化进程的重要内容，也是传统社会实现现代化内容之一，因而也是现代化研究的重要组成部分。研究农村劳动力转移现象正是从农村社会结构变迁来解读城市化、从农业经济结构变革来阐释工业等非农产业发展进程，从中凸显农村社会、农业经济在现代化变革和传统社

① 〔美〕塞缪尔·亨廷顿等：《现代化——理论与历史经验的再探讨》，罗荣渠主编，上海，上海译文出版社，1998年，第209页。

会转型中的重要作用。简言之，研究工业革命之前的英国农村劳动力转移与城市化，既是从一个新视角理解工业化和城市化，也是探求欧洲现代化的历史起源，其现实意义和学术意义都是不言而喻的。

第二，农村劳动力转移与工业革命息息相关。与土地相分离的农村劳动力不仅为产业革命提供了后备军，而且使工业生产部门拥有了广阔、稳定的国内消费品市场。在一定意义上，产业革命可以视为农村人口从农业向工业等非农领域转移的历史后果，这种历史后果反过来又加速农村劳动力转移进程，将劳动力转移与城市化推进到一个新阶段。工业革命后英国农村人口迅速向城市转移，工业化和城市化掀开了人类历史的新篇章。因此，研究工业革命之前农村劳动力转移也可以使我们从另一个角度理解工业革命，理解世界史上这一伟大、壮观的历史运动。

第三，农村劳动力转移的现象由来已久。大而言之，从城市出现起，农村劳动力就开始向城市转移，甚至城市出现本身也是农村人口转移的产物；从畜牧业、手工业和商业出现起，农业人口就开始向非农产业转移，这一历史现象在奴隶社会、封建社会一直存在，在向现代社会转型时期尤为显著。以“中世纪和近代早期”为研究时限，可以将劳动力转移与城市化现象纳入“长时段”研究范围，不仅为我们研究现代化变革提供了宏大的历史背景，也可以使我们将工业革命前后的劳动力转移现象联系和统一起来，在古代社会和现代社会之间架起一座桥梁，以劳动力转移和人口流动为线索来了解英国城市化和工业化发展轨迹，从中找寻一条中古英国从农村到城市、从农业到非农产业、由农民而市民的发展线索，从一个新的视角来解读英国由传统文明向现代工业社会的变迁。

农村劳动力转移与城市化问题，涉及人口向非农产业转移、向城市流动两大方面，实质上就是工业化和现代化。目前世界各国尤其在不发达国家、第三世界的发展中国家等，正处于现代化进程之中，正在进行着城市化和现代化建设，城市化的发展正带来各种社会问题，像外来人口过多、城市就业压力增大、交通住房等基础设施相对滞后以及农村流民的社会偷盗等扰乱社会秩序、破坏社会治安等犯罪行为，都加剧了社会矛盾和城乡对立。在这种情况下，研究劳动力转移问题，加强对农村人口流动和城市化进程的研究、人口流动对社会发展的关系等，就显得更加迫切和尤为必要。英国是世界上第一个完成工业化和城市化的欧洲国家，具有典型意义。

在中国，农村劳动力转移问题更为突出。党的十六大明确提出，中国新时期的重要历史任务是发展和繁荣农村经济，引导农村富余劳动力有序、合理地向非农产业转移，向城市流动；保持社会稳定，推进城镇化建设。英国工业化和城市化的经验、经历值得我们探索学习，盲目照搬固不可取，闭门自封更要不得，借鉴和汲取国外劳动力转移与城市化的历史经验和教训，无疑可以为我们当前处理流动人口和城市发展问题提供新的思路和新的视角。因此，研究英国农村劳动力转移问题具有重要的现实意义。

第二章　英国农村劳动力转移产生的历史背景

研究农村劳动力转移与城市化，不可避免的一个问题是要涉及哪些因素促进或推动了这一现象，哪些因素又阻碍了这一现象发展，它们同“转移”之间关系如何。① 不论是在“转移”获得大发展的工业时代还是城市化成绩非常有限的中古时期，促进和阻碍这两种对立因素都是存在的，关键是在“转移”进程中哪一种因素占据主流地位、发挥主导作用。显而易见，居于主导地位的因素将决定“转移”的发展程度，甚至决定“转移”的性质和方向，中世纪的农奴制和庄园劳役制就是这样的因素之一。不过，农奴制与农业劳动力转移之间的关系是双向的，也是复杂的。前者本质上与后者是不相容的，却又不断地创造后者发展的条件，劳动力转移不断地瓦解着农奴制的根基，有时却奇怪地同前者融为一体，共生共存。

一、摆脱农奴制是中世纪农村劳动力转移的重要原因

在农奴制鼎盛时期，英格兰绝大部分农业生产者处在劳役制不同程度束缚之下，在封建庄园的土地上日出而作、日没而息，其经济和社会地位低下，没有生产自由、婚姻自由、人身自由，而城镇市民相对享有的权利对他们产生了重要影响，吸引着无数渴望自由的农村居民向城市迁移。与此同时，中世纪农业生产固有的局限性、土地资源的匮乏也迫使农业生产者不得不逐渐向农业之外的生产行业转移，正是在这样的背景之下，中古时期的劳动力转移现象出现了，缓慢地发展着，促成了中

① Flanklin F. Mendels, 1976: “Social Mobility and Phases of Industralization”, *Journal of Indisciplinary History*, Ⅶ:2, Autumn, p. 193.

古时期城市景观的涌现。当然，农村人口之所以转移到城市并生存下来，农业劳动力之所以能够依靠从事手工业等副业为生，从根本上讲都依赖于农业生产力的提高，有赖于农业生产为城市人口和非农产业居民提供最基本的生活保障——衣食住行。唯有如此，城市和非农产业才能够存在和发展壮大，否则，城市居民和非农产业从业人员无法生存，劳动力转移所取得的成果必然难以持久。

（一）农奴制下的屈辱

在中古时期，英国农奴制和庄园化发展并不平衡。大体说来，封建主义在英格兰南部和东部较之西北部和东北部地区，建立更早，发展更为充分；庄园化在农业地区较之牧区更为典型，发展也更为完善；英格兰中部地区就整体而言，封建化发展也不均衡，有些地区封建主义已牢固确立，而有些地区封建主义影响甚微，这些地区通常都是后来垦殖的林区，“新垦区”不实行劳役制，主要征收实物地租。从经济类型上看，在庄园化充分地区，农村居民在敞田制下合作共耕，种植小麦、大麦、燕麦等谷物；在封建化不充分地区，当地居民主要从事畜牧业，也间或从事农业及其他手工业活动，他们都同封建领主保持着程度不等的依附关系。相比较而言，北部丹麦区的农民比其他地区享有一定程度自由，较多地独立于庄园组织，这是北欧丹麦人留下的无法抹掉的烙印。① 总的来说，中古时期英格兰多数地区完成封建化，少数地区处在封建化初级阶段，庄园化和农民“农奴化”程度较低。

据中世纪史专家马克垚先生研究，“庄园”（manerium）在盎格鲁－撒克逊时还未出现，它是由诺曼人带来使用的，源自拉丁文“manere”，是指一个高大的庄园建筑，即封建主居住之所，和英文“hall”意思相近。到 13 世纪时，“庄园”一词在英国使用更为广泛，往往用来泛指封建主的各种地产，其义与“estate”差不多。由于西方学者对“庄园”的理解不尽相同，所以至今也没有一个明确的、统一的定义，不过大体说来，西方学者普遍从经济和法权相结合的角度加以认识，即庄园是封建西欧农业生产中的一种“特定组织形式，采用劳役地租形态剥削”，所以庄园的本质因素应是“领主自营地和农奴份地的同时存在”②，尽管也有一些非典型的庄园里不存在领主自营地情形。因此，封建庄园里的农

① Austin Lane Poole, D. Litt., 1986: *From Domesday Book to Magna Carta*, *1087－1216*, Oxford: Clarendon Press, p. 37.

② 马克垚：《英国封建社会研究》，北京，北京大学出版社，2005 年，第 143～146 页。

奴是西欧农业社会的主要生产者，也是封建社会的主要劳动者群体。

据《末日审判书》记载，1087 年时英国农奴（维兰）约占人口总数的 38%[①]，而随着封建制的建立和扩散，自由农民“刻尔”（Ceorl）、“索克曼”（Sokeman）都逐渐农奴化。到 12 世纪末，英国农奴（维兰）数量大大增加，其比例占到总人口的 41%，而据研究，中世纪英国还存在一定数量的奴隶，从盎格鲁－撒克逊时代一直存在到 12 世纪，在末日审判时代约占总人口的 10% 左右，主要位于英格兰西南地区。[②] 这还不包括乡村生活的各种不自由身份的农业居民，如茅舍农、边农、半自由农、4/1 自由农。到 13 世纪晚期，农奴制影响依然很大，农业史专家 E. A. 科斯敏斯基（E. A. Kosminsky）根据“1279 年百户区卷宗”研究得出，从萨福克到牛津郡一线以南诸郡，不自由人大约占到农业人口的 3/5 左右，当然，北部和西部地区自由人比例较之南部要高一些。[③]

总的看来，农奴身份的居民占据了中世纪英国农村生产者的大多数人口。他们的经济地位如何呢？一般而言，农奴是独立小生产者，有独立经济，财产权已得到事实上直到法律上的承认。他有自己的家庭，因之婚姻是合法的。农奴对耕作的土地没有所有权，只要向领主服一定劳役，一般为每周三天，就能够使用这一小块份地，所以农奴可以维持自身再生产。农奴虽然是一个不自由人，人身依附于主人，但已“不是主人之物，而是主人之人”[④]。因此，同奴隶相比，农奴的社会地位无疑得到一定提高，经济条件也获得一定改善，生产积极性有了很大提高，这是封建社会较之奴隶社会的进步之处，也是封建社会生产力获得更大发展的基本原因之一。

农奴是封建庄园和农村社会里处于社会最底层的劳动者，受到封建领主政治压迫和经济剥削。从法律上讲，领主可以随意处置他的农奴，可以将其买卖或者转让，可以监禁、拷打，只要不伤残肢体、危及生命；作为农奴身份的标志之一，农奴不能自由迁徙；由于地位低贱，农奴女儿出嫁要交给领主婚姻捐，才能获允；农奴女儿失贞要交纳罚金；农奴

---

① 转引自蒋孟引：《英国史》，北京，中国社会科学出版社，1988 年，第 87 页。

② Paul E. Szarmach，M. Teresa Tavormina，Joel T. Rosenthal，1998：*Medieval England：An Encyclopedia*，New York & London：Garland Publishing，Inc.，pp. 701－702.

③ Kosminsky，E. A.，1956：*Studies in the Agrarian History of England in the Thirteenth Century*，Oxford：Basil Blackwell，pp. 205－206.

④ 马克垚：《西欧封建经济形态研究》，北京，人民出版社，1985 年，第 200、206～207 页；朱寰：《亚欧封建经济形态比较研究》，长春，东北师范大学出版社，1996 年，第 157～159 页。

也没有财产权，农奴死亡后，子女交纳继承捐方可领有份地，等等。当然，农奴最重要的负担是劳役。由于没有所耕种份地的所有权和占有权，农奴要为封建领主提供劳役来换取对这一小块土地的耕种。在农业区劳役多是一些耕、播、收割之类农事。在没有领主自营地的庄园，劳役则多是剪羊毛、牧羊、养牛、养猪、修理羊圈、提供运输、修路等其他形式。

据马克垚研究，农奴1月份往地里送肥料，肥料送完耕种春播地；4月份翻耕休耕地，种蔬菜、修整果园，一直做到5月末；6月份收割干草，再耕一次休耕地，然后在春播地上除草；8月份收割谷物，主要是大麦、小麦、燕麦和裸麦，收割后进行运输、打谷工作；10月份进行秋耕秋种，播种冬小麦，此外，还要采集水果、林中伐木和修缮房屋。一般说来，每周服役3日，从每年天使长节（9月29日）到次年豪客日(8月1日)。除了正常劳役"周工"外，农奴还要给领主"布恩工"(boon－work)，主要在6月份的干草收割和8月份的秋收季节。可见，农奴们大部分时间须为领主服劳役以及在自己份地上进行农业劳动，不能自由从事庄园手工业等其他生产活动。正如恩格斯所说：在中世纪，封建剥削的根源不是由于人民被剥夺而离开了土地，相反的，是他们占有土地而离不开它。[①] 土地是封建社会最主要的生产资料。为了生产资料，农民们丧失了人身自由和流动自由，也被剥夺选择职业的权利。

因此，在农奴制牢固确立时，农奴的流动和迁移受到严重限制，封建庄园实施请假制度、担保制度、扣押财产等，限制农奴的外出活动。例如，我们发现格洛斯特郡男修道院长发布给其庄园官员的详尽指示中就包括，未经允许禁止农奴离开庄园；伍斯特修道院副院长调查庄园情况时要求那些离开庄园的人说明原因，得到何人允许等。通常，当领主发现某个人不安分，有潜逃迹象时，就采取了预防措施。一般说来，庄园当局要求有出逃嫌疑者提供担保人，以证明其行为端正。1275年，约翰·伯恩范特（John Boneffant）被迫找了两个保人，表明自己不会离开领主的庄园，准备随时听从领主传唤。在有些庄园，保人还要保证，被担保人不能将其财物和动产转移出领主的庄园；有的领主扣押嫌疑人的牲畜，以防逃亡。一旦逃亡现象发生，领主往往迁怒于逃亡者的亲属，颇有株连和"连坐"之意。1331年，卡丁顿（Cuddington）五名农奴逃亡，法庭命令他们返回庄园，并补充，如果他们在下一次法庭召开之前

① 《马克思恩格斯选集》第4卷，北京，人民出版社，2006年，第259页。

还未回来，他们亲属的土地和财物将被扣押。[①] 诸如此类措施各地都有，并不罕见。对于农奴逃亡，封建领主即展开追捕活动，追捕期限长达一年之久，还可以得到法庭协助。“一年零一天”是一个不短的期限，领主拥有非常优越的追捕条件，而农奴则惶惶难安，在颠沛流离的逃亡中过活。漫长的流亡和不确定的前景无疑使得庄园里许多农奴犹豫退缩了。

由于劳役的时间、地点、数量和强度具有不确定性，所以英国大法学家勃拉克顿有句名言：“如果一个人提供的是不确定的劳役，即今天晚上还不知道明天早上将要干什么，那么他就肯定是一个农奴。”史家布伦纳（Brenner）总结的更为具体，他认为封建依附关系中最重要的就是“限制农民个体流动、限制农民自由转移地产以及控制农民的遗产继承”[②]。显然，这些不仅会严重影响农奴的生产活动，而且使农奴感到屈辱、地位低贱，给农奴的精神生活造成伤害。据资料记载，13 世纪格洛斯特公爵的一个农奴宁可投塞汶河自尽，也不愿领有份地做一农奴。尽管这个例子没有什么普遍性，但却被历史学家们广泛引用，因为它道出了一个农奴社会地位低下这一典型特征。所以，我们很容易理解，到 14 世纪晚期时，坎特伯雷大主教坚持他的佃户履行运输义务，而佃户们企图私下偷偷地完成它，不希望在光天化日下被人知道，就是因为他们觉得这是一种“耻辱”的义务。[③] 因此，虽然维兰大农的份地、牲畜通常很多，物质生活并不十分匮乏，但是相应劳役义务亦多，社会地位低下，倒是许多生活窘迫、捉襟见肘的小农没有庄园义务束缚，也没有强迫性劳役，可以从事自己喜爱的活动，所以维兰大农常常羡慕小农们拥有的自由。

除农奴外，英国乡村存在许多拥有自由身份的小土地持有者（Small - holder），在自由小农和农奴之间还存在着大量半自由、依附性的农民，包括维兰身份的茅屋农、保达尔、1/4 农以及自由持有者中的下层，他们共同的经济特征是仅仅依赖土地无法维持生存。相对说来，他们承担的劳役义务少，享有较多的自由，“因为闲暇时间较维兰大农为多，他们偶尔可以自由支配自己的劳动力”。不过，我们不能过高估计这些小农的“自由”权利，这种自由是“相对的自由”，是与维兰大农的不自由相比

① Bennet, H. S., 1956: *Life on the English Manor: A Study of Peasant Conditions*, Cambridge University Press, p. 306.

② T. H. Aston and C. H. E. Phlipin, 1987: *The Brenner Debate, Agrarian Class Structure and Economic Development in Pre - industrial Europe*, Cambridge University Press, p. 125.

③ Phillipp R. Schofield, 2003: *Peasants and Community in Medieval England, 1200 - 1500*, Palgrave Macmillan, p. 160.

较而言，当他们的自由与领主的意志发生冲突时，自由就不复存在。[①]在许多庄园，领主农忙季节的“布恩工”不仅要求农奴参加，也往往要求自由佃户到场，包括村庄里“绝大多数强壮人口”；对于数月或半年召开一次的庄园法庭，有关农奴事宜的亦要求自由佃户出席；在有“自由农民故乡”之称的肯特郡，许多自由农民也不能逃脱轻微劳役。可见，封建庄园里的农民，无论维兰大农还是自由小农，在人身上都受到封建领主不同程度的束缚。他们的“自由”是非常有限的，同近代资产阶级倡求的自由不可同日而语，较之从事家庭副业、商贸活动所需要的自由也相去甚远。

尽管如此，小土地者阶层之存在还是对英国社会产生了重要影响。他们是13、14世纪庄园经济中最活跃的因素之一。事实上，庄园里从事各种非农生产活动的手工业者正是小土地所有者甚至是茅屋农这类人。据研究13世纪英国农民问题的专家科斯敏斯基而言，茅屋农与领主之间的关系是“双重”的，当茅屋农以农奴身份向领主服役时，他们的关系是“封建领主与依附农民”的关系；而当领主对茅屋农的剩余劳动给予货币或实物报酬时，他们又是“雇主与雇工”的关系。当然，这依然是封建“自然经济下的雇佣制”，不过显而易见，这并不是一种纯粹的封建关系，它似乎离“封建”更远、离“资本主义”更近，无怪乎科斯敏斯基称这种关系为一种“半封建”的联系。[②]对庄园领主来说，茅屋农对他的意义与其说是作为一种封建地租的来源，不如说是一个雇佣劳动力的储藏所。可见，二者之间的纯粹封建依附关系已经开始瓦解，在小土地持有者的经济中，孕育着中世纪农村工业的萌芽。当然，这只是农奴朝着解放迈出的第一步。

从商品交换和对外交往角度看，农奴制庄园阻碍农业人口从事非农产业，限制农村人口向外流动。当然，庄园并不是完全封闭的经济单位，也存在对外交换活动，但这类活动非常有限，仅仅限于庄园内不能生产的盐、铁等必需品，其他绝大多数的生产生活用品都由庄园自己生产，从谷物、面包、黄油、奶酪到刀、剪、马掌和木材等，种类繁多。因此，从总体上讲，封建庄园是一个自给自足的经济实体，这种封闭型经济实体的生存不仅需要农业种植业，也依靠各种简单的手工业满足日常生活

① Bennet, H. S., 1956: *Life on the English Manor: A Study of Peasant Conditions*, Cambridge University Press, p. 68.

② Kosminsky, E. A., 1956: *Studies in the Agrarian History of England in the Thirteenth Century*, Oxford: Basil Blackwell, p. 169.

需要，这就为庄园里的居民从事各种行业提供了最初的动机，为劳动力向农业之外的行业流动创造了条件。可见，劳动力向非农领域转移也是庄园经济和乡村生活的内在客观要求之一，在一定程度上是符合封建领主的政治意志和经济利益要求的。中古时期封建庄园里的农民就是在这种背景下从事各种家庭副业和简单手工业生产的。

但是，另一方面，庄园经济也为这些非农行业的进一步发展设下了樊篱，阻碍农业人口大规模向外转移和流动。因为人口流动意味着人身依附关系的松弛，意味着领主财产遭到损失，庄园主当然不愿这种情况发生，遂采取各种手段限制居民迁移和转业。上文已述。这样一来，庄园内手工业生产规模很小，各种手工业产品不以销售为目的，主要在庄园内部消费——缴租和自用。由于对外交换活动有限，各种手工业品市场很小，发展的空间有限，市场前景自然是灰色和暗淡的，庄园农民也缺乏从事手工业和扩大再生产的动力。因此，庄园手工业只能在简单作坊、低水平的层次上徘徊，只能充当庄园经济的补充成分，很难发展壮大，劳动力向非农产业的转移也就难以取得较大成就。可见，在封建庄园体制下，大规模的农村劳动力转移无论是工业化还是城市化，都很难发展起来，若想发展工业化和城市化，首先必须打破庄园体制的桎梏，突破庄园制的樊篱。中世纪西欧农奴显然还不具备这方面的物质积累，也没有能力发动一场社会和政治革命。

在中古盛期，尤其在封建领主实力强大的庄园里，英国农村社会分化程度很低。据农业史专家科斯敏斯基研究，在封建经济鼎盛的13世纪，英国许多地区都有大量劳役制庄园存在，同时还有许多使用雇工劳动的小“雇佣制庄园”。根据科斯敏斯基对1279年“百户区卷档”的分析，我们发现庄园规模大小不一，其经济结构不尽相同，相应的社会分化也迥然有别：大庄园领主自营地比例相对较小，占庄园土地总面积的25%（维兰土地比例为52%），小庄园自营地比例则相对较大，达到41%（维兰土地比例为32%）。这进一步证实大庄园自营地生产是同农奴提供的劳役地租相联系的，小庄园自营地主要是由工资劳动力耕种的。因而，在13世纪晚期，这类小庄园显然有别于典型的封建庄园，最先实施劳役折算和货币租，采取的是逐渐面向市场的一种经营方式，已经开始了向资本主义农业转变过程。科斯敏斯基形象地称小庄园为“中世纪英国农村中，资本主义因素发酵的霉菌”[①]。所以，小庄园里的商品生产、商品货币关系要比劳役制大庄园发达得多，在这里，货币租基本上占主导地位，劳役租数量很小。

劳役制大庄园情形则恰恰相反，实力雄厚的大庄园主依然实行劳役经营自营地生产，要求庄园农奴或其他不自由的生产者提供劳役租，甚或役使一部分自由小农，可以说庄园规模越大，封建性越强。大庄园里农民分化程度较低，保持了一个中等农民的稳固阶层（71%），维兰份地与自由农土地之比是小庄园的2倍，显示了封建经济无分化、平均的典型特征，这表明在商品关系大量渗透的13世纪晚期，英国大庄园保持了一个数量稳定的农奴阶层。[②] 在这里，劳役制生机勃勃，远未衰落，劳动力无论是向非农产业转移抑或仅仅空间地区上的流动，都受到较大限制。

再者，封建庄园实施劳役制剥削，加上其他实物租、罚金、贡赋等各种捐税，都对庄园生产者构成了沉重负担，也制约了农村劳动力转移与城市化进程。道理显而易见，生活窘迫、负担沉重的农村居民仅能勉强获得温饱，这是一种典型的“糊口经济”。农民们没有能力购买除粮食以外的其他消费品，所以在农村贫穷地区，非农产品的消费市场很小，农户的家庭副业虽早已产生却难以成长壮大，自然难以对其他非农行业产生积极的联动反应。因此，各种奢侈品包括工业品生产行业主要集中在城市，并在城镇获得较大发展，这也就不奇怪了。沉重租赋无疑阻碍了一个民族国内工业品市场发展，后者正是乡村工业最初发展的支撑点和立足点。没有国内市场，就没有民族工业的成长，尽管海外市场也会对民族工业产生非常有益甚至是决定性的影响，但在民族产业的萌芽阶段，国内市场的“孵化”和“培育”作用是不可替代的。

总之，由于封建农奴制的存在，农奴等农业生产者大都被限定在庄园里，不能够随意迁徙流动，也不能够随意放弃农业转而从事一些非农生产，即便产生些许茅屋工业也很难成长壮大。这意味着在农奴制下，劳动力向非农行业的流动是有限的，只能是封建庄园经济的补充成分。在领主面前，农奴不仅在法律上没有权利，即便在私人生活领域内的权利也受到领主的践踏和粗暴干涉，翻阅中世纪卷档，经常发现领主干涉

---

① Kosminsky, E. A., 1956: *Studies in the Agrarian History of England in the Thirteenth Century*, Oxford: Basil Blackwell, p. 278.

② Martin, J. E., 1983: *Feudalism to Capitalism: Peasant and Lord in English Agrarian Development*, Macmillan Press, pp. 32 – 33.

农奴婚丧嫁娶之事。因此，摆脱低贱的社会地位是农奴们世世代代的奋斗目标，他们要寻找自己的乐土，中世纪的城镇正是他们逃亡的避难所。从语源角度看，"乡村"、"农村"这个词"country"来自拉丁语"countrata"，意思是"位于对面的事物"或"相反方向的事物"，指的正是"处于城镇的对立、相反一面"。① 乡村庄园里的农奴自然是逃亡到中世纪城镇里去，那里存在着不同的、相反的事物，对于农奴而言，其中最有吸引力的莫过于城镇的自由 。

（二）中古城市的诱惑

西罗马帝国灭亡以后，中古初期，蛮族不论是日耳曼民族抑或来自北欧的斯堪的纳维亚人，都在入侵过程中大肆破坏，致使昔日罗马辉煌城池衰败了，马克思称它们大多是"一些残破不全而且失掉文明的城市"，残垣断壁，满目疮痍。② 不过，蛮族的破坏并不像当代教会史家（主要是僧侣）所认为的那样严重，伦巴德人、法兰克人、盎格鲁－撒克逊人和维金人后来都逐渐定居下来，同罗马人及后罗马社会融合在一起。

关于早期英国城市状况的材料不是很多，新近出版的《剑桥不列颠城市史》考察了英国从盎格鲁－撒克逊早期的居民点到20世纪中叶城镇成长、发展和演进过程。利兹大学教授D. M. 帕利泽（D. M. Palliser）主编的《剑桥不列颠城市史》第一卷主要叙述了公元600年至1540年间英国城镇发展历程。作者认为从7世纪开始，英国城镇生活"复兴"了，主要在不列颠原罗马城镇旧址或附近地区，像伦敦和约克等城市一直成为当地政治中心。可以说，早期城市发展基本上是"罗马人留下的遗产"③。帕利泽甚至认为，不列颠南部如果没有经历罗马人的长期占领，英国中世纪和现代城市模式也许会"完全不同"。显然，帕氏非常看重早期罗马人留给不列颠的影响，有夸大罗马人对英国城市发展作用的嫌疑。

除罗马人外，早期入侵者中北欧维金人对不列颠岛影响也比较大，表现在语言、地名、丹麦习惯法和石头壁画等方面，还有一个很重要的

① S. R. Epstein, 2001: *Town and Country in Europe, 1300 – 1800*, Cambridge University Press, p. 1.

② 《马克思恩格斯全集》第7卷，北京，人民出版社，1959年，第400页。

③ D. M. Palliser, 2000: *The Cambridge Urban History of Britain, Volume I, 600 – 1540*, Cambridge University Press, p. 17, 24.

影响是体现在城市上。这些入侵者建立了许多贸易地点，尤其是在爱尔兰，几乎所有重要的城镇都是他们创建的，像都柏林、沃特福德（Waterford）、韦克斯福德（Wexford）、科克（Cork）等。在英格兰，约克城就是他们建立的贸易地点，也是他们的首都，再往南，斯堪的纳维亚人还被视为“五堡之民”，这五个城堡分别是林肯、斯塔夫德、德比、诺丁汉和莱斯特，都是英国中古时期很有名的城镇。[①] 克里斯托弗·戴尔（Christopher Dyer）教授查阅了诺曼征服前英国社会状况的资料和一些学者的研究成果，发现到9世纪中叶时，英国可以称之为“城镇”的地方不会超过12处，城镇人口不到总人口的2%。[②] 在我们所查阅的资料中，只有尼古拉斯对英格兰早期城市化评价较高，他认为在诺曼征服前，英格兰在西北欧地区曾经是“城市密度最高”的国家。[③] 或许他指的是罗马不列颠时期，因为自5世纪之后很少发现城市获得显著发展的证据。总的说来，中世纪早期英国城市化水平是很低的，大概与不列颠岛政局动荡有关。据《盎格鲁－撒克逊编年史》记载，来自海外的入侵者和岛内的各种冲突时时造成“劫掠城市”、“焚毁市镇”等行为，此类词汇在书中出现频繁概有数十次之多。

1066年，诺曼征服在英国开创了诺曼王朝。“征服者”威廉一世于1086年对全英土地、人口等情况进行了详细调查，后汇编成《末日审判书》，我们关于英国早期城市化最全面的信息正是来源于此。根据《末日审判书》记载，诺曼征服时期或11世纪下半叶，城市人口在3%～5%之间，当时英国人口大约有150万左右，95%以上的居民都生活在农村，其中包括许多大大小小的贵族。[④] 著名中世纪史家布瓦松纳对城市人口数量估算稍高一些，认为1060年英格兰城镇居民总数约16.6万人，如此则城市人口比例在10%左右。我们综合上述观点，折中取一中间值，即7%～8%。这样我们得到了英格兰在中古时期关于城市化水平的最早数据，尽管粗糙，仍有一定参考价值。

诺曼征服无疑对英国的语言和文化造成了严重破坏，英语沦落为社会下层人士使用的语言，而诺曼法语则成为上流社会和官方大力提倡的语言，再也看不到用英语创作的文学作品，也很难看到用英语发布的令

① Paul E. Szarmach, M. Teresa Tavormina, Joel T. Rosenthal, 1998: *Medieval England: An Encyclopedia*, New York & London: Garland Publishing, Inc. pp. 762－763.

② Christopher Dyer, 2005: *An Age of Transition? Economy and Society in England in the Later Middle Ages*, Oxford: Clarendon Press, p. 13.

③ David Nicholas, 2003: *Urban Europe, 1100－1700*, New York: Palgrave Macmillan, p. 4.

④ 蒋孟引:《英国史》，北京，中国社会科学出版社，1988年，第87页。

状。除此之外，“征服者”——诺曼底公爵威廉无情地蹂躏了英格兰许多城镇，使得这些城镇成为王朝更迭的受害者。譬如，据《末日审判书》记载，牛津只有243户人家有能力缴纳捐税“盖尔德”（geld），剩下的478户如果说不是一贫如洗，也已经被劫掠蹂躏得无力承担任何赋税了。切斯特（Chester，柴郡首府）、约克、多尔切斯特（Dorchester，多塞特郡首府）境遇也好不到哪里去。① 其中约克郡卷入了北方叛乱，受损尤甚，1607户宅院中有1029户到1086年时基本上“废弃”，切斯特承担定期税（periodic taxation）的居民由11世纪60年代的487家下降到1086年的282家，这一数字表明“切斯特的人口从3019人降至1748人”，人口减少了约40%②；什鲁斯伯雷、伊普斯维奇等也都遭到不同程度破坏。因为很多城堡对诺曼政权而言，都是一种显而易见的威胁，所以遭到大规模的拆除，这样就不可避免地损毁了许多城镇建筑和民宅。与此同时，岛内经济生活、同波罗的海地区的贸易以及一些工业生产都受到影响，像柴郡盐矿在1086年食盐产量价值不及1066年的1/3。③ 可以说，英格兰的城市发展进程暂时遇到些许挫折，一些城镇经济一度有所萎缩。

与欧洲大陆相比，不列颠岛城市发展进程显然要晚一些。“征服者”威廉一世一方面削平大量反叛的英格兰土著贵族堡垒，另一方面同时也兴建了一些堡垒，像他在佩文西、黑斯廷斯、坎特伯雷和罗切斯特都建立了城堡，还在伦敦开始建造伦敦塔，在去世的前几年他还建造了后来成为英国王室称号的温莎城堡。至1087年去世时，威廉总计建造了23座城堡。④ 这些城堡很多都具有鲜明的“法兰西”风格，在诺丁汉郡数量最多。⑤ 从1086年开始，英格兰许多地区城镇经济开始出现复苏迹象，老城镇不断膨胀，新城镇不断建立起来，南部沿海地区尤为显著。东南地区大概与法兰西商贸往来密切，在1066～1086年间，佩文西（Pevensey）、桑维奇（Sandwich）和奇切斯特（Chichester，西苏塞克斯郡首府）

---

① Austin Lane Poole, D. Litt., 1986: *From Domesday Book to Magna Carta, 1087－1216*, Oxford: Clarendon Press, pp. 64－65.

② ［美］迈克尔·V. C. 亚历山大：《英国早期历史中的三次危机：诺曼征服、约翰治下及玫瑰战争时期的人物与政治》，林达丰译，北京，北京大学出版社，2008年，第41页。

③ Edward Miller and John Hatcher, 1995: *Medieval England: Towns, Commerce and Crafts 1086－1348*, Longman Group Limited, pp. 39－40.

④ ［美］迈克尔·V. C. 亚历山大：《英国早期历史中的三次危机：诺曼征服、约翰治下及玫瑰战争时期的人物与政治》，林达丰译，北京，北京大学出版社，2008年，第38、40页。

⑤ Susan Reynolds, 1977: *An Introduction to the History of English Medieval Towns*, Oxford University Press, pp. 42－43.

三地城镇房屋数量明显增加，城镇人口日渐稠密，兴旺的贸易活动使得各个城镇财政收入大增，其中多佛（Dover）通行税几乎增加了3倍。[①]

新建立的设防城堡（borough）大都享有一定自治权，大概采取了某种“市镇规划”（town – planning）措施，每处房屋都有固定的宽度和面积。譬如，埃文河上的斯特拉福德，每一处市民房屋宽3.5杆、长达12杆[②]；在利克（Leek），每一个自由市民（burgess）可以占地半英亩建房，还在镇外拥有1英亩地块。[③] 一些老城镇也进行了一定规划，那些由木棍荆条垒建起来的民房很难经得起一次火灾或一场暴风雨的考验，这都为老城改建和新城区兴建提供了机会。关于诺曼人对英国城市的影响，《不列颠百科全书》的著者持“积极影响”说，认为“诺曼征服推动了商人基尔特（Gild Merchant）在英国的出现。诺曼市民及其更先进的诺曼经济制度的影响，导致了英国农业地位的下降和城市地位的上升，城市数量也不断增加”[④]。在12世纪，英格兰城市经济发展开始进入繁荣时期。

因此，征服战争和政权更迭虽然对英国城市发展带来一定的消极影响，但从长远来看，这些消极影响持续时间较短，因为英格兰王国最大、最繁荣的城市——伦敦——由于适时“屈服”免遭浩劫，许多城镇纷起效尤，没有采取什么抵抗行动，自然也就没有遭到入侵者的严重破坏。对此，英国史家阿萨·勃里格斯说：“这些不幸的人如此软弱无能……似乎整个王国的力量都随哈罗德一起消失了。”[⑤] 因此，在诺曼征服后，相当多的城镇保持了现状，英格兰的城市制度、习俗也没有发生显著变化。比较一番1086年和1066年的王室收入可发现，诺曼王室获自城镇的税收较之以前的盎格鲁 – 撒克逊王室增加了。据记载，当1087年威廉去世时，王室岁入总额约在“14000英镑到17650英镑”之间，相当于“忏悔者”爱德华王时期岁入的3倍。当然，存在着诺曼统治者加强了剥削和搜刮英国市民的这种可能性，不过，这更可能是英格兰城市经济在诺

① Edward Miller and John Hatcher, 1995: *Medieval England: Towns, Commerce and Crafts 1086 – 1348*, Longman Group Limited, p. 40.

② 长度单位，约合5.5码。

③ Austin Lane Poole, D. Litt., 1986: *From Domesday Book to Magna Carta, 1087 – 1216*, Oxford: Clarendon Press, p. 65.

④《不列颠百科全书》第10卷，第10页，转引自金志霖：《英国行会史》，上海，上海社会科学院出版社，1996年，第29页。

⑤〔英〕阿萨·勃里格斯：《英国社会史》，陈叔平、刘城、刘幼勤、周俊文译，北京，中国人民大学出版社，1991年，第60页。

曼征服后得到继续发展的一种间接证据。

帕利泽教授就明确断言，诺曼征服在英国城镇生活的许多方面“根本没有造成中断”①。著名经济史家波斯坦教授也认为，诺曼征服没有中断与欧洲的商业联系，但是如果非要说有什么影响的话，也只是“增加了这种商业联系”，东昂格里亚地区的港口林恩（Lynn）、亨伯（Humber）不断地泊有来自挪威的“满载着木材、鱼和鱼油”的商船，英格兰输往北欧的则主要是“小麦、蜂蜜、上好的面粉和呢绒”，除北欧外，英格兰与大陆尤其是与低地国家贸易活动更为密切，以至于成为“欧洲中世纪经济的典型特征”。② 美国中世纪史专家汤普逊的评论更为直接，认为诺曼征服“加强了英国和欧洲大陆的联系”，极大地刺激了同欧洲大陆的贸易活动，包括地域偏远的中东欧如德意志和俄罗斯等国，这种贸易联系在诺曼王朝诸王统治期间一直持续着，直至金雀花王朝也没有改变，以至于在1157年时，英王亨利二世还批准了“科隆商人在伦敦的一个侨居地”的特许权，“狮心王”理查一世授予他的“亲爱的科隆市民”以自由特许状，免除他们交给英格兰王室的各项捐税。③ 这些都是与中欧进行贸易往来的典型例证。此外，诺曼贵族还邀请犹太人到城镇生活。大概这是来英国定居的第一批犹太人，对繁荣和刺激城镇经济无疑具有积极意义。总的说来，处于英国南部地区尤其是海岸线一带的城镇，由于和大陆贸易而带来的繁荣远远超过北部地区，其城市化进程直至18世纪前一直走在其他地区前列。

教会也对英国城镇发展作出一定贡献。在所谓的“黑暗时代”，一些罗马城镇保留下来（其中许多是主教驻节城市），当然人口和规模已大为缩减。不过，中世纪早期的这些城市与以前的罗马城市相比存在明显不同，此时各种教会团体开始对它们的形成产生重要影响，因为教会是以帝国城市制度为基础、根据罗马的城镇区划而建立教区的，教会的纪律迫使主教常驻一地，他们必须经常住在各自教区的主教教座所在的城镇。所以，当世俗政府对城镇失去控制和管理的时候，基督教会并没有放弃城镇，城镇也没有失去宗教管理中心的性质，相反由于世俗国家的放弃，主教们对城镇的影响更大、更强了。这在欧洲大陆的法国尤为

---

① D. M. Palliser, 2000: *The Cambridge Urban History of Britain, Volume I, 600 - 1540*, Cambridge University Press, p. 6.

② ［英］M. M. 波斯坦、H. J. 哈巴库克:《剑桥欧洲经济史》第2卷，王春法译，北京，经济科学出版社，2002年，第237～238页。

③ ［美］詹姆斯·W. 汤普逊:《中世纪晚期欧洲经济社会史》，徐家玲等译，北京，商务印书馆，1996年，第199～200页。

显著。大主教、主教、修道院等都在城镇中占有数量庞大的地产，享有政治权利、垄断司法和商业贸易，因此有学者称法兰西为“教会封建主义”。在德国，直到12世纪末，城市9/10的市场权还由教会和修道院控制，基督教会对城镇的影响也是十分显著的。①

在盎格鲁－撒克逊时代的英格兰，受教会影响所建立的城镇远远不及欧陆法国，有较大影响的也就坎特伯雷、温契斯特和伍斯特等寥寥数城而已。在英格兰多数城镇里，教堂位于堡的一个封闭的角落里，常常与其他世俗机构分离开来。不过，越来越多的考古证据表明，“城市生活复苏的最初迹象是与重要的教堂联系在一起的”，“当时最有组织的社区是大教堂和修道院，手工业者、工匠、仆人和乞丐全都聚集在它们门前”。9世纪后期人们在翻译比德作品时，把他使用的“urbana loca”没有译成“城市”，而是译为“修道院所在地”②，可见两者之间的密切联系。大约有数十个英格兰城镇都是从修道院和集聚在它们门前的居民点发展而来的。在诺曼征服后，一些新教堂和修道院在塞尔比（Selby）、什鲁斯伯里（Shrewsbury）、切斯特（Chester）、斯波尔丁（Spalding）、科尔切斯特（Colchester）和巴特尔（Battle）等地破土兴建，一些英格兰教会主教驻地也开始从农村迁到城市。当1072年大主教兰富兰克决定将几个主教驻地迁到较大地点时，在某种程度上意味着基督教会开始与英格兰城市发展更密切地联系在一起。在教会和修道院周围，一些新的居民点发展起来，有的就在修道院大门口，它们存在的主要目的就是为“修道院长和基督徒兄弟”提供各种生活用品和服务。③

此外，我们还发现，即便这些英国主教城镇也都存在市场活动，可见，它们在一定程度上都是当地贸易中心。坎特伯雷建于9世纪，附近是圣奥古斯丁修道院，残留的特许状证明该城有牛市，还有相当大的土地市场。温契斯特和伍斯特也有一个类似的土地市场及其他商品市场，主教有权对不诚实的贸易者处以罚款。④ 不过，总的说来，英格兰教会势力对城镇影响远不及欧洲大陆。

---

① 王亚平：《权力之争——中世纪的君权和教权》，北京，东方出版社，1995年，第309页。

② 〔英〕约翰·布莱尔：《盎格鲁－撒克逊简史》，肖明翰译，外语教学与研究出版社，2008年，第125页。

③ Edward Miller and John Hatcher，1995：*Medieval England：Towns，Commerce and Crafts 1086－1348*，Longman Group Limited，p.41.

④ R. H. Hilton，1992：*English and French Towns in the Feudal Society*，Cambridge：Cambridge University Press，p.29.

其他证据也表明，盎格鲁－撒克逊时代的英格兰不是一种简单的自然经济，贸易活动正处在发展之中。从7世纪以来，不列颠城市商业活动得以迅速恢复，显然这是英国参与欧陆国际贸易，特别是同莱茵兰地区进行贸易的结果。这在某种程度上印证了“中世纪的城市起源于商业发展”的观点。比利时历史学家亨利·皮雷纳就持此类观点。他认为，欧洲大陆城市是商人围绕设防地点（城堡和堡垒）的聚居地，是由于商业的发展和扩大而产生的。“随着海上贸易的逐渐发展，古老的马赛港恢复了生气……巴塞罗那也从中得到好处……在令人神往的伦巴第平原上，城市像庄稼一样茁壮成长。……随着商业的发展……所有古罗马的城镇，所有古罗马的自治市，重新出现了新的生机。”①

从7世纪以来，英国王权发展也构成了不列颠城镇成长的一个重要因素。在中古初期，西欧各地封建主出于安全和防卫考虑，还陆续修建了一些城堡以防御匈牙利人、穆斯林和北欧维金人的侵扰。英格兰也同样如此，除上述主教城市外，盎格鲁－撒克逊王室也建立一些“堡”，不仅为了防御北欧的斯堪的纳维亚入侵者，也是减少不列颠岛上前封建时代诸王国之间战争造成的损失。显而易见，这些城市一般都是一些行政中心和军事设防据点，虽然也具有一些经济功能，如征税集散地、监督和保护贸易活动，但更多的是一种“政治发展的标志”，没有多少经济意义可言。此时，城镇居民丝毫也不享有特权地位，他们生活其下的制度是习惯法的制度，与城镇外的人们的区别仅在于他们是聚居在一个地方而已。

可见，西欧中世纪早期的城市与古代中国等东方封建社会城市拥有许多共同点，都存在着浓厚的政治和军事色彩，两者之间的差异是后来出现的。大约9世纪后，直至11世纪，西欧有大批城市涌现出来，城市特征亦逐渐发生变化，中国和西欧中世纪城市差距日大。7～9世纪间，带有城墙的“堡”的政治、军事性质逐渐让位于经济和贸易中心，这时英格兰许多堡的兴建都是伴随着贸易发展和银进口而出现的，像诺里奇、福特维奇（Fordwich）、伊普斯威奇（Ipswich）、伦敦、桑维奇（Sandwich）和南安普敦（Southampton）等。

① ［比利时］亨利·皮雷纳：《中世纪的城市》，陈国樑译，北京，商务印书馆，2006年，第59～60页。

当然，也有学者持有其他关于英国城市起源的各种观点。[①]无论城市如何起源，到中古盛期时，西欧城市主要是一个经济中心，这些城"堡"与周围的庄园和居民点有所不同，拥有自己的法律，居民享有一定人身自由，不负担低贱性的劳役。"堡"的居民主要是工商业者，从事商品生产、贸易交换，城市的经济功能日益增强、经济地位日益重要，这已经是一个不容忽视的事实。这时的城市逐渐褪去了中世纪早期的特征，逐渐展示出一种新的风貌。

相形之下，古代中国城市变化甚小，甚至可以说基本上没有出现什么重要变化。我国著名史学家何兹全先生说，中国春秋以前的城"是贵族的居住点。春秋战国之际，交换经济兴起，城市同时成为商品货物积聚处，也是商人、手工业者的居住处"[②]。一个城市主要由官府、居民区和市组成。战国秦汉的"市"是在官府管理和控制之下的，"层层的交易丞、钱府丞、市啬夫、市令、长，都属于政府系统而为一个分支"。[③]因此，商人的商业活动完全处在政府官吏的控制下，没有什么自治权，也没有自治组织。从秦汉直至明清，政治和军事需要始终是封建城市形成的基本条件和动力，封建城市始终保持着鲜明的政治、军事特征，是中央政权牢牢控制下的军事单位和"郡县城市"。[④] 由于城市里工商业者很少，所以在郡县城市中到处弥漫的是使人窒息的专制主义气氛。西欧中世纪城市突出的经济功能则反映了市民阶级力量强大，他们通过各种斗争方式赋予了城市自治和自由。当然，此时城市更多的是一个贸易和商品交换中心，"生产"职能还不突出。因此，对于大多数城镇发展而言，商品贸易活动要比手工业生产更加重要。随着贸易活动的展开，手工业和商人群体逐渐增大，经济力量的增强促使他们要求获得一定的政治特权，而且在很多时候他们有财力从封建主或国王手中"购买"自由和自治权利。

关于中古时期西欧城市拥有的特殊的法律地位，学者们不存在较大

---

① 西欧城市起源说法不一，尚有"马尔克起源说"、"基尔特起源说"和"庄园起源说"、"特权说"和"市场法说"等。见马克垚：《西欧封建经济形态研究》，北京，人民出版社，1985年，第283～296页；刘景华：《西欧中世纪城市新论》，长沙，湖南人民出版社，2000年，第4～16页；〔英〕詹姆斯·W. 汤普逊：《中世纪经济社会史》下册，耿淡如译，北京，商务印书馆，1984年，第415页。

② 何兹全：《中国古代社会》，北京，北京师范大学出版社，2007年，第218页。

③ 何兹全：《中国古代社会》，北京，北京师范大学出版社，2007年，第221页。

④ 胡如雷：《中国封建社会形态研究》，北京，生活·读书·新知三联书店，1979年，第248～249页。

分歧。大体说来，中世纪城市有着自己独特的含义：是“靠工商业维持生存，享有特别的法律、行政和司法，一个享有特权的集体法人”①，简言之，具有一种政治自治、地方自治的倾向。通常，这些城市定期举办市集，各地商贾、手艺人和工匠云集。普通市集享有自由贸易、商业仲裁和人身安全等特权。城市通过购买特许状从国王处取得权利后，发展成为自由城市，享有包括市民人身自由、领地自由、独立法庭及财政自由和贸易自由特权。自由城市再进一步发展则为自治城市，有权选举自己的市政官员，主持管理城市内部事务。到《末日审判书》（1086 年）汇编时代，英格兰大约有 112 个城堡和 44 个市场，尽管有些地方不尽符合城市的标准，至少可以确定有 70 个规模较大的城镇，这是毋庸置疑的。这些城镇中大约一半都位于泰晤士河以南的诸郡。

当然，作为封建社会内的政治实体，中世纪城市也是封建王国内的一级行政组织，重大事端须以王命是从，履行王国治下属员的许多职责，譬如代行郡守收缴赋税和为王家征收关税；司法上仍要接受王室法律的管辖，自备武器、马匹参军服役，执行国家商业管理、禁运、扣押、限价等法令。② 可见，中世纪西欧城市具有两重性，既有自治性，也有郡县性。郡县性是东西方封建社会中城市都存在的共性，而自治性则是东西方社会中城市的差异所在，是西方城市独具的特性。③ 城市的这种自治权利是城市居民采用从货币赎买到武装斗争等方式和手段争取的，在中世纪相当长的一个时期内是占据主要地位的。

总的说来，中古城市与封建庄园是两个不同的世界：一边是自由，另一边是奴役。当然城市也存在奴役现象，庄园也存在一定自由，不过在维兰佃户眼中，他们看到的更多则是城市的“自由”和乡村的“奴役”。在这样境况下，不难理解，庄园里的农奴们普遍向往城镇的自由，向往城镇市民享有的种种权利。逃亡也就在所难免了。

（三）农奴逃亡浪潮

农村劳动力由乡村向城市的转移有多条途径，农奴逃亡就是劳动力转移在特定时期的途径之一。英国 12 世纪法学家格兰维尔（Glanvill）

① 〔比利时〕亨利·皮雷纳：《中世纪的城市》，陈国樑译，北京，商务印书馆，2006 年，第 133 页。

② 马克垚：《英国封建社会研究》，北京，北京大学出版社，1992 年，第 254 ~ 257 页。

③ 谷延方、黄秋迪：《西欧多元权力结构与中世纪向近代社会的转变》，见《社会转型问题研究——天津国际学术研讨会》，长春，吉林人民出版社，2000 年，第 509 页。

在其《英格兰王国的法律和习俗》一书中阐述了维兰获得自由的几种合法途径：第一种是领主放弃对农奴及其后代的权利要求。第二种是将农奴售卖给有意释放的第三者，即“赎买”农奴；格兰维尔强调农奴不能用“自己的金钱寻求自由”，因为农奴所有的动产属于领主，所以第三者可以购买农奴后予以释放。第三种方法是在特权城镇里居住一年零一天。[1] 显然，上述三种方法中，头两种有些脱离实际，很少有领主会主动放弃对农奴的所有权，也很少有农奴能够积攒足够钱财通过第三方“赎买”自己及后代，即便有也不会很多，那么对于大多数农奴而言，最现实、便利的摆脱奴役地位的途径和手段就是逃亡到城市里。

据记载，许多在乡村无法维持生存的农奴、小自由农都选择了迁移城镇，有的甚至是比较富裕殷实的大农。像1252年，克劳利庄园一农奴逃亡，就留下了大量动产，计有2匹马、2头母牛、2头公牛、1匹小马、1头小母牛、31只母羊、27只阉羊、未剪毛的1岁羊11只、26只羔羊、5头大猪、4只小猪和12只鸡、3蒲式耳燕麦、6蒲式耳小麦、43/8夸特大麦，7个蜂箱和价值7便士的蜂蜜及一些衣物等。[2] 这似乎在提示我们，农奴逃往城镇的动机不是经济方面的，至少不仅仅局限于生计，自由和尊严也是不容忽视的原因。希尔顿教授还提供了另一逃亡农奴约翰·马申的财产纪录。纪录表明约翰是一位耕种了39英亩份地的维兰大农，留下的动产有2头公牛、1头母牛、1头小牛、4头母猪、20只鹅、1只公鸡、4只母鸡和一些腊肉，还有马车1辆、风车1辆、筛子1个、犁1架、烧柴3车以及3大桶（约5夸脱）谷物和5蒲式耳麦芽。[3] 可见，这位逃亡农奴也是一个“半资产者”。逃亡就意味着舍弃大部分家当，仅存身上些许轻便财物，抛家舍业是逃亡农奴的普遍现象。抛弃一切、逃向一个未知的天地，对于大多数农奴而言，并不是一个容易作出的决定，但依然有一部分农奴选择了“一无所有”的自由，这从一个侧面反映了农奴对自由的渴望。城镇正是他们憧憬中的桃园和乐土。

在很多情况下，农奴逃亡是由城市自治运动引发的后果。就英国而言，城市取得自治不像欧陆通过武装斗争手段，更多的是采用货币赎买

① Harry Rothwell, 1975: *English Historical Documents, 1189–1327*, London: Eyre&Spottiswoode, p.829.

② N. B. Grass, 1930: *The Economic and Social History of an English Village*, Harvard University Press, p.70，转引自侯建新：《现代化第一基石——农民个体力量成长与中世纪晚期社会变迁》，天津，天津社会科学院出版社，1991年，第123~124页。

③ Hilton, R. H. 1976: *The English Peasantry in the Later Middle Ages*, Oxford University Press, p.42.

方式，尤其是在理查一世和约翰王时期为了得到急需的金钱，大量颁赐城市特权证书，特权内容也比以前广泛。城市自治运动的出现在一定程度上促进了农村人口流动和劳动力转移的历史进程，而劳动力转移和人口流动又促进了城市人口发展和城市经济繁荣。意大利历史学家萨尔韦米尼在研究意大利城市时曾经说过："追究一个贵族的根底，你就会发现原是一个商人。"① 同样，研究中古时期历史的学者们经常发现，在很多种情况下，13 世纪的英国城镇市民倘若追述其出身的话，很有可能就是由 12 世纪的维兰佃户转变而来。倘若将农奴出身的市民打入另类，喧闹繁荣的城镇很可能瞬间经济凋敝、繁华不在。英国城市复兴就是在这一背景之下出现的，也可以说是农村劳动力转移和人口流动的一个产物。因此，城市复兴与农奴逃亡、城市自治运动是同一历史事物的三个方面，是三位一体的历史过程。

当然，在中世纪历史上，一个集体性团体享有一定内部自治，并不罕见，这本身并不具有什么重要意义。远在公元 1000 年以前，许多修道院的僧团都曾经享有过自订团规的权利，但它们"……只不过都是历史陈迹而已，几乎毫无近代意义"②。然而，唯有中世纪城镇则超越了所有的自治团体，显示出非同寻常的意义，完全不同于修道院。简言之，它是一种由社会"结构性"要素发展为"解构性"因素的历史事物。最初，这种社会关系体制原本是封建社会的组成部分，即"结构性"要素，像缴纳捐税、辅助王权、维持治安和缉拿盗匪等，不过与庄园不同的是，城市居民享有一定程度的自治和自由，诸项权利义务都写在一纸法律文书之中，这就是"特许状"或称"城市宪章"。也可以说，"特许状"是中世纪城市市民阶层在封建体制内形成"飞地"的外在法律形式，所体现的种种经济关系和法律关系与封建庄园和修道院是不完全相同的。而随着城市和商品经济的发展，城市的自治不仅没有灭亡，而且逐渐向外扩大传播，对广大农村居民产生吸引力，也就是城市"拉力"。许多乡村居民尤其是农奴就逃亡到城镇，以摆脱奴役争得自由。这样一来，城市就对封建性庄园制度起到腐蚀、摧毁作用，由"结构性"要素转变成了封建社会的"解构性"要素。

所以，中古时期流传的一句谚语"城市的空气使人自由"，就是指

① 〔美〕詹姆斯·汤普逊：《中世纪晚期经济社会史》，徐家玲等译，北京，商务印书馆，1996 年，第 303 页。

② 〔法〕泰格、利维：《法律与资本主义的兴起》，纪琨译，上海，学林出版社，1996 年，第 108 页。

农奴如果逃亡到"特权"城市里，其主人无权抓回，如果平静地居住了一年零一天，并进入行会，即成为自由人。[①] 在城市争取自治的斗争中，上述谚语演变成了习俗，继而成为被社会普遍接受的"接纳法规"。当然在不同时期、不同地区，"城市的空气使人自由"之习俗存在差异。有的城市规定，逃亡到城市的农奴要在一定时期内履行市民义务，交纳各种费用；有的城市甚至规定，只有城市行会成员方可获得市民身份。但大体说来，中古时期绝大多数城市对农奴都是开放的，持欢迎态度的。[②]

农村移民范围显然同城镇的"拉力"影响范围密切相关。其实，这种"拉力"不仅体现在城镇政治和法律层面，也体现在城镇经济层面。据罗伯特·福塞尔（Robert Fossier）研究，伴随着城镇扩张而来的是城镇居民对食品和原材料需求的增加，一般说来，居民数量在3000人左右的城镇——在中古是非常普遍的，甚至是在城市等级中占据主流地位的，则需要面积10000公顷的地区为其提供谷物、肉类、酒类和木材，所以城镇市场需求所影响波及区域半径在15公里左右[③]，这恰好与中古英国农村居民地域流动中最普遍、最有代表性的"短距离"迁移模式大致相吻合。直至中古晚期，短距离的地域流动——迁移距离在方圆数英里之内，移民中的绝大部分最远不会超出"流出地"20英里范围，多在10～20英里左右。譬如埃克塞特的移民半径是20英里，莱斯特、诺里奇和诺丁汉的移民来源也是如此，比它们大得多的约克市依然如此。[④] 因此，中世纪居民的流动迁移不仅取决于城镇的政治"拉力"，也取决于城镇的经济张力和辐射范围，中世纪城镇的各种"拉力"都在不同程度上影响着农村移民的动机和流动方向。

我们至今无法精确算出农奴逃亡的具体数字，也不确切知道多少农奴躲过领主追捕而逃入城镇，不过可以合理推测他们构成了中世纪城市市民的一个重要来源。一些学者的相关研究可供参考，像中世纪史家P.

① Harry Rothwell, 1975: *English Historical Documents, 1189 - 1327*, London, Eyre & Spottiswoode, p. 830.

② 中古后期，由于贫穷移民与日俱增，各种社会问题涌现，城市对移民限制日多，甚而规定只有自由人，方可接纳为城市市民。马克垚：《西欧封建城市初论》，《历史研究》1985年第1期，第162页；Hilton, R. H., 1976: *The English Peasantry in the Later Middle Ages*, Oxford University Press, p. 76。

③ Robert Fossier, 1988: *Peasant Life in the Medieval West*, translated by Juliet Vale, Basil Blackwell Ltd., p. 150.

④ David Nicholas, 2003: *Urban Europe, 1100 - 1700*, New York: Palgrave Macmillan, p. 43.

布瓦松纳认为在城市自治运动后，西欧人口大约有1/10流入城市。① 这些流动人口当然不全是逃亡农奴，但农奴一定会占其中很大一部分。所以，马克思也认为，西欧中世纪城市主要是由“获得解放的农奴重新建立起来的”，从“中世纪的农奴中产生了初期城市的城关市民”②，说的都是同一道理。

二、农业生产的局限性迫使农村劳动力转移

在研究农村劳动力转移与城市化时，中外学者由于研究角度不同，提出了许多颇有见解的理论和观点，譬如E. S. 李的“人口迁移理论”、库兹涅茨的“人口再分布”理论、舒尔茨的“投资与收益”理论、托达罗“预期收入”理论等，其中唐纳德·博格等人于20世纪50年代末提出了一种“推力—拉力”理论。③ 尽管上述理论大多出自现代史家研究18世纪工业革命后的人口流动和城市化经验所得，不过对于我们考察中世纪英国农村劳动力转移与城市化动力机制，仍不失为一个有益的视角。在笔者看来，中世纪英格兰初步形成了劳动力转移与城市化的动力机制——“推—拉”机制。乡村社会产生“推力”，城镇特权地位产生“拉力”，吸引和拉动农村人口走出土地走向城市。当然，乡村也存在阻碍劳动力转移的“拉力”，城镇也存在不利于人口流动的“推力”，正是在上述各种“拉力”和“推力”因素综合作用下，中世纪英格兰农村劳动力转移与城市化获得一定发展，畜牧业、纺织业等非农行业逐渐兴起，城市化水平不断提高。这里主要谈一下中世纪英国乡村社会存在的一些推力因素。

中世纪英国农村人口不断流动也是由农业生产本身特点造成的，因

① 〔法〕P. 布瓦松纳：《中世纪欧洲生活和劳动：五至十五世纪》，潘源来译，北京，商务印书馆，1985年，第114、205~206页。

② 《马克思恩格斯选集》第1卷，北京，人民出版社，1995年，第57、273页。

③ 其主要内容是，人口流动是两种不同方向的力作用的结果，一种是促使人口流动的力量，即有利于劳动力转移的积极因素；一种是阻碍人口流动的力量，即消极因素。在人口流出地（农村）存在着上述两种力量，当积极因素占据主导地位时就会将当地居民“推出”土地；反之，当阻碍人口流动的因素占据主要地位时就会将农村人口“拉住”而留在当地。同样，在人口流入地（城镇）也存在着上述两种因素，即吸引农村劳动力的“拉力”和阻碍农村移民的“推力”。当城镇“拉力”超过“推力”时则吸引了源源不断的农村移民；反之，“推力”超过“拉力”时农村移民则望“城”兴叹，被拒之城外。钟水映：《人口流动与社会经济发展》，武汉，武汉大学出版社，2000年，第21页。因此，劳动力转移与城市化进程就是农村“推力”大于“拉力”、城镇“拉力”大于“推力”，从而在城乡之间形成了“推力—拉力”机制共同作用的结果。

为农业生产存在着“季节性”失业现象、农业生产边际收益递减性、土地生产资料同农业劳动力之间的不平衡性等，这些都是“推动”人口流动的诸多因素，它们共同构成了中世纪英国农村劳动力转移中的“推力”，其中，“季节性失业”现象是推动农村劳动力转移与城市化的“推力”因素之一，促使劳动力在一定程度上打破地域性限制产生流动，摆脱对领主、土地的依附关系。这种劳动力转移既包括向非农领域转移，也包括农业社会内部各地区之间相互流动。

（一）农业“季节性”失业现象

中古农业生产存在“季节性失业”现象。无论农民家庭土地丰裕与否，经营农业都存在季节性失业，这是一个无法改变的现实。春夏秋三季是农业生产较为繁忙季节，秋收是最为繁忙的，领主要求农奴、自由农等佃户的“帮工”多在此时，乃至英国许多地区农民婚丧嫁娶之事都改在冬季举行。有些城市织工也在秋收季节停工，赶往乡下帮助收割谷物；有的城市则明确规定禁止在秋收季节从事纺织品生产，譬如诺里奇，城市当局规定织工在秋收季节从 8 月 15 日始停工一个月；[①] 1376 年，科茨伍德的纱线被禁止出口，原因之一是它在农忙季节从收割庄稼的农业地区招收了劳动力。[②] 所以许多庄园禁止农民在农忙季节从事工业生产，因此，农业生产的“季节性”是非常明显的，甚至在相当程度上影响了城镇的生产生活节奏，但农忙高峰一过，失业现象便突兀起来，尤其在冬季农业生产几乎处于停顿状态，农民无事可做，失业最为严重。这种“季节性”失业既给许多仅靠农业维持生计的人家造成威胁，也为他们从事非农产业提供了必要的劳动时间。

因此，在许多地区一到冬季，大量工业活动便代替农业活动，费尔南·布罗代尔提到，有些地区“甚至不怕引起火灾，点着蜡烛赶夜工”[③]。保尔·芒图也提到“冬天当田间劳动暂停的时候，所有茅屋中的火炉旁都发出了孜孜不倦的纺车的嗡嗡声”[④]。因此，中古农民从事家庭

---

① L. F. Salzmann, 1913: *English Industries of the Middle Ages: Being an Introduction to the Industrial History of Medieval England*, London: Constable and Company LTD., p. 151.

② ［英］M. M. 波斯坦、H. J. 哈巴库克主编：《剑桥欧洲经济史》第 3 卷，周荣国译，北京，经济科学出版社，2002 年，第 273 页。

③ ［法］费尔南·布罗代尔：《15～18 世纪的物质文明、经济和资本主义》第 2 卷，顾良译，北京，生活·读书·新知三联书店，1993 年，第 320 页。

④ ［法］保尔·芒图：《十八世纪产业革命——英国近代大工业初期的概况》，杨人楩、陈希秦等译，北京，商务印书馆，1997 年，第 43 页。

副业、发展乡村工业具有明显的“季节性”，主要就源于农业生产的“季节性”，这种状况在相当长时间内成为农村居民向非农领域流动的一个重要特点。甚至直至近代早期，英国东南部乡村工业发达地区之一——威尔德地区呢绒生产周期依然是“夏季停工”，在冬季“圣诞节和来年春末”最为繁忙红火。① 许多农民即便不从事家庭副业生产也往往外出打工，四处流动。农业生产的季节性特点在王室和政府法规中也留下了痕迹，像都铎和斯图亚特王朝时期颁布的1601年“济贫法”和1662年“定居法”，限制贫民“长期流动”，要求必须在40天内遣返原籍等，但却“允许居民在收获季节”暂时流动，因为这时农业急需大量劳动人手。

因此，中世纪史家科斯明斯基发现，仆农和劳工在13世纪时就非常重要，以打工补充生活来源的人不仅有茅屋农和1/4份地持有者，还包括1/2份地持有者和全份地持有者，这种情况远比“资料所能证明和历史学家所能认可的更为重要”。据推算，当时的英格兰至少有1/3农民依靠打工赚钱生活。另据1380~1381年人头税簿，希尔顿认为，在东盎格里亚的村庄里50%~70%的男人受雇为仆农或劳工。这种情况并不限于东盎格里亚。同一年格洛斯特郡税簿表明，该郡存在大量仆农。在开普福特，登记的157人中，其中69人是仆农。此外，波斯坦关于自营地仆农或帮手的研究也证明了这种雇佣劳动力的重要性，“小土地持有者总要给领主或富裕村民卖工。就整体而言，13世纪村庄里的小农，即那些不能完全依靠自己份地生活而被迫进入劳工市场的人，数量巨大，常常超过中等农户人数，有时竟超过村庄里其他居民的总数”②。

可见“季节性失业”推动着英格兰农村大量失业和半失业人口“季节性”地向外转移，驱使农村中处于失业和隐形失业状况的劳动力向就业机会多、报酬高的村庄、地区乃至城镇流动，同时空闲时间的存在为农民从事家庭副业提供了可能条件，使一部分农业人口走上了发展乡村工业之路，尽管这些非农人口同时从事农业生产。自然经济下农村社会画地为牢、停滞静止状态在一定程度上被打破了。

① Michael Zell, 2004: *Industry in the Countryside: Wealden Society in the Sixteen Century*, Cambridge University Press, p. 213.

② Macfarlane, Alan, 1978: *The Origins of English Individualism: The Family Property and Social Transition*, Oxford: Wiley - Blackwell, pp. 148 - 149.

（二）人口与土地资源之间的不平衡性

农业生产存在着人口和土地资源之间的不平衡性。中古时期95%以上的人口直接依靠农业为生，土地之于他们就像“呼吸的空气一样重要”。随着人口日渐增多，土地日益匮乏，份地分割变小不足以维持家庭之需，资源和人口之间原本平衡的关系失衡了。生产资料不足的农户开始蚕食村落边缘地，或者将多余劳动力转移到手工业、畜牧业等。常见的是，在大量未开发土地存在情况下，村庄里土地资源严重短缺时便会出现大规模的垦荒和移民，从而在耕地扩大基础上重新达到人口和资源的“平衡”，而这种新的平衡会因土地资源的有限性和人口数量的膨胀被再次打破。

从有记载的《末日审判书》来看，11、12世纪英格兰的人口数量不断增加，处于上升的轨道之中。到13世纪末叶时，英格兰人口大概增长了300%，达到600万或者更多。[①] 人们普遍认为，这一时期几乎没有瘟疫，人口预期寿命（Life Expectancy）和生育率很高，早婚现象也很普遍。霍林斯沃思博士（Hollingsworth）将1143～1173年作为人口增长最快时期。[②] 当时总的看来，农妇每人生育的孩子在5～6个之间，可见生育率比较高。[③] 相应的，农村市场谷物价格迅速攀升，在1180～1220年间，小麦价格上升了两倍，到1270年在正常丰收年景下依然上涨了1倍。[④] 谷物市场供求关系和价格指数变化，无疑是人口和需求不断增加的一个重要反映。限于中古时代的技术水平和需求水平，小麦主要供城乡居民食用，很少进行深加工以作他用，因此，可以肯定地说，小麦价

---

① 学者们普遍认为，1086年，《末日审判书》中登记的人口150万左右，存在明显缺陷，因而低估了英格兰人口数量，合理的估算应该在200万～300万人之间。Edward Miller and John Hatcher，1995：*Medieval England*：*Towns*，*Commerce and Crafts 1086 – 1348*，Longman Group Limited，p. 393.

② Hatcher，J. ，1984：*Plague*，*Population and the English Economy 1348 – 1530*，Macmillan Publishers LTD. ，p. 71；Chambers，J. D. ，1972：*Population*，*Economy*，*and Society in Pre – industrial England*，Oxford University Press，p. 20。

③ 不只是普通民众生育率较高，1000年前后，上流社会人口增加也很快，大概是由于雇用了保姆喂乳，婴儿存活率大大提高。由于贵族世家多实行长子继承制，其余诸子被迫另谋出路，抢劫、械斗之事屡屡发生，此类现象虽与骑士阶层尚武、不事生产有关，亦反映了人口膨胀之下生计恶化的现实。所以，12世纪时，西欧封建势力在“挥师东征”、“重新征服”鼓动下的十字军扩张，部分原因大概就是封建领主家庭普遍存在高人口出生率。〔意〕卡洛·M. 奇波拉：《欧洲经济史》第1卷，徐璇译，北京，商务印书馆，1988年，第51页。

④ Robert Fossier，1988：*Peasant Life in the Medieval West*，translated by Juliet Vale，Basil Blackwell Ltd. ，p. 150.

格上升就是人口数量增加进而导致刚性需求扩大的直接后果。

在人口压力日渐增大的社会背景下，我们看到农民份地规模不断变小，小屋农与没有土地的流浪者日趋增多，他们或靠与人打工为生，或被迫向偏远地区寻求新土地。而在中世纪，拥有半份地以上的维兰才能够维持起码的生活，至于那些1/4农和持有3~10英亩土地不等的小土地持有者，即使没有负担，也很难仅靠土地维持生活。那么，这个阶层的人有多少呢？他们又何以为生呢？

据记载，仅有一间茅屋和几英亩土地的小屋农就占了总人口的1/3，土地显然不足以维持生存。因此，他们常常不得不为富裕农民和领主打工，构成了劳动力流动队伍的最初成员。对他们而言，生存压力是在城乡之间流动和向非农产业转移的直接原因。即使是持有半个威尔格（virgate）的中等农户，也仅仅维持其家庭收支，基本没有什么剩余来抵挡灾荒年头和难以预测的突发事件。这意味着中等农户也往往要靠出卖劳动力弥补家庭收入。因此，在中世纪的庄园里，耕地不足现象是比较普遍的，涉及至少一半以上的人口。[①] 当然，这些小土地持有者的数量和重要性在各个庄园是不一样的。但是，"在各地，他们都是庄园组织不可缺少的组成部分。他们份地很小，不足以养家糊口。因此提供了自由或半自由劳动力的基本来源。没有孩子的维兰大农、寡妇，甚至领主本人，都准备雇用小佃农，或作为日常生活需要，或作为季节劳工。如果没有他们，中世纪庄园生活很可能难以正常运转"[②]。此种描述丝毫没有夸大农村雇工在庄园实际生产中的积极作用，同时也表明了农村人口和耕地之间比例失衡的严重程度。

平衡总是暂时的，不平衡却是常态，正是这种"失衡"状态驱使农村社区里膨胀的人口不断流动迁徙、垦荒移民。当有限的土地资源被开发殆尽时，剩余的农村劳动力不得不逐渐向非农产业转移，从而开始城市化和非农化历史进程。我们不否认追求自由、男女相恋私奔、违法犯罪等因素也是一些人离家出走的原因，但经济因素无疑是农村人口流动的最主要原因，当家庭所在社区和外地所提供的生存发展机遇出现差距时，尤其是当家庭不能为多数家庭成员提供稳定的生产和生存保障时，

---

① Harrison, J. F. C., 1984: *The Common People: A History from the Norman Conquest to the Present*, Fontana Press, pp. 31－32.

② Bennet, H. S., 1956: *Life on the English Mannor: A Study of Peasant Conditions*, Cambridge University Press, pp. 65－66.

多余的家庭成员“离开家庭”（leaving home）向外转移流动就不可避免了。[①]

（三）农业生产的边际收益递减性

农业生产存在着边际收益递减性。所谓收益递减规律：是相对于其他不变投入量而言，在一定的技术水平，增加某些可变投入量（例如，劳动）将使总产量增加；但是在某一点之后，由于增加相同的投入量而增加的产出量很可能会变得越来越少，即我们得到的增加的产出量是递减的。[②] 农业生产的边际收入递减性使得农民不可能无限地投资于农业生产，必须向农业之外的行业投入剩余劳力、资金和技术等。因此，最终从事手工业或商业贸易来增加收入变成了庄园里农民们的最后选择。毫无疑问，农民家庭的经济地位主要取决于该农户所支配的土地数量和质量。据米勒估计，在两圃制下维持生活至少需要 18 英亩土地，在三圃制下需要 13.5 英亩土地，也就是说大约半份地的农民刚够维持生活。倘若土地贫瘠则上述最低份地数量还需相应增加。如果我们承认科斯敏斯基和波斯坦对 12、13 世纪能够维持生活农户数量的估算正确，那么在正常年景下，13 世纪英国的庄园里约有一半人口处于难以维持生活境地。[③] 因此，在土地产量微薄地区，农家必须获取额外收入，或者增加单位土地上的劳动力投入以获得更大效益，或者扩大份地面积，实行大农场式经营，以期取得规模效益。由于份地面积小，随着投入增加农业边际效益迅速递减，总产量不再提高的临界点很快就会到来。

中世纪耕作制度的变化——从两圃制到三圃制，也是农业生产者为应付生产边际效益递减现象而采取的一种措施。三圃制最初出现在 8 世纪后期塞纳河和莱茵河之间的地区，但并没有随着荒地的垦殖、边疆的拓展传播开来，在多数垦区实行的依然是两圃制。地力的严重消耗使得不少地区放弃三圃制而恢复了两圃制。[④] 直到 12 世纪左右，三圃制才逐渐为英格兰多数地区所接受。

经济史家道格拉斯·诺斯认为，三圃制之所以取代了两圃制，正是

---

① Peter Fleming, 2001: *Family and Household in Medieval England*, Palgrave, p. 70.

② 〔美〕保罗·A. 萨缪尔森：《经济学》（第 12 版）上册，高鸿业等译，北京，中国发展出版社，1992 年，第 56～59 页。

③ 科斯敏斯基和波斯坦的估算各自为 46%、45%，基本一致。转引自马克垚：《关于中世纪英国农民生活状况的估算》，《历史研究》1983 年第 4 期，第 187 页。

④ 郝明金：《前工业革命及其历史作用——兼与庞卓恒同志商榷》，《世界历史》1989 年第 4 期，第 145 页。

农业生产边际报酬递减的结果。[①] 它的实行，部分缓解了劳动力生产率下降、边际报酬递减的恶果。三圃制的出现是农业生产者向非农产业转移前在农业领域进行的一项增加收入的努力，是农业劳动力转移过程中的一种应变措施。16 世纪资本主义大农场出现可视为农场主针对农业生产收益递减采取的一种通过扩大耕作面积来降低成本、提高收益的措施。而在中古时期这同封建庄园生产关系发生严重冲突，难为后者包容。在农业生产技术没有取得突破性进展之前，生产力提高主要取决于劳动力投入数量，但这种没有技术变革支撑的经济增长很容易达到“增长的极限”，即无论怎样追加劳动力投入经济总量也不再上升。最后，农民只剩下从事家庭副业这一条现实出路。经济史家 S. 杰克（S. Jack）认为，这是农民们解决剩余劳动力的“最后的招数”[②]（last resort）。农业生产存在的边际收益递减现象迫使劳动力向非农领域转移，所以欧洲乡村工业大多集中在贫瘠的山区并不是一种偶然现象。[③]

英国经验表明，几乎所有的乡村制造业无一例外都在农业经济不发达地区发展起来，牧区、林区似乎是茅屋工业的天然故乡，像肯特郡威尔德地区由于土质、地形等因素一直以来人口稀少、谷物种植很少，主要种植牧草、饲养牛羊，后来当人口日渐增多、生存压力增大时，这一地区竟成长为英国著名的乡村工业地区，畜产品、奶制品大量销往外地市场。[④] 中国汉代亦有“民贫穷者变其业”的说法，大批农民在经济危机发生时纷纷“舍本逐末”，或转化成游食之众。这是封建社会晚期农业劳动力向乡村工业转移的重要原因之一。因此，年鉴派著名史学家布罗代尔认为“贫困往往是前工业的向导”，是农民摆脱困境的“救世主”，尽管它是一个“二等救世主”。[⑤] 当然，真正的救世主不是贫穷，而是农村居民因贫困激发出来的拼搏进取精神、乐观积极的开拓性劳动。

---

① 〔美〕道格拉斯·诺斯：《西方世界的兴起》，厉以平等译，北京，华夏出版社，1999 年，第 57 页。

② Sybil M. Jack, 1977: *Trade and Industry in Dudor and Stuart England*, London George Allen & Unwin (Publishers) Ltd., p. 31.

③ Peter Kriedte, Hans Medick, Jurgen Schlumbohm, 1981: *Industrialization before Industrialization: Rural Industry in the Genesis of Capitalism*, Cambridge University Press, p. 14.

④ 当然并非所有林、牧区都孕育了乡村工业，“糊口农业”或“生计农业”（subsistence farming）也不一定必然与原工业手挽手肩并肩前进，不过工业发生地总是出现在上述牧区或具备上述条件的农业区。Michael Zell, 2004: *Industry in the Countryside: Wealden Society in the Sixteen Century*, Cambridge University Press, p. 232.

⑤ 〔法〕费尔南·布罗代尔：《15～18 世纪的物质文明、经济和资本主义》第 2 卷，顾良译，北京，生活·读书·新知三联书店，1996 年，第 322 页。

三、农业生产力的提高是劳动力转移的深层原因

在农业社会中，农业劳动力向畜牧业和城市其他非农行业转移，农业人口要养活不事稼穑的商业、手工业、畜牧业人口，不可或缺的前提是农业劳动生产率的提高。古典政治经济学的代表亚当·斯密指出：由于土地改良和耕作的结果，社会上半数人口的劳动就足以供应全部人口的食物。所以，农村耕作的改良先于提供奢侈品和便利品的都市发展，"只有先增加农村产品的剩余，才谈得上增设都市"①。当代著名科学史家J. D. 贝尔纳（J. D. Bernal）也认为，"要建立城市，必先提高农业技术，使产生多余的农作物以维持城市中的非食物生产者"②。

马克思主义创始人并没有专门论述农村劳动力转移的著作，不过在他们的文章中关于劳动力转移和人口流动问题的观点并不鲜见。马克思从另一个角度揭示了劳动力转移和人口流动方面的原因，认为人口流动和劳动力转移的根本原因在于社会分工和生产社会化，分工分为两类：一类是自然分工，"在纯生理的基础上产生的"；另一类是社会分工，即由原来不同而又互不依赖的生产领域之间的交换产生的。分工促进了社会生产的发展和生产工具的进步，进而引起了社会生产的进一步分化。随着生产行为的分化，必然形成农业部门的劳动力向非农业部门转移的现象。人类历史上曾出现过三次社会大分工，每一次社会大分工都伴随着农业劳动力的大转移。由此看来，社会分工获得发展的自然基础"不是土壤的绝对肥力，而是它的差异性和自然产品的多样性，并且通过人所处的自然环境的变化，促使他们自己的需要、能力、劳动资料和劳动方式趋于多样化"③。这实际上也是指出了生产力的发展和进步是劳动力转移与城市化发展的根本原因。

因此，中国研究中世纪农业问题专家侯建新教授断言，只有在粮食生产和耕作技术赢得一定基础后，才可能有城市和畜牧业的较大发展，如果农业生产者在维持该社会的衣食之需外不能生产出相当的农产剩余，那么不仅农业本身不可能拥有扩大再生产的资金，实现传统农业的改造，

---

① 〔英〕亚当·斯密：《国民财富的性质和原因的研究》上册，王亚南译，北京，商务印书馆，1979年，第396页。

② 〔英〕J. D. 贝尔纳：《历史上的科学》，伍况甫译，北京，科学出版社，1983年，第56页。

③ 马克思：《资本论》第1卷，北京，人民出版社，1975年，第561页。

更不可能从农业中分离出独立的手工业、商业和其他非农生产部门。换言之，没有农业生产力的提高，就不可能使相当数量的劳动力从农业和农村中分离出来从事以工商业为主的活动，也不可能使转移出的非农人口获得稳定的生存资料和生产原料。[①]

所以，从城市基本的生存需要出发，我们能清晰地看到，农村劳动力的转移——无论是农奴逃亡到城市抑或一部分乡民转而从事非农产业，背后的原因都是农业生产力的提高，都是以农业不断进步、农产剩余不断增长为前提的，而农业生产力提高导致农民收入增加，增强了农村居民的购买力，也会促进对工业品的消费，扩大非农产品销售市场，最后推动非农行业和城市经济发展，从而形成农业和非农产业、农村和城市之间的良性循环。

更重要的是，生产力进步最终为劳动力转移彻底扫清上层建筑领域的制度障碍。众所周知，中世纪劳动力转移在政治层面受到封建农奴制的严重束缚，劳动力转移获得较大发展必定以农奴制和劳役制庄园的崩溃和瓦解为前提，所以英国中古时期农奴制的每一次松动都成为劳动力转移和农村人口流动的契机。12 世纪出现一个庄园萎缩时期，领主自营地大量出租，劳役制废弛，农奴的人身束缚也相对宽松，人身自由获得一定解放。据记载，1140 年后，许多修道院包括拉姆齐（Ramsey）、格拉斯顿伯里（Glastonbury）、圣奥尔本斯（ST Albans）等都将一半庄园自营地出租，地租固定不变，当然租期较短。[②] 可以说，障碍性制度的"暂时缺位"使得劳动力转移获得了一次历史机遇。但这一切并不是由经济力——经济发展促成的，而主要是由政治上的特殊原因造成的：王位争夺酿成内战，金雀花王朝与法国领地之争导致政局动荡，社会秩序混乱。[③] 所以，史家布伦纳说，英国 12 世纪的劳役折算并不表明农奴在人身束缚上获得解放[④]，它只是封建主在非常时期的一种临时性措施和权宜之计。

当 13 世纪政局稳定后，英国庄园经济又重新走向了繁荣，劳役制度

---

① 侯建新：《现代化第一基石——农民个体力量成长与中世纪晚期社会变迁》，天津，天津社会科学院出版社，1991 年，第 128、129 页。

② Robert Fossier, 1988: *Peasant Life in the Medieval West*, translated by Juliet Vale, Basil Blackwell Ltd., p. 145.

③ 谷延方、黄秋迪：《英国王室史纲——从诺曼征服到维多利亚时代》，哈尔滨，黑龙江人民出版社，2004 年，第 30、57 页。

④ T. H. Aston and C. H. E. Phlipin, 1987: *The Brenner Debate, Agrarian Class Structure and Economic Development in Pre-industrial Europe*, Cambridge University Press, p. 194.

也再次获得了生命力，劳动力转移与城市化的有利条件则消失不见，英格兰封建农奴制发展进入了繁荣和鼎盛时期。到14、15世纪时，庄园再次出现萎缩，历史似乎出现了重演，劳动力转移与城市化再次获得了发展机遇。不过，这一次庄园衰落、农奴制废弛是由历史发展和前进的基本动力——生产力和经济进步促成的，表象虽同，然其背后原因和上次显然大不相同，尽管自然灾害、鼠疫和农民的武装斗争都在不同程度上发挥作用，但其主导作用的还是农业生产力的进步和提高。生产力的进步为广大农民获得自由、摆脱束缚奠定了坚实基础，劳动力转移和人口流动在中古晚期也相应获得了稳定发展之条件，不再是政治翻覆和权力更迭的脆弱牺牲品。可见，历史没有简单地重演过去。

综上，生产力的发展和进步最终使得劳动力转移与城市化这一历史现象成为不可逆转的历史潮流和历史运动方向，所以笔者以为，农业生产力的提高是劳动力向城市流动和向非农产业转移的深层原因，也是城市和非农产业存在、发展的首要条件。归根结底，劳动力转移与城市化水平取决于农业生产力进步水平和提高程度。

下面详细考察一下中古英国农业生产力发展情形。

生产手段和技能提高是农业生产力进步表现之一。第一，放弃两圃制、采用三圃制，实行谷物轮作制（crop－rotation）提高了土地利用率。这是当时人们所知道的“最先进的土地轮耕制”①。英国从12世纪开始逐渐采用三圃制，使可耕地面积同两圃制下相比增加了50%，因一季作物歉收而招致饥荒的机会也大大减少。经济史家约翰·克拉潘说：“到公元1300年时，可以肯定地说差不多都采用了三圃制。”② 尽管三圃制的出现与人口增长存在密切关系，但无疑也是农业技术的一种变革，是生产者耕作能力提高在农业耕作制度上的反映。

第二，扩大豆科作物种植面积来保持土壤肥力，抵消了由于休耕地减少而带来的地力下降的负面后果。在豆科作物种植面积较大的“汉沃尔特、布兰德斯顿、南威尔斯哈姆、玛尔塔姆等地区，土地产出率一般

① 〔法〕马克·布洛赫：《封建社会》（上卷），张绪山译，北京，商务印书馆，2004年，第124页。杰拉尔德·豪厄特主编的《世界历史词典》（简本）中对轮作制解释为“始于中古时期的一种农业耕作方式”，见〔英〕杰拉尔德·豪厄特主编：《世界历史词典》，马加瑞等译，商务印书馆，1988年，第102页。不过，此种观点值得商榷。据笔者所知，在古典时代，希腊罗马都曾经采用轮种制，并采用种植豆科植物以恢复地力、取代休耕。见杨共乐：《罗马社会经济研究》，北京，北京师范大学出版社，1998年，第18~19页。

② 〔英〕约翰·克拉潘：《简明不列颠经济史——从最早时期到一七五〇年》，范定九、王祖廉译，上海，上海译文出版社，1980年，第115页。

都超出平均水平，尽管牲畜比例低于平均水平”，显然同豆科作物种植存在密切联系。除种植豆科作物外，当时农民们还用牲畜圈养积肥，尽可能多地将麦秸留在田间并深翻到土壤里去做底肥，以及采挖泥灰肥、收集人粪和草木灰等。肥源的开拓和施肥技术的进步在一定程度上正是农业耕作技术水平提高的标志之一。

第三，英格兰出现了带轮的重犁，便于移动，适于深耕。挽具的改进使马更多地用于田间耕地，尽管大部分地区挽畜中仍以公牛为主，许多地区出现了马牛混合编组的犁队，大大提高了农业劳动生产率。此外，马匹还用于运输各种生产物资和农产品，是英格兰早期运输工具得到快速革新的重要标志。所以，约翰·兰登（John Langdon）认为，马拉车或拉犁是中世纪的技术革新之一，也是英格兰 12 和 13 世纪经济大发展的重要因素之一。[①]

水力磨也是中世纪技术革命的重要标志，在“罗马不列颠”时期就已出现，在“黑暗时代”（Dark Ages）一度消失，旋即重现，有宪章提及从 8 世纪晚期始水磨又出现了。此后直到诺曼征服，水磨被大量制作，开始广泛地用于谷物加工和纺织业，以至于历史学家卡洛·奇波拉感慨：“整个中世纪里水车比教堂更普遍。”[②] 据《末日审判书》记载，1086 年英格兰有 5624 个磨坊，约合每 4 个村落即有一个磨坊，而在一个世纪前还不到 100 个。[③] 最初，水磨仅用于碾磨谷物，后来广泛地用于各种手工业加工行业。12 世纪中叶后，磨坊得到进一步改进，在凸轮轴上添加了锤子或金属锯，可用来冶炼金属、锯树或碎石，驱动风箱和铁锤，1170 年后还用来漂洗呢绒。

除水磨外，还有风磨。中世纪英国某些地区，尤其是东部人口较多，而水磨数量较少，不敷使用。一种新的动力资源得到开发应用，这就是风磨。在 13 世纪中叶，风磨大量涌现。到 1300 年，英格兰至少有 10000 ~12000 座水磨和风磨。它们虽在古代即已为人所知，但是在西欧得到改良和改进，并被广泛地应用于工业部门，从而变成中世纪乡村“最重

---

① John Langdon, “Horse Hauling in Early Medieval England”, edited by T. H. Aston, 1987: *Landlords, Peasants and Politics in Medieval England*, Cambridge University Press, pp. 60 - 61.

② 〔意〕卡洛·M. 奇波拉：《欧洲经济史》第 1 卷，徐璇译，北京，商务印书馆，1988 年，第 120 页。

③ 也有不少于6082 座水磨一说。Paul E. Szarmach ,M. Teresa Tavormina, Joel T. Rosenthal, 1998: *Medieval England: An Encyclopedia*, New York & London: Garland Publishing, Inc., p. 515.

要生产工具”之一。[①] 水磨和风磨的出现无疑是一种技术进步，有些史家如埃莉诺拉·卡勒斯－威尔逊教授（Eleanora Carus－Wilson）甚而推断它们导致13世纪出现了一次“工业革命”，驱逐了弗莱芒竞争者，占领了欧洲呢绒市场。无论如何，所有这些集合起来构成了农业所利用的总体系，最终带来了农业产量的稳步增长。

粮食产量的增加是英格兰中世纪农业生产力水平提高的重要衡量指标。根据中世纪农业史家蒂托从温切斯特郡的卷筒卷宗（财政部大档）搜集的证据来看，13～14世纪时，各地庄园的谷物产量差别很大，像东米恩（East Meon）的产量为种子的5倍以上，而在毕晓普斯萨顿（Bishops Sutton）产量只有种量的2倍，在向北一些的伯克莱尔（Burghclere），虽然同在汉普郡，产量是种子的6.3倍。在威尔特郡西部的东淖尔（East Knoyle），收获量仅有2或3夸特，与播种的种量相同，而邻郡东萨默塞特的利姆普顿（Rimpton），与东淖尔只一边界线之隔，收获粮食种子数量的5.5倍。在1316年，摩尔顿（Moreton）收获量不及去年秋季播种的1/3，而费勒姆（Fareham）收成继续好于往年。利姆普顿的小麦产量由1314年播种量的8.72被下降为1316年灾荒的1.17倍，随即在1318年恢复到7.75倍。但是，7倍或8倍的产量是比较罕见的，蒂托考察了近3000次庄园麦收，估算了小麦产量，发现其中仅有5次总产量超过播种量的9倍。[②]

总的来看，在1250～1350年间，温切斯特郡庄园主要谷物产量大多徘徊在种量的3～5倍之间。贝弗里奇爵士的研究结果亦证实了这一点：1200～1250年间小麦平均亩产9.44蒲式耳，即种量的4倍多，与蒂托的结论大致相同。无论同中世纪早期抑或与“末日审判”时期相比，谷物产量还是在相当程度上提高了。在中古早期，农业生产率非常之低，产量仅仅是种量的3倍。通常说来，造成农业生产力低下的主要原因是蛮族入侵导致古典文明世界的崩溃，实际上，根本原因在于奴隶制深刻的内在矛盾和社会危机。在罗马帝国崩溃之前的公元1～2世纪，意大利的农业产量已经从瓦罗时代的15倍降到种量的4倍，这不是个别现象，而是大部分地区都是如此。[③]

① Robert Fossier, *Peasant Life in the Medieval West*, translated by Juliet Vale, Basil Blackwell Ltd., 1988, p.100. Paul E. Szarmach, M. Teresa Tavormina, Joel T. Rosenthal, 1998: *Medieval England: An Encyclopedia*, New York & London: Garland Publishing, Inc., p.725.

② Thirsk, J., 1967: *The Agrarian History of England and Wales 1042－1350*, *Vol. 2*, Camberidge University Press, pp. 735－738.

③ 杨共乐：《罗马社会经济研究》，北京，北京师范大学出版社，第57页。

经济史家佩因特教授考察了270个男爵地产，发现13世纪中叶那些地产上的庄园平均收入比一个多世纪以前增长60%，1250～1350年又增长28%～32%。地产收入当然与谷物产量不完全相同，但粮食收入却在地产收入中占有主要份额。因此，地产收入的大幅增长必然包含着粮食产量相当比例的增长，这是农业粮食生产率提高的间接证据，我们从中亦可窥见中古时期英格兰全国范围内农业生产率发展状况：生产率提高较为缓慢。从农业发展的长期趋势来看，这种估算误差当不致太大。15、16世纪以后农业生产进步的步伐明显加快，16世纪英格兰小麦平均亩产大概可达16蒲式耳，与13、14世纪相比土地生产率大约提高了1倍以上。

商品经济发展程度也是农业生产力进步的标尺之一。随着劳动生产率提高，农产品剩余日渐增多，进入市场部分的农产品相应增多。根据侯建新教授估算，13～14世纪英国中等农户除去直接消费部分后，进入市场部分为44.3先令，商品率达到45%。[①] 这意味着农村中一半左右居民的生产和生活消费要与市场发生关系。英国农业史专家R. H. 希尔顿教授亦作如是论断："为了出卖的生产已很发展，纯粹的商品交换已很流行。"[②] 如果希尔顿教授的论断还是一种很模糊、粗略的描述的话，那么下面数位学者的分析则是量化、具体的。如达勒姆大学中世纪史教授理查德·布里特奈尔（Richard Britnell）估算，在1300年左右，英格兰全部谷物大约有20%～30%在市场出售，伦敦地区的比例还要高些。[③] B. M. 坎贝尔（B. M. Campbell）等人对伦敦周围10个郡境内136个庄园在1288～1315年间粮食销售情况作了抽样调查，结果发现约有1/3庄园销售比例占到净收成的60%～80%，"商品化程度较弱"的庄园销售比例约为20%～40%，而商品化程度居中的庄园也在40%～60%之间。[④] 可见，伦敦周边地区的谷物和粮食贸易已是相当繁荣。相应的，社会上消费需求也升高并出现多样化，如吃面包时添加肉类、混合搭配食物（咸猪肉、咸鲱鱼、乳酪）、增加动物食品消费等，奢侈品需求也增加了，这一切都要通过市场来实现。显而易见，如此高的商品率和多样化

---

① 侯建新：《现代化第一基石——农民个体力量成长与中世纪晚期社会变迁》，天津，天津社会科学院出版社，1991年，第73页。

② 〔英〕R. H. 希尔顿：《封建主义的危机》，《世界历史译丛》1980年第5期，第6页。

③ Richard Britnell, 1997: *The Closing of the Middle Ages, England 1471 – 1529*, Wiley – Blackwell, p. 219.

④ 转引自谢丰斋：《13世纪英国庄园农业"商品化"刍论》，《世界历史》2008年第5期。

的消费需求都是商品经济得到较大发展的表现。

商品经济发展的另一表现则是货币租的出现和发展。13 世纪时货币租在数量上占据优势，出现了取代劳役租趋势。封建地租采取何种形式——劳役租抑或货币租，既与社会发展阶段有关，也取决于具体的历史环境。地租形态变化对劳动力转移产生了不容忽视的影响。12 世纪是英国庄园化、劳役制的巩固和强化时期，最代表农奴身份的几种捐税都是 12 世纪最后 25 年才出现的，到 13 世纪初，英国自由农民农奴化过程基本完成，劳役制庄园方兴未艾。不过，在英格兰个别地区，封建化在 12 世纪时出现逆转现象，发生广泛的劳役折算和自营地缩减，造成这种状况的原因是市场条件波动不定，直接经营自营地出售所产谷物带来的收入不稳定，所以领主出租自营地以获得一笔稳定的收入。

实际上，英格兰某些地区在更早时期就出现了劳役折算现象。在"末日审判"时代，就有一些庄园领主出于各种理由没有采用惯例劳役的方式经营自营地，相反，他们将劳役折合成货币，然后雇用工资劳动力耕种土地，因为后者较之前者有更高的生产积极性和劳动效率。这样，封建统治阶级一部分人为农民出卖劳动力提供了场所和机会，创造了农奴人身依附关系松弛的条件，至于这一行动将产生什么样的深远影响，他们就不得而知了。① 简言之，英格兰某些地区在 12 世纪时劳役制庄园开始衰落，其征兆就是劳役折算和领主自营地的萎缩，货币租开始发展起来。像研究英国农民经济史的专家科斯敏斯基所言，至少"与劳役地租发展同时，货币租在 13 世纪获得了巨大发展"②。许多庄园领主都将"偏远的自营地"出租，这在 1250 年后变得"非常普遍"，譬如牛津郡 5/6 的封建领主在 14 世纪初之际都采纳了这种做法。③

显而易见，封建剥削形式的变化对劳动力转移与城市化产生了重要影响：如果封建主采取劳役租形式，则农奴要按时提供"周工"、"布恩工"，人身束缚在领主自营地之上，那么劳动力流动就会受到严重限制，西欧中世纪初期就是这种状况。倘若封建主收取货币租，情形就会相对改观：一方面，农奴主不再需要农奴提供劳役，也不再关心农奴从事何种行业，而只关心"货币租金"。劳役地租折算成货币地租减轻了农奴

---

① Harrison, J. F. C., 1984: *The Common People: A History from the Norman Conquest to the Present*, Fontana Press, p. 76.

② 〔苏联〕科斯敏斯基：《十一至十五世纪英国封建地租形态的演变》，《史学译丛》1956 年第 1 期，第 79 页。

③ Robert Fossier, 1988: *Peasant Life in the Medieval West*, translated by Juliet Vale, Basil Blackwell Ltd., p. 131.

的人身束缚，农奴用“金钱赎买自由血液”，获得了人身自由。另一方面，农奴为了取得货币，势必与市场发生联系，在市场上出卖剩余农产品甚至必需品，或是售卖简单的手工业产品，间或四处流动卖工赚取工资等，这样一来，劳动力转移无论在地域流动方面还是行业转移方面，都获得了较大改善。因而，英国中古时期货币地租盛行的历史后果是：促进劳动力流动和向非农产业转移。

在货币租状况下，封建农奴与封建领主的隶属关系转化为由契约规定的货币关系，农奴对封建领主的人身依附关系逐渐松懈，结果，促进了农奴制的消亡和劳动力流动。虽然在自然经济条件下货币租也有可能出现和存在，但货币租的蓬勃发展和大量涌现必定以商品经济的普遍高涨为其前提条件。所以，封建剥削形式改变——货币地租出现和发展在相当程度上促进了农村劳动力流动，正如恩格斯所言：“凡是货币关系排斥人身关系和货币贡赋排挤了实物贡赋的地方，封建关系就让位于资产阶级关系。……农民都向主人缴纳货币，而不是徭役租和实物租”，“主与奴都已经向变成地主和佃农迈出了踏实的第一步，因而封建主义的政治制度在农村也丧失了它的社会基础。”[①] 就这点而言，商品经济的发展为农村劳动力转移创造了有利条件，同时劳动力的流动则进一步推动商品经济的发展。

相形之下，古代中国和东欧诸国则呈现另一种景观。中国古代商品经济也很发达，东欧俄国商品粮大规模生产和出口，但对封建制度的瓦解都没有产生根本性作用。封建领主还保留着将货币租转化会劳役地租和实物地租的权力，因此，正如商品经济能够在一定程度上强化庄园劳役制度一样，货币租的出现也加强了东欧封建领主的统治地位。看来，在货币地租和农奴制解体之间并不存在简单的必然因果联系。中古晚期东西欧商品经济正是两种不同的类型或处于两种不同的发展阶段，故而对各自农奴制和封建制度产生了不同历史后果。当然，封建地租剥削形式的变化——由劳役租转化为货币租，从根本上讲取决于社会经济发展阶段，是英国农业生产力进步程度的一个直接表现。

同时我们必须承认，英国中古时期农业生产力虽然较此前有了显著提高，仍然还是比较落后的，尤其是与同一时期的东方国家相比更是如此，农村劳动力之所以能够持续不断地向城市和畜牧业、商业等非农领域转移并保持下来，也是同这一时期城市的特点分不开的。据研究发现，

① 《马克思恩格斯全集》第21卷，人民出版社1965年，第450～451页。

从外观上看，普通和中等的中世纪自治市镇与一个较大的村庄区别不是很大，同样拥有敞田和公共牧场。

在大多数自治市镇里，许多市民仍然在城市边耕种一小块地，只不过农业不再是他们的主要职业而已，个别的还要向领主交纳继承税和承担一定的劳役。即使规模较大的中世纪城镇也具有浓厚的乡村气息，这是非常普遍的。像剑桥、考文垂、诺丁汉、沃里克、莱斯特等郡城周围均为耕地、草地和牧场包围，城市公社成员还拥有使用公共牧场的权利，虽然他们并不是农业佃户。因使用公共牧场造成的冲突，在许多地方常常成为城市政治的关注焦点。[①] 甚至到了中世纪晚期，有的小城镇依然几百人，规模很小，与附近村庄难以相区别，还有的甚至主要从事农业。[②] 所以英国中世纪农民史专家希尔顿直接将小城镇称为“农村社会的一部分”。

因而，在中世纪时期，完成或部分完成劳动力转移的非农人口的相当一部分直接的生活资料是由他们自己提供的，这样在一定程度上弥补了农业生产水平较低带来的直接生活资料的短缺和不足，从而使得劳动力转移在生产力较低情形之下也得以缓慢进行着，但正像资本的“原始积累”一样，低生产力水平下的劳动力转移以“蜗牛的速度”进行着。这表明了中古盛期农业生产转化为非农生产的艰难与缓慢，也表明城市及其工商业的发展始终要以农业的发展为基础，两者的发展和存在在很大程度上依赖于农业地区生产力的进一步提高。

总之，正是农业生产力的缓慢、稳定增长，才使得越来越多的农村人口从农业部门转移出来，非农产业生存和发展才具有相当程度的稳定性；正是由于广大农民阶级这种“静悄悄的劳动”，中古城市才能成长壮大，最后破坏了整个西欧的封建制度，为农村劳动力的转移与城市化奠定了牢固而坚实的基础。但限于特定的历史条件，11～13 世纪农村劳动力转移受到种种限制，与封建庄园的劳役制度发生了直接冲突。庄园领主制定了各种规定，限制农奴随意迁徙，尽管由于个别庄园人口过多、继承习俗等原因，当局对农奴的流动有所放松，农村劳动力迁徙较为频繁，但就英格兰整体而言，在大多数的庄园和村庄里，相当多的农业劳

---

① Hilton, R. H., 1976: *The English Peasantry in the Later Middle Ages*, Oxford University Press, p. 77.

② 希尔顿给我们提供了这样一个例子：伯邵镇居民主要从事农业生产，当然这种现象并不具有普遍性。不过，这种特例却使我们发现，这是中古城镇同古典社会中城市之间存在的一个基本差别。

动者迁移的机会是渺茫的，迁移的范围是有限的，因而农业劳动力向城市和非农行业的转移水平也是比较低的。① 正是在这个意义上，我们同意威廉·哈里森的观点："没有理由认为大多数农民迁移距离超出 10 ~ 15 英里范围，当然在各庄园之间搬运产品和应征入伍者除外。他们的联系和交往受到极大的限制，因为不懂拉丁文，同外部世界处于相隔离的状态"。②

可见，农奴大规模迁徙和流动的历史条件尚未成熟。农业劳动力的大规模流动依赖于一定的社会政治环境的改善和松动，有待于农奴人身依附枷锁的打破，所以在此意义上，我们可以认为，农奴制的衰亡和瓦解是农业劳动力自由迁移的新的历史起点。

① 人口史家 E. A. 里格利（Wrigley）估计：按照 5000 人的数量标准，截至 1520 年，英格兰的城市总人口才 12.5 万人，占人口总数的 5.25%。乡村从事非农产业的人口比例为 18.5%。据此推理，三个世纪以前的城市和非农人口比例或许更低一些。见〔英〕E. A. 里格利：《人民、城市和财富——传统社会的变革》，布莱克威尔出版社，1992 年，第 170 页。而根据《末日审判书》估计，11 世纪晚期英格兰城市人口比例尚不足 5%，经过 13 世纪城市复兴运动后，比例上升至 10% ~15% 左右，依然是一个比较低的水平。从外观看，其中许多城镇与农村无甚差别。

② Harrison, J. F. C., 1984: *The Common People: A History from the Norman Conquest to the Present*, Fontana Press, p. 54.

第三章 英国农村劳动力转移与城市化的初级阶段

——11~13世纪的劳动力转移

农村劳动力转移分地域流动和行业流动，其中地域流动包括短距离的农村流动和长距离的城市迁移，行业流动包括向农村非农产业、城市工商业转移。短距离的地域流动多出现在中古早期，这是和当时商品经济不发达、自给自足经济占据主导地位的社会环境存在密切关系的；而长距离的地域流动多出现于中古晚期和近代早期，这是和社会交往程度扩大、封闭状态被打破以及自然经济解体的进程相一致的。

一、农村劳动力的内部流动

对于庄园里的大多数农民而言，他们的生计和谋生技能主要是同耕地、牧场等联系在一起的，掌握了一定手工技艺者毕竟是极少数人，移民城镇、商业和手工业只适合这些有专长的少数农民，大多数农民倘若有土地可以耕种，是不会贸然转向非农领域的，当然这并不排除从事谷物种植之外最简单的家庭副业活动。因此，农村劳动力转移初期较大规模的流动不是跨行业的，而是跨地区的——地域流动，地域流动中的多数农民不是移民去了城市，而是在农村社会内部往来流动：从一个村庄转移到另一村庄、从人口密集农业区转移到人烟稀少的边疆地区，故可称这一时期劳动力转移为“农村社会的内部流动”时期。

（一）农村社会内部的地域流动

在这一阶段，农村人口流动形式主要是短距离的村际流动和向土地资源丰富的边疆地区转移，从事垦荒运动，相对而言向城市迁移的人口数量较小。一般而言，短距离的流动和迁移者多在当日即可返回原地，无论短途交换或季节性打工，迁移者返回当地后继续从事旧有的职业。显而易见，这类劳动力转移和人口流动都不会改变迁移者先前从事的职业和原有身份，体现出更多的是一种近乎纯粹的“地域性”流动色彩。

1. 中世纪盛期的垦荒运动

从 12 世纪始，英格兰出现了全境规模的垦殖运动（Assart & Colonization）。在这场垦荒大潮中，英国社会各个阶层都积极参与进来。王室、封建主、教会、骑士、市民、手工业者、富裕农民以及少地、无地贫农，都是这场戏剧中的重要角色，可以说是一次名副其实的全国性的移民运动。这与通常意义上的“农村劳动力的流动和转移”存在相当大差别，但详加研究便不难发现，这场移民运动的主体或者说绝大部分垦荒者都是农民，这与欧洲各国同一时期发生的移民垦荒现象都是大体相同的。所以，在一定意义上，这次移民垦荒运动又可以视为“农村人口的流动和转移”。

英国王室和封建主对这场垦荒运动给予了积极支持。王室放松了《森林法》的执行，允许交付现金以换取开垦相应面积森林。不迟于 1179 年，王室财政署颁布了付款垦荒的通用价格表，既满足了社会各阶层垦荒需求，又充实了王室内帑。为了扩大领地增加收入，各地封建主纷纷向王室购买垦殖权。1190 年，萨里郡骑士向理查德一世交付了 200 马克；1204 年，康沃尔地区的领主和农民公社为了在整个郡取得自由垦殖权利，共向约翰王支付了 2200 马克和 200 匹小马；德文郡居民为了在达特沼地和埃斯沼地获得垦殖权，支付了 5000 马克；埃塞克斯郡居民为了开拓当地的一片林地，支付了 500 马克和 5 匹马；为了获得垦殖权，1171 年韦弗利男修道院支付了 882 英镑，1203～1204 年间斯康利修道院支付了 667 英镑。

毋庸置疑，教会和封建主在垦荒运动中发挥了积极领导作用，他们以货币租、人身自由为条件组织和吸引移民，为垦荒移民提供了较为宽松的社会环境。这些宽松的政治社会条件类似于城镇的“特权”，包括免除通行税、有权建立市场、地租固定和建立地方法庭，所以在垦荒运动中建立的许多殖民点被称为“被设计的城镇”（planned towns），就是强调封建统治阶级譬如王室和封建主“有目的、有计划”兴建城镇的主导作用。① 对于这种“城镇规划”（town - planning），爱德华王子（即后

① David Nicholas, 2003: *Urban Europe, 1100 - 1700*, New York: Palgrave Macmillan, p. 11.

来的爱德华一世）从童年起就很熟悉，继承王位后则亲身实践，建立了一系列城镇，其中最富有成效的是东南五港联盟中的温奇尔西（Winchelsea），最后规划的一个城镇则是贝里克（Berick）。为筹划建立城镇，1296 年 8 月底，爱德华一世在圣爱德蒙 - 伯利（Bury ST. Edmunds）召集议会，命令伦敦及其他 24 个自治市选举“城镇规划”专家，总共网罗了国内最优秀的专家近 30 人。① 他的这些细致审慎的措施的确使我们看到了英国王室在城镇建立中所发挥的重要作用。

18 世纪研究城市起源的著名学者坎特龙（Cantillon）也非常强调封建主这类显赫人物的作用，他甚至认为贵族只要定居于某地，该地会自然成长为城镇。譬如他说：“假如一个亲王或贵族定居于风景宜人的地方，而且其他几个贵族也来到这里，居住于能相互见面、共同享受愉快的社区生活的范围内，这个地方将发展为城市。……为了给贵族提供服务，需要面包师傅、肉商、酿造商、酒商、制造各种用具的匠人。……如果国王和政府在这里设立法庭，那么它会进一步扩展。……和省城一样，首都也是如此形成的。”② 从表象上看，城市形成过程中的确彰显出王室和封建主的重要作用，不过城市一旦建立和形成，其长期生存和维持似乎不止赖于政治人物存在与否，更重要的还是取决于当地农业生产力的发展程度。因此，归根结底，城市发展取决于普通劳动者“静悄悄”的劳动。

尽管封建主在垦荒运动中发挥了引导作用，在成千上万的殖民点从事实际劳动的则是不计其数的小农，他们构成了垦荒大军的主体。在 12 世纪下半叶的垦荒高潮中，贝德福德郡克兰费尔德的 30 名佃户共开垦出 350 英亩耕地。在 13 世纪上半叶，温切斯特主教的两个庄园开垦周围林地 2000 英亩；1256 ~ 1306 年间，又各开垦出 700 英亩。在巴特尔男修道院建立的 50 年间，僧侣及其佃户耕地面积增长 1400 英亩；1086 ~ 1346 年间，罗迪费尔德庄园单独开垦出林地 6 平方英里，折合成耕地约为 22886 英亩。③ 从文献记载情况看，在 12 世纪，英国大部分地区林地像林肯郡、哈普顿、拉特兰、埃塞克斯、伯克和牛津郡等地区，都得到了不同程度开发。在南部，切斯特伯爵的森林里开垦出若干村庄；在中西

---

① Sir Maurice Powicke, 1984: *The Oxford History of England*, *The Thirteenth Century*, *1216 - 1307*, Oxford University Press, p. 635, 636.

② ［德］维尔纳·桑巴特：《奢侈与资本主义》，王燕平、侯小河译，刘北成校，上海，上海人民出版社，2000 年，第 45 页。

③ 侯建新：《现代化第一基石——农民个体力量成长与中世纪晚期社会变迁》，天津，天津社会科学院出版社，1991 年，第 141 ~ 142 页。

部，将开垦后的林地圈围起来，成为该地区一个醒目景观。在英格兰南部、东南部和中部地区，垦殖成果更为显著。

这场垦荒运动一直持续到14世纪头十年才告结束。两个多世纪的垦殖和移民活动，基本上奠定了英国以后耕地分布和范围的格局。英国经济史家波斯坦曾对这一时期垦荒的规模和面积提出过怀疑，认为到13世纪为止的殖民和垦荒成果至少是英格兰古代人民"6个世纪内部殖民的结果"，而不是在诺曼和安茹两个王朝期间完成的。但不论如何修正11~13世纪垦荒运动的成果，也不论在"垦荒面积大小、兴建村庄多少"上存在多少差别，人们都不会否认垦荒运动在中古盛期曾经发生这一历史事实，中世纪盛期的垦荒运动显然是在英格兰"六个世纪以来内部殖民"的活动的组成部分，它不能忽略或掩盖以前时期的垦殖成果，不过确定无疑地占据其中的"大部分殖民和垦荒"成就。①

垦荒运动反映了当时人口对土地需求的"渴望"程度，不仅扩大了英格兰农业耕地面积，增加了英国农业总产量；而且在一定程度上，农村劳动力向边疆的迁徙缓和了经济发达地区人口对耕地资源的压力，同时还带来了专业化和贸易的增益，促进了贸易复苏和发展，由此粮食和经济作物作为商品开始大规模进入流通领域，而中世纪早期的商业活动主要是远程贸易、以奢侈品为主，具有很大的局限性。不唯英国，向边疆垦荒和移民是这一时期各国普遍现象，譬如东欧德意志，不同的是英国的移民是"和平牧歌"式的，而东欧很多时候则是用刀和剑开路。②总的说来，殖民垦荒增强了封建领主的政治和经济实力，拓展了统治阶级活动空间，伴随着这种简单原始的"量"的扩张，英国封建制度在13世纪走向繁荣，达到巅峰状态。整个西欧的经济结构和社会结构开始逐渐演变，以此为基础的政治体制和封建王权也随之出现变化，"主权论"（sovereignty）应运而生，为议会制度和宪政观念发展提供了世俗的政治理论，最后取代了"君权神授"的政治理论。③

随着垦荒运动的展开，经济经营方式变化带来了社会结构的演变——自由农民数量增加，这是与封建制度强化并行不悖、同时出现的。历史在这里展示出它的多面性和复杂性。边疆垦区不仅为农奴们提供了

① 〔英〕M. M. 波斯坦、H. J. 哈巴库克：《剑桥欧洲经济史》第1卷，郎立华、黄云涛、常茂华等译，北京，经济科学出版社，2002年，第471页。

② 〔德〕迪特尔·拉夫：《德意志史》，中译本，波恩：Inter Nationes出版社，第22页。

③ 垦荒运动当然不是造成此变革的唯一或主导因素，但无疑是诸多因素之一。参见王亚平：《浅析13世纪西欧提出的"主权论"》，《世界历史》2010年第4期。

可供选择的生计出路，而且在一定程度上改善了他们的低贱社会地位，许多维兰出身的垦荒者既获得了土地又免除了庄园劳役。据1279～1280年调查簿记载，亨廷顿郡、剑桥郡、贝德福德郡、白金汉郡、牛津郡、沃里克郡和莱斯特郡的一些地区，自由佃户数量均较1086年时有所增加。除莱斯特郡外，这些郡中在1086年时自由农比例最高的是剑桥郡的40%，其他各郡比例均较低，而根据1279～1280年调查簿，当时“百户区卷档”涉及地区的全部自由佃户比例已达到约40%左右。当然，各地具体情形有所差异，其中剑桥郡的一些地区，全部登记农户中高达55%～70%自由持有土地，牛津郡一些地区只有20%是自由佃户。在莱斯特郡的一些村子，自由佃户或索克曼数量增加十分显著，而其他村庄像茅斯雷（Mowsley）仅有很少农奴、维兰上升到自由农行列。①

总的说来，在英格兰大部分地区，凡是农民垦荒受到鼓励的地方，自由农民数量一般都增加了。由于垦荒，苏塞克斯郡自由佃农增加了；汉普郡一些世俗庄园的证据表明，在11世纪末到13世纪末之间自由农也增加了，几乎达到全部人口的30%；约克郡自由农民的份地是与12世纪荒地垦殖活动联系在一起的。在英格兰中部地区的东部，自由农在12、13世纪也增加了，在林肯郡沼泽地区尤其如此；诺丁汉郡和北安普顿郡自由农民数量增加更是开垦森林的结果；伍斯特郡东部地区农民自由份地的增加也是同开垦像费克纳姆森林（Feckenham Forest）那样的林地联系在一起的。在什洛普郡和赫里福德郡同威尔士交界地区情况略有不同，殖民、畜牧经济比重大和庄园化程度较低共同促成了自由农数量增加；到1300年时，赫里福德郡主教庄园的调查表明，近40%佃户自由持有土地。② 甚至在以前实行奴隶制度的德文郡，由于垦殖活动、采矿业发展和新城镇建立，自由农数量也增长了；康沃尔郡情况也是如此。

在一定程度上，这是林地、荒地和沼泽开垦的结果。因为这些地区的份地通常都是自由领有的，没有劳役，也不存在领主的自营地，垦区实行的司法行政制度也不同于庄园管理制度，所以比利时学者皮雷纳将新垦区冠之以“新市镇”名称，认为它“与旧庄园是彼此不相干的，就像两个不同的世界一样”。③ 农村人口向边疆地区流动，也对原地的庄园

---

① R. H. Hilton, 1983: *The Decline of Serfdom in Medieval England*, Macmillan Press LTD., pp. 20–21.

② R. H. Hilton, 1983: *The Decline of Serfdom in Medieval England*, Macmillan Press LTD., pp. 22–25.

③〔比〕亨利·皮朗：《中世纪欧洲经济社会史》，乐文译，上海，上海人民出版社，2001年，第68页。

制度产生影响，农奴和领主之间僵硬的人身依附关系松动了。美国经济史家诺斯说："人口的外流改变着乡村的整个性质"，在限制领主对农民剥削方面甚至比"新兴城市的出现更为重要"。① 所以，在西欧农业史上，"垦荒带来自由"是一较为普遍的现象，这场经济运动在其领域之外产生了意想不到的政治后果，大概是最初积极提倡垦荒运动的封建主们所始料不及的。

当然，这场规模盛大的垦荒运动也产生了一些消极后果。盛之极，衰之始。由于过度垦殖和滥垦滥伐——毁林开荒、排沼造田和变草地为农田，许多不宜农耕的荒地滩涂也被拓殖出来，从 13 世纪下半叶开始，气候恶劣和灾荒、饥馑便频繁出现在英格兰历史上。据统计，1272 年、1277 年、1283 年、1292 年、1311 年、1317 ~ 1319 年和 1332 年，英格兰许多地区出现倾盆大雨和洪水泛滥，造成了一连串的农业歉收和灾荒年景。尤其是 1315 ~ 1317 年，英国主要农业粮食产区严重歉收，一场大灾荒席卷了整个英格兰，这次农业危机一直持续到 1322 年，以致许多学者认为，这次农业危机构成了英国封建主义由此开始衰落的"标志性"事件。② 显而易见，这是大自然对人类滥垦滥伐、不计长远后果的一种惩罚。

此外，我们也不能过高估计垦荒移民在农奴改善其法律、社会地位中的作用，在个别情况下，垦荒也会导致相反的后果。例如，罗森代尔（Rossendale）林区的垦殖活动，没有增加自由小农，反而导致了任意租佃和维兰制；林肯郡斯波尔丁（Spalding）修道院庄园在沼泽边缘地带的村落实行的依然是沉重的维兰劳役制。可见，在垦荒殖民活动和农奴获得自由份地之间并没有简单的必然因果关系，只是为后者获得自由提供了一个有利条件。在封建社会中，封建农奴社会地位改善、争得解放是由多重因素决定的，除农奴主转变剥削方式外，还包括农奴物质财富的积累、思想意识的变化和统治阶级力量削弱，等等。

2. 村际或庄园间流动

耕地资源是有限的，荒地、草场和林地也非取之不尽、用之不竭，当边远地区人口密度也接近饱和后，垦荒移民即告一段落。在农业生产力没有取得决定性的、大规模的进步和提高之前，农村人口向城市的迁

① 〔美〕道格拉斯·诺斯：《西方世界的兴起》，厉以平等译，北京，华夏出版社，1999 年，第 50 页。

② 〔英〕A. R. 布莱德波雷：《黑死病前的英格兰》，《经济史评论》1977 年第 30 卷第 3 期，第 401 页。

移注定不会取得显著成就，只能在乡村各庄园之间根据农业生产的“季节性”来往流动。13 世纪是中世纪人口增长最快的时期，在一些地区，小土地所有者和农业劳工已占到村子里人口的大多数，只有一小部分人的土地足以维持家庭生活需要，人口流动则必然成为人们谋求生计的一种手段。

直到黑死病之前的 14 世纪上半叶，英格兰人口达到 500 万，对有限的农业资源造成巨大压力。份地日益分割，贫瘠荒地亦为开垦，出现了马尔萨斯所谓的“人口危机”。背井离乡成了人口过多农奴家庭的唯一生路，庄园里已经酝酿起农村劳动力转移和人口流动的暗潮。J. A. 拉夫提斯（J. A. Raftis）发现，从拉姆齐庄园最早的法庭卷宗来看，农奴从领主的领地向外移民是常有的事情。①无论是寻求土地还是外出打工的人都较以往增多。庄园法庭的迁徙税登记簿表明，13 世纪以后劳动力自由流动的规模一直在不断扩大。例如，诺福克的福恩斯特庄园，在 13 世纪的最后 25 年里，平均每年有 100 个佃户在外谋生，而这里的农奴份地总共不过 135 份。13～14 世纪之交，拉戈斯顿伯雷男修道院诸庄园的农奴向外流动也达到了相当程度，每个大庄园平均外出谋生的人数都超过百人。康沃尔郡达奇诸庄园外迁人数有时竟超过留下来的人员。②

在这种农村居民频频流动的混乱状态中，劳动力转移和人口流动存在明显的地区差异。相对说来，在瘟疫之前，东盎格里亚地区、东南部和西南部诸郡人口流动现象比较多，显然与上述地区呢绒生产广泛发展有关。由于存在较为丰富的水利资源，漂洗呢绒所需的水力磨坊便于投入生产，譬如在喀斯特·考姆（Castle Combe），据说有 70 名工匠沿河定居，每人身后都跟着一批仆人和学徒，而约翰·法斯托尔夫爵士（Sir John Fastolf）每年都从这里购买红呢绒和白呢绒供给其远在法兰西的属员。威尔特郡的布拉德福和梅尔克舍姆（Melksham）两个百户区也都很早就是呢绒工匠和纺织工人的定居地。

因此，科茨沃尔德丘陵地区、斯特劳德河流域和埃文河上的布拉德福都成为优质宽幅呢绒生产发源地，有的地方像斯特劳德和查尔福德（Chalford）甚至几乎是白手起家，从一无所有发展成为欣欣向荣的工业

---

① Macfarlane, Alan, 1978: *The Origins of English Individualism: The Family Property and Social Transition*, Oxford: Wiley－Blackwell, p. 153.

② E. 米勒：《中世纪英格兰农村社会与经济变迁》，伦敦：朗曼出版集团，1980 年，第 42～43 页。转引自侯建新：《现代化第一基石——农民个体力量成长与中世纪晚期社会变迁》，天津，天津社会科学院出版社，1991 年，第 157 页。

中心，有的虽然不是自治市，但是居民可以自由持有土地，如拉姆德(Lovemede)，也是在这里后来诞生了著名的工业家詹姆士·特兰伯(James Terumber)。[①]

而相对说来，英格兰的其他大部分地区像中南部（central southern）、英格兰中部地区（Midlands）和北部地区农村人口流动规模要小得多，多数村民尽管也有些流动迁移行为，但这些地区的人口流动和劳动力转移现象同其家乡、家族群体之间有着非常密切联系，迁移时对不动产的处置就是一个很好的例子。譬如，在上述地区土地市场上，村民们交易的主要是一些零碎地块，很少见到整块和面积较大的份地，整块份地都是通过婚姻或继承遗产等方式，在农民家庭内部或亲缘很近的家族之间完成转让的，像在英格兰中部地区的黑尔斯欧文（Halesowen），庄园法庭卷宗表明高达46%的土地交易发生在核心家庭之外的亲属之间，而在东盎格里亚地区仅有10.7%的交易发生在亲属圈子里。[②] 由此可见，两地区土地市场在交易主体结构方面存在明显差异，土地交易者之间的亲缘关系暗示着迁移者依然同当地社区保持密切联系，城市经济环境一旦出现变化，他们回迁、返乡的可能性较大。在此背景下，该地区劳动力转移与城市化很难呈现稳步发展局面，落后于东盎格里亚地区也就在情理之中了。

英格兰东盎格里亚地区农村居民流动频繁、转移程度高、城市化水平高，显然同当地居民参与市场（包括土地市场）的“群体结构”有着密切联系。在东盎格里亚，地产交易双方当事人不仅仅限于家族内部或血缘较近的亲族，更多的是没有什么亲缘联系的农村居民，具有广泛性、普遍性，可见该区土地市场远较其他地区开放、发达得多。显而易见，土地市场发达程度同人口流动和城市化程度存在着正比关系，即土地市场越发达，人口流动程度越高。不过，与上述这些地区的家庭形式和亲缘关系则存在着负相关关系，即血缘关系越浓，家庭结构越坚固庞大，土地市场愈不发达，居民流动程度越低。因此，即便份地通过市场形式转让或出售，从表面上看交易数量巨大，但实际上土地仅仅在家庭内部成员或家族成员之间流动，土地的商品经济交换关系还远远没有摆脱血缘和亲缘关系的束缚，买卖者依然与当地社区主要是与其家族保持着千

① E. F. Jacob, 1978: *The Oxford History of England, the Fifteenth Century, 1399 - 1485*, Oxford University Press, pp. 365 - 366.

② Peter. Fleming, 2001: *Family and Household in Medieval England*, Palgrave Macmillan, pp. 77 - 78.

丝万缕的联系，一有可能他们就会返回农村重新买回份地，重操旧业。应该说，这都是土地市场不发达或欠发达的表征，此种情况当然不会有力推动劳动力转移和人口流动。

3. 财产继承制度与人口流动

中古英国农村社会分化和人口频繁流动是由多种原因造成的，还与农村社会流行的财产继承制度有一定关系。一般说来，庄园按惯例要求农户家庭财产（土地）限嗣继承，即一子继承制——或长子继承制或幼子继承制，限制在诸子之间或家庭内部分割财产。幼子继承制和可分割继承制在英格兰主要见于肯特郡和东盎格里亚地区，这些地区庄园化程度比较低，因而就英国大多数地区而言，普遍实行的是长子继承制或幼子继承制，尤其在英格兰中部和敞田地区最为显著。而无论长子继承制还是幼子继承制，都是一种不可分割的财产继承制度。在这种制度下，土地主要由家庭的一个儿子（长子或幼子）来继承，从而确保家族的遗产不致在传递过程中因碎化而消失。多数家族的父辈希望将家产保持在长子手中，只有不存在男性继承人的时候，女子才拥有继承权利。

这种不可分割的一子财产继承制度不仅被农民们普遍接受，还受到普通法和庄园惯例的双重保护。庄园领主希望农民的份地不因分割继承而碎化，以至于影响了随份地而来的劳役及其他义务，保持在一人手中便于管理、便于农奴完成封建义务。可见这一继承规则的主要特征是限制个体农民自行安排地产继承的自由，并实施整齐划一的继承规则，同时倾向于维护男性、长子、丈夫的权利。中古英国农村庄园里普遍盛行的、占据主导地位的继承制度就是这种不可分割继承制。① 显而易见，这样的财产继承制度不仅有利于封建主赋税劳役的征缴，也有利于农民个体家庭积累财富、扩大再生产，同时也在相当程度上扩大了农户家庭内部分化，除长子和幼子外，其余诸子大多靠出卖劳动力为生，流动的程度较大。这显然促使家庭中其他无继承权利成员向外流动迁移。如哈拉姆教授发现，在13世纪林肯郡的村庄里，通过迁徙出走的村民占到很高比例，尤其在实行长子继承制的那些村庄里，村民永久居住的可能性

① 虽然绅士和贵族之间广泛盛行长子继承制，这种现象在欧洲各地都存在，但麦克法兰研究发现，英国是唯一一个在社会下层——农民中，广泛实行长子继承制的国家。对于社会进步而言，生产者阶级积累财富较之消费者阶级积累财富，前者的意义显然更为重大。Macfarlane, Alan, 1978: *The Origins of English Individualism*: *The Family Property and Social Transition*, Oxford: Wiley - Blackwell, p. 88.

大为减少。[①] 由于大多数人不能积累足够的耕地并以此养家糊口，不得不加入雇工、手艺人的行列，从事其他非农行业或向其他庄园乃至城镇迁移。所以，不可分割的继承制有利于整个农村社会的劳动力转移和人口流动，有利于城市化和非农产业的发展。看来，英格兰社会没有成为一种等级森严、僵化的"喀斯特制度"（caste system），呈现出较大的流动性，与社会各阶层包括农村居民家庭财产的这种继承方式都是存在密切关系的，一子继承制促成了英国社会底层——农村社区具有较大流动性，有利于劳动力资源得到有效配置，推动着劳动力转移与城市化进程。

当然，实际上不可分割的一子继承制并没有被严格贯彻执行。英国中古农村一子继承制度并不绝对排斥分割土地不动产，尤其是幼子继承制，在一定条件下也允许分割地产。英国著名经济史家琼·瑟斯克（Joan Thirsk）认为，虽然人们普遍认为幼子继承制与长子继承制影响大体相同，但实际上到目前为止，学者们并不能准确地判定幼子继承制所产生的后果，因为当家中最小的孩子继承父亲的地产时，他的长兄们通常早都已经得到了各自的家产份额。如果这种情况具有普遍性的话，那么幼子继承制同可分割继承制就"没有什么差别"[②]。此外，大卫·罗登（David Roden）考察了 13 世纪和 14 世纪早期的奇尔特恩丘陵山区（Chiltern Hills）发现，寡妇有权继承亡夫 1/3 地产，王室领地上大体如此（多数情况下指的是自由份地持有者），在其他地区也有类似规定；另外，当没有男性继承人时，地产在所有女儿中间平均分配。譬如 1327 年，理查德·勒·瓦特（Richard le Wat）的住宅及宅基地和 15 英亩土地由他的 4 个女儿继承，而大约同时 1334 年布拉姆菲尔德（Bramfield）庄园法庭作出一项相同判决："布拉姆菲尔德的所有待继承财产，不论是 Mollond 抑或 Werkelond，当没有男性继承人时应在女儿中间均分"。[③] 此处 Mollond 和 Werkelond 即分别指庄园上的自由份地和维兰份地。当然上述两种分割继承情形在王室领地诸郡中并不普遍，因为绝大多数佃户在世时或临终前都会通过遗嘱处置其财产，包括动产和不动产，赠与对象既可能是自己的子女，也可能是其他亲属，甚至可能是没有血缘关系的

---

① 〔英〕J. D. 钱伯斯：《前工业时期英格兰的人口、经济和社会》，牛津大学出版社，1972 年，第 45 页。

② 虽然琼·瑟斯克是考察近代早期的萨福克，不过对我们依然具有重要参考价值。F. J. Fisher，2006：*Essays in the Economic and Social History of Tudor and Stuart England*，Cambridge University Press，p. 77.

③ David Roden，1967："Inheritance Customs and Succession to Land in the Chiltern Hills in the Thirteenth and Early Fourteenth Centuries"，*The Journal of British Studies*，Vol. 7，No. 1，Nov.

人。这种做法类似于或等同于“地产托管制”（Uses）[①]，其目的为没有继承权的家族成员提供资助，同时还能规避普通法继承规则的惩罚，当然也会规避一些杂捐，因为很多捐税是以持有者对土地的占有为基础的。维兰遗嘱的合法性于1279年时在斯维科姆（Swyncombe）已被人们接受，而临终赠与之作法1300年前在高威科姆（High Wycombe）也出现了。上述遗产继承方式再一次提醒我们，所谓的一子继承或不可分割在农村社会实际生产生活中之重要地位实在令人怀疑。

因此，到14世纪晚期时人们普遍通过遗嘱或临终赠与方式处置财产，这在法律上也得到正式认可。在遗嘱未获得法律效力之前，人们还可以根据自己的意愿在生前处置财产，通常的做法是或通过契约文据或通过庄园进行财产继承和赠与，主要有“共同持有”和“有条件赠与”两种形式。这样一来，财产所有者在生前就选定了继承人，当其死后，财产便理所当然归其共有者或赠与者了。1338年玛蒂尔达·辛娜丝（Matilda Synoth）死后，她在科迪克特（Codicote）的宅子和宅基地在儿子和女儿之间平均分配。实际上，她在九年前就已经将一半房舍让与女儿，条件是她有权继续居住直至去世，她的儿子根据同样条件得到另一半房舍。这样的例子很多。[②] 可见，许多家长通过各种途径或方式分给其他子女一些家庭财产，譬如现金、生产工具、粮食、耕牛甚至住宅等，这种做法在某种程度上侵害或弱化了不可分割继承制。因此，虽然律师们坚持认为，长子继承制是13世纪后最普遍的财产继承形式，但实际上来自贝德福郡——这是可分割继承制已经消失的一个郡的一份遗嘱抽样调查表明，在近代早期多数人（60%）依旧在所有儿子或部分儿子当中分配耕地。

既然不可分割继承制不排斥分割家庭财产，可以将两者等同、合二为一吗？

我们发现，农民家庭的主要财产——不动产（土地），或者说地产的主体部分并没有在子女中间进行“分割”、“碎化”，不可分割继承制地区自不必说，即便在可分割继承制度地区也是如此。分割地产只是暂时现象，最后通过各种方式重新汇集到某一人手中。譬如，在实行遗产可分割继承制的典型地区（肯特和东盎格里亚诸郡），地产经过分割后，

① 参见陈志坚：《中世纪英国地产托管制起源研究述评》，《世界历史》2010年第5期。

② 中古晚期，通过“共有”等方式处置家庭财产不止出现于农民阶层，社会上层的贵族也常常采取此种方式。见Robert Bartlett, 1991: “Lordship and Law in Medieval England”, *The Journal of British Studies*, Vol. 30, No. 4, Oct., p. 451。

通过土地交易等方式最终大多还是集中于一人之手。从经济学上讲，地产碎化成许多小的单元不利于耕收管理，对于整个家族长远发展也颇为不利，所以在肯特郡和东盎格里亚诸郡，分得到部分地产的子女大都通过各种方式将手中的部分土地重新集中在家族的某一个继承人名下，从而使得家族地产基本上得以传承后世。而这一地区土地市场异常活跃，正是可分割继承制下土地频繁转移、重新易手造成的。[①] 从地产集中的最后结果来看，东盎格里亚诸郡的可分割继承制只是徒有其名，实际上也是一种不可分割的财产继承制度，或者更确切地说，是一种先暂时分割、继而集中的土地继承制度。因此，可分割继承制最后对农村居民家族财产尤其是地产没有产生明显的消极影响，也许暂时在一定程度上缩小和降低农村分化程度，但从长期来看，与不可分割继承制地区之间实际上没有实质性差异，甚至会促成农村人口快速增长，从而加速农村社会向两极分化方向发展。笔者认为，可称其为伪“可分割继承制”。

这种伪“可分割”财产继承制地区的一个典型特征是人口增长速度较快，很快就会造成对耕地资源的巨大压力，因为可分割继承制使得家庭各个成员都拥有一份财产，不论耕地或现金、牲畜，尽管耕地多是暂时持有，从而能够有助于较早组建各自的家庭，导致适龄人口呈现较高比例婚育现象。因此，相比于不可分割制地区，上述地区居民结婚比例要高、人口增长速度也较快，中古时期英国东盎格里亚地区人口稠密、耕地压力大显然证明了这一点。而快速人口增长既对该地区农业资源造成压力、对农民个体家庭生计带来压力，又成为农村人口流动的直接原因，同时也为茅屋工业、乡村工业发展提供了不可缺少的劳动力。只有在人口较为稀少、自然资源较为丰富的林区或牧区，可分割继承制才保持的更为长久一些。

因此，从本质上讲，尽管没有“不可分割继承制”那样的直接推动作用，伪“可分割继承制度”在一定历史条件下同样会促进农村劳动力转移，而且会为农村人口流动酝酿、积累更强动力，推动农村失业、半失业人口向就业机会高地区、向城镇流动，在当地拥有丰富自然资源情形下，这些剩余劳动力就会转而从事各种劳动密集型非农行业，从而促成乡村工业的繁荣盛况。

① Peter Fleming, 2001: *Family and Household in Medieval Eagland*, Palgrave Macmillan, p. 112, 113, 114, 115.

（二）农村社会内部的行业流动

农村劳动力在初期除向各村庄、庄园流动外，也进行着行业间的流动，主要流向农村畜牧业和乡村纺织业。于是，我们看到13世纪后畜牧业和纺织业逐渐崛起。

1. 劳动力向畜牧业转移

中世纪盛期农村劳动力转移的一个重要领域是畜牧业。13世纪以前，英国农业主要从事谷物生产，种植小麦、大麦、黑麦、燕麦和豆科作物，牛、羊等牲畜较大规模饲养尚未出现，仅有一些猪、鹅等家禽饲养。从13世纪始，养羊业发展迅速，成为英格兰农业一大特色。这是在农业劳动力转移方面所取得的又一重要成果。

据英国经济史家约翰·克拉潘记载，在诺福克郡的福恩赛特庄园，诺曼征服前那里只有1只羊，现在（1300年）却有80只，羊头数增加了数十倍。当然，这是一个较为特殊的例子，但亦可由此窥见养羊业发展的一般状况。13世纪以后，经常可以发现有关较大规模养羊业的记载。俄格布恩地区养羊业规模足以令人吃惊，1259年，温切斯特主教在其汉普郡的几处庄园中饲养了约29000只羊，半个世纪之后，温切斯特的另一宗教界权威圣斯威辛修道院副院长，也拥有20000只羊。这样大规模羊群已经不是一个村庄或一个庄园所能牧养管理的了。所以，在这里我们看到，各个庄园饲养着各类不同的羊群，如一个庄园专门饲养母羊，另一个庄园专门饲养一岁的羔羊，在一个庄园则专门饲养阉羊，在一定程度上实现了专业化管理和分工。①

不仅教会封建主，即便普通农户养羊业也很发达。E. 金（E. King）告诉我们，在1225年格拉斯顿寺院的一个庄园里，领主饲养570只羊，他的佃户们却饲养了3760只，是领主的5~6倍。在威尔特郡三个修道院所属的地产中，有一半以上的佃户都有羊群，其中一个大村庄平均每个佃户拥有20只羊，另一个村庄的10户农奴虽然都是小土地持有者，每户却在公共牧场上平均放牧着50只羊。13世纪中叶的庄园账簿表明，领主除了自己牧养大量羊群外，还出卖草皮和林地牧猪权、定期发放许可证，这种制度为佃户付费牧羊提供了便利条件。布劳顿（Broughton）、阿普伍德（Upwood）、沃博伊斯（Warboys）地区的佃农羊群均超过了领

① ［英］约翰·克拉潘：《简明不列颠经济史——从最早时期到一七五〇年》，范定九、王祖廉译，上海，上海译文出版社，1980年，第148~149页。

主自营地上的羊群。①

根据波斯坦的估算，13 世纪末英格兰绵羊存栏总数约 1500 万～1800 万只，1300 年不列颠人口为 300 万～366 万人，农村人口占 93%，并以每户 4.5 人计，可以推知 13 世纪末平均每户存栏 22～26 只。② 大量有关农户因牧羊事宜被罚款的庄园卷宗也证明了这一点。1299 年，利普顿（Lipton）男修道院长的三个佃户被罚款，其中两人各有 25 只羊未在领主自营地上圈栏施肥，约翰·安德鲁则有 39 只羊没给领主圈栏施肥。如此数目羊群势必需要付出额外精力照看管理，平均每户存栏数暗示着养羊业在普通农户家庭已经占据着相当重要地位。一般说来，在诸如霍尔德内斯（Holderness）、南部丘陵区（South Downs）或威尔特郡那样的牧区，农民可能拥有较大数量的羊群，而在农业区羊群数量则相对低一些。随着畜牧业的发展，英国羊毛出口量迅速增长，成为王室财源收入的大宗商品。

据戴尔教授（Dyer）估算，即便在农业经济高涨的 13 世纪晚期，大多数领主的自营地规模也不是很大，多在 200 英亩左右，约占当时可耕地面积的 1/4 或 1/5，豢养的畜群尽管单位数量很大，但总额远不及普通农户们的，大部分牛、羊、猪等牲畜数量以及 14 世纪早期每年出口羊毛 1000 万（磅③，原文没有重量单位）的 3/4 都是来自农户们的畜群。此外，城镇里售卖的蔬菜、水果以及家禽、鸡蛋、牛油、奶酪等农副产品主要都是由乡村农民，尤其是农妇们提供的。早在自营地大量出租之前，领主的奶牛就已经出租给农民了，据说每头奶牛每年租金在 3 先令到 6 先令之间。这种现象在 14 世纪早期更加普遍，成为一种“趋势”④。由此可见，中世纪英国农村畜牧业的大发展主要是各类封建依附农民积极投身、从事畜牧业的结果，这充分表明劳动力转移在非农领域已取得一定成果。

在我们看来，畜牧业发展的重要意义不在于它本身的成就，或不仅

---

① Raftis, J. A., 1997: *Peasant Economic Development within the English Manorial System*, Sutton Publishing, p. 26.

② 绵羊总数为波斯坦根据羊毛出口数推算而来，见波斯坦：《中世纪的羊毛贸易》，伦敦，1952 年，第 4 页。

③ 笔者以为应是 1000 万磅。根据其他学者提供的资料，我们知道 14 世纪早期英国出口羊毛为 30000 袋。按照英国中古衡制，1 袋（sack）=28 英石（stones），1 英石 =12.5 磅，由此可知：1 袋≈350 磅，则 30000 袋羊毛相当于 1050 万磅。关于衡制关系，参见 Harry Rothwell, 1975: *English Historical Documents, 1189－1327*, London, Eyre & Spottiswoode, p. 856。

④ Christopher Dyer, 2005: *An Age of Transition? Economy and Society in England in the Later Middle Ages*, Oxford: Clarendon Press, pp. 89－90.

仅在于它本身所取得的成就，而在于它对农村经济结构的优化，简言之，它打破了原本单一的农业种植业经济，使得英国农村初步形成了一种混合经济结构，一种相对于单一种植业更有活力、更易于发生变革的农牧混合经济，它更有利于英国由封建农本社会向现代社会过渡。

2．劳动力转移与农牧混合经济结构的形成

关于中世纪英国农村劳动力转移与城市化现象出现的原因，学者们普遍认为是基于农业生产力的进步和剩余产品的增加，前文已述。笔者也曾在一篇文章中论及英国农业生产力进步与农村劳动力转移之间的关系①，发现两者的因果关系非常显著，完全印证了上述学者的结论。尽管中世纪城市政治经济影响也对农村居民流动产生拉力，但城市生存本身尚且依赖周围农村经济发展，其拉力强弱也有赖于后者发展。因此，完全可以说，是农业生产力水平决定了中世纪英国劳动力转移与城市化水平，这种情形直至工业革命后方发生转变。不过，当我们用农业生产力这把标尺来衡量古代中国的农村劳动力转移与城市化时，却发现不再有效。一个无法回避的事实是：古代中国农业生产力高度发达，居世界之冠，但劳动力转移与城市化水平没有相应发展而是严重落后。

中国封建社会是典型的农业文明，生产力高度发达，生产总量之高、农具种类之多、农耕技术总结传播之广、水利灌溉规模之大，供养人口之众，均世所罕见，生产水平远远超过同期的西欧国家，但手工业长期依附于农业，长期停滞于家庭手工业的初级水平，并没有成长为近代大工业。城市人口主要集中在东南沿海与内陆各种政治中心、军事要塞，也没有发展成为城市化运动。由此看来，生产力并不是解决劳动力转移问题的一把万能钥匙，农村劳动力转移与城市化能否获得较大发展，同农业生产水平高低不存在单一的因果联系，如果认为农业生产力水平高则劳动力转移程度和城市化水平一定高，那是将问题简单化了。显而易见，除生产力之外，其他因素也在发生作用。

那么，是什么因素有利于英国农村劳动力转移、古代中国由于缺乏该因素因而劳动力转移受到制约呢？两相比较，除生产力外，中英两国农业生产最大的区别当在于经济结构方面：一个是农牧混合的，另一则是单一粮食种植的。由此推来，中世纪粗放的农牧混合经济比之中国古代的集约农业更加进步发达吗？或者说，英国的农牧混合经济具有哪些优势条件？

---

①　谷延方：《英国农业生产力进步与农村劳动力转移》，《学术交流》2005年第9期。

马克思关于劳动社会分工的论述给了很好的启示，有助于我们对劳动力转移问题的理解和认识。马克思说，工商业劳动同农业劳动的分离，是由一个民族内部的分工引起的，分工也引起城乡的分离和城乡利益的对立，分工的进一步发展导致商业劳动同工业劳动的分离。① 这并不是专门论述农村劳动力转移与城市化的著作，不过它们从一个角度揭示了劳动力转移和人口流动形成的原因，即认为分工会促进“工商业劳动同农业劳动”的分离，实际上就是劳动力从农业部门向工商业转移，一部分乡村人口会流向、定居于城市，专门从事非农产业，最后导致“城乡的分离”。人类历史上曾出现过三次社会大分工，每一次社会大分工都伴随着农业劳动力的大转移。

中世纪英国生产力远远落后于古代中国，难道生产分工之发达程度高于中国吗?

众所周知，中世纪西欧农业生产属于粗放型农业，东方国家属精耕细作型。英国这种粗放式的农业生产是一种农牧混合经济，耕地和牧场交错，畜牧业的肉奶制品和农业的粮食生产占有大致相等的比例和地位。中国古代的农业生产基本上是单一的粮食种植业，畜牧业的比重很小。大体说来，上述中西古代农业的类型差异在很大程度上是符合历史实际的。13 世纪畜牧业发展暗示着英国农村产业结构逐渐发生变化，英格兰农业结构由单一谷物种植开始向农牧混合经济结构转变，一部分劳动力转移到畜牧业领域，人口生计不再单独依靠谷物种植。据统计，在许多地区，畜牧业收入占到农户家庭收入一半甚至超过农业。直至中古晚期，畜牧业在农业结构中不仅保持着稳定的经济地位，而且其地位和重要性日渐显著，成为英国农村社会一个重要的经济支柱和生产部门。

不过，从根本上讲，英国这种粗放式的农牧混合结构并不是先进的农业生产制度，相反，恰恰是农业生产力落后的表现形式。中国在很早时期就已经抛弃了粗放式的生产方式，实现了农业的集约化经营。在黄河中下游地区，大约从春秋战国时期起，农业生产开始由粗放转为集约经营，农业发达地区亩产量已经超过 50 公斤，秦汉时期集约农业已经比较发达，一般亩产约为 65 公斤左右，宋代时南北地区粮食亩产达到 100 公斤，明清时提高到 125 公斤左右。② 相形之下，西欧粮食单位产量则远远低于中国，据中国农民史专家侯建新教授估算，13 世纪时英国粮食每

① 《马克思恩格斯选集》第 1 卷，北京，人民出版社，1995 年，第 68 页。

② 宁可:《试论中国封建社会中的人口问题》,《历史研究》1980 年第 1 期。

市亩产约38公斤。[①] 大体说来，大部分地区亩产一般在50公斤以下，可能在40公斤左右。迟至16世纪下半叶，粮食亩产还在50～75公斤之间徘徊。[②] 法国大致与此相同。

由上可见，在西欧封建经济充分发展的13世纪，农业单位面积产量尚不及中国战国、秦汉时期中原地区的水平，约为其2/3～3/4，直至16世纪后才达到中国秦汉时期的水平。可见，当时农业生产力的落后情形。当然，古代中国的农业生产也经历过粗放阶段，但从春秋战国起，就已跨出这一阶段，走向了集约化生产，而西欧也一度出现过从粗放型走向集约化的趋势，13、14世纪时不少地区出现了粮食强化生产，畜牧业经济成分明显萎缩[③]，但在14世纪中叶时，突如其来的灾难——黑死病以及其后频仍爆发的瘟疫打断了这种趋势，人口锐减了1/3～1/2，可耕地大量撂荒，加之气候变冷等因素，客观上为畜牧业的复苏准备了有利条件。于是，西欧的农业生产又重新倒退回原来的粗放型的农牧混合经济。因此，这种混合型经济结构的出现意味着英格兰农业生产集约化发展倾向弱化、中止乃至最后放弃，还意味着粗放式农业生产态势趋于强化、形成和最后完全确立。就农业生产本身而言，无论是生产管理还是生产效率，粗放式农业都比集约化农业更原始、落后，这是显而易见的。

对于这种农牧混合经济，我们该如何认识呢？从发展阶段或生产水平而言，粗放的农牧混合经济无疑是落后的，而从生产分工角度而言，它又具备相当优势地位，毕竟农牧混合经济意味着农业和畜牧业出现相对的分工，表明劳动力转移已经迈出了第一步，农村居民在农村两大生产部门之间出现转移和流动，尽管转移到畜牧业领域的从业者还同农业种植业保持着千丝万缕的联系，甚至依然被冠以“农民”的称呼，但比之单一的粮食种植业显然更有活力，更有利于劳动力流动。

因此，马克思认为，问题的关键“不是土壤的绝对肥力，而是它的差异性和自然产品的多样性，形成社会分工的自然基础，并且通过人所处的自然环境的变化，促使他们自己的需要、能力、劳动资料和劳动方式趋于多样化”[④]。显然，社会分工的自然基础“差异性”、“多样性”越

---

① 侯建新：《现代化第一基石——农民个体力量成长与中世纪晚期社会变迁》，天津，天津社会科学院出版社，1991年，第52页。

② 王渊明：《中西封建社会中的人口发展》，见马克垚主编：《中西封建社会比较研究》，上海，学林出版社，1997年，第499页。

③ 王渊明：《中西封建社会中的农业耕作制度》，见马克垚主编：《中西封建社会比较研究》，上海，学林出版社，1997年，第28、36页。

④ 马克思：《资本论》第1卷，北京，人民出版社，1975年，第561页。

显著，则越有利于社会分工形成、不同行业生产部门的出现；人的需要和能力越“多样化”，则愈能推动不同行业的出现和发展。相反，倘若土壤的差异性小、自然产品单一，则越不利于社会分工形成，当然人们的劳动资料和劳动方式也难以“多样化”，也就谈不上劳动力向其他部门的流动和转移。可见，在劳动力转移方面，粗放式农业有着集约化农业所不具备的生产特点和结构优势。

相形之下，单一的农业种植业并不利于经济结构向多元化方向发展，也没有为劳动力向其他非农行业转移提供广阔空间，恰恰相反，农业种植业越发展，人们对传统农业种植业生产生活的依赖性越大，农本经济结构越牢固，封建社会的经济结构和经济基础越牢固，而商业、手工业和畜牧业等非农产业愈难获得较大发展，当然也就处于农本经济的依附地位而难以摆脱。这些非农产业只有突破附庸状态，产生量和质的飞跃，变成社会主导产业或成长为国民经济中最重要的生产部门时，才能改变封建农本经济中“农业”的绝对主导地位，才能推动传统经济结构发生转换，才能促成传统社会向现代社会转型或变革。

反观集约化农业，就劳动力转移而言，集约化农业会推进其发展吗?就经济发展阶段而言，集约化农业无疑较之粗放式农业先进、发达，但却有着自身无法克服的缺点，在社会分工上不具备前者的生产特点和结构优势。在科学技术相对落后的古代社会，所谓的集约化农业是一种典型的劳动力密集型行业，依靠投入大量劳动力来增加谷物的土地生产率和农业总产量，农业产量的提高转而又供养了更多的农业人口，为人口的大量繁衍生存提供了物资保障，大量人口再从事农业生产劳动。我国著名历史学家戴逸先生在“清代经济宏观趋势与总体评价”学术研讨会上指出，中国清代农业特点之一是“精耕细作”，由于地少人多，在单位面积上投入更多劳动力，一个形象的比喻就是“中国种地就像绣花一样”。[①] 如此，集约化农业和大量农业人口形成一种循环，两者互为因果。实际上，这也是对中国古代农业集约化生产的一个总的概括，美国农民史专家黄宗智教授称之为“内卷化”现象。“内卷化”使得大量农业生产者投入到农业生产领域而不能自拔，难以向农业之外的其他领域转移，农村人口向城市的迁移也受到严重影响，所以也有学者将其称为“过密化”陷阱。

可见，古代农业生产的高度集约化（主要是劳动力投入而非技术投

① 戴逸：《清代三百年的经济发展》，《清史研究》2008 年第 3 期。

入）将大量的农业劳动力和农村人口“拉进”这个“陷阱”，是阻碍、制约劳动力转移与城市化的一个重要因素。所以在农业集约化程度较高的东方各国劳动力转移程度都比较低，农业人口向非农产业转移和农村人口向城市流动方面，均未获得历史性突破，当然后来也都没有出现大规模城市化和工业化现象。正如王渊明先生所言“中国封建时代高度的人口增长推动创造了当时世界上最为先进的农业文明”，却为传统农业经济向现代工业经济的过渡“设置了某种障碍”。[①] 这种障碍就是劳动力高投入与集约农业形成了“良性”循环，不需要在农业之外寻求出路。大概任何一种历史事物发展都是如此，往往由于其发展程度过高而走向反面，阻碍了向另一种形式转化。

因此，西欧社会却是因农业经济“落后”而获得劳动力转移发展的“有利”契机，农牧混合经济结构在中古时期开始出现。由于农业实行粗放式经营，从事农业生产人口数量远远少于集约化农业生产所需要的劳动力。同时由于农业生产效率低下和农业产量低下，农村社会也不能维持和供养大量农业人口的生存，没有大量人口自然也难以形成劳动密集型农业，故而，西欧人口相对稀少和粗放式农业也形成一种循环。这是封建农本经济的初级表现形式。随着封建经济的发展和人口压力增大，西欧社会这种落后的粗放型农业在中古时期也一度出现向高级阶段——集约化发展的倾向，但由于瘟疫、人口、土壤和地势、地形关系等诸种原因，精耕细作的集约化农业没有获得充分发展，粗放型农业依然在西欧各地占据农业生产的主流形式。在粗放式农业生产模式小，多余的农业劳动力和失业、半失业人口必然要在农业之外寻求生计，从事畜牧业、手工业像制鞋、织袜、纺羊毛、服装、粮食酿酒、采矿、木材加工等非农产业；如果农村难以提供足够的衣食之源，这些多余的劳动力就向城镇流动和迁移，既向小城镇流动，也向大城镇流动，从而为各种非农产业和城市提供了动力和发展空间。

笔者并非鼓吹农业越落后，则劳动力转移与城市化越发达的论调，相反认为劳动力转移与城市化若要取得巨大成果——进一步发展为城市化和工业化运动，则必须以发达的农业生产力和农业生产率的提高为前提，在此只是强调粗放、落后的农业生产模式客观上会促成和推动劳动力向非农领域转移、向城市流动，尤其在劳动力转移初期。究其原委，

---

① 王渊明：《中西封建社会中的人口发展》，见马克垚主编：《中西封建社会比较研究》，上海，学林出版社，1997年，第509页。

粗放型农业类型在英格兰中古时期得以逐渐形成，是由多种因素促成的，其中地理环境在西欧农业类型选择方面显现了强烈导向作用。西欧土地大多粘重、贫瘠，不适合发展单一的谷物种植业和精耕细作的劳动力密集型农业，而中国气候适宜、土壤有机质丰富，宜于发展集约化农业。因而，地理环境对欧亚大陆农业生产模式产生了重要影响，从而间接影响了东西方劳动力转移的历史进程。在这里，地理环境对人类农业经济结构选择的限定性隐约凸现出来。

当我们为粗放型农业无法供养更多人口、无法向封建农本经济高级阶段发展而扼腕叹息之际，殊不知，它已经为另一种形式的经济和社会发展提供了有利契机。一个新的历史阶段已在酝酿之中了。因而，在粗放式农业条件下，劳动力向非农产业转移较之集约化农业存在着更为有利的历史条件，从而为非农产业发展和城市化赢得了发展空间。英格兰正是欧洲粗放型农业国家中最先完成劳动力转移——城市化和工业化——的典型代表。

据此，我们可以提出一种关于劳动力转移的“量—质”假说或理论设想：中古农业生产发展首先是“量”的扩张，譬如耕作面积增加、规模扩大等方面，当“量”的扩展达到极限时，“质”的方面的发展必随之得到深化和加强，像在一定的耕地面积里，改进耕作方法，改良耕作工具，增加田间管理，给予土壤施肥，套种豆科作物恢复地力等。这是在农业劳动力向非农产业转移之前农村经济、农业生产所呈现出的一种“普遍性”倾向或态势。据记载，从12世纪始，英格兰出现了全境规模的垦殖运动（Assart & Colonization）。正是伴随着这种简单原始的“量”的扩张，英国封建制度在13世纪走向繁荣，达到巅峰状态。中世纪耕作制度的重要变化——从两圃制到三圃制，则是农业生产者在“质”的深化方面采取的一种典型措施。

因此，只要农业经济和生产在“量”方面尚有扩张之余地，在“质”上仍有深化的空间，一般说来，大规模的劳动力向非农产业转移和农村人口向城市流动现象是不会发生或很难发生的，相应的，非农产业和城市也就不会得到较大发展。在中古时期，农村劳动力转移正是处于这样阶段上：农业生产进行“量”的扩张和“质”的深化方面尚有拓展空间，所以古代东西方各国只出现过城市化和工业化现象，像西欧在中世纪时有过“城市兴起”现象，却没有成长为城市化运动；也有过工业快速发展阶段，但也仅仅是一场“技术革命”而已。[①] 古代中国城市的发展则更多地依赖于封建国家的政治和军事需要，前文已述。

而随着农业生产的进一步发展，“量”的扩展达到顶点，“质”的深化亦无可能大幅提高农业生产力之时，农村劳动力向非农领域转移、向城市流动则是必然的选择和结果。历史表明，不同民族面对这种大致相同的农业局势时采取了不同的应对措施。中国古代农业生产在“量”上无法扩张时，在“质”上采取了超乎常规的深化手段，劳动力最大限量地投入其中，因为劳动力数量多、成本低，这便形成了劳动密集型的集约化农业，所以古代东方各国都没有出现大规模的城市化和工业化运动，大量劳动力被农业集约化“陷阱”吞噬了。

与东方集约化农业比较而言，英国采取了不同的做法。大体说来，西欧农业生产属于粗放型农业，东方国家属精耕细作型，相比较而言，前者在“质”的方面深化空间有限，所需劳动力很快就会达到饱和状态。而当农本经济“量”上扩张达到极限、“质”之深化亦无可能之际，劳动力大规模转移的起始点即将到来。我们看到，封建西欧经济在13世纪左右的“大垦殖”时期“量”的扩张基本达到顶点，拓殖的耕地面积在600年后都未变动或变动很小。从逻辑上讲，经济本身的发展规律要求打破现有农本经济格局，实现劳动力向城市和非农生产领域转移。事实证明，英吉利民族选择了向非农领域转移。在中世纪晚期，英国大量农村居民从事养羊、羊毛纺织、木材加工、煤炭采掘等，畜牧业、纺织业等行业逐渐崭露头角，开始突破以农为“本”的封建经济框架，促成工业、商业等非农产业出现大规模发展的局面。

英格兰的劳动力转移正是沿着这一轨迹前进的。在中世纪晚期和近代早期，“农牧并重”、“农工并重”的局面开始出现，并逐渐向以“工”为本、以农为“末”的时期转变，农村劳动力向农村非农产业的转移在16、17世纪出现一个高潮，被称为“原工业化”时期。[②] 由此可见，工业时代和工业社会的到来是农业生产“量—质”理论发展的逻辑后果，也是英吉利民族在粗放落后的农牧混合经济条件下的必然选择。当然，随着经济的进一步发展，当工业经济在“量”、“质”两个方面都难以扩

---

① 像风磨和水磨改进、普遍应用的挽牲畜的颈轭和肩轭、船舶的艉舵等新技术出现。见〔法〕费尔南·布罗代尔：《资本主义论丛》，顾良、张慧君译，北京，中央编译出版社，1997年，第45页。

② Peter Kriedte, Hans Medick, Jurgen Schlumbohm, 1981: *Industrialization before Industrialization: Rural Industry in the Genesis of Capitalism*, Cambridge University Press, p. 142.

张和深化时，一种新经济、新时代又会来临。

此外，粗放式混合经济结构的形成，还对英国社会转型发展产生了重要影响。因为这种农业、手工业、畜牧业等多种产业并重的多元混合经济结构，有利于突破单一的以粮食种植业为基础的农本经济结构，从而实现向近现代经济结构转型。这里并不否认农业生产力本身相当程度的发展和进步对社会经济形态变革具有重要作用，社会制度的变革和演进必须以农业生产力发展作为其基础和前提，但仅有生产力进步是不够的，经济结构的多元性显然更有利于社会形态的变革和更替。简言之，多元经济结构的作用是建立在农业生产力相当程度提高的基础之上的，并以此作为自己作用展开之前提，经济结构和生产力相互作用，共同推动社会变革和社会进步。

3. 中古英格兰的煤炭采掘行业

煤炭在工业革命时期拥有举足轻重的地位，对它的大规模开发利用改变了英格兰大地的历史面貌。鉴于此，我们有必要考察该行业在此之前的发展历史，这也是农村劳动力转移的一个重要方面。在不列颠，早在基督教传入之初——罗马占领时期，不列颠岛上已经开始采掘、使用煤炭，同时开采的还有铁矿和铅矿。考古发掘证实了这一点。在达勒姆的莱斯特和伊比柴斯特、什罗普郡的罗克特以及其他地方，未被燃烧尽的煤灰、煤块等遗迹在沿着哈德良长城一线已被考古学者们发现。当时煤炭主要用于冶铁，也可能用于火炕供暖，或者是神庙圣火的燃料。随着罗马人撤离不列颠，煤炭采掘历史即告中断，岛上居民不再使用煤炭，直至诺曼征服前甚至再过一个世纪之久，我们找不到任何煤炭使用的痕迹。

到12世纪末叶，煤炭才被重新发现。早些时候出现的词汇“carbo”和“carbonarius”基本上专指“木炭”（charcoal），这是当时除木材以外的唯一一种燃料。最早明确提到“煤炭”的是欧陆城市布鲁日（Bruges）的一份档案。1200年，英格兰向弗兰德尔出口的各种商品中就有“煤炭”，当时称“charbon de roche”。[①] 可以说，煤炭在英格兰实际应用的历史开始于亨利三世（1216年）统治时期。约1200年时，苏格兰也已经使用煤炭了，大约1/4个世纪后，苏格兰煤炭还运进了伦敦，就在伦敦城墙外的卢德门附近，1228年出现了一条“海运煤巷道”（Sea Coal

---

① Austin Lane Poole, D. Litt., 1986: *From Domesday Book to Magna Carta, 1087–1216*, Oxford: Clarendon Press, p. 81.

Lane)，“海运煤”即煤炭，因体积大、分量重、陆路运输不便，主要通过水路船运到伦敦，伦敦人称其为“海运煤”。不过，这一时期和此后三个世纪的绝大部分时期里，煤主要用于铁矿冶炼、烧制石灰肥料等工业生产。据记载，1366年，诺森波兰郡郡长还为国王在温莎城堡的作坊“运送了大约680吨煤炭”。由于此时房屋建筑尚未出现烟囱，所以煤炭并不适合用做普通民居的取暖燃料。煤炭总是同烧制石灰肥料联系在一起，结果“海运煤通道”变成了“石灰肥料烧制巷道”，声名鹊起，广为人知，购买海运煤来烧制石灰肥料的例子不胜枚举。

1244年森林法调查中，王室发现煤炭开采区域正逐渐扩大，调查提及“在森林内发现有海运煤，这些人是否已经为此而缴纳费用”是令人怀疑的。特别条款很可能是专门针对迪恩林区，因为此时布莱克尼(Blakeney)、斯泰顿（Stainton)、阿宾浩（Abinghall）等地都在开采煤炭，其中最后一个地区要按每一匹马驮载煤量缴纳一便士税金给圣·布里沃尔斯（St. Briavels）的大管家，他是林区的监督官。到1255年时，迪恩林区条款又包括了挖掘煤付费、所有由塞汶河运输的煤炭缴纳关税的内容，后一部分煤炭可能是在什洛普郡开采的，因为大约1260年，瓦特·德·克利佛批准约翰·德·哈斯顿爵士在克利（Clee）林区采煤，有其他迹象表明什洛普郡煤田很早就进行开采了。地处英格兰中部地区的德比郡和诺丁汉郡也开采煤炭，1257年达菲尔德·菲斯（Duffield Frith）也在开采煤田，正是在这一年埃莉诺王后被从诺丁汉城堡驱跑，因为下面忙忙碌碌的城镇居民使用海运煤做燃料造成令人讨厌的烟雾，这是烟尘污染比较早的一个突出案例。① 1307年，伦敦越来越多地使用煤炭烧制石灰肥料，结果造成很大污染，引起社会各界强烈谴责，不过最后是否遭到成功禁止就不得而知了。

到13世纪末，在某种程度上，英国所有煤田都在进行采掘活动，诺森波兰和达勒姆是最为发达的。在诺森波兰郡，纽卡斯尔附近煤矿数量不计其数，在天黑之际探访小镇是非常危险的行为，很容易掉进各种各样、深浅不一的矿坑里；泰恩茅斯（Tynemouth）的僧侣也正充分利用他们的矿产财富——采煤；在约克郡，希彭（Shippen）早在1262年即已开采煤炭，沃里克郡的奇尔弗斯·库顿（Chilvers Coton）于1275年开采煤炭，斯塔夫德郡煤炭开采稍晚，不过1315年布拉德雷（Bladley）开始

① L. F. Salzmann, 1913: *An Introduction to the Industrial History of Medieval England*, London: Constable and Company LTD., p.5, 6.

采煤，安布尔科特（Amblecote）在爱德华三世统治时期也开采煤炭了。到14世纪中叶，由于煤炭需求量不断上升，几乎英国所有的煤田都在不同程度上得到发掘，其中许多矿井深度都比早期增加了，人们开始采用“平峒”（adit，从地面进入矿井的横坑道）和地下排水设施以防止矿坑被水淹没。

由于采煤工作劳累、枯燥，劳工常常供给不上，因为采矿劳工多是附近农村居民，并非专职从事采掘工作，同时还种地、养猪等，农忙时以农事为主，所以采煤业也像其他非农行业一样存在着“季节性”，受到农业生产的支配和制约。[①] 当农业资源富足、生计压力降低时，农村人口从事采掘行业的动力、积极性都相应下降，因此，在1350年黑死病后及1366年第二次瘟疫后，英格兰各地煤田普遍缺乏劳动力，结果许多煤田出现强迫劳动和压迫工人现象……譬如温拉顿（Winlaton）煤场由于缺乏劳动人手甚至一度派人前往苏格兰雇用劳动力，最后不得不雇用当地妇女，可见当地劳动力市场紧张到了何种程度。

由于各地习俗不同，煤的开采权利比较复杂。譬如，在博尔索弗（Bolsover），庄园佃户有权在荒地和林地挖煤自用，但通常需要出资购买许可证方可挖煤，在韦克菲尔德即是如此。至于公簿持有地上的煤，庄园领主、佃户一般都有权采煤，而无须补偿公簿持有农，1578年约克郡的霍顿（Houghton）和附近的科帕克斯（Kipax）就是如此。假如不需要大规模的排水工程，那么采矿成本是很低的，因为工人工资低廉、设备简单、销售稳定，矿坑多数在50～100米之间，即便煤价变化幅度很大，有时还受到运输成本影响，不过总的说来，煤炭采掘行业的利润要高出工人工资3倍以上，除去各种耗费，正常年份也会有30%左右收益。[②]

从煤炭不同的重量称呼单位，我们也能看到该行业发展的普遍程度。英格兰各地关于煤产量的重量，表达术语各不相同。譬如，有英担（hundredweight）、夸特（quarter，科尔切斯特采用此种量制），还有西姆（seam）、劳德（load，指一匹马或一辆马车运载量）、“斯考普”［scope，大体等同于筐（corf）］、或篮子（basket），此外还有罗克（roke）、罗（rowe）、罗德（rod）等量制单位。伯茨（perch）是沃里克郡单独采用的计量标准，巴特斯（butress）和3夸特（three quarters）这种单位也有

① Edward Miller and John Hatcher, 1995: *Medieval England: Towns, Commerce and Crafts, 1086 –1348*, Longman Group Limited, p. 65.

② Sybil M. Jack, 1977: *Trade and Industry in Tudor and Stuart England*, London: George Allen & Unwin Ltd., p. 12, 68.

使用，泰恩河地区使用最普遍的是法勒（fother，约等于 19.5 英担）和查尔德（chalder）或查尔特隆（chaldron）①、船（keel）等单位，竟有十余种之多，不过这也恰恰反映了煤炭开采行业在英格兰发展的普遍性，各地区都用当地度量单位计算采煤数量，具有鲜明地方色彩，另也可从中发现，王室或政府对此行业并没有统一的规划管理。

从当时的采煤租约看，每个矿坑雇佣的工人数量并不多，一般都在十人以下，多数在 4～6 人之间，规模很小。这是中世纪英国煤炭行业的一个基本特点，当然也是其他非农行业生产的共同特点。② 尽管采煤行业规模很小，但依然向国外出口煤炭，大部分运往大陆低地国家。其中纽卡斯尔的关税账簿表明，在 1377～1378 年，该港总计输出煤炭 7338 查尔德（约合 7500 多吨）。③ 我们没有同期国内煤炭贸易的具体数字，直至伊丽莎白时期，我们才能够将两者进行比较。譬如，在 1591～1597 年的七年中，煤炭出口量从 1591 年的 10000 查尔德增加到 1593 年的 18000 查尔德，而后逐渐跌落回 10000 查尔德，七年来煤炭出口总额达 95558 查尔德，相比之下，国内贸易量平稳地从 45700 增加到 70000 查尔德，总额高达 418200 查尔德，可见，国内贸易额占据了主导地位，80% 左右的煤炭在国内消费。1592 年的海关记录表明，纽卡斯尔出口量居全英第一，其后依次是布里斯托尔、威尔士、利物浦。④

煤炭国内贸易量的剧增，在很大程度上应归功于烟囱的普遍使用。尽管一些高大建筑物早有烟囱，但普通居民居住的房屋直至伊丽莎白时期才装有烟囱。随着普通居民家庭用煤量增长，加之煤价上升，使得英格兰采煤行业获得迅速发展，这标志着中世纪煤炭开采时期终结，同时也标志着一个新时代的开端。

---

① 旧时英国干量单位，用于煤、焦炭、石灰等，约等于 32～72 蒲式耳。

② 以制盐业为例，据《末日审判书》记载，1086 年时，沃里克郡布罗姆斯格罗夫（Bromsgrove）庄园有 13 口盐锅，只有 3 个制盐工人，以往忏悔者爱德华国王和戈德温公爵每年各有 52 镑、24 镑税入，现在威廉一世取而代之，但也仅 65 镑收入，由此可见生产规模之小。当然这是中古早期的情况，制盐业后来有所扩大，但规模小、投资少一直是中古时期英国许多工业生产活动（除纺织业和畜牧业外）的主要特征。H. E. S. Fisher and A. R. J. Jurica, 1977: *Documents in English Economic History, England from 1000 to 1760*, London, G. Bell & Sons Ltd., pp. 169－171.

③ A. R. Myers, 1969: *English Historical Documents, 1327－1485*, Eyre & Spottiswoode, p. 930.

④ L. F. Salzmann, 1913: *An Introduction to the Industrial History of Medieval England*, London: Constable and Company LTD., p. 18.

二、中古英国农村劳动力转移的外部流动

外部流动包括地域流动和行业流动，地域流动无疑是指农村人口向城市流动，行业流动则指农村劳动力向城市工商业转移，因城市人口主要从事非农产业，向城市迁移的地域流动本身包含向城市工商业转移的行业流动，故此处不再单独论述农村人口向城市工商业转移的行业流动现象。中古英格兰对农村劳动力而言主要处于内部流动阶段，但也存在劳动力向外部流动——即人口长距离迁移进入城市，虽然农村人口向城市迁移比例很小。

长距离的地域流动包含的不仅是“地域”流动内容，更多地还体现了“行业”转移的内涵。由于路途遥远，长距离迁移者当日或数日甚至更长时间不能返回家乡，往往留在迁入地乡村或城镇定居下来，而留在城镇里的迁移者不得不放弃原有的职业，主要以非农产业为谋生手段，从而逐渐由农村移民变成了城镇市民。因此，农村人口的长距离地域流动实际上是城市化过程的组成部分，就劳动职业而言，在相当程度上已经转变成“跨行业”的行业流动，或者至少也是同后者存在密切关系的。由此看来，距离的增加不仅改变了迁移者流动的范围和地域，有时也改变了流动人口的身份和职业。在这里，“长距离”一词代表的不仅仅是一个长度和空间概念，而且具有经济和社会含义，劳动力的长距离或远距离地域流动就构成了城市化和工业化（在产业革命发生前，确切地说是非农化）的组成部分。

（一）如何衡量中世纪城市和城市化

人口数量是我们判断一个居民点是否可以冠之以“城镇”之名的重要依据。城镇不仅是一个政治地位特殊、生产消费集中和职业结构多元化的社区，还是一个“人口相对集中”的地点，这也是城市和乡村的基本差别之一。许多学者选取2000、4000居民以上的居民点作为城市，都是对城镇人口有一个基本的数量标准的。像E. A. 里格利所统计的英国城市化水平仅包括了5000人以上的城市①，城市史专家詹·德·弗里斯（Jan de Vries）研究，1520年英国城市人口比例为4.4%，也没有将2500

① E. A. Wrigley, 1992: *People, Cities and Wealth: The Transformation of Traditional Society*, Blackwell, p. 162.

~5000 人之间的小城镇计算在内，主要选取了居民在5000 人以上的居民点作为城市人口统计标准。[①]

不过，近年来多数西方学者认为，人口数量在2000 以上的居民点基本上可以称之为是城镇，像希尔顿认为末日审判时代英格兰东部和南部有17 个2000 人以上的城市[②]，米勒等人也认为到14 世纪早期，英国人口在2000 ~5000 之间的市场城镇有50 个[③]，他们都认为2000 人作为城镇数量标准，不存在什么问题。中国人民大学徐浩教授也认为，一般情况下，只要人口在两千以上、农民在一半以下的居民点就可以归入“城市范畴”[④]。

显而易见，城市人口量标准不同，由此得出的城市居民数量、城市化水平也不相同，甚至相差很大。那么，究竟拥有多少人的居民点或村落、社区可以称之为“城镇”呢？居民数量在数千人之多的自然是城镇，学者们对此也没有异议，争论的焦点在于，2000 人、1000 人以下的甚至几百人的居民点可以称之为“城镇”吗？对此，一些研究者持肯定态度，只不过他们称其为市场小镇、小城市，属于城市网络体系中的“第四层级”[⑤]。问题在于：既然如此，那么城市人口最低数量标准是多少，1800 人、1500 人抑或1000 人？如果1000 人可以作为一个城镇的人口数量标准，那么950 人、900 人的居民点就不是城镇，难道50 人或100 人的差距竟然使得1000 人和950 人、900 人的居民点或社区之间出现了本质区别?！倘若两者都具备特许状或存在多种非农职业，缺少50人、100 人就能够成为将后者打入农村的充足理由吗?！显然不能。

由此看来，单纯人口数量不能成为衡量一个社区是城镇还是农村的决定性条件或理由。即便在现代社会，人口数量多寡对于城镇也不是非常重要了。1878 年，国际组织规定2000 人为城市量标准，后来联合国建议20000 人作为城市量标准定义，这里已经出现将城市研究现代化倾向。不过，在实际操作中，情形较之理论研究更为复杂混乱。1971 年，联合国对40 个国家调查后发布了一个《人口统计年鉴》，上述国家城市量标

---

① Jan de Vries, 1984: *European Urbanization, 1500 - 1800*, Harvard University Press, p. 64.

② R. H. Hilton, 1992: *English and French Towns in the Feudal Society*, Cambridge: Cambridge University Press, p. 31.

③ Edward Miller and John Hatcher, 1995: *Medieval England: Towns, Commerce and Crafts, 1086 - 1348*, Longman Group Limited, pp. 274 - 275, 278.

④ 徐浩:《中世纪英国城市化水平研究》,《史学理论研究》2006 年第4 期。

⑤ Christopher Dyer, 2005: *An Age of Transition? Economy and Society in England in the Later Middle Ages*, Oxford: Clarendon Press, p. 12, 21.

准在200~30000人之间，相差甚大，有3个国家城市量定义在200人，只有1个国家将城镇居民数量规定在30000人，其余36个国家的城市量定义在200~30000人之间。[①] 因此，笔者认为，过多地纠缠于“多少人口可以界定一个居民点是城镇”没有太大意义，重要的是考察和研究该居民点的经济属性、政治和文化特征。由此，下面一些史家关于中世纪城镇特征的分析就给我们提供了有益的启示。

带有德国学术传统背景的多数历史学家，将任何具备市场或特许状的居民点都视为城镇，譬如汉斯－维尔纳·格茨、迪尔歇等人将城市看做“一个特殊的法律区域”、“以共同生活的法律规则表现出来”、“自己城市的法权”、“自己城市的法庭”和立法制度等[②]，据此标准，他们认为在13世纪德国大约有3000个城镇建立，而实际上这些城镇规模均很小。它们之所以被称为“城镇”就是因为获得了一个“特许状”或宪章，正如桑巴特总结的，“大量涉及单个城市的著述充其量只是关于市政法规或历史遗迹的史著。经济和文化的视角从未被用来考查城市史。”[③] 相形之下，英国、美国和比利时学者则倾向于使用现代经济标准，在强调政治和法律标准的同时，还将多种非农产业的出现作为城市化的标志，如米勒、哈彻尔、帕顿和克拉克等人均持此种观点。中国人民大学徐浩教授则更明确地提出人口在2000以下的居民点，只要非农行业达到数十种之多，都可认同为城市。

著名中世纪史专家亨利·皮雷纳从政治、经济两方面概括了中世纪城市特征：享有特别的法律、行政和司法，靠工商业维持生存，一个享有特权的集体法人。[④] 英国学者米勒等人也在很大程度上持此观点，认为中世纪城镇作为一种独特的社区或公社，其含义在经济上体现为城镇经济特征、功能以及多种非农行业存在，在政治上作为一个独特的社会单元，城镇又拥有“政治、行政和司法”方面的特征。[⑤] 按照不同的城

---

① 高珮义：《中外城市化比较研究》（增订版），天津，南开大学出版社，2003年，第404页。

② 〔德〕汉斯－维尔纳·格茨：《欧洲中世纪生活》，王亚平译，北京，东方出版社，2002年，第226~228页。

③ 〔德〕维尔纳·桑巴特：《奢侈与资本主义》，王燕平、侯小河译，刘北成校，上海，上海人民出版社，2000年，第28页。

④ 〔比利时〕亨利·皮雷纳：《中世纪的城市》，陈国樑译，北京，商务印书馆，2006年，第133页。

⑤ Edward Miller and John Hatcher, 1995: *Medieval England: Towns, Commerce and Crafts, 1086–1348*, Longman Group Limited, p. 279.

市定义标准，研究城市发展其结果自然也不相同。① 对非农行业的强调似乎正获得越来越多学者的认同，那么强调"非农行业"是否抓住了中世纪城市的本质特征呢？

英国著名史学家 R. H. 希尔顿的研究表明，在中世纪晚期，居民在500 人左右乃至更少的小城镇大多拥有数十种非农行业，如斯塘（Stow）在 1380 ~ 1381 年人头税簿中纳税人口为 166 人，考虑到逃税和 15 岁以下的未成年人口，斯塘人口数量大致在 250 ~ 300 人之间，小镇里有"28种不同的行业"。格洛斯特郡人头税簿登记了许多小城镇，行业结构与斯塘大体相似，如奇平卡姆登（Chipping Campden）纳税人口为 299 人，总人口大概超过 500 人，居民从事"35 种不同的行业"；温奇科姆（Winchcombe）是一古代王室自治市，纳税人口为 201 人，总人口大致在 350 ~ 400 人之间，分布在"35 个行业"；费尔福德（Fairford）是格洛斯特公爵领的一部分，纳税人口只有 111 人，总人口大致在 150 ~ 200 人之间，能够确认的非农行业也有 14 个之多；赛伦塞斯特（Cirencester）居民数量较多，纳税人口达到 550 人，总人口大概接近 1000 人，尽管税簿破损，能够辨识出的非农行业也有 43 个。②

如此看来，这是一种较为普遍现象。但是，希尔顿并没有将这些"非农行业众多"的小城镇在性质上归为"城市"，而是划为"农村社会的一部分"。在他看来，这许许多多的小镇居民不是完全自由的，也不具有市民的权利，尽管他们的主要收入来源和工作不是农业生产，可他们的身份还是"农民"，有的镇民还要到修道院自营地劳动，有的小镇在社会管理、政治结构方面与村庄一般无二：有一个法庭由管家主持或由领主总管主持，还有一个很简陋的机构，由治安吏和检酒吏组成，通过十户长检举方式管理当地居民，小镇法庭每三周集会一次，民事法庭每两年进行一次十户联保组听审，等等。可见，小城镇经济行业"非农化"并没有改变当地政治和社会管理规则，居民的社会属性或身份与其职业不相吻合。此外，小城镇的兄弟会或基尔特组织主要从乡村招募会员，最典型的如斯特拉福德"圣十字基尔特"（Holy Cross Guild），在 15世纪时，其成员来自周围 25 英里内的 300 个村庄，外地会员比例由 15

① 按照法律或制度标准，则英格兰在中世纪时期城市化水平较低，城市人口比例大约在10% 左右，而采取后一标准，则中世纪英国城市化水平在 20% 左右。见徐浩：《中世纪英国城市化水平研究》，《史学理论研究》2006 年第 4 期。

② Hilton, R. H., 1976: *The English Peasantry in the Later Middle Ages*, Oxford University Press, pp. 78 – 79.

世纪初年的30%上升到50%，世纪末时则达到60%~70%。[①]

鉴于此，希尔顿并没有将出现多种非农行业的小城镇归结为城市社会，可见他没有把多种非农产业出现作为城市的首要或充要条件，同时还非常重视这些居民点的“政治和社会管理”性质。利兹大学中世纪史教授D. M. 帕利泽（D. M. Palliser）在新近出版的《剑桥不列颠城市史》第一卷“导论”中也强调，不考虑中世纪城市的“管理、制度、习俗和习惯法”，就不可能理解中世纪城镇，“自治城镇、宪章和基尔特”因素不应被排除在新城市史研究视野之外，在“结论”部分再次欢迎重新关注“城镇生活的政治和制度内容”的研究趋向，并认为这些是不列颠中世纪城市史的“主要内容”（staple fare）等。[②]

上述不同专业的学者分别从地理学、人口学、经济学和社会学等方面考察了城市和城市化问题，这都为我们进一步深入研究该问题提供了非常有益的思路和视角。笔者认为，城镇在人口规模、地理、经济结构、政治和文化、生活方式诸方面都有别于农村，这意味着城市化也是传统农业社会在上述各个方面向现代社会的整体转型过程，即农村人口向城市迁移、农村经济由第一产业向城市的第二、三产业转型、乡村居民生活方式向城市生活方式转变等方面。因此，对中古英国劳动力转移与城市化问题，单独采取其中任一种标准都值得商榷，如完全取“政治制度”、多种职业结构或居民数量观点，都不能真实客观揭示中古英国城市发展状况和劳动力转移水平。譬如，有些农村居民迁入城市，可是保留了许多农村生活方式，“都市里的农民”、“都市里的村庄”指的就是此类现象，从社会学的角度看，这部分居民的城市化过程并没有真正完成；反之，一些人虽然居住在农村或城镇郊区，由于城市文明普及和辐射的结果，可能却已经接受了城市的现代行为方式和生活、价值观念[③]，按

① Hilton, R. H., 1976: *The English Peasantry in the Later Middle Ages*, Oxford University Press, pp. 90 – 94.

② D. M. Palliser, 2000: *The Cambridge Urban History of Britain*, *Volume 1*, *600 – 1540*, Cambridge: Cambridge University Press. p. 7.

③ 按照“城市文明普及加速定律”，当城市居民占到总人口的20%~30%时，城市文明会普及影响到25%~35%的人口；当占到30%~40%时，会普及到40%~50%的人口；当达到50%以上时，会普及70%以上的人口；当城市人口达到70%以上时，则可能会普及到90%或者100%即全部居民。只有当城市人口低于10%时，城市文明辐射力弱，城市文明成果仅仅限于城市人口。因此，当城市化达到较高水平即70%以上时，农村居民不住在城市里也可以享受到绝大部分城市文明，所以没有必要再向城市转移或迁移，城市化水平会趋缓或保持稳定，例如，英国在1931年城市化水平达到78%，1959年为78.5%，在近30年的时间里，城市化水平仅上升了0.5个百分点。见高珮义：《中外城市化比较研究》，天津，南开大学出版社，1992年，第177~179页。

照社会学观点这部分人已经完成了城市化，而按照人口学或地理学的标准，他们依然居住在市郊农村，也没有完成城市化过程。

由此可见，将上述多个标准统一起来——综合全面衡量各项指标，并不是一件容易之事，"单一"标准固然不可取，但完全符合上述各个标准的中世纪城市更是罕见或几乎没有。因此，过多地以现代城市为范本来看待中世纪城市以及由此而来的城市化，使我们在衡量城市定义问题上处于一种尴尬境地，在理解城市化问题上陷入了某种误区。因此，在以"发展"眼光看待历史问题的同时，我们还须顾及中世纪英国农村劳动力转移的"历史性"。事实上，农村——城市、农民——市民，这种"非此即彼"的认识是一种非常对立的、静态的传统观点，该做法既无助于争论的解决，也不利于我们真正认识和研究城市化问题。如果我们在农村城市化过程中选取一种"中间"或"中转站"标准，则麻烦和争端迎刃而解。事实上，在农村和城市之间、在农民和市民之间确实存在着一种中间状态——非农化。

从历史上看，摆脱了土地、脱离了农村的居民和人口没有立即变成城市市民。据记载，在 13 世纪时，许多城市市民数量或者享有市民权利的居民数量远远少于城市总人口，可见许多人没有获得市民身份，没有市民权利的这部分人中不仅有底层的城市贫民，还包括许多来自农村的移民。其中许多人出身农奴、没有人身自由，这成为他们晋身市民的一道障碍。城市史家尼古拉斯说得明确：即使到 12 世纪，"城镇自由民"（citizens）也是城市公社里的享有特权的一个群体，伴随有"自治市的特权"（freedom of the borough），在本城镇以及王国其他持有王室特许状的地方享有免税权利。1303 年，王室的一份宪章禁止任何未享有"伦敦特权"的人在城内开业；1319 年后，这种特权只有获得"本行业六名成员担保"的人士才能得到，而在中世纪晚期"获得伦敦特权的学徒"大部分来自伦敦周围郡县的"外省地产家族"（landed county families），可见这些人中大部分不会是普通农民或农奴。那么，这部分"城镇自由民"有多少呢？一个大致的估计是"很少达到城镇成年男性居民的一半"，伦敦在 1450 年时只有 1/4 成年男性居民享有城市特权，而规模小一些的城镇如诺里奇和埃克塞特等，其规定要灵活、限制要少些。① 总的说来，很多移民是在城镇里生活了一些年后才获得市民身份的，可不

① David Nicholas, 2003: *Urban Europe, 1100 – 1700*, New York: Palgrave Macmillan, pp. 120 – 121.

是简简单单的“一年零一天”。

我们也很难认为并未被城市所接受的这部分人完成了城市化。农村移民中很大一部分没有在城市真正立足，他们通常有一个或数个阶段是返回农村老家生产生活的，或是重操旧业，或是做临时仆农雇工，他们距离真正的城市市民还有相当远的路程要走。从职业上讲，这些人不再完全以农业为生，称其为“农民”有失准确，因为他们主要依靠从事各种非农行业，像纺织、制鞋、酿酒、挖煤、木材加工等，中古晚期乡村工业的兴起和蓬勃发展，就是农村居民从事各种非农生产活动的真实写照。这种情况到近代早期就更加突出，“无数呢绒工人分布于英格兰农村，从坎特伯雷到康沃尔郡，从伍斯特到肯特郡的不计其数的农舍和村庄中”① H. C. 达比估计，“17 世纪初，英国有 1/2 的农业人口农闲时从事工业”②。据 E. A. 里格利统计，到 17 世纪晚期，这部分非农居民数量达到 190 万人，约占总人口的 33%③，他们基本上脱离了农业生产，但他们又不是城市市民，或居住在乡村，或居住在城市郊区，间或种一小块地，农忙时变成了农业雇工。既然这部分脱离农业的人口在近代早期时也没有完成“城市化”目标，那么可以合理推测，在中世纪时他们的社会身份也不会是“市民”，而是处在一种由农民向市民的“过渡”或“转型”之中，即非农化。

总之，他们是一种既非市民又非农民的“群体”——非农人口，处于一种半工半农、半商半农、亦工亦农和亦商亦农的生产和生存状态，一言以蔽之，就是“非农化”。显而易见，非农化是农村劳动力转移的一种形式，是一种常态表现形式，也是走向城市化的一个中间阶段，城市化则是非农化发展的逻辑后果和完成阶段，城市化不是劳动力转移的唯一阶段，更不是唯一结果。因此，在中世纪英国农村劳动力转移与城市化过程中，许多中小城镇居民生产和生活状态正处于农村和城市之间的这种中间状态——非农化，城市化是他们的后代子孙在近代产业大革命之后达到的目标。

因此，当我们将“非农化”这个概念引入到劳动力转移与城市化问题研究中来时，先前既定的关于城市化的线形发展图式被打破了，许多

① 王加丰、张卫良：《西欧原工业化的兴起》，北京，中国社会科学出版社，2004 年，第 175 页。

② H. C. Darby，1973：*A New Historical Geography of England before 1600*，Cambridge：Cambridge University Press，p. 282.

③ E. A. Wrigley，1992：*People，Cities and Wealth：The Transformation of Traditional Society*，Blackwell，p. 170.

模糊不清、难以厘清的劳动力转移和人口流动现象豁然清晰起来，“非农化”丰富和拓宽了劳动力转移问题的研究视野，在一定程度上解决了难以满足城市化定义标准而产生的各类矛盾问题。总之，中世纪城市的“特殊性”已经确凿无疑地使其有别于周围农村社区，而“现代性”标准又把它们拒之门外，那么“非农化”或许是关于中世纪多数中小城市居民的一种比较准确的定位。

（二）11～14世纪上半叶劳动力向新兴城镇流动

我国已故著名史学家吴于廑先生曾指出，西欧城市在7～9世纪时已经出现，已有各种城市的萌芽，11～13世纪是经济迅速发展时期，也是城市较快发展时期。[①] 尤其是后一时期的城市发展现象被许多史家称之为“城市兴起”，这是欧洲各地普遍存在的现象，城市史家D. 尼古拉斯（D. Nicholas）甚至认为1100～1300年是前现代（pre－modern）城市化的“革命性”时期，除了几个政治首都外，欧洲的城市分布格局到1300年时已经基本确立。[②] 德国19世纪经济史家G. 施莫勒称12、13世纪的城市发展为“经济革命”，并认为这场经济革命“比任何后来的革命更为重要，甚至比文艺复兴运动、印刷术、罗盘针，甚至比19世纪的革命和由此而产生的所有产业革命都重要，因为这些后来的革命只是12～13世纪的伟大经济社会变革的从属的后果而已”[③]。

施莫勒的评价是否高估了城市兴起的历史意义，在此我们不作过多评论，不过上述史家的认识无疑都流露着一条重要信息，即中古城市这一发展阶段在欧洲城市化乃至世界城市化历史上都占有相当重要地位。相对说来，东欧城市发展较之西欧要迟缓些，像德国东部地区和俄国社会和经济发展相对比较落后，不过在11～13世纪时也兴起了数十个城市，只不过规模要小一些，农村人口流动方向与西欧也大不相同，俄国人口流向由东南边境向西南和内地迁移，大概是与南方游牧民族波洛夫齐人的侵略存在一定关系。[④]

11、12世纪城镇复兴是西欧中世纪盛期的普遍现象，其中许多城镇

① 吴于廑：《世界历史上的农本与重商》，《历史研究》1984年第1期。

② David Nicholas, 2003: *Urban Europe, 1100－1700*, New York: Palgrave Macmillan, p. 13, 191, 68.

③ 转引自王亚平：《权力之争——中世纪西欧的君权与教权》，北京，东方出版社，1995年，第303页。

④〔美〕爱伦·F. 丘：《俄国历史地图解说》，郭圣铭译，北京，商务印书馆，1995年，第12页。

是在老城镇的基础上发展而来的。譬如，英国中世纪晚期 24 个比较大的外省城镇中，19 个拥有城堡、城墙，其中 10 个还保有罗马城墙，15 个城市在 1066 年诺曼征服前即已在英格兰占有重要地位。新兴起的许多城镇则往往没有城墙，即便有城墙也比较矮小，主要是用做税卡，不是出于防卫目的，大概与英国中古后期（除了百年战争外）没有出现大规模频繁战争有一定关系。像考文垂在 1355 年的两个世纪后才修建其城墙，诺里奇的城墙只有 3.7 米高，许多城镇任其城墙失修破败。显而易见，高大的城墙在中世纪早期曾经是城镇的主要标志性建筑，在中古盛期已经失去了昔日的功能。中世纪城镇更多依靠的是其政治上的“自治地位”、经济上的“市场交易中心”以及职业结构的多元化等，才与周边农村庄园相区别开来。

11～13 世纪、14 世纪早期，英国农村劳动力转移在地域流动方面——城市化取得了阶段性成果。从 11 世纪开始，尤其在 12 和 13 世纪城镇大量涌现。据统计，从 1100～1300 年，英国兴起了约 140 个新城市。[①]加上以前旧有的堡和市场小镇，那么到 14 世纪初，大约有将近 400 个市场城镇。人们普遍认为，在 13 世纪晚期，英格兰中西部所有城镇的绝大多数居民来自周围附近 30～40 英里以内的地区，建立于 12 世纪末的斯拉夫德城在最初的 50 年间，居民来自半径 16 英里内的农村地区。不仅中小城市，大城市的居民主要也是来自附近的农村地区。伦敦就是一个典型例子。语言学家艾勒特·埃克沃尔（Eilert Ekwall）通过研究伦敦语言揭示了这一点。研究表明，伦敦语言从南方或萨克逊方言转变为中部语言或安格里亚方言，这主要是由伦敦人口移民来源发生变化造成的。埃克沃尔用居民前名证明，直到 13 世纪中叶时伦敦人口大部分来自伦敦附近地区和英格兰西南部，此后，越来越多的移民来自中部地区和东盎格里亚地区。移民来源地的变化反映了伦敦“拉力”对中部和东盎格里亚居民之影响逐渐增强，当然在某种程度上反映了当地社会和经济结构变化得利于人口流动。

此外，关于手工业工匠师傅同一些农村家庭签订的“学徒契约”也证实了伦敦人口增长的大部分得益于农村移民，14 世纪早期有大批学徒来自英格兰中东部地区。[②] 英格兰中西部地区的布里斯托尔和考文垂在

① Miller, E., 1980: *Medieval England: Rural Society and Economic Changes, 1086 - 1348*, Longman Group Limited, p. 73.

② R. H. Hilton, 1992: *English and French Towns in the Feudal Society*, Cambridge: Cambridge University Press, p. 64.

14 世纪早期也有 1/3 以上的市民来自农村。赫尔的居民大多来自约克郡东区和林肯郡北部，还有一部分来自英格兰中部地区。据说，约克郡市民在 12 世纪时已经以盎格鲁－斯堪的纳维亚人为核心，主要从瑟斯克和东喀斯特间的平原地区吸纳移民，其次从北部郡的其他地区接受移民，个别移民来自更远地区。[①] 可见，中古英国“城市的居民主要是来自附近的农村地区”是没有疑问的。

西尔维亚·思拉普（Sylvia Thrupp）研究了伦敦中世纪晚期的商人，认为这个团体通过自然繁衍几乎难以保持原有数量，生活条件较差的普通市民则更无可能自我维续，从而从另一个侧面证实城市居民的乡村来源途径。考虑到前资本主义社会时期城镇居民死亡率高于出生率，城市人口除了自身繁衍维续外，主要依靠乡村剩余人口流入补充。那么，我们完全可以得出以下结论：城镇人口仅仅保持原有数量即需要源源不断地从农村吸收剩余人口，而城市人口出现增长则需要接纳更多乡村移民。因此，没有农村人口的移民，其中包括农奴逃亡城市，城镇人口普遍出现增加是不可想象的。可以说，城市规模扩大和保持在一定程度上主要取决于农村劳动力迁移的速度和规模，人口迁移速度愈快、规模愈大，城市愈兴旺发达；反之则愈衰落。

当然，逃亡农奴并非全都逃到了城市，很大部分人去了附近条件宽松的庄园，或流向人口稀少的边疆，转移到城镇的只是其中一小部分，不过鉴于绝大多数中古城镇居民数量在数千人左右或更少，这一小部分人对于中世纪城镇而言，数量已是相当可观，他们足以构成城市人口新陈代谢的主要来源。即使城镇成长的第一阶段过去之后，由于城镇内部死亡率高于外部，为了保持城市人口数量，农村移民依然是必不可少的。[②] 因此，城镇在 10～13 世纪之间成长的方式充分证明，它们中的大部分人口是从外部吸纳的，在一定意义上，可以说西欧城市的兴起就是农村劳动力转移的结果，城市兴起的过程就是农村劳动力转移的过程。没有农村人口的迁徙，城市的复兴就变成了无本之木、无源之水。

除了城市自由吸引农村居民、农业生产力获得相当程度发展等原因外，英国农村人口向城镇流动亦与此时西欧兴起的城市自治运动有着密切关系。从 11～13 世纪，为了摆脱封建领主的剥削和压迫，西欧各地城市掀起了一个争取自治的运动。通过各种形式的斗争，英格兰许多城市

---

① Susan Reynolds, 1982: *An Introduction to the History of English Medieval Towns*, Oxford University Press, p. 70.

② David Nicholas, 2003: *Urban Europe, 1100－1700*, New York: Palgrave Macmillan, p. 192.

都取得了不同程度的自治权。12 世纪，伦敦城市民获得了自己“任命郡长、集体承担年度税”的权利，以及“由城市官员每年向国王缴纳固定租金”；12 世纪 90 年代，他们还组建了“盟誓公社”（sworn commune）。[①] 13 世纪时，伦敦市政府由 24 名长期任职的高级市政官执掌，这些人多出自商业和地产精英阶层，常常有着宫廷背景关系。自治城市的“自由习俗”以宪章形式像火炬一样由一地传到另一地。1155 年，亨利二世将伦敦的自由习俗授予牛津城市民，宣布“他们和伦敦市民实行同一习俗、法律，享有相同的自由”。后来，1203 年，王室法庭承认这一权利。牛津由此成为“自治市之母”（parent town），将它的习俗传递给贝德福德（Bedford）、林恩（Lynn）和其他地区。诺曼人建立的一个小镇布勒特伊（Breteuil）的习俗，由其领主威廉·菲茨·奥斯本（William Fitz Osbern）也是赫里福德郡公爵，赐给了该郡城镇，从那又传给了许多兴起的自治市镇，尤其在沿威尔士边境地区一带。[②]

自治城市和自由城市的出现加大了对农村流动人口的“拉力”，在农村各地引发了农奴逃亡现象，因此相伴而来的是，广大农村地区开始了农奴解放运动的历史过程，大量农奴逃往城市。城市接纳法规（逃往农奴只要在城市里居住一年零一天，即可获得自由）是城市解放运动的成果之一，继而在乡村各地产生连锁反应，吸引了许多农奴逃亡城市。当然，农村居民向城市逃亡，除了可以获得自由外也能够逃避一些苛重捐税。J. R. 麦迪克特（Maddicott）考察了 13 世纪晚期和 14 世纪上半叶的英国历史，发现这一期间战争不断，军事活动及影响充斥了社会各个层面，上至王室贵族下到普通农民都卷入其中，战争的直接或间接负担在相当大程度上影响了乡村农民的生活，并给许多农民的农业再生产造成困难。[③]

从 13 世纪 90 年代起，由于同苏格兰、欧陆法国战事频繁，王室对国内居民动产税征收的频率和额度显著增加，爱德华一世统治的最后 14

① Paul E. Szarmach, M. Teresa Tavormina, Joel T. Rosenthal, 1998: *Medieval England: An Encyclopedia*, New York & London: Garland Publishing, Inc., p. 458.

② Austin Lane Poole, D. Litt., 1986: *From Domesday Book to Magna Carta, 1087 - 1216*, Oxford: Clarendon Press, p. 67.

③ 农民主要受到三种税赋影响：动产税、物资征用（purveyance）或称“庸”和军役费用，上述税赋，尤其是物资征用负担大多落到了农民身上，没有落在大贵族身上。见 J. R. Madicott, “The English Peasantry and the Demands of the Crown, 1294 - 1341”, edited by T. H. Aston, 1987: *Landlords, Peasants and Politics in Medieval England*, Cambridge: Cambridge University Press, p. 290, 300。

年中征收了6次，其中4次是在1294～1297年间征收的，在爱德华二世和爱德华三世统治时期（截止到1334年）又征收了10次，41年间共计征收16次，而在1216～1290年的75年间仅征收了7次，与此同时，动产税征收额度也大幅增加，从1/40～1/15之间增至1/25～1/9，平均税率在1307～1334年间达到1/18，而且税赋的征收开始置于财政署（the Exchequer）的直接控制之下。由于动产税不是依据收入而是依据动产数量征收，因此很多领主为了逃避税负放弃了对自营地的直接经营，将其大量出租，而是坐收地租，从这个意义讲，动产税的频繁征收在一定程度上也促成了庄园劳役制度的解体，或者说是导致中古晚期农奴制瓦解的因素之一。不过，这样一来，由于封建庄园领主逃税，战争负担主要就落在了佃户农民身上，对乡村居民生产生活造成很大损害。麦迪克特（Maddicott）博士认为，英格兰同法国、苏格兰之间的战争足以构成英格兰历史的转折点，政府的财政措施在经济领域产生重要的影响。① 可见，英国农民虽然对领主的人身依附关系弱化，但同时却遭到王室或政府日益加重的经济盘剥，这大概是庄园主后来主动放松农奴制的原因之一。

据记载，王室官吏经常扣押农户的牲畜，迫其缴税，收缴之后拒绝出具收条，以大大低于市场价格强行征购各种生活必需品，等等。例如，爱德华一世1297年3月下令征集欠款，这正是农民现金最紧张的时候，于是税吏扣押了很多大牲畜。7月，诺丁汉郡郡长收缴了西蒙（Simon），后者是罗伯特·达文特里之子（son of Robert Daventry）的耕牛和谷物，卖掉以抵偿其债务；次年的调查发现了许多此类情况。② 所以，有的佃户采取了逃离庄园做法，如在1332年时德文郡·圣·玛丽庄园的佃户们（the men of Ottery ST. Mary in Devon）缴纳15英镑，10先令，7便士，1334年时税额却提高到20英镑，于是134个佃户中的26人放弃份地离开了庄园。1338年，当诺丁汉郡郡长带走耕牛、秋播无法进行时，20家农户放弃了份地。同样，在约克郡的贝弗利（Beverley）、德文郡的巴德利（Budleigh），1334年实行的新定额税制迫使一些人"离家出走"；1340年，出于对1/9新税的恐惧，什罗普郡科尔德·韦斯顿（Cold Weston）大部分居民迁移他处。显见，对农奴而言，逃亡除了可以摆脱

① 〔英〕A. R. 布莱德波雷：《黑死病前的英格兰》，《经济史评论》1977年第30卷第3期，第401页。

② T. H. Aston, 1987: *Landlords, Peasants and Politics in Medieval England*, Cambridge: Cambridge University Press, p. 295－296.

低贱的社会地位外，它也成为乡村其他普通民众躲避重税的常用手段。[①]

除逃亡和合法迁徙之外，还存在许多领主建立城镇、授予农户们镇民或市民权利的现象，甚至有整个村庄由领主颁发特许状直接变为城镇的情形。一夜之间，这类村民在早晨醒来时已是享有特权的小镇市民了。海厄姆·弗勒斯（Higham Ferrers）就是一个这样的例子。在1251年的圣·格里高利节，德比郡公爵建立了海姆法勒斯自治市，在特许状中记载了92人名字，这些人早晨起床时尚是农奴，不到傍晚就变成了自由人。这一近乎荒谬的"突变"现象却是千真万确的历史事实，而且绝非孤例。

事实上，在12世纪，一些村庄就是通过国王或领主的"特许状"摇身一变而成为自治市镇的，这样的情形也不是一例两例。牛津郡的伯福德（Burford）就是一个很好的例子。在"末日审判"调查时期，它只是一个普通的小村子，而且处于衰落之中，税收估值数额由以前的16英镑降到13英镑，原先的领主贝叶的奥多（Odo of Bayeux）由于参与1088年的叛乱，这个小村子以及他在牛津郡和格洛斯特郡的其他许多财产都被没收，新的领主是格洛斯特郡的罗伯特·菲茨·哈蒙（Robert Fitz Hamon），他将原属于自治市镇的"自由惯例"（free customs）给予了伯福德，由此该村变成了自治市镇，拥有一个市场和一个商人基尔特，原先的维兰也都转变为"城镇居民"（townmen），可以自由地处置他们的财产。[②] 显而易见，这样的自治市镇在人口规模、经济结构和日常消费等方面同农村村落当然相差不大。

无论世俗还是教会的领主们建立的这类"新城"，实际上就是一些"村庄"。只不过这些村庄里的农民"享有自由"，所以在许多特许状中他们甚至被称为"市民"，他们得到了"从城市制度中借用来的司法组织和地方自治"，中世纪史专家亨利·皮雷纳称他们为"一种新型的农民，完全不同于旧式的农民"。[③] 近在海峡对面的法兰西，也不乏通过行政手段将农庄直接转化为城镇的事例，这在语言词汇方面也得以体现。据19世纪法国著名史学家瑟诺伯斯研究，法文"城市"（ville）这个字

---

① T. H. Aston, 1987: *Landlords, Peasants and Politics in Medieval England*, Cambridge: Cambridge University Press, p. 299, 353.

② Austin Lane Poole, D. Litt., 1986: *From Domesday Book to Magna Carta, 1087-1216*, Oxford: Clarendon Press, p. 66.

③ 〔比利时〕亨利·皮雷纳：《中世纪的城市》，陈国樑译，北京，商务印书馆，2006年，第136、137页。

就是导源于“乡村领地”（villa）。[①] 此类城市按照现代城市标准衡量，大多不符合城市定义，根本不能称之为城市，不过在中世纪它们是堂堂正正的城市、标准的城市，因为中世纪的城市是享有“特权”——特别的法律、行政和司法的集体和组织，当然大多城镇也是靠“工商业维持生存”的，不过后者并不是成为中世纪城市的必要条件，而没有“特权”的中世纪城市则是不可想象的。

在12世纪晚期和13世纪，英格兰许多自治市就是这样建立的。纳茨福德（Knutsford）市民以田埂和地垄测量城市土地，我们可以看出这种做法是来自于农业公社的生产和管理实践。此外如莱斯特郡市民免除了谷物收割劳役，兰开斯特市民免除了犁地和其他惯例劳役，都清晰表明这些城镇的市民刚刚摆脱了农民身份，这些小城镇的前身正是一些小村落。[②] 所以城市史家尼古拉斯认为，工业革命之前的欧洲城市许多都同封建庄园有着“密切关联”，到1100年，这些城市大多数正在进行着“从庄园到城市化”的经济变革。[③] 这也无怪乎，绝大多数中世纪英国小城镇里到处猪羊成群、农地遍布而处于一种半城半农、半农半商的状态了。

经济史家希尔顿研究后发现，绝大部分自治市和市场城镇都是由封建领主建立的，其代理人掌管城镇的法庭。新市镇一般都有一部“成立宪章”，享有王室自治市的一些特权。这些小城镇的特许权与欧洲大陆的城市存在显著的相似性，以至于有学者认为它来源于岛国对大陆的模仿。[④] 自治市的特权包括自由和免除侮辱性的收费，即以货币缴纳地租、没有劳役，市民只接受城镇法庭的审判，市民可以从事零售贸易而无须缴税，税费由批发商人统一交给领主。自治市至少每周开一个市场，每年举办一次市集；市民可以选举自己的官员，譬如法警、收税人、酒类检查者、治安员，等等。当然城镇得以建立的原因还有贸易的发展，以及商业、手工业繁荣所致。其中工商贸易活动最为兴旺的英格兰东南部地区，城市化水平也最高。显而易见，国内贸易或远距离长途贸易起了积极作用，因为东部地区有六个城镇依次举办集市，每个城镇每年举行

---

① 〔法〕瑟诺伯斯：《法国史》，沈炼之译，张芝联校，北京，商务印书馆，1964年，第123页。

② Bennet, H. S., 1956: *Life on the English Manor: A Study of Peasant Conditions*, Cambridge: Cambridge University Press, pp. 294－295.

③ David Nicholas, 2003: *Urban Europe, 1100－1700*, New York: Palgrave Macmillan, p. 9.

④ R. H. Hilton, 1992: *English and French Towns in the Feudal Society*, Cambridge: Cambridge University Press, pp. 34－38.

2~4 周，无疑推动许多村庄变成小镇、小城镇成长为较大的城市。

据记载，1060 年，英格兰城镇居民总数约 16.6 万人，约占总人口的 7%~8%。[①] 在城市自治运动后，西欧人口大约有 1/10 流入城市，城市人口数量急剧增加。[②] 伦敦城的财富和地位随着移民，尤其是犹太移民的到来和铸币活动集中而日渐提高，国库在 13 世纪也从温切斯特迁到伦敦，到 1200 年伦敦城拥有的教区教堂已超过 100 个，成为人口众多、繁荣富裕的大城市，在 13 世纪晚期时达到了中世纪时期最高数值 8 万人。到 1300 年，英格兰大约有 500 多地方带有城市特征，而在末日审判时代只有 111 个自治市镇或堡。正是这些大大小小的城镇出现，促成了中古盛期英格兰经济扩张和社会愈益商业化。假如英格兰城镇居民大体按同一比例增加的话，那么到 14 世纪上半叶，城镇居民约占总人口的 17%~18%。挪威特罗姆瑟大学的理查德·霍尔特（Richard Holt）根据 14 世纪早期纳税人口的结构和比例研究结果断言，认为到 1300 年时，约有 20% 的居民住在城镇里，大约有一半的城市居民住在人口不到 2000 人的小城镇里。威尔士城镇人口水平大体接近英格兰，苏格兰城市化在低地地区、东海岸较高，重要城镇有爱丁堡、佩思（Perth）、阿伯丁（Aberdeen）和敦提（Dundee）等，而在高地地区呈现明显落后状态。[③] 这是英国城镇居民所达到的中世纪“最高水平”，霍尔特甚至认为，英国城镇社会已经“走向成熟”。无疑，这是对英国中世纪城市化水平的一种乐观判断。

事实上，不列颠岛国经济在中古时期落后于欧洲大陆，无论是城市规模抑或城市数量也都低于大陆国家。戴尔教授研究发现，在中古盛期，英国城市化水平不仅与经济较为发达的弗兰德、荷兰、托斯坎尼、伦巴第等地区相差甚远，而且低于欧洲大陆法国，因为在 13 世纪，英格兰王国就像现代意义上的“殖民地”，出口大量原材料像农产品、羊毛、锡等，进口的则是奢侈品和制成品，商品进出口结构充分反映了英国工业经济的落后程度。贸易组织更是落后，往返于英国港口的国际长途贸易都由欧洲大陆商人控制着，大体上依次为弗里西亚人、弗莱芒人、布拉班特人和意大利人、汉萨同盟。当然，英国在农业方面也落后于欧洲大

① 该数字是根据《末日审判书》的记载（5%），结合布瓦松纳的判断（10%或更多一些），折中处理得出。

② 〔法〕P. 布瓦松纳：《中世纪欧洲生活和劳动：五至十五世纪》，潘源来译，北京，商务印书馆，1985 年，第 114、205~206 页。

③ D. M. Palliser, 2000: *The Cambridge Urban History of Britain, Volume I, 600-1540*, Cambridge: Cambridge University Press, pp. 103-104.

陆，低地国家在精耕细作农业中采用了当时最先进的方法。英格兰的这种落后局面直至中古晚期方开始发生改观。①

希尔顿教授对英法两国中世纪城市进行了简要比较，发现法兰西城镇数量远远多于英格兰，规模也要大，而后者较大城镇只有伦敦、坎特伯雷、格洛斯特和伍斯特等寥寥数城，11 世纪时只有伦敦人口达到 1 万以上，其他城镇分别为 6000 人、3000 人和 2000 人。② 到 1300 年时，人口达到万人以上的依然仅有伦敦、诺里奇等几个城市，伦敦人口大概达到了 80000 人，其余城镇都在数千人，其中一半城镇人数不足 2000 人，人口数量在 500 ~2000 人之间的市场小镇的“城市属性”是值得怀疑的，或许称它们处于“非农化”状态更合适些。因为绝大部分小镇居民是接近 500 人而不是 2000 人，几乎同村庄没什么区别。而同期的巴黎已成为欧洲巨型城市，人口数量高达 200000 人，威尼斯和佛罗伦萨各自城市人口也都在 100000 人左右。因此，对 11 ~13 世纪城市复兴运动中英国城市化水平不能作过高估计，城镇居民占总人口比例应低于上述欧洲大陆 17% ~18% 的城市化水平，大致在 15% ~16%，甚至还要低一些。我们的推断得到有关学者研究成果的印证。

据米勒等学者统计，到 14 世纪早期，英国人口在 5000 以上的郡城有 20 个，人口在 2000 ~5000 之间的市场城镇有 50 个，此外，还有人口在 2000 以下的更多的市场小城镇，城镇居民比例至少占到总人口的 10% 左右。利兹大学中世纪史教授帕利泽和达勒姆大学的布里特奈尔两人都认为，到 1300 年时，英格兰城镇居民占到总人口的 15%。③ 这样经过估算和修正，可以认为，中世纪英国城市化水平大致在 10% ~15% 之间，接近 15% 左右。当然学者们对中世纪盛期英国的城市化水平分歧也很大，除霍尔特之外，戴尔教授也持乐观态度，他认为居住在城镇中的居民比例高达 30%，而悲观者如伦敦大学的约翰·吉林厄姆（John Gillingham）甚至认为“1286 年的英国并不比 1086 年时更加城市化”，虽然城

① Christopher Dyer, 2005: *An Age of Transition? Economy and Society in England in the Later Middle Ages*, Oxford University Press, p. 13; Paul E. Szarmach, M. Teresa Tavormina, Joel T. Rosenthal, 1998: *Medieval England: An Encyclopedia*, New York & London: Garland Publishing, Inc., p. 738.

② R. H. Hilton, 1992: *English and French Towns in the Feudal Society*, Cambridge: Cambridge University Press, p. 32.

③ Edward Miller and John Hatcher, 1995: *Medieval England: Towns, Commerce and Crafts 1086 -1348*, Longman Group Limited, pp. 274 -275, 278; D. M. Palliser, 2000: *The Cambridge Urban History of Britain, Volume I, 600 -1540*, Cambridge: Cambridge University Press, p. 741.

镇比以前更多、更大了，但总人口也比以前增加了一倍有余。[①] 这样说来，“15%”是对中世纪城市化水平的一个持中而审慎的认识。

总而言之，这一时期英国城市基本表征是城镇数量大大增加，人口数量出现显著增长，原有城区规模扩大了。尽管中世纪很多城市具有浓厚的“乡村色彩”，许多市民也没有完全摆脱对农业生产活动的依赖，不过同样也有许多市场小镇或居民点的人口处于“非农化”状态，他们不完全以农业为生，间或从事手工业和贸易等非农生产活动，或许这正是中世纪城市化的特有属性。总之，15%左右的城市人口比例是中世纪英国在劳动力转移与城市化方面取得的不俗成就，大体可构成我们对中古英国城市化水平的基本认识和基本判断。

（三）中古英国农村劳动力向城镇纺织业转移

在前资本主义社会，耕织结合在很长时期内是农村经济的普遍特征，“织”是作为一种家庭副业而存在的。纺织业是英国非常古老的一门行业，历史悠久。农村纺织业出现较大发展、由副业变成主业，需要相应的历史条件。在格拉斯顿伯里（Glastonbury）的古代湖边村落（lake-village）以及其他地方曾发现许多纺织工具。不过，纺织业正式见诸记载的文字材料则始于12世纪，也可以说，文献材料的出现也是该行业获得一定发展的一个间接证据。

许多农村手艺人包括自由身份不等的维兰大农、半自由农乃至1/4自由农、茅舍农迁入或逃亡到城镇后，大都架起了织机，或为工匠，或做学徒，大概这是他们在乡村生活时最熟练的一项手工业技能。正因为如此，他们才能在城镇——一个比较陌生的世界里安身立足，当然他们也间或从事其他行业，包括在城镇里继续耕作一小块园地、在城外牧牛放羊等，在这里我们看到，政治和法律地位截然不同的两个世界之间，经济联系还是非常紧密的，城镇纺织业是农村畜牧业、纺织副业的一个延伸和发展，而农村腹地则是为城市提供劳动力、生产原料和初级或简单产品的一个基地，同时也是城镇产品的销售市场，颇有些类似保罗·巴兰笔下的“外围”与“中心”之间的关系。

城镇纺织业率先崛起。到12世纪中叶，伦敦的织工、温切斯特、林肯、牛津、亨廷顿和诺丁汉等地织工以及温切斯特的漂洗工，已经组建

---

① 〔英〕约翰·吉林厄姆、拉尔夫·A. 格里菲思：《中世纪英国：征服与同化》，沈弘译，北京，外语教学与研究出版社，2007年，第250、253页。

"基尔特"行会组织。他们每年向国王缴纳 40 先令到 12 英镑不等的费用，从而获得了各种特权，实际上垄断了在其街区的纺织生产。此外，其他地区也有纺织业生产，只是规模相对小得多，像林肯郡和北安普顿郡连接处的斯坦福（Stamford）、格洛斯特也都是一个小的纺织业中心，与此同时 1173 年伍斯特出现了染工，十年后达灵顿（Darlington）也有了染工。[①] 因此，12 世纪无疑是英格兰城镇纺织业获得广泛发展的一个重要时期。

同时，12 世纪也是纺织业开始受到规范管制的一个重要时期。伦敦制定了一些法规，规定温切斯特、马尔堡（Marborough）、牛津和贝弗雷等地织工、漂洗工不得运送呢绒或将其卖给他人，只能出售给城镇的商人；如果他们想成为城镇的"自由人"，必须要放弃原有的职业，向城镇官员证明自己不干老本行也能立足；这些规定中最特别的条款是，织工和漂洗工不得诋毁"自由人"或证明"自由人"有罪。显而易见，这里的"自由人"是指拥有城镇特许权或专卖权的人，即商人基尔特或类似机构的成员，而这些"织工、漂洗工"则是来自农村的手工艺人或逃亡到城市的农奴工匠，他们或许进城时间不长，或许限于财力没有购买"自由"身份。由此可见，此时上述城镇的呢绒纺织从业者很多是农村移民，他们完全在城镇呢绒商人的支配之下，后者已经联合起来阻挠手工业行会成员进入商人基尔特。譬如，1202 年，伦敦市民付给约翰王 60 马克要求取缔织工基尔特，而在亨利二世当政初年，国王曾授予伦敦织工特许状，确认他们在亨利一世时已取得的权利和特权，并禁止任何人损害他们的利益。

对于呢绒行业的管理，在著名的"大宪章"（Magna Carta）中也有提及。其中规定"染色呢绒"宽幅为 2 厄尔[②]，违法者要接受王室法官处罚。1218 年 5 月，亨利三世继位初年重申关于呢绒管理的法令，任何不足 2 厄尔宽幅的呢绒禁止售卖，否则予以罚没。譬如，1226 年，肯特郡大约有 30 名呢绒商因呢绒尺寸不足受到指控。

有学者认为，中古英国呢绒纺织业生产技术落后、产品质量低劣，主要供给国内市场，直至中古晚期才大规模向欧洲大陆出口。的确，这种观点大部分符合历史实际状况。中世纪英格兰各地生产的呢绒质地不一，很大一部分都是粗糙的"布尔"（burel），价格低廉，一般说来这种

① L. F. Salzmann, B. A. F. S. A, 1913: *English Industries of the Middle Ages: Being an Introduction to the Industrial History of Medieval England*, London: Constable, pp. 133 – 134.

② Ell，旧式英国布匹丈量单位，1 厄尔等于 45 英寸。

呢绒的消费者主要是社会下层人士。1172年，温切斯特出售了2000厄尔粗呢绒卖给去爱尔兰的士兵，王室赈济人员还将更粗的“布尔”分发给穷人，如1246年伦敦市长受命购买了1000厄尔的低廉“布尔”分给城里贫民。① 看来，这类呢绒质量无疑属于下等，在国外市场大概也不会有太多竞争力。而实际上这些呢绒生产者也没有改进商品质量，仅仅采取控制出口规模来保持商品价格，其境遇也就可想而知了。像在北安普顿，亨利三世时期曾经雇用300人的呢绒行业，到1334年时几乎消失了。

不过，除了质量低劣的“布尔”外，某些地区也生产质地考究精美的呢绒产品，林肯和斯塔夫德生产“鲜红色的呢绒”（scarlet cloths）而享有盛誉。1182年，林肯市以6先令8便士/厄尔的天价（大约相当于今天的7英镑）将红呢绒卖给国王。除红呢绒外，“毯式呢绒”（blanket’ cloths）和绿色呢绒售价也在3先令/厄尔，灰色呢绒价格为1先令8便士/厄尔，这些染色呢绒均售价不菲。

显而易见，此等呢绒主要供英国上流社会的贵族阶级消费享用，同时也向国外欧洲大陆国家出口。正是在12、13世纪畜牧业发展基础之上，在中世纪晚期农村劳动力实现了较大规模向纺织业转移，城镇呢绒纺织业获得显著发展，像贝弗雷、林肯、斯塔夫德、北安普顿、约克、温契斯特和莱斯特等都为海外市场生产呢绒。毗邻林肯的波士顿（Boston）就是一个著名的纺织品出口中心，其中有大量林肯生产的红色呢绒，在国外很是畅销。德意志吕贝克（Lubeck）的一艘商船曾运载了价值250英镑的“英国呢绒”，另两船呢绒价值也在200英镑以上。贝弗雷生产的呢绒也供出口，在萨福克郡首府伊普斯威奇（Ipswich）缴纳与林肯“红呢绒”相同的通行税，该港还提及英格兰出口的其他有代表性的呢绒产品，像科格绍尔（Cogsall）、马尔登（Maldon）、科尔切斯特（Colchest）、萨德伯里（Sudbury）等地都出产呢绒。

1265年，威尼斯进口商品关税簿上还提到“英国的斯特福德呢绒”、“染色的斯塔夫德呢绒”，无疑是英国呢绒中的精品，如若不然，意大利人也不会起而仿制，因为税簿中还专门登记了“米兰人生产的斯塔夫德呢绒”。在英格兰诸多纺织城镇中，伦敦的呢绒生产无疑占有最显赫地位，织工的技术十分高超，据1300年管理法令，伦敦呢绒手工业者能织

① L. F. Salzmann, B. A. F. S. A, 1913: *English Industries of the Middle Ages: Being an Introduction to the Industrial History of Medieval England*, London: Constable, pp. 136 - 137.

各种类型的呢绒产品，有“andly, porreye, menuet, virli, lumbard, hawes, bissets”等品种，为其他外省呢绒纺织业难以企及。

（四）英国王室政策与中古城镇发展

中古城市繁荣兴旺的基本要素之一就是拥有自由和自治权利，因此，能否取得自治权利对于城镇顺利发展显然至关重要。不过，能否获得自治权利不单取决于城镇自身条件，很多时候还取决于王室的态度和政策取向，而在中古时期，英格兰王室对城镇的自治要求并没有稳定、一致的立场，常常视王室的需要和国王的性情喜好而定，而且有时也未必产生预期效果。像《中世纪英格兰百科全书》的作者保罗·萨玛茨（Paul E. Szarmach）和M. 特丽莎·塔沃尔米娜（Teresa Tavormina）等所言，在诺曼征服后，英国城镇的发展看来“更多地与整个欧洲贸易和人口的复兴有关”，而同王室政策没有太多的因果联系，尽管后者一度曾“精心计划或有准备地”扶持城镇，王室政策是在12和13世纪才开始发挥越来越重要的作用的。①

在12世纪初年，英国的设防城堡或自治市镇（boroughs）很少有要求摆脱王室或封建主的独立举动。诺曼君主普遍对比较大的城镇保持了相当大的控制权。这些城镇的官吏大都由王室委派，城镇也没有自己的管理机构，事实上就是封建王国郡县组织的一部分而已，所以当时城镇的主要奋斗目标是防止郡长干涉其财政事务，希望能够独立负责向国王缴纳有关“年度税”（farm due）事宜。为此，伦敦市民出价高达100英镑、200英镑甚至300英镑来争取这项权利。② 在取得财政独立之后，英国城镇居民才开始逐渐要求取得市政自治等方面的政治权利，在一定意义上，经济独立构成了城市居民追求政治权利的基础。不过，在城镇自治这条路上，英国市民走得并不如人们想象得那样平坦顺利，虽然没有诉诸大规模的流血斗争，但却付出了高昂的经济代价。

亨利一世时期，国王总是尽量满足城镇的各项合理要求，对伦敦市民尤其如此，也许是为了获得城镇支持其继承王位③，也可能是为了避免城镇自治运动方面出现过激暴力行径，这在欧洲大陆上时常发生。他

---

① Paul E. Szarmach, M. Teresa Tavormina, Joel T. Rosenthal, 1998: *Medieval England: An Encyclopedia*, New York & London: Garland Publishing, Inc., pp. 736 – 737.

② Austin Lane Poole, D. Litt., 1986: *From Domesday Book to Magna Carta, 1087 – 1216*, Oxford: Clarendon Press, p. 68.

③ 其兄威廉二世1199年在汉普郡新森林狩猎时不幸身亡，当时亨利也在打猎，闻讯后没有安排其兄后事而是匆匆即位，因此，有人怀疑亨利谋杀了国王。

豁免了伦敦市民应缴的财政重负，如“丹麦金”（Danegeld）和谋杀罚金，免除伦敦市民在港口和全英格兰范围内的通行税和关税；在司法方面，改善决斗法程序、降低司法罚金；此外，亨利一世给予伦敦市民实行某种自治。据此，伦敦市民有权征收伦敦和米德尔塞克斯郡（Middlesex）的年度税，税额固定为300英镑，直接上缴给王室税务署或国库（exchequer），还有权任命自己的郡长和郡首席政法官（justiciar）、受理王室权限内的诉讼（the pleas of the Crown），即刑事诉讼，由此可见其所拥有的司法权力已是相当广泛。

因此，经济史家米勒等人认为，亨利一世不仅削减了市民对王室的财政负担，而且提高了他们管理自己事务的能力，国王颁布的宪章具有政治象征意义，代表了城市“向自治方向迈出了重要一步”①。亨利一世的宪章虽然实行仅十年之期，却是英国王室对地方自治权利的第一次承认，这种要求财政和司法不受地方干涉的愿望后来则变成了英格兰所有城镇的共同呼声，正是在此意义上，普尔（Poole）认为该宪章是“英国市政发展历史上的界碑”②。

亨利一世死后，其后的斯蒂芬王和玛蒂尔达女王相继剥夺了伦敦自治权利。为获得贵族支持其争夺王位，双方都将市镇自治权利贿赂给有势力的男爵等大封建主，作为一种政治斗争的工具，结果，许多市镇都相继成为显赫贵族囊中的附属物。显然，在王冠归属尚不明确时，无论斯蒂芬还是玛蒂尔达都不可能实施稳定的城镇政策。为捍卫城镇自由等权利，1141年伦敦市民还仿效欧陆组建了公社——一种宣誓社团，试图采取暴力行动，遗憾的是没有取得成功。

1154年，亨利二世继承王位，英国进入金雀花王朝统治时期，王室实施的城镇政策逐渐规范、系统化，不过却变得非常保守。国王认为“城镇公社”（commune）散发革命气息，这是当时欧洲大陆流行的观点，所以这位来自法国安茹家族、金雀花王室的缔造者亲自任命郡长，而且非常谨慎，不轻易给自治市镇任何重要的自治性法规。当伦敦尤其是约克和格洛斯特等城市试图效法欧洲大陆要求建立城市公社时，他予以坚决镇压，并将伦敦年度税提高到500英镑以上。尽管各级封建领主对其领地上的城镇行使了一定行政、司法权力，但金雀花王朝的国王们依然

① Edward Miller and John Hatcher, 1995: *Medieval England: Towns, Commerce and Crafts 1086 -1348*, Longman Group Limited, p. 282.

② Austin Lane Poole, D. Litt., 1986: *From Domesday Book to Magna Carta, 1087 -1216*, Oxford: Clarendon Press, p. 69.

对比较大的城镇保持了普遍的控制。王室官员通过掌控城镇自治市法庭最终还是控制了城镇的司法权力，该权力后来传给了市民阶层。在市民阶层和修道院之间亦曾经为此发生过许多冲突，最有代表性的是1272年诺里奇市民同当地一个小修道院的暴力斗争。

总之，在英格兰城镇中，就司法权而言，世俗国家的影响是超过教会僧侣的，王室已经建立一套统一的法律制度。就土地法而言，土地保有权带有不确定规则时期结束了，亨利二世的司法改革赋予了保有权以“固定”规定，尽管直到13世纪英格兰王室中央法庭直接治理地区不过5万平方英里土地（1英里≈1.6公里，1平方英里≈2.59平方公里，5万平方英里约合13万平方公里），大约是今天大不列颠领土的1/2强。[①] 不过，在他死后，城镇从他的继承者理查一世和约翰王手里获得了良好的发展机遇。1190年，“狮心王”理查一世筹划组建第三次十字军东征。由于王室财政窘迫，国王迫切需要各个城镇慷慨解囊，遂赐予城镇许多权利作为回报，譬如，1190年，伦敦市从王室中书令（chancellor）[②] 或首席大臣手中重新获得了选举自己郡长的权利，并执行原先的低额年度税，即向财物署每年交纳300英镑；1194年春，英王理查一世在第三次十字军东征结束后返回英格兰，收取了伦敦1500马克费用重新确认市民的特许权。同时，伦敦市还仿效大陆诺曼底公国首府鲁昂建立城市公社，拥有自己的城市市长和高级市政官（aldermen），作为城市自治的管理机构。

1199年，理查一世死后，“无地者”约翰继承英国王位，伦敦市民又从约翰王处获得了自行收缴采邑或世袭土地税（fee farm）、选举郡长等诸项权利，不过需要付出更高经济代价。据记载，约翰国王认为“如果他们（伦敦市民）愿意付3000马克，那么他们将获得宪章或特许状，否则，将不能”[③]。按照当时的计算标准（1马克等于13先令4便士），3000马克约合2000英镑，可见约翰王之“贪婪”恶名并非捕风捉影。最后，约翰王为获得伦敦支持以同那些男爵斗争，不仅确认了伦敦市民享有的全部特权，而且还授权他们每年选举伦敦市长。后来，1215年在拉尼米德（Runnymede），约翰王还签署了著名的“大宪章”（Magna Carta），后者构成了英国宪政发展史上第一块基石。除保障封建主贵族

① Robert Bartlett, 1991: “Lordship and Law in Medieval England”, *The Journal of British Studies*, Vol. 30, No. 4, Oct., pp. 450 - 451.

② 译名取自孟广林：《英国封建王权论稿——从诺曼征服到大宪章》，北京，人民出版社，2002年，第419页。

③ Austin Lane Poole, D. Litt., 1986: *From Domesday Book to Magna Carta, 1087 - 1216*, Oxford: Clarendon Press, p. 70.

的继承、监护、遗产等传统经济权利和政治权利之外，在大宪章中，约翰国王也承诺尊重和保护城镇以及市民的一些权利，像市镇“均应按照旧章征收赋税，不得有任何增加”等。[①] 其中，大宪章第12、13条专门提及伦敦城的“自由”和“权利”，伦敦城将拥有一切“古老的特权”，并且免除不论是来自陆路还是来自水路的“关税”；第13条第二款则推而广之，规定所有“其他的城市、自治市镇、城镇和港口都将享有其特权，免除关税”。[②]

此外，还有关于促进商业贸易方面的条款，如第35条规定统一度量衡，实行统一的“葡萄酒”、“麦芽酒”和“谷物”重量标准，即采用“伦敦夸特”（London quarter），以及统一呢绒宽幅，“不论染色的、黄褐色的还是halberget”；第41条规定所有商人均可自由安全地进出、居住于英格兰，进行水路旅行。除战争期间来自敌国者外，可以自由贸易，无需承担任何违反古老正义的习惯法的恶税。……[③] 当然，约翰王是在一个非常时期迫于国内环境的压力所作出的承诺和让步，一旦政治环境转变，城镇经济发展和贸易条件也会随之受到影响，城市所取得的上述政治权利很可能得而复失，出现反复，因此还没有取得绝对的安全保障。值得注意的是，上述规定在1216年、1217年、1225年亨利三世统治时三次予以重申，无疑这些法规代表了英国王室的基本立场，表明王国将保持、延续城镇和工商业管理的一些基本政策。

除宏观的政策外，王室在城镇的基础设施建设方面也提供积极的指导，有些看起来甚至过于琐碎。如在1281年为了维修伦敦桥，发布指令给“所有的郡守（bailiffs）或者他们的信使”，要求他们在全国范围内征集物品，因为伦敦桥已经破败不堪，给“居住在那里的众多居民造成了极大危险”。修桥铺路本应是市政管理的分内之责，王室直接干预大概因为该桥地处政治中心之故。不过，另一个例子让我们感觉到，王室同城镇的政治联盟正是在这些“琐碎”管理之中逐渐形成的。譬如，1240

① 赵文洪：《私人财产权利体系的发展——西方市场经济和资本主义的起源问题研究》，北京，中国社会科学出版社，1998年，第220~221页。

② Harry Rothwell, 1975: *English Historical Documents, 1189 - 1327*, *London*: *Eyre & Spottiswoode*, p. 318, 328, 334, 343. 亦可参见齐涛主编：《世界通史教程教学参考书·古代卷》，济南，山东大学出版社，2001年，第296页。

③〔美〕迈克尔·V. C. 亚历山大：《英国早期历史中的三次危机：诺曼征服、约翰治下及玫瑰战争时期的人物与政治》，林达丰译，北京，北京大学出版社，2008年，第98页。同时参见Harry Rothwell, 1975: *English Historical Documents, 1189 - 1327*, London: Eyre & Spottiswoode, p. 320, 330, 335, 344。

年，亨利三世为“改善布里斯托尔港口”发布敕令：

> 蒙上帝恩典，英格兰王亨利……致所有居住在布里斯托尔雷德克里夫（Redcliffe）郊区的善良民众，虽然我们可敬的市民们为了整个城镇的公共利益，已经在圣奥古斯丁的沼泽地（St Augustine' Marsh）开挖一条沟渠，目的是让船只更自由、通行无阻地进出港口，但是不耗费巨资是无法完成的。因为港口改善以后会有不小的益处，受益的不仅有市民本身，还有同市民享有一样特权的你们，因为沟渠修建完毕后对你们也是有用的、有利可图的……现在我要求你们与上述市民一道，当他们工作时提供积极有效的援助，以防上述我们自己的工作因你们的疏忽而拖延耽搁。①

显然，如果认为王室对城镇的态度不是一种单纯的压榨和索取，而是积极关心城镇的建设和发展，这是二者形成了更密切合作关系的基础。

总的说来，在13世纪后，英国城镇自治权利获得比较稳定的增长，这些权利是英国城市取得的非常显赫的成就，其中很多是城镇在与王室联盟中取得的，王室也借助市民阶级力量削弱大封建主和教会的势力，城市也由此成为英格兰王室加强中央权力、反对割据势力的一个有力工具。因此，城市争取自治权利的斗争客观上有利于王权的巩固和加强，也有助于英国各类大小城市向自由和自治方向发展，同时也在相当程度上促进了城镇经济发展，还扩大了对周边乡村地区的经济辐射力和对农村社会的影响。城镇地位得到明显提高，其中一个不容忽视的事实是，金雀花王室向城镇征收的赋税大大减少，“塔利税”（tallages）次数亦不如以前频繁，爱德华一世在1304年仅仅征收了一次。② 这样一来，英国王室对城镇征税权力逐渐向外转移，转移到了城镇手中。

更重要的是，城镇的纳税义务得到金雀花王室的尊重，缴税不再是王室的一种单方索取行为，而变成双方通过“公议认可”方式协商的、附有城镇权利的行为。1303年，爱德华一世试图增加国内商人缴纳的捐税，为此发布了令状，内容如下：

---

① Harry Rothwell, 1975: *English Historical Documents, 1189 - 1327*, London: Eyre & Spottiswoode, p. 802, 801.

② Sir Maurice Powicke, 1984: *The Oxford History of England, The Thirteenth Century, 1216 - 1307*, Oxford University Press, p. 529.

……我们获悉：我们王国的各类商人为了享有我们授予外国商人的各种特权，乐于为其商品货物缴纳一些新的捐税，这些捐税是上述外国商人缴纳给我们的……我们希望就上述捐税同本国商人们讨论和协商，要求你们派2~3名市民前往在约克的财政署，要在下一个圣约翰施洗节的次日到达（即6月25日，星期二），要拥有城市共同体赋予的全部行动权威，并接受我们和他们以及国内商人们所认同、商议的、彼时决定的税收……

按照上述令状，6月25日所有人出席了国王在约克的议事会，他们全体一致决定，不仅代表他们自己也代表上述城市和自治市共同体，当然，“公议许可”权利不仅是城镇自己通过斗争得来的，也是英格兰贵族们集体向王室施压的结果，尤其在13世纪晚期、14世纪上半叶英格兰对苏格兰、大陆法国频繁征战之际，金雀花王室不仅损害了普通民众的利益，也伤害了封建贵族们的利益，所以在1297年和1339年，他们要求“公议许可”（common consent），只有得到“公议许可”，王室才能够对大小贵族和城镇征税，因此对王权的限制使得英国社会各阶层从中受益匪浅，城镇即是受益者之一。伴随着城镇自治权利增长，由贵族、各郡、城镇代表（骑士和市民）构成的议会开始发挥作用，并逐渐在王国税收决策上取得主导权力。从此，城镇自治开始同议会——宪制萌芽联结在一起。为此，宪政史家们对贵族们“在宪政制度成长中所起的作用”交口赞誉，认为近代宪政正是在以贵族为代表的议会同王权斗争的基础上成长起来的。现在，这一点几乎是中外史家的共识。

不过，也有学者认识到宪政制度的成长可能不是某个贵族或某个阶层向王室施压的产物，而是全社会各个阶层共同努力之结果。据J. R. 麦迪克特研究，英国贵族们反对王室擅自“征税”、“征物”，可能不是一种宪政观念的直接反映，而是担心农民“无法承担领主的地租和债务”，恐惧“农民起来起义”。例如在1340年，马姆斯伯里（Malmesbury）的修道院长告诉国王，修道院的佃户已经“被税吏盘剥得一贫如洗”，他们不能“再为修道院缴纳地租、提供劳役”。① 显而易见，王室的税收政策已经伤害了领主们的经济利益，他们向王室抱怨施压、向议会诉求求助也就不奇怪了。更重要的是，英国农民不是被动地任凭上层

① T. H. Aston, 1987: *Landlords, Peasants and Politics in Medieval England*, Cambridge: Cambridge University Press, p. 307.

统治者搜刮，他们时常采取各种反抗行径发泄其不满情绪。如在1321～1322年，沃里克和莱斯特郡长向国王汇报，在前王爱德华二世讨伐苏格兰时，他受命征集马匹和车子，有七个人在大路上袭击他，抢走了他罚没的一辆车子，这辆车子是他们同伙中某一人的。另，大约1330年，肯特郡福德维奇（Fordwich）修道院的佃农“当他们的牲畜被牵走时”，攻击了王室税吏，而爱德华三世盛怒之下则将福德维奇的“自由”特权（the liberty of Fordwich）收归王室。

1311年，政府公布的法令最明显暴露了统治阶级对农民起义的恐惧。政府显然意识到存在农民起义的危险，“1311年法令”前言说，“英格兰王国正处在暴动的关节点上……”，内容条款之一即“废除强征”，并坦然承认是“担忧民众由于各种压榨将会起来造反”。[①] 可见，王权的收敛、贵族的所谓宪政意识都是在感受到下层民众的反抗压力下出现的，这足以表明处于社会底层的农民不是消极的舞台台柱，虽然英格兰普普通通的农民对宪政制度的形成没有直接的贡献，但对上层政治制度的形成仍然是起过一定作用的，尽管可能是间接产生的作用。“从底层向上看”，实际上使我们对英国社会的发展，尤其是上层政治制度的发展有了更深刻的认识，普通的农民、市民不仅仅是社会物质财富的生产者，他们也在为制度建设和精神财富创造贡献着自己的力量。

① T. H. Aston, 1987: *Landlords, Peasants and Politics in Medieval England*, Cambridge: Cambridge University Press, p. 308.

第四章　中古晚期英国农村劳动力转移与城市化

——14 世纪下半叶和 15 世纪的劳动力转移

中古时期，封建农奴制严重阻碍和限制劳动力转移与农村人口流动，劳动力转移获得较大发展必定以农奴制的崩溃和瓦解为其前提条件。在中古晚期，黑死病则是英国农奴制衰落和瓦解的一个里程碑式的界标。黑死病过后，英国人口状况发生显著变化，从人口相对过剩走向另一极端——劳动力短缺。在黑死病及随后爆发的疫病中，英格兰损失了大约 1/3 人口，个别地区死亡率甚至高达 50% 以上。[①] 当然，由于没有直接的人口统计数据，我们对瘟疫后英国农村居民死亡人数的估算带有很大推测性，不过仍可作为了解中古后期英国人口和社会经济变化的依据之一。

黑死病在 1348 ~ 1349 年降临欧洲，这是人类社会有史以来所面临的最严重的瘟疫。这种传染病因使患者身上出现紫黑色斑点而被称为黑死病，数年间夺去了整个欧洲大约 1/3 人口的生命，其中西欧包括英格兰遭受的打击尤为沉重。美国历史学家詹姆斯 · W. 汤普逊认为瘟疫起源于中国：1333 年，中国两淮一带水旱成灾，酿成饥荒引发瘟疫，传染病菌很可能在“丝绸的包捆中”沿着商路从中国传到克里木的鞑靼人那里，转而传入君士坦丁堡和热那亚，1348 年传遍了整个欧洲。[②] 也有学者认为，黑死病开始于印度，一年之间从东方传到西方，蔓延到基督徒和犹太教徒身上。相对于黑死病后果而言，这场瘟疫的起源已不甚重要。在这场突如其来的瘟疫的打击下，英格兰庄园经济衰落进程加速，封建

① 有的史学家甚至认为，到 14 世纪末时，英格兰的总人口实际上也损失一半。见 May McKisack, 1976: *The Oxford History of England, the Fourteenth Century* (*1307 - 1399*), Oxford University Press, p. 332。

② 〔美〕詹姆斯 · W. 汤普逊：《中世纪晚期欧洲经济社会史》，徐家玲等译，北京，商务印书馆，1996，第 516 页。

农奴制解体成为不可扭转的历史趋势，从而有力推动了英格兰城市化进程和劳动力向非农产业转移的历史步伐。

一、中古晚期英国农村劳动力转移的地域流动

（一）黑死病概况

1348 年 8 月，英格兰梅尔科姆首先爆发黑死病，此后传播到各地，次年议会被推迟召开。由于死亡人数太多，往往来不及举行葬礼即直接埋入大坑之中。到目前为止，可以作出比较准确估算的是教会受职教士的死亡率，由于主教登记簿中含有受薪圣职全体教士的档案，可以区分出职位空缺是由死亡抑或辞职造成的。霍林斯沃思博士（Hollingsworth）谨慎地研究了资料最为全面的利奇费尔德、约克和林肯主教管区登记簿，得出瘟疫当年死亡率约为 40% 的结论，其他 7 个资料不全的登记簿经分析后，死亡率高达 45%。由于每个主教管区常常包含数郡，因此，这些登记簿实际上包括了英格兰大部分地区受职教士在瘟疫时期的死亡概况。

对于贵族的死亡率，拉塞尔（Russell）根据“死亡调查书”估算了英格兰王室直接封臣的死亡率，发现在 1348 年 505 个拥有继承权的贵族中，138 人死于瘟疫当年，死亡率超过 27%。而蒂托（Titow）、里格利（Wrigley）、哈维（Harvey）、莱维特（Levett）和巴拉德（Ballard）等人，按照份地空缺数量或根据份地继承税交纳数额的标准，利用庄园卷宗对英格兰农村居民死亡率进行了计算，结果发现死亡率远远超出人们想象。例如，汉普郡的沃尔瑟姆（Waltham）、威尔特郡的唐顿（Downton）、牛津郡的威特尼（Witney）、卡瑟姆（Cuxhum），这些庄园上有 2/3 的农奴死亡；剑桥郡 3 个庄园、埃塞克斯郡 2 个庄园、康沃尔郡东部 2 个庄园，死亡率达 50% ~60%；伯克郡的布赖特韦尔（Brightwell）庄园有 1/3 农奴死亡；而根据黑死病后交纳惯例税人口减少情形判断，格拉斯顿伯里（Glastonbury）修道院的 22 个庄园上平均死亡率为 55%，埃塞克斯郡 3 个庄园为 43%。[①] 死亡率之高，令人触目惊心。

乡村人口虽然居住分散，并未延缓疫病传播。其他地方研究也表明，高地地区死亡率同人口稠密的低地地区一样，受职教士在西南边远地区

① Hatcher, J., 1984: *Plague, Population and the English Economy 1348 - 1530*, Macmillan Publishers LTD., pp. 22 - 23.

死亡率也在50%左右。此外，尽管关于城镇人口死亡率的确凿资料很少，但当代人的证据表明，由于城镇人口相对集中，饮食和居住卫生条件很差，瘟疫造成的死亡率超过了乡村。除去人口的正常死亡率和计算误差，总的说来，瘟疫爆发期间全国死亡率大致在30%～45%之间[①]，这也与英格兰14世纪50年代的经济发展和工资、物价运行状况相吻合，当然不排除个别地区存在更高死亡率的情形。

随着黑死病纷至沓来的是：经济紊乱、社会动荡、物价上涨、利欲熏心、道德堕落……疯狂享乐、挥霍浪费和社会、宗教歇斯底里以及政府行政混乱、公职人员风习败坏等，要求改革的呼声四起。骑士阶层特有的谦恭礼貌之风成为历史，旧式的绅士风度荡然无存，时人普遍"举止粗俗、堕落"，低级语言"充盈于耳"。[②] 瘟疫不仅夺走了许多下层人民的生命，也削弱了地方领主的社会控制能力，打击了中央和地方各级政府的权威。人口缩减导致人均财富和消费水平迅速升高，中下层群众疯狂地超前过度消费。

在1363年，议会试图推行一系列节约法令，按照职业和收入规范个人财产，限制炫耀性消费。1388年，莱斯特郡的一位牧师写道：这段时期，下层民众在穿着和修饰上出现了一种病态的欣乐症，穿着华丽衣服简直无法辨认；穷人与富人无法相区别，主人同仆人也无法分开。这当然不仅仅是消费水平，还反映了瘟疫给人们造成的心理创伤，一贯勤俭节约的普通民众大肆挥霍显见对自己的未来失去信心，消费心理的巨变源于对无法主宰命运的无奈和对死亡的恐惧。

在瘟疫面前，普通民众尤其是处在社会底层的农民比任何时候都深切地感受到主体的真实存在，感受到与骑士贵族阶层之间的同等性：生命价值同等。瘟疫和死神对贵族和农奴一视同仁，并不因贵族出身高贵和血统纯洁而过门不入。这种生命平等意识此前不曾有过，是大瘟疫带给他们的，当内心的意识化为追寻安身立命之所的行动时，劳动力转移的洪流加速了。黑死病在英格兰和西欧大多数农民心中掀起了一场革命，带来一场"普遍的动乱和社会转变"。

---

① Hatcher, J., 1984: *Plague*, *Population and the English Economy 1348－1530*, Macmillan Publishers LTD., p.25.

② 〔美〕詹姆斯·W. 汤普逊：《中世纪晚期欧洲经济社会史》，徐家玲等译，北京，商务印书馆，1996年，第520页。

（二）黑死病之后的农奴制

黑死病之后的农奴制状况直接涉及庄园制、劳役制和封建制度的兴衰，既是与劳动力转移和人口流动密切相关的话题，也是史学界争论有年的焦点问题。学者们对此投入了持久的热情，对于黑死病的直接后果、社会影响乃至瘟疫本身的病因、传播和防治等方面，进行了“全景式”的研究。本书仅关注与农奴制有关的研究成果。[①] 大体说来，西方史学界存在如下几种观点：

古典中世纪史家认为，封建主义衰落的标志是劳役折算，始于1348～1349年的黑死病；波斯坦和人口学派倾向于用人口危机的一般化概念，以之作为农奴制衰落进程中的界碑，将封建主义衰落起始时间推至1315～1317年的大饥荒；还有学者归结到13世纪末爱德华一世对法、苏格兰战争[②]；马克思主义史学家虽然承认1381年农民起义前经济发生了重要变化，但是强调农民起义的政治作用。

几种观点各执一端，莫衷一是。甚至在古典派内部，对于劳役折算发生时间也未取得一致看法。施罗德·罗杰斯（Thorold Rogers）认为，劳役折算在黑死病以前就开始了，瘟疫削减了庄园劳动人手，反而造成了劳役的恢复。[③] 与此相反，佩奇（Page）则认为，劳役折算是由黑死病引发的。由于维兰在劳动力稀缺情况下不断逃亡，追求高工资，结果，地主被迫屈服于农民劳役折算的要求。

问题在于，单单黑死病造成的人口下降，能够成为西欧和英格兰农奴获允折算劳役、地位得到改善的充分条件吗？如果仅从人口数量变化来讨论制度变革，是不是容易将问题简单化了呢？人口稀少也可以成为农奴主更严酷地将农奴束缚于土地、强化农奴制的原因。东欧正是这方面的典型例证。实际上，劳役折算的发展在各地区并不均衡，正如格雷

---

① 国内关于黑死病研究最全面的论述，可参见李化成博士的研究成果“疾病史”，见徐浩、侯建新：《当代西方史学流派》（第二版），北京，中国人民大学出版社，2009年，第322～328页以及李化成的系列论文《试论黑死病爆发的偶然性》[《东北师范大学学报（哲学社会科学版）》2006年第1期]、《黑死病期间的英国社会初揭（1348～1350）》（《中国社会科学》2007年第3期）。

② 如麦迪考特（Mdicott）博士认为，英格兰同法国、苏格兰之间的战争在大饥荒20年前已经开始，作为英格兰历史的转折点比1315～1317年大饥荒更为适宜。英法冲突对经济造成极大损耗，对民众是一种突出的负担，给社会组织造成了无法修复的伤害。见〔英〕A. R. 布莱德波雷：《黑死病前的英格兰》，《经济史评论》1977年第30卷第3期，第401页。

③ 约翰·E. 马丁：《从封建主义向资本主义的过渡》，麦克米兰出版社，1983年，第69～71页。

(Gray）所言，北部和西部的劳役折算在黑死病以前即已发生了，但在英格兰东部和南部，劳役一直保持到瘟疫之后。对于后者而言，黑死病显然难以成为农奴制衰亡的主要标志。

人口学派的波斯坦等人认为，庄园领主自营地经济的衰落才是断定封建主义衰落时间的关键，但他的立论更多地依赖于农业价格变化趋势，并不认为黑死病在自营地经济瓦解过程中发挥了重要作用。具体地说，从14世纪早期以来，农业价格一直下跌，庄园自营地利润不断下降，1315～1317年的大饥荒正是人口和土地资源失衡的第一个标志，黑死病也是农业危机的一种体现，只不过姗姗来迟而已。如此说来，14世纪初期的大饥荒可以视为封建主义总危机的起点吗？历史偏偏又出示了相反的证据。1315～1317年饥荒后，生产谷物的大庄园继续从市场贸易中获利，谷价上升带来的收益超过了产量减少造成的损失。遭受农业危机打击最严重的地区是那些人口稀少的贫穷地区，而不是人口稠密的富饶地区，如英格兰的东部和南部。甚至直到70年代时，许多大庄园的劳役和剥削还在加强，其地产收入仅比黑死病前低10%左右。总之，在饥荒和瘟疫过去很久后，大地主出售自营地谷物仍然能够保持他们的地位，特别是在英格兰南部和东部地区尤其如此。于是，马克思主义史学家提出的“1381年农民起义”说，逐渐为许多史学家认可。

从历史上看，这一时期各地区领主都加强了对庄园经济的管理，力图保证庄园的劳动人手。政府也颁布一系列法令以强化农奴制度，并允许领主对逃离其司法权限的维兰进行捉拿。事实也的确如此，14世纪晚期英格兰大部分地区庄园经济一度繁荣起来，许多贵族领主的地产收入竟然达到了有史以来最高水平，甚至超过黑死病以前的岁入。一些曾经进行劳役折算的地区又恢复了劳役，许多用货币赎买回“自由血液”的农奴被重新套上枷锁。农民不堪重负，也难以忍受自由的剥夺，1381年爆发的农民大起义正是农奴制“反动”的产物，这在起义者向国王提出的要求中也得到了印证。

1381年6月14日，在迈尔·恩德（Mile End）同理查德国王的谈判中，以泰勒、约翰·鲍尔为代表的起义者提出：废除农奴制，将全部劳役折算成每英亩4便士的年租。6月15日，在伦敦城外的史密斯菲尔德(Smithfield)，泰勒偕同未返回乡的起义者继续同国王谈判，这次泰勒提出的要求极为激进，据一匿名编年史家记载如下：

> 除温切斯特法律外，世上不应该再有其他法律。从今而后，任何司法审判程序中不应再有流放之刑，领主不应再拥有领主权，其权力应在全民中间平分，唯有国王的领主权力可以保留。教会财产不应保留在宗教人员手中，给予教士足够的生活资料后，其余应在教区贫民之间均分。英格兰只应有一个主教和一名高级教士，剥夺他们所拥有的土地和住宅，除合理的生存必需品外，其余在人民大众之间平分。英格兰不应该再有维兰，也不应该再有农奴制，所有人都应该是自由人，人人平等。①

从农民起义者的这些要求中，可以看出，废除农奴制，给予普通民众以自由平等是起义的主要目标，这不仅反映了普通民众追求自由、向往平等的美好愿望，更体现了14世纪晚期农奴制在英格兰存在甚至一度强化的社会现实。

现在看来，企图以其中任何单一事物作为衡量农奴制是否衰落的主要标志，是不明智的。封建主义的衰落是一渐进而非突变过程。因此，劳役折算、黑死病、农业危机和农民起义都是这一历史进程中的一个个环节，单单一环都难以阐释封建主义的衰落，合起来则自然说明了这一事物的发展过程。黑死病的历史作用就体现在这一过程之中。

当然，作为独特的一种自然和历史现象，黑死病在封建主义衰落的历史上有其独特的地位，在同样的经济条件下，东欧发生了第二次“农奴制兴起”现象。有学者认为，造成东西欧发展不同的重要原因是英国农民同地主之间持续不断的斗争，斗争的高潮就是1381年农民起义。②这同上述第三种观点一样，强调农民阶级斗争的历史作用。提及阶级斗争，中国和东欧农民的斗争传统更为悠久，规模更大，次数更多，为什么难以挣脱封建主义枷锁？英格兰1381年农民起义也被政府镇压了，为什么战场上的失败者变成了摆脱人身依附关系的胜利者？

我们认为，阶级斗争对封建制度在多大程度上起着解体作用，不仅仅依赖于农民革命斗争的力度和强度，同时还取决于统治阶级上层建筑的坚固程度及其内部结构。东欧诸国尤以俄国典型，实行中央集权，领主、教会从属于王权，统治阶级十分强大，相形之下，西欧普遍存在王

---

① Harrison, J. F. C., 1984: *The Common People: A History from the Norman Conquest to the Present*, Fontana Press, p. 93.

② 约翰·E. 马丁:《从封建主义向资本主义的过渡》,麦克米兰出版社,1983年,第78页。

权、领主和教会乃至城市多种独立力量，权力结构呈现一种相对“多元化”和权利分散状况。统治阶级力量的强弱是东西欧农奴制迥然有别的一大特点，因而同样面对农民起义打击，相应的也就呈现出不同的政治命运。

总而言之，可以认为，由于瘟疫削减了大量人口，农奴在劳动力稀缺情况下不断逃亡，因而直接引发了庄园经济和封建主义危机，多数封建领主被迫将劳役折算成货币地租或实物地租。牛津大学近代史教授E. F. 雅各布（E. F. Jacob）也持同样观点，认为英国庄园经济由此开始了“租约取代惯例劳役时期”，封建领主除了某些势力较大的修道院外，都放弃了自营地，变成了一个个“食租者”（rentier），而大量的维兰都转变成了挣工资的劳工。① 尽管英格兰北部和西部一些庄园在黑死病以前即采用货币租，但从全国范围内来讲，尤其是英格兰中部、东部和南部地区，大多数庄园自营地经济是在黑死病之后才瓦解的。我们不否认天灾、瘟疫等这种不可抗拒力对制度变革的重要影响，但如果单纯认为人口变化就造成农奴制和劳役制瓦解，那就将问题简单化了。因为同样是瘟疫横行的东欧国家，随着人口数量减少，农奴制反而得到强化……

因此，正是在西欧王权软弱、统治阶级力量相对薄弱的政治环境下，黑死病成为英格兰封建主义总危机的一种标志。英格兰农奴制迅速衰落，封建庄园经济开始全面瓦解。1348年的黑死病代表了英格兰中古时期农村劳动力发展史上的一个转折点。频繁暴发的瘟疫给英国民众生命和财产造成无法估量的巨大损失，将英格兰经济推进低迷萧条时期，加速了农奴制瓦解和封建主义衰落。一方面，障碍性制度的消逝为农村人口流动创造了有利条件，大大推进了劳动力在农村社会内部流动，不过另一方面在相当程度上又削减了农村移民数量，制约了英格兰的城市化进程。

（三）黑死病后英国农村劳动力转移的地域流动

黑死病给了摇摇欲坠的农奴制大厦重重一击。这时，贵族不再像贵族，知识分子不再做技术匠人，骑士也不再像骑士，居于社会底层的农民们清晰地感受到了主体的同等性，当内心的意识化为追寻安身立命之所的行动时，劳动力迁移的洪流加速了。

如果说14世纪上半叶出现的逃亡是“生存型”流动，那么14世纪

① E. F. Jacob, 1978: *The Oxford History of England, the Fifteenth Century, 1399 - 1485*, Oxford University Press, pp. 370 - 371.

晚期和15世纪出现的逃亡就是“改良型”迁徙。因为劳动力匮乏，雇工工资大幅上升，据奈顿的《莱斯特寺院年代纪》记载，第二年秋天，“少于8便士加食物”雇不到一个收割工，“少于12便士加食物”雇不到割草工。为此，许多庄稼因“没有收获者而烂在地里”……实际上，不仅劳动力缺乏，神职人员更是“奇缺”，少于“10镑或10马克酬金，简直找不到为任何教堂服务的教士。而在瘟疫前，四五个马克甚至两个马克外加伙食就可以找到教士”。① 人口的匮乏无疑提高了社会各阶层人士的劳动力价值，乡村居民选择高工资成为市场和理性的双重后果，人口迁徙和流动则有效地实现了这一目标。对于农奴的逃亡和迁徙，封建统治阶级根本无能为力，尽管政府在各种压力下也曾一度采取一些措施限制乡村人口的流动，但都无济于事，劳动力市场需求远远大于供给的现状使得农奴和自由农不断向高工资地区迁徙流动。

1349年，政府颁布了“劳工法案”，序言中写道：

> 鉴于大部分人民，主要是工人和雇工死于黑死病，并且某些人趁主人需要和缺乏雇工之机，要求主人付给他们极高的工资，否则不愿为主人劳动；另一些人游手好闲，宁愿乞讨糊口，而不愿劳动谋生……根据我们的高级教士和贵族及其他有技能者之建议，特规定：王国之内凡身强力壮之男子和女人，年龄在60岁以下者，无论自由的或非自由的……若需要为别人工作，其工资需按朕即位后第20年的惯例支付。②

这一年即黑死病发生（1348年）的前一年1347年，政府意欲以瘟疫前的工资标准来限定攀升的工资，从而保护地主阶级的利益。英国政府的阶级立场在此彰显无疑，并不断地颁布类似法令，譬如1351年颁布《劳工法令》，再次限定工资，禁止农奴、自由农随意迁移。如果说此前对农奴的人身占有、束缚是封建领主的一种政治权利，那么此时《劳工法令》对农奴的束缚和限制虽然“在起源上具有封建性质”，但已更多地具有新的含义：商业性的压榨和勒索。③

---

① 见《英国经济史文献》，第17～20页，转引自北京师范大学历史系世界古代史教研室编：《世界古代及中古史资料选集》，北京，北京师范大学出版社，1999年，第369～370页。

② 〔美〕詹姆斯·W. 汤普逊：《中世纪晚期欧洲经济社会史》，徐家玲等译，北京，商务印书馆，1996，第532页。

③ Huggett, F. E., 1975: *The Land Question and European Society*, London: Thames and Hudson Ltd.

由于劳动人手短缺，劳动力市场供求严重失衡——供给远远低于需求。农奴们掌握了劳动力市场优势，许多封建庄园主为吸引到充足劳动力也不断破坏法令，逮捕违反法令的劳动者只是使劳动力紧张状况更加恶化。尽管劳动力市场机制在中古晚期并不健全，劳动力市场也没有成熟到像20世纪发达资本主义国家那样有效地配置资源，甚至它的存在有时都取决于领主、贵族的意志，各种超经济手段都在压制、束缚劳动力资源自由流动，但经济法则最终战胜了贵族老爷们的意志，《劳工法令》变成一纸空文。这在某种程度上表明近代意义的劳动力市场开始出现，至少显示出近代劳动力市场的萌芽。

豪厄尔教授（Howell）比较了基沃什·哈考特（Kibworth Harcourt）黑死病前后农民的家庭构成，发现在瘟疫之前的1280年什一税税簿揭示出“家里有许多兄弟和孩子们在等着（分割）耕地”，而1377～1379年的人头税册表明“大部分身体健康的人已经离开村子去寻找工作”，其中许多人离家后第一次受雇是做仆人，而大部分男性是在14～20岁时就已经出门在附近的村子或城镇打工。就整个家族而言，在1280～1340年间，即黑死病爆发前的60年里，没有一个家族离开村子或放弃家庭份地，只有5家新户到来，但是黑死病发生后，到1390年时，只有16%的老住户还在村子里生活一段时期，50年后则只剩下8%的老住户。[①] 可见，整个家族的流动和迁移也是非常普遍的。同样的农民家庭变动模式在黑尔斯欧文（Halesowen）地区也存在着。黑尔斯欧文庄园位于伯明翰西部，教区同庄园边界相同，长8英里，最宽处达2.5英里，占地大约10000英亩，教区内除黑尔斯欧文市镇外，还有12个乡村居民点，北部的奥尔德伯里（Oldbury）和南部的罗姆斯利（Romsley）是教区内最大的村落，1300年时各有约30～35家农户，其他只有10～20家，最小的伊尔利（Illey）不超过6家。

可见，庄园里农民佃户更迭竟如此迅速，部分原因固然是一些家族死亡率高因而灭绝，幸存农村居民在瘟疫后较以往获得了更多机会得到份地，更重要的原因还是黑死病加速了劳役制度的解体和“地租形式的转换”，正如维诺格拉道夫所言：

① Peter. Fleming, 2001: *Family and Household in Medieval Eagland*, Palgrave Macmillan, p. 71.

> 黑死病加速了地租形式的转换，紧接着，是一个特殊有利于维兰获得自由的混乱时代。他们大批地放弃了自己的小块持有土地，而领主也发现，固持传统的义务极其困难，便愈来愈愿意在货币租的基础上进行协商。①

尽管劳役折算和货币租从13世纪以来就已出现，但黑死病无疑“加速了这一先前已有的运动”，加速了乡村庄园农奴制的瓦解，从而为农村人口大规模流动扫除了制度障碍。据记载，在15世纪初，即黑死病发生仅半个世纪后，货币地租在英国已经成为普遍现象。

黑死病发生前，农民佃户的孩子大多停留在庄园里，许多刚成家的儿子就在父辈住所旁搭建新房，有的甚至就挤住在父亲的房子里，老少十几口、四世同堂的现象非常普遍，即“功能型大家庭”（functional extended families）所在皆是。不过，黑死病发生后，从1350年以来，新婚的孩子们不再蜷居在父辈膝下，许多人都迁离了庄园，而留在当地的也很容易获得份地，只要“年满20岁”。尤其自15世纪30年代以来，英格兰农村居民较大规模流动迁移现象几乎在全国范围内普遍出现，英国中部和西部这些地区农村人口流动现象也明显突殊起来，不再局限于某些地区，这在封建时代是不多见的。

相应的，此前尤其是12世纪以前各地普遍存在的“功能型大家庭”逐渐瓦解，这表明农村社区里居民之间的血缘亲属关系大幅度减弱，取而代之的是人口数量很少的、小规模的“核心家庭”（nuclear families），家庭形式和规模出现了明显变化，而“核心家庭”不能像以往的“功能型大家庭”那样给予子女更多的庇护和保障，这显然也驱使子女们自立门户或迁移他处。当然，“核心家庭”有时以一种“共居型大家庭”（co-resident extended families）面貌出现，尽管外在规模上类似于“功能型大家庭”，但与前者已有显著差别，在这一类型家庭里，存在亲缘关系的只有父母及其子女，仆农和帮手等虽然同主人共居一院，但与主家并不存在血缘关系，共同居住的主要目的是便于从事生产和雇佣劳动。因此，“核心家庭”的出现既是人口流动的结果，反过来又进一步促进了农村人口流动。

与此同时，农村居民份地转让也出现新的特点。农户处置不动产土

---

① 维诺格拉道夫：《论文集》第1卷，第131页，转引自〔美〕詹姆斯·W. 汤普逊：《中世纪晚期欧洲经济社会史》，徐家玲等译，北京，商务印书馆，1996，第537页。

地不再仅仅限于家庭内部和亲属之间，在家庭外部和非亲属之间买卖、转让份地现象变得普遍起来，因而中古晚期除英国西南部和东南部地区外，其他地区土地市场也日趋成熟、活跃，显著加剧了农村社会的经济分化和社会分化。中等农户数量大幅减少，而上层农民和下层农民数量则迅速膨胀，即两极分化现象显著增强，前者后来构成了英国约曼和农业资本家，后者则是没有土地或土地数量很少的、主要依靠出卖劳动力为生的农村无产阶级的前身，从而推动了英国农村资本主义生产关系和农业资本主义的形成。可见，中古晚期英格兰土地市场交易主体的扩大、交易量的增加，在很大程度上改变了土地市场的作用，从而也对人口流动和劳动力转移产生了重要影响。

显而易见，在农村人口流动和劳动力转移的历史上，黑死病已经成为一个鲜明的分界点。

为获取更高的工资报酬，乡村大量农村居民开始了主动逃亡。“男人和妇女堂而皇之离开村子去寻找更高的农业工资和工业工资”，逃亡成为农业劳动力转移的一种普遍方式。“农村劳动力的大规模流动，已呈势不可当之势”，以至于领主也不得不在某种程度上承认农民的迁徙自由。[①]

R. H. 希尔顿教授研究1397～1401年的法庭卷宗发现，康普顿（Compton）庄园许多放弃份地的佃农依然健在，金斯顿（Kingston）庄园有大量维兰未经许可移居庄园外。[②] 康普顿农户放弃土地和金斯顿佃户大幅外流是为了“寻求更好的工作待遇”。东盎格里亚地区情况也是如此，诺福克郡佃农的例子是最为显著的。在14世纪90年代，拉姆雷修道院村民开始四处流动，规模较以往大得多，约在1400年，农村人口流动的涓涓溪流突然变成了汹涌的浪潮。相当多农民在村子里、各村庄间及附近地区移动，如同一群蚂蚁搬家一样杂乱无序。有的迁移者距离他们的老家并不远，甚至可能就是在同一村庄里从一块份地转移到另一块份地去。例如，在埃塞克斯郡的萨克斯特德（Thaxted），1348～1393年间，村庄里3/4的份地被一些新家庭占有，而这些新家庭并非全部来自外村，其中只有60%来自村外。换言之，在近半个世纪的时期里，占据新份地者当中有40%的人是本村庄的。在伯克郡的一个村庄里，1379～1394年间，占据份地的家庭中有64%的名单变换了，这种更替在15

---

① 侯建新：《英国农奴挣脱农奴制的原因、途径和结果》，《天津师范大学学报》1986年第1期，第63页。

② Hilton, R. H., 1976: *The English Peasantry in the Later Middle Ages*, Oxford University Press, p. 166.

世纪持续着。我们在其他地区也发现同样的情况。

在整个15世纪，我们仍然可以看到农村劳动力频繁转移于各庄园之间的现象。在伍斯特主教小修道院的6个庄园上，80%的佃户家庭名单在15世纪初和15世纪末之间发生了更替。对于苏塞克斯郡阿尔斯顿（Alciston）村庄的研究表明，在1433~1489年间，该村佃户存在着相同更替比例，只有1/5的家庭延续存在了50年。[①] 因此，乡村人口具有较大流动性构成了黑死病之后农村社会内部状况一个最突出的特征。

1376年，议会下院曾为此事抱怨：

> 只要主人控诉他们服役不周，或想依据《劳工法令》付酬，农奴们就逃亡，突然间消失，从一个郡逃到另一郡，从一个百户区转到另一百户区，从一个村子跑到另一村子。主人们根本不知他们去了哪里。[②]

农村社会的这种不满生活现状情绪在反抗《劳工法令》以及其后1381年的大起义中都得到鲜明体现。

我们详细研究后发现，1381年农民起义主要发生在自由租赁制占主要地位、庄园束缚较少的地区，像肯特、东埃塞克斯、萨福克和诺福克等郡，而在农奴制分布广泛且压迫最重的萨默塞特等地区，恰恰没有发生农民起义。可见，这并不是一次单纯的“叛乱社会学”——被统治者对压迫加强和贫穷加深的直接反抗，而是这一时期的农民们比之前人“更加不满于保留下来的旧的压迫痕迹”，在通往自由的道路上“走得更远”。[③] 据记载，起义群众具有代表性的行为不是哄抢财物、粮食，而是“破坏庄园卷宗”和“攻击法庭官吏”，显而易见，他们不满于当前的维兰身份，迫切希望改变自己低下的、不体面的社会地位，提高自己在国家或社区内的政治地位。又譬如，在圣·奥尔本斯（St. Albans）和贝里·圣·埃德蒙兹（Bury St. Edmunds），起义者除了要求废除该修道院长的领主权外，还要求取得“城镇的市政宪章”，其政治意图尤为明显。[④]

---

① R. H. Hilton, 1969: *The Decline of Serdom in Medieval England*, Macmillan, p. 35.

② Harrison, J. F. C., 1984: *The Common People: A History from the Norman Conquest to the Present*, Fontana Press, p. 81, 86.

③ 〔英〕M. M. 波斯坦、H. J. 哈巴库克：《剑桥欧洲经济史》第1卷，郎立华、黄云涛、常茂华等译，北京，经济科学出版社，2002年，第521页。

④ May McKisack, 1976: *The Oxford History of England, the Fourteenth Century, 1307 – 1399*, Oxford University Press, p. 419.

当然，不排除也有一部分起义者的主要动机是经济因素，不过同中国古代农民起义比较而言，中古晚期英国以1381年农民起义为代表，呈现给世人的更多则是非经济的——像自由、提高社会地位等政治因素成为起义者的“诉求”目标。起义最后虽然被政府镇压下去，但沉重打击了英国封建统治，动摇了农奴制在全国范围内的统治基础，加速了农奴制崩溃的历史进程，从而为农村劳动力的流动和迁徙进一步扫除了制度障碍。

显而易见，以黑死病为界标、14世纪晚期以来的英格兰农村社会人口流动，就整体而言是一种“谋求发展”的改良型流动，在动机和目标上已不同于早期的劳动力转移。这是同此时农村社会的经济社会状况存在密切关系的。中古晚期的农村富裕农民数量显著增加，而贫穷农民数量则相对大为减少，大约“减少了二分之一”。因而多数农村居民的平均地产都得到扩大，可以说较之两个世纪前生活水平提高了，变得富裕了。农民生活得到改善不仅从生产资料（土地）增加上体现出来，在生活饮食方面亦有表现。有充分证据表明，在14世纪末和15世纪，英国各阶层肉的消费量是惊人的，肉类成为农民餐桌上常有的菜肴。这显然刺激了畜牧业的发展，因而在中古晚期畜牧业在国内发展前景良好，尤其是专供肉食的养牛业、养羊业的产品价格不仅没有下降，而且不断攀升。这是畜牧业获得发展的一个间接证据或证明。关于农产品和畜产品价格变化幅度可见下表4-1①：

表4-1　14世纪和15世纪英格兰小麦和牛肉价格变化比较

时间	按丹尼尔计算		按百分比计算	
	小麦(8蒲式耳)	牛肉(块)	小麦(8蒲式耳)	牛肉(块)
1301~1350	73	157	100	100
1351~1400	74	180	101	115
1401~1450	74	100	74	78
1451~1500	66	213	90	136

显然，在这种情况下，农村劳动力向非农产业转移和向城镇流动，与“生活贫困”和“生存压力”并不存在逻辑上的因果关系，至少两者关系不会非常密切。在相当程度上，农村劳动力转移与城市化更大的动

① 〔英〕M. M. 波斯坦、H. J. 哈巴库克：《剑桥欧洲经济史》第1卷，郎立华、黄云涛、常茂华等译，北京，经济科学出版社，2002年，第587页。

力源于对产业比较利益差额的追求——畜牧业、纺织业等非农产业经济收益高于农业种植业。在庄园经济衰落的危机时期，畜牧业获得显著发展，乡村呢绒纺织业也吸纳了大量农村人口。有充分证据表明，中世纪早期出现的农牧混合经济趋势在瘟疫后的14世纪晚期和15世纪巩固并得以确立。因此，正如经济史家卡洛·M. 奇波拉教授总结："雇工们起来维护自身利益的原因，与其说是生活困难，还不如说在黑死病后年代里劳动力市场有了较好条件"，从一地流动到另一地"寻求更好的工作待遇"。[①] 可见，黑死病后的农村人口流动同与瘟疫前英国人口迁移存在着明显的不同，与中国古代历次天灾人祸酿成的流民也有着性质上的差异。

据胡如雷先生研究，中国在五代十国以前，农民经常性斗争的主要方式也是逃避国家课役。"民所疾苦"，故"关东流民二百万口，无名数者四十万"，"户口逃散"，"偷避徭役"等记载所见即是。[②] 显而易见，随着土地兼并加剧，自耕农纷纷破产，大量安土重迁的"编户齐民"逃亡转变成了逃荒流民，社会阶级斗争严重激化，最后酿成农民起义。因此，中英两国农民流动的动机有别：一方是条件改善谋发展，一方是饥肠辘辘求生存，其历史命运自然大不相同。在这个意义上，我们可以理解塞缪尔·K. 科恩博士（Samuel K. Cohn）的论断，黑死病代表了一种"范式"的终结。[③]

（四）14世纪下半叶~15世纪农村劳动力向城市流动

大体说来，在劳动力转移初期，农村人口向城市的流动可分为两个阶段：11~14世纪上半叶向城市流动（城市复兴）时期和14世纪下半叶~15世纪向城市流动（城市衰落）时期。第一阶段前文已述，这里主要关注后一阶段农村劳动力转移与城市化发展状况。

我们没有14、15世纪英国各城镇人口的详尽、精确资料，不过仍可作一些关于中古晚期城市化发展趋势的推测性判断。14世纪晚期和15世纪，英国多数城镇经济发展滞缓。黑死病和其他频频发生的疫病，使英国城乡损失了1/3~1/2人口，据哈彻尔研究，英国城乡人口数量大致

---

① 〔意〕卡洛·M. 奇波拉：《欧洲经济史》第1卷，徐璇译，北京，商务印书馆，1988年，第215页。

② 胡如雷：《中国封建社会形态研究》，北京，生活·读书·新知三联书店，1979年，第389页。

③ Samuel K. Cohn, Jr., 2002: "The Black Death: End of a Paradigm", *American Historical Review*, June.

徘徊在225万和275万之间，15世纪中叶为人口最低点——在200万和250万之间[①]，这样，13世纪晚期和14世纪早期的人口膨胀和耕地资源紧张矛盾得到全面解决，乡村出现许多闲置份地，个别村子和市镇甚至出现人烟荒芜现象。因此，在中古晚期的14世纪下半叶和15世纪，英国乡村许多地区出现了劳动力紧缺问题。乡村人口向城市迁移规模变小，多数城镇经济发展滞缓，物价低迷，其中最重要的原因是劳动力短缺。

在一般情况下，农村人口向城镇的迁移与城市工业的兴衰存在密切的关系，繁荣兴旺的工业可以吸纳大量就业人口，提供许多人赖以为生的工作，城市则依赖于乡村移民流入从而保持城镇人口数量，这是农村无业人口向城市迁移的重要原因之一。在一定意义上可以认为，农业劳动力向城镇工业转移的规模取决于后者的繁荣程度，城市工业愈繁荣，对附近农村地区“拉力”越大，人口迁移规模越大。令人遗憾的是，在中古晚期，英格兰14、15世纪的城市发展状况从反面证明了二者之间的密切关系：农村移民数量缩小，城市经济出现倒退和萎缩。来自托斯坎尼、英格兰和低地国家的证据表明，15世纪期间欧洲大多数地区至少经历了8~12次瘟疫。[②] 英格兰在14世纪晚期和15世纪各种疫病频繁发生，在1361~1362年和1369年许多地区经历了两次这样灾难性的袭击，以至于整个60年代被冠以“黑色”称号。

据有关学者统计，在1377年以后不到一个世纪的时间里，英格兰至少经历了15次全国和跨地区的瘟疫和传染病：1379~1383年、1389~1393年、1400年、1405~1407年、1413年、1420年、1427年、1433~1434年、1438~1439年、1457~1458年、1463~1464年、1467年、1471年、1479~1480年和1485年。其中，1389~1393年间饥荒带来的疾病和腹泻在英国各地广为流行，1420年的疫病席卷了诺福克、肯特、伦敦、苏格兰和英格兰北部，1427年造成人口大量死亡的是一种叫“mure”的致人体质虚弱的风湿病，1485年的湿热病夺走了许多人的生命。无论城市还是农村，人口膨胀状况一去不返，许多地区都出现劳动人手短缺现象。乡村存在大量土地和富裕的就业机会，农业危机在很大程度上得到缓解，生存压力降低，在人口与资源比例配置上，天平向后者重重倾斜。

---

① Hatcher, J., 1984: *Plague, Population and the English Economy, 1348 - 1530*, Macmillan Publishers LTD., pp. 65 - 66.

② Christopher Allmand, *The New Cambridge Medieval History Volume VII c. 1415 - c. 1500*, Cambridge: Cambridge University Press, 1998, p. 106.

黑死病和其他频频发生的疫病，一方面为农村劳动力转移创造了农村社会内部流动的条件，另一方面却削弱了农村劳动力向城镇转移的外部流动强度。如前文所述，农村人口多在村际和庄园之间流动，向城镇迁移和流动的移民数量大大减少，多数城市无法吸引足够农村移民来弥补人口损失。提高工资虽有可能招徕乡村移民，但劳动力成本上升使得城市工业无法同乡村和国外的廉价商品竞争，最后必然使原本不很兴旺的城市经济陷于困境。

有大量证据表明，在1370～1560年间城乡劳动力一直处于匮乏状态。据记载，1381年，男性劳动力的缺乏使得像铁匠、木匠这样传统的重体力行业中出现了妇女独立地工作的现象。[①] 因而，尽管中世纪晚期经济变化的许多现象像纺织品出口增加、城乡生活水平提高等因素在一定程度上刺激了城镇商业，但是从长期来看，人口大幅减少对城市社会经济发展提出了严重挑战，造成了致命伤害。就全国范围而言，从14世纪末期和15世纪始，乡村人口向城镇迁移规模变小，英格兰大多数城市走向萧条之路。[②]

此外，14、15世纪城市人口、资本向乡村“回流”，在一定程度上影响了城市工商业发展，从而制约了城市人口数量增加和城市规模的扩大。尤其是15世纪上半叶，英格兰城市工业产量和海外贸易迅速萎缩，衰落的城市工商业对农村居民吸引力降低，这也是乡村移民减少向城市流动的重要因素之一。城市人口和城镇工业向农村迁移“回流”之所以出现，除前文所述原因外，同这一时期疫病频繁发作有一定关系。从1374～1420年间发生了13次瘟疫，其中有8次是地区和地方性的，在15世纪瘟疫似乎变成了一种“都市现象”，在1420～1485年间，伦敦城爆发了7次瘟疫，到15世纪中叶时，城市人口逃亡乡村以躲避瘟疫。1437年，民事法庭大法官从伦敦移居圣·奥尔本斯，选择了首都附近一地作为避难所；1454年，威廉·帕斯顿建议逃到农村免受伦敦瘟疫传染；1471年，约翰·帕斯顿爵士强烈要求将其兄弟从诺里奇市送到乡下；1471、1479年，绍斯韦尔（Southwell）发生瘟疫时，教士们都逃离

---

① Alan Dyer, 1995: *Decline and Growth in English Towns 1400 - 1640*, Cambridge: Cambridge University Press, pp. 9 - 10.

② 这也是目前西方史学界的主流观点，代表人物主要有利普森（Lipson）、道布森（Dobson）、菲西安－亚当斯（Phythian - Adams）等人，*Desolation of a City: Coventry and the Urban Crisis of the Late Middle Ages*（Cambridge, 1979）是该派扛鼎之作。

了岗位。[①] 甚至对中世纪晚期城市经济命运持乐观态度的评论者也不得不承认：大部分外省城镇在黑死病以后，人口较以前少了很多。悲观者则将1420~1550年称为“城市经济萎缩和人口持续削减”时期。

毫无疑问，中古晚期英格兰老城镇的人口大量减少，经济繁荣已成为落日余晖。14世纪晚期人口在4000人以上的12个主要城镇，当15世纪结束时得以保持原有规模的城镇尚不及总数一半，只有伦敦、科尔切斯特、索尔兹伯里和纽卡斯尔成功制止了大规模衰退。1377年，人口在1000~4000人的大约70个城镇中，阻止了经济衰落和实现人口和经济重新增长的城镇只有埃克塞特、普利茅斯、伍斯特、里丁、伊普斯威奇（Ipswich）5个城镇，绝大多数城镇都被经济危机击垮，人口和经济活动发生了萎缩。据资料记载：在1487年和1488年之前数年中，格洛斯特300多住宅变成了废墟；1518年，布里斯托尔有800间坍塌房屋，1530年超过900间；16世纪20年代早期，考文垂1/4财产空闲无主，全部人口不及1434年的1/2。在1512年，英格兰王国内大多数城市、自治市和市镇衰落。[②] 当代人关于城镇衰落的悲叹也许存在夸大之处，但无疑包含了一定的事实成分。因此，频繁的疫病持续地削减城市人口，致使城市劳动力短缺稀贵，城市工业生产成本高昂。在15世纪晚期和16世纪早期，除了伦敦及其附近的那些地区外，英格兰多数城镇工商业活动萎缩，城市人口逐渐减少。到16世纪时，14世纪时的市集2/3已不复存在，大批市集退化为乡村村庄，许多商人因顾客稀落而转向畜牧业，王室和政府的商业税收也大幅下降。[③]

总的来看，从14世纪晚期始乃至15世纪都是英国劳动力转移与城市化发展较为艰难的一段时期，包括劳动力转移程度和城市化水平最高的西南部科茨沃尔德地区都出现了经济衰退和城市萎缩，英国史家E. F. 雅格布（E. F. Jacob）称其为“逆城市化”（de - urbanizing）运动，而且这不是个别情况，是很普遍的一个现象。[④] 城市史家保罗·霍恩伯

① J. M. W. Bean, 1962/3: "Plague, Population and Economic Decline in England in the Later Middle Ages", *Economic History Review*, No. 15, pp. 430 - 431.

② Hatcher, J., 1984: *Plague, Population and the English Economy, 1348 - 1530*, Macmillan Publishers LTD., pp. 65 - 67.

③ 克莱：《1500~1700年英格兰经济发展和社会变化》第1卷，剑桥，1984年，第59页；德比：《中世纪西方的农业经济和乡村生活》，伦敦，1968年，第351~352页。以上转引自毕道村：《15世纪西欧农民个人力量的发展及其影响》，《史学月刊》1993年第5期，第86页。

④ E. F. Jacob, 1978: *The Oxford History of England, the Fifteenth Century, 1399 - 1485*, Oxford University Press, p. 367.

格（Paul Hohenberg）也认为中古晚期城市出现显著衰退，在1350～1550年间英格兰市镇减少了2/3。[①] 泰特（Tait）教授举了这样一个例子，在1066～1372年间兰开斯特郡在落后地区创建了23个自治市，自由民在6～150人左右，在中世纪末期只有4个保持着既定的自治市地位。布里特奈尔（Britnell）研究了英格兰21个郡发现，1349年时持有王家特许状可以开办市场的1003个小镇，只有372个——大约37%在16世纪还保留着市场。[②]

有学者如戴尔教授认为，随着城市人口减少的同时，英国城乡居民总数也在减少，所以城市人口在总人口中的比例不一定下降，城市化水平自然也不会降低。我们不否认这种论断有一定道理，不过有大量证据表明，除个别城市外（如伦敦），绝大多数城市居民死亡率高于农村地区，关于这一点学者们基本上达成了共识。由于卫生医疗条件落后，也没有科学的防范措施，因而每一次疫病都在人口密集的城市造成的死亡率“都远较乡村高得多”。即便是伦敦在中古晚期也仅有5万人左右，比之中世纪盛期的8万人也出现了明显削减。戴尔教授的另一个理由是税收评估方面的证据：在16世纪早期城镇占有的财富份额高于1334年的份额。[③] 由税收资料推测城乡人口数量当然有合理性，但显然也有很大局限性，因为我们没有最直接的关于这一时期人口的统计数字，如此推测会存在一定误差。如果税收是以“人口”为主要依据，那么（以人头税）推测城镇人口数量或比例增长还有一定道理；如果是以“动产”为基础，则“城镇人口比例增加”的结论就显然不成立了。实际上，英国自中古后期以来，“动产和收入税”占有越来越重要的地位，征税时税率不是统一的，而且城市和古代王领税率高于农村地区，分别为1/10和1/15；起征点也不相同，一般说来城市高于农村，此外“最贫穷的人免征动产税”是一条一般而没有特别指明的原则。[④] 这样一来城市所占财富份额显然高于农村，不过人口数量则未必高于后者了。

当然，单纯动产税难以满足王室和政府之需要，一则是到14世纪晚期，按个人财产征收的传统补助金税额已经固定下来，二则是对法战争

① Paul M. Hohenberg, 1985: *The Making of Urban Europe 1000 - 1950*, Massachusetts: Harvard University Press, p. 106.

② Alan Dyer, 1995: *Decline and Growth in English Towns 1400 - 1640*, Cambridge: Cambridge University Press, p. 10.

③ D. M. Palliser, 2000: *The Cambridge Urban History of Britain*, *Volume I*, *600 - 1540*, Cambridge: Cambridge University Press, p. 742.

④ 施诚：《中世纪英国财政史研究》，北京，商务印书馆，2010年，第165、171页。

旷日持久、费用超出预算，所以王室往往辅之以其他税收如人头税、关税等，其中人头税资料同我们估算英国城乡人口关系最为密切，但也存在较大误差。兹举证如下：

第一次人头税征收于1377年，按人、不按财产征收，税率是所有14岁以上的人（乞丐除外），每人缴纳1格罗特（groat）即4便士，柴郡和达勒姆的巴拉丁领地豁免税收，结果人头税征集了2万英镑；第二次人头税是1379年征收的，对象是16岁以上的国民，采用“分等级”的税率——从穷人的4便士到10马克（约6英镑13先令4便士，兰开斯特公爵、布列塔尼公爵、2个大主教），相比较而言更公平一些，本意是提高税收，但因为逃税者增加，结果只征得2.7万英镑；1381年的第三次人头税税率是以往的3倍，即15岁以上居民每人12便士（合1先令），这一次没有实行等级税率制，结果遭遇到人们大量逃税，1377年税册上的纳税人有1/3在1381年税册上消失了。于是，政府专门组建“纠正委员会”（commissions of revision），派到16个郡去抵制逃税现象。可见在短短四年之中，三次征收人头税，征税对象、税率各不相同，地域范围也有差异，尤其是最后一次竟然有1/3的纳税人口消失了，那么以此为据估算人口的局限性就显而易见了。

另一方面，城乡居民总人口没有最初施罗德·罗杰斯等人估算的那样少。希尔顿教授在研究了1377年人头税册之后，认为传统观点低估了15岁以下以及逃税人口数量（约占总人口的1/3），对这部分未进入税册人口数量应“乘以2而不是1.5”①，甚至还有学者估计“逃税人口约占1/3，约45万人”，等等。这就意味着中古晚期英国总人口数量要比我们目前认为的要多一些。因此在这样的背景下，中古晚期城市人口比例不应该高于而应低于瘟疫前的15%~16%水平，大概徘徊在12%~14%之间，有可能还要低一些。曼彻斯特大学的史蒂芬·H. 里格比（Stephen H. Rigby）在比较了1377年人头税册和1524年补助金账簿后，谨慎地得出结论：城市人口比例停滞，甚至是下降的。②

由于材料匮乏和各时期关于城市概念标准不同，也由于没有直接的城乡人口普查数据，从1087年至19世纪初的人口数字都是通过纳税材料间接推算而来，有很大的局限性，故而学者们对中世纪和近代早期英

① Richard Holt and Gervase Rosser, 1990: *The English Medieval Town, A Reader in English Urban History 1200 - 1540*, Longman, p. 22.

② Stephen H. Rigby, 2008: “Urban Population in the Later Medieval England: The Evidence of the Lay Subsidies”, *Economic History Review*, Series 6.

国城市化水平分歧较大。中国人民大学徐浩教授估算较高，认为中古晚期英国城市居民占到总人口的20%，达到一般发展状态，而估算偏低的学者则认为，直到工业化前夕，英国城市化水平才达到5%左右。① 截至1300年，居民超过1万人的英国城镇为数很少，很多城镇人口不到5000人。② 历经中世纪晚期的经济和人口衰退之后，据估算，到16世纪早期伦敦才恢复到6万人，超过5000人的城市也只有14个，而在中世纪盛期伦敦人口曾经达到8万人。因此，相对而言，12%～14%也是一个为争论各方所易于接受的中间值。

这样看来，中古晚期城市化水平较之盛期有所降低，不过比之中世纪早期则有了一定程度提高。英国1086年城市居民数量约占当时总人口的7%～8%，该数字是根据《末日审判书》的记载（5%），结合布瓦松纳的判断（10%或更多一些），折中处理得出。这样，我们根据上述数字制成一幅11～16世纪经济扩张（1520年）之前的英国城市人口变化草图，如图4－1。

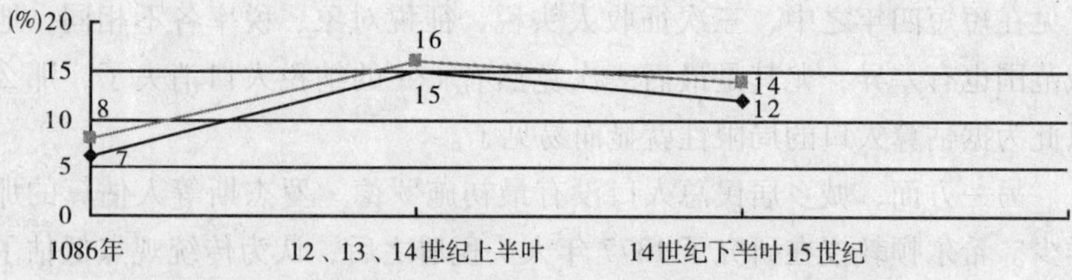

图4－1　11世纪中叶～15世纪英国城市人口比例变化

尽管上图两条曲线表示的城市人口比例有所不同，不过城市化发展趋势还是一致的，即在中古盛期的“城市复兴”运动中，城市化取得15%～16%水平，而在中古晚期，英国城市居民数量减少，城市居民在总人口比例下降，12%～14%不是城市化水平的精确数据，仅用于判断城市化发展趋势。显而易见，中古晚期英国城市化进程出现倒退现象。在人口发展趋势与英国城市化水平之间明显存在正相关关系。

关于英国人口趋势同城市发展之间的关系，可参看图4－2。笔者将城市人口折合成相应人口数量，得出上述三个时期的城市人口分别为14万、75万和33.6万人，而后将英国总人口变化趋势与城市人口变动轨迹

① 徐浩：《中世纪英国城市化水平研究》，《史学理论研究》2006年第4期。关于城市化较低水平数字，参见林广：《中外城市化比较新论》，南京，东南大学出版社，2001年；高珮义：《中外城市化比较研究》（增订版），天津，南开大学出版社，2003年。

② Susan Reynolds，1977：*An Introduction to the History of English Medieval Towns*，Oxford University Press，p. 62.

置于同一图表之中，由于两类人口绝对数量相差较大，故两条曲线变动幅度存在较大差异，不过变动趋势依然大体一致。

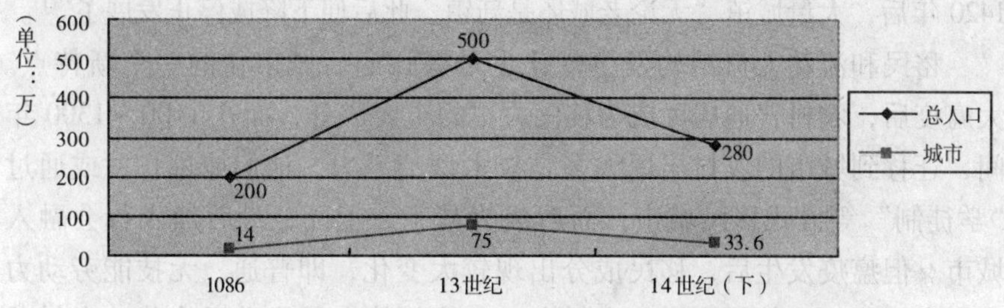

图 4－2　1086 年～14 世纪下半叶英国人口趋势与城市发展

注：关于总人口和城市人口估算，参见 Hatcher，J. Plague，1984：*Population and the English Economy 1348－1530*，Macmillan Publishers LTD.，pp. 68－71。

（五）中古晚期农村劳动力转移的新趋向

在后瘟疫时代，在人口和经济衰退的大背景下，我们也应看到农村劳动力向城市流动虽规模变小，流动现象依然存在，而且呈现出新的发展趋向和特点。在 14 世纪早期，农村人口向城市迁移持续而平稳，尚未有流动规模和速度的显著变化，而在 14 世纪中叶黑死病爆发后的一段时期里，农村人口向城市流动情形骤然转变，农村劳动力向城镇转移在短期内陡然加速了。由于城市原有居民锐减——至少 1/3 城市人口死于瘟疫，个别城市还要高于此数字，导致城市人均财富和消费水平迅速升高，中下层群众疯狂地超前过度消费。显然，在短期内，城市空缺就业机会和无主财产刺激了农村贫穷人口向城市迁移，乡村的劳工和贫民蜂拥而至。看来，虽然城市人口在瘟疫中损失很大，死亡率甚高，但暂时并未阻挡农村人口向城市迁移的步伐，相反，由于原有居民死亡而造成的大量剩余土地和财富在某种程度上还刺激了农村劳动力向城市转移，死者的土地、房屋乃至动产很快被农村新来者占据。

研究中世纪晚期城市经济的斯汪森教授（Swanson）发现，许多城市里的房屋不仅没有荒弃，而且被“改建和重新装修”，厨房里“添置了更多金属餐具”，居民肉类消费增加、穿破的鞋子很快被弃置，等等。① 显而易见，来自农村的迁移者同幸存的城镇市民一起分享死者留下的资本、土地和就业机会，从中受益不浅。当然这一时期的农村劳动力加速向城镇转

① Heather Swanson，1989：*Medieval Artisans：An Urban Class in Late Medieval England*，Basil Blackwell，p. 174.

移只是一种变异和暂时现象，不能作过高的估计和不切实际的评价。从14世纪后期开始，农村劳动力向城市迁移已经在整体上放慢步伐，尤其在1420年后，大量城镇“无论老城还是新镇，此后便下降或停止发展了”①。

移民和流动人口结构发生变化也是黑死病后城市化的一个新特点。大瘟疫后，农村普通居民成为移民大军的主要成分，而在1100～1300年间，迁移到城市的农村居民大多是技术型劳动力，他们或逃亡、或通过“学徒制”等方式移民城市，而后成为帮工、工匠，最后加入行会融入城市。但瘟疫发生后，移民成分出现较大变化，即普通、无技能劳动力占据主流，而且数量剧增，农村人口一度加快向城市移民步伐，农村劳动力转移进程加速了。这样许多城镇尤其是一些较大的城市中心，像约克、纽卡斯尔、诺里奇、波斯顿、林恩（Lynn）、考文垂、南安普敦和布里斯托尔等在黑死病后很快显示出复苏迹象，其中南安普敦的繁荣主要依赖于海外贸易，在14世纪晚期和15世纪成为伦敦对意大利出口贸易的外港或输出港（outport），长期分享首都从事呢绒和羊毛贸易所带来的巨额利润；反过来，地中海地区的染料、香料、甜葡萄酒和其他奢侈品也由南安普敦转运到伦敦和国内其他地区。② 此外，在英格兰中部地区西部，农村人口也没有停止向城市迁移的步伐。伍斯特是在鼠疫之后成长起来的郡镇，其他繁荣小城镇有利奇菲尔德（Lichfield）、赛伦塞斯特（Cirencester）和沃里克等，更小的市场小镇星罗棋布，难以数计。

因此，英格兰农村劳动力转移在地域上也呈现出不均衡的新趋向。虽然英格兰城镇人口和经济整体衰落，不过相对说来，英国西南部经济衰退没有中部和东部地区那样严重，尤其是一些较大的修道院抑制了农业生产下滑，通过发展畜牧业、锡矿业、渔业等非农行业在相当程度上抵消了农业种植业衰落的不利后果③，个别城镇还为英格兰衰退的城镇经济增添了些许亮点。在14、15世纪时，农村劳动力向乡村纺织工业转移刺激了许多村庄发展成为兴旺小城镇。这是一种特殊形式的劳动力向城市转移现象，农村劳动力内部行业流动与外部流动（城市化）达到统一。在西南地区，这样的例子有托特尼斯（Totnes）、蒂弗顿（Tiverton），在萨福克郡和北埃塞克斯有哈德利（Hadleigh）、马尔登

① 〔英〕M. M. 波斯坦、H. J. 哈巴库克：《剑桥欧洲经济史》第1卷，郎立华、黄云涛、常茂华等译，北京，经济科学出版社，2002年，第487页。

② Paul E. Szarmach，M. Teresa Tavormina，Joel T. Rosenthal，1998：*Medieval England：An Encyclopedia*，New York & London：Garland Publishing，Inc.，pp. 706－707.

③ E. F. Jacob，1978：*The Oxford History of England，the Fifteenth Century，1399－1485*，Oxford University Press，p. 377.

(Maldon)、拉文纳姆（Lavenham)、内兰德（Nayland)、隆梅尔福德(Long Melford)、萨德伯里（Sudbury）和科吉舍尔（Coggeshall)，在西区有利兹（Leeds)、布拉福德（Bradford)、哈利法克斯（Halifax）和韦克菲尔德（Wakefield)；在科茨沃尔德丘陵地区有卡斯尔卡姆（Castle-come)、斯特劳德瓦特（Stroudwater)。[①] 一些金属行业也发展迅猛，其中满足绅士、市民和富裕农民时尚欲望的白镴生产，是城市工业为数不多的、几个迅速扩张的行业之一。同时，斯塔福德郡南部和伍斯特郡北部乡村金属加工工业的发展，推动了伯明翰及周围地区发展。因而，在14世纪晚期15世纪的英格兰，虽然大多数城市衰落，农村劳动力向某些城市流动依然活跃，城市化呈现一种“接力跑”（relay - race）现象，老城镇衰落了，新兴小城镇继之而起，这大概是中古晚期城市化发展的另一个新特点。

随着老城市衰落和新兴工业小城镇崛起，我们可以看到在中世纪晚期的英格兰，人口和财富的地区分配发生了深刻变化。比较1334年和1515年各郡可征税财产分布状况，我们发现从塞汶河入海口到威尔士地区，该线以南各郡地位较之北部诸郡明显提高了。其中康沃尔、德文、萨默塞特和伦敦附近诸郡，即米德塞克斯、萨利、肯特和赫特福德郡、埃塞克斯和萨福克数郡的纺织业发展最为令人瞩目。劳动力转移与城市化开始呈现出显著的地域差异和不均衡特点，譬如伦敦城市化发展迅速，这一特征在近代早期得到充分展示。当然，迁移到首都的移民许多都是富有的商人、工匠，还包括许多原先居住在乡村的贵族领主。据记载，当1381年农民起义发生时，肯特、萨福克和诺福克以及埃塞克斯郡“乡村所有的大领主和其他显贵”都逃往伦敦和其他安全所在。[②] 对于英王理查二世在14世纪90年代的一项研究显示出，他频繁出行巡游的程度每年在一次以上，很可能推动了城镇的经济发展，如坎特伯雷、罗切斯特、格洛斯特、伍斯特、诺丁汉、北安普顿、庞蒂弗拉克特（Pontefract）和约克，至少有50个城镇在这十年之中招待过国王，而王室本身消费也慷慨大方，大肆采购各种物品，其中1392～1395年间在伦敦购物消费了12000英镑。[③] 这些人当然算不得农村劳动力，不过他们给城市带来了相

① Hatcher, J., 1984: *Plague, Population and the English Economy 1348 - 1530*, Macmillan Publishers LTD., pp. 45 - 47.

② A. R. Myers, 1969: *English Historical Documents, 1327 - 1485*, Eyre & Spottiswoode, pp,. 128 - 129.

③ Michael Jones, 2008: *The New Cambridge Medieval History, Volume VI, c. 1300 - c. 1415*, Cambridge: Cambridge University Press, pp. 321 - 322.

应的社会需求，带动了相应的手工业、奢侈品以及其他服务业发展，无疑也为劳动力转移与城市化创造了条件。许多城市至少有 1/3 甚至一半以上的劳动人手从事衣食住行等各项服务行业，就已经证明了这一点。

总之，西南部和东南部地区吸引英格兰各地大量移民，人口日渐稠密，逐渐成为英格兰人口和财富最集中地区，同时也是农村劳动力转移与城市化水平最高地区，譬如中世纪晚期人口在 6000 人以上的十个主要城市绝大部分集中在上述地区，依次为伦敦、诺里奇、布里斯托尔、埃克塞特、索尔兹伯里、约克、坎特伯雷、泰恩河上的纽卡斯尔、考文垂和科尔切斯特[①]，其地位大体上一直保持到 18 世纪工业革命前夕。此外，我们通过对 1377 年人头税册和都铎时期（1525 年）补助金税簿以及征兵册进行比较研究，也可以看出，伴随着财富分配变化，英国人口社会构成也出现了重新分布。

中西部和北部地区相对说来，在中古晚期成为英国劳动力转移与城市化进程发展缓慢地区，尽管此时上述地区自由农数量众多，如在沃里克郡的坦沃思（Tanworth）、哈斯雷（Haseley）、宾塞尔（Beansale）、克莱弗登（Cleverdon）和萨顿·科菲尔德（Sutton Coldfield）等阿尔丁（Arden）庄园，自由佃户租税额远远超过农奴佃户，比例从 2:1 到 4:1 不等，在坦沃思和厄丁顿（Erdington）的地租簿里，前者的 69 个佃户中有 53 人是自由持有者，后者记载了 75 份保有地（tenements），有 28 人是自由持有，只有 1 人确切无疑是按惯例（customary）保有[②]，显而易见，其余都是程度不等的半自由农，可是该地区城市经济发展迟缓，城市化水平远低于南部。

由此看来，在中古晚期，自由身份并不是农村劳动力转移与城市化的充要条件。在农奴制日益瓦解的中古晚期，经济利益和就业机会等因素正对农村居民产生越来越多的吸引力，像追求自由、摆脱低贱身份这样的政治因素则愈益失去市场，尽管在中古早期这曾经是农村劳动力转移的一个重要动力。从追求自由的政治诉求到追求收入的经济欲望，充分表明英国农村劳动力转移与城市化动力机制开始发生变化，在一定意义上也标明中古社会的变迁，一个新的时代就要来临。

---

① Richard Britnell, 1997: *The Closing of the Middle Ages, England 1471 - 1529*, Blackwell Publishers Ltd., p. 210.

② E. F. Jacob, 1978: *The Oxford History of England, the Fifteenth Century, 1399 - 1485*, Oxford University Press, p. 379.

二、中古晚期英国农村劳动力的行业流动

14、15 世纪是英国农村纺织业兴起的时代。在此之前，英国几乎完全是一个农业国，所以中世纪史家詹姆斯·W. 汤普逊说：英国的工业发展“直到兰开斯特王朝时代（1399～1461 年）”才开始。也是在此时，英国政府开始实施“敌视外商”、“保护民族工业”的政策。于是，从 15 世纪初年起，英国的经济史就分为两个方面，一方面是英国民族工业的兴起史，另一方面是从内部和外部驱逐外国竞争者的斗争史，15 世纪中叶，热那亚人、威尼斯人由对英主要贸易对象相继成为“被攻击的目标”。①

这里的“民族工业”指的正是呢绒纺织业，应该说，呢绒业是一种英国各个阶层人士广泛参与的行业，最初主要在城镇得到较大发展。呢绒生产者组织的行会、商会广泛参与了城镇的市政管理，在中古早期，能否成为行会成员还演变成了乡村农奴改变其低贱身份、成为拥有市民权利的自由人的一个重要前提条件。但到中古晚期时，城镇呢绒生产由于受到自然条件、社会环境等限制，出现衰落迹象。在金雀花王室和议会政策的导向下，羊毛出口逐渐向呢绒出口转变，于是纺织业开始向乡村转移，吸纳了许多农村居民从事乡村工业，这样农村毛纺织业逐渐崛起，从而为农民摆脱土地束缚、向城市流动创造了有利的历史条件。

（一）14、15 世纪的英国农村劳动力向乡村纺织业转移

早在 14 世纪初年，英国外贸模式就开始从原料（羊毛）向制成品（呢绒）转移，由一个羊毛原料出口国向呢绒出口国转变。在这一转变过程中，中古英国许多工业生产的扩张、产品升级和结构转换都离不开商人，羊毛纺织业的发展尤其如此，许多商人转而从事大规模的呢绒出口，“商人阶层”出现了。据米勒等人考察，正是在 14 世纪英国出现了一个“商人阶层”②，这不是偶然现象。显而易见，“商人阶层”的出现既是英国对外贸易发展的产物，反过来又进一步促进呢绒贸易和生产活动。

---

① 〔美〕詹姆斯·W. 汤普逊：《中世纪晚期欧洲经济社会史》，徐家玲等译，北京，商务印书馆，1996，第 532、359 页。

② Edward Miller and John Hatcher, 1995: *Medieval England: Towns, Commerce and Crafts 1086–1348*, Longman Group Limited, p. 411.

中古晚期，英格兰商人不仅销售呢绒纺织业的终端产品，而且深深卷入到生产领域各个环节，从购买并发放原料、组织手工业工匠和帮工生产到收购成品，一种新型的呢绒生产组织形式——“外包工制”出现了。在外包工制下，传统的手工业生产组织开始发生变化，贫穷师傅和帮工一同变成计件工人，显然呢绒商人已经支配了纺织业生产。到14世纪末，伦敦、考文垂、布里斯托尔和索尔兹伯里四个城镇的呢绒生产占据了英国绝大部分份额，这些呢绒产品大量输往欧陆的佛兰德斯和佛罗伦萨，逐渐在欧洲市场占有越来越大份额，此后300年来呢绒业成为英国经济的支柱产业。详情可见表4－2。①

表4－2 14世纪中叶到16世纪中叶呢绒和羊毛出口数量的变化 （单位：匹，袋）

年代	1347~1348	1366~1368	1392~1395	1438~1441	1479~1482	1509	1547	1554
呢绒年出口量	4422	14593	43072	56097	62586	84789	122354	160000
羊毛年出口量	30000	26634	19359	9101	9784	不占重要地位	不占重要地位	不占重要地位

由表4－2可见，其一，呢绒年出口量呈逐年递增趋势，羊毛出口则逐年递减；其二，在15世纪城市经济衰退期间，呢绒出口始终平稳增长，可见呢绒生产不是出自城市，至少可以肯定大部分产品不是来自城市。我们将上述表格绘制成图，呢绒和羊毛出口的变化轨迹更加直观。见下图4－3。

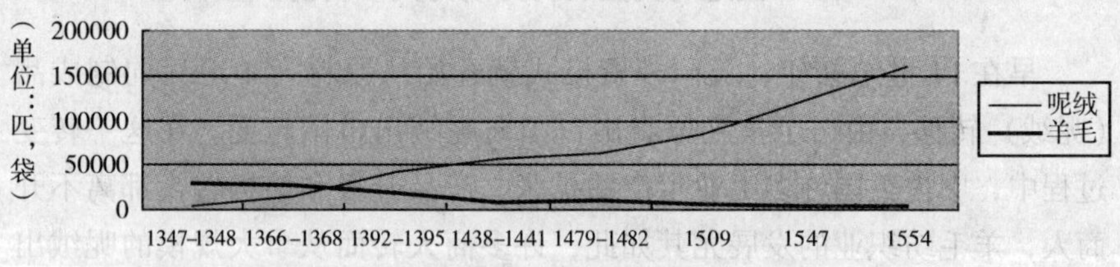

图4－3 中古晚期英国呢绒和羊毛出口变化

① 该表数字取自《现代化第一基石——农民个体力量成长与中世纪晚期社会变迁》（侯建新）第65页和《西欧中世纪城市新论》（刘景华）第368页，综制而成。此外，我们得知，英格兰1360年呢绒出口量为8000匹，大约在1440年左右达到57000匹，在15世纪中叶一度衰减后于1500年增长为80000匹，1540年时则接近120000匹。羊毛出口则由1360年左右的35000袋降至1420年后的10000袋以下，16世纪20年代更减为5000袋。上述四个年度呢绒出口量与表4呢绒出口增长趋势完全吻合，羊毛出口降低趋向亦与之同，且补上表之不足。见Alan Dyer, 1995: *Decline and Growth in English Towns 1400－1640*, Cambridge: Cambridge University Press, p. 7。

由图4－3可见，从14世纪下半叶开始，呢绒出口量稳步上升，取代了以往羊毛大宗商品出口地位，而羊毛出口量则稳步下降。鉴于中古晚期城镇经济处于衰落状态，显而易见大部分份额主要来自于乡村地区的农家茅屋作坊，呢绒出口量上升反映了乡村纺织业出现如火如荼的发展局面。当然，同时这也意味着畜牧业相应的仍在持续稳步发展。因此，呢绒出口贸易增长的背后体现着乡村毛纺织工业和畜牧业发展水平，是农村人口向非农产业转移程度的一个间接指标。我们可以发现许多这一时期关于羊群数量增加的证据。1398年，埃文河流域的克罗普绍恩（Cropthorne）小修道院庄园数起诉讼，都涉及数目各达300和200只的两群羊踏坏庄稼，特兰特河流域投诉一数目为400只羊群踏坏庄稼，这样大规模牧羊无疑都是出于商业目的。所以Я. 波梁斯基认为，“从13世纪末期起，养羊业达到了中世纪早期所不曾有过的发展程度。13世纪时，一个羊群有250只绵羊乃是常见的现象，而在14～15世纪时，一个羊群一般达到了500只绵羊。”[①] 畜牧业的发展状况从羊毛出口数量也可见一斑。从13世纪晚期开始，英格兰羊毛大规模出口到欧洲大陆，尤其是佛兰德尔，14世纪中叶时最高年出口量达40000袋。一直到15世纪中叶，羊毛出口始终占有重要地位。

呢绒纺织业的崛起则是伴随着畜牧业大发展的必然结果。该行业由家庭副业发展而来，在一些地区成为占居重要甚至主导地位的经济部门。作为呢绒业繁荣的重要表现，中世纪晚期英国由羊毛出口国逐渐转变成为呢绒出口国，大部分产品销往欧陆低地国家，由此再转售到其他地区，以至于“衣披半个欧洲”，低地国家商人惊恐地将大量涌入的英国进口商品比做“洪水泛滥”。[②] 所以，一些经济史家认为，纺织业和畜牧业的发展在某种程度上“补偿”了下降的农业种植业，使得中世纪晚期的英国经济在前景黯淡的农业危机中透出了一丝希望之光。[③] 实际上，畜牧业、呢绒业发展的重要意义不仅在于对农业的“补偿”，更在于它对农村传统经济结构的优化，它使得英国中世纪盛期初步形成的混合经济结构在中古晚期得到进一步确立，这种农牧混合经济在英国由封建农本社会向现代社会过渡进程中正逐渐显示其活力。在这个意义上，我们才能

① 〔苏联〕Я. 波梁斯基：《外国经济史：封建主义时代》，上海，上海三联书店，1958年，第249页。

② Paul E. Szarmach, M. Teresa Tavormina, Joel T. Rosenthal, 1998: *Medieval England: An Encyclopedia*, New York & London: Garland Publishing, Inc., p. 194.

③ 〔英〕M. M. 波斯坦、H. J. 哈巴库克：《剑桥欧洲经济史》第1卷，郎立华、黄云涛、常茂华等译，北京，经济科学出版社，2002年，第506页。

深刻理解英国著名史学家屈勒味林（现通译为特里维廉）的判断：一部英吉利纺织业的社会史就是“中古英吉利变成近代英吉利”的历史。①

这两种商品的不同趋向造成许多地区和城市经济地位发生变化，因为羊毛行业曾使东北部地区富庶繁华，而呢绒纺织工业主要坐落于英格兰东南部和西南部地区。羊毛到呢绒出口模式的转化对英格兰许多城市港口命运产生了不同影响，东海岸港口深受其害，逐渐衰落，而东南部和西南部港口地位则日渐其重，逐渐富裕起来。可以说，中古晚期相当多城镇的繁荣程度主要就取决于该地呢绒纺织业的发展程度，呢绒业发展则城市繁荣，呢绒业落后则城镇衰落，西南部地区城镇的普遍繁荣证明了这一点。该地区以生产精美“宽幅呢绒”或“大呢绒”（broad-cloths）著称，尤其是科茨沃尔德丘陵地区（Cotswolds）出产英国质量最好的羊毛，漂白土资源也非常丰富。藉此，斯特罗德（Stroud）地区成为格洛斯特郡的呢绒纺织中心。东南部最富裕的地区是东盎格里亚的萨福克郡，也是一著名呢绒生产中心。该郡最富城镇拉文纳姆（Lavenh-am）3/4 的居民直接或间接从事呢绒生产。② 由此可见，呢绒纺织业对于英国城镇发展的重要性。史家布伦纳甚至认为，15 世纪晚期以来的呢绒出口贸易实际上是英国在近代早期经济发展的“起点”③，这使得我们没有理由不正视呢绒生产的历史地位，对于上述地区而言，呢绒生产已经不能简单地被视为封建庄园经济的“补充”和农业经济的“附属成分”，在很大程度上已经变成当地居民赖以谋生和维持生计的主要手段。简言之，封建晚期英国的社会经济结构正在悄然发生变化，主导地位由农业种植业向各种非农生产活动转移。

随着呢绒业的发展，中古城市原有的“基尔特”组织不再完全适应纺织业生产管理，新的生产或管理形式应运而生。这就是“家内制”（domestic system）和“外包制”（putting – out system），两种呢绒生产者分别出现于英国经济比较繁荣的上述地区，即东南部和西南部诸郡（West Country）。一般说来，“家内制”下的呢绒生产者具有较强的独立性，自己买进或生产羊毛由家庭成员梳理、纺毛线，雇用帮工制成呢绒。英格兰北部地区约克郡盛行的就是这种模式，生产者直接拿到韦克菲尔

---

① 〔英〕屈勒味林：《英国史》（上册），钱端升译，北京，中国社会科学出版社，2008 年，第 315 页。

② John A. F. Thomson, 1995: *The Transformation of Medieval England 1370 – 1529*, London and New York: Longman, p. 54、57.

③ T. H. Aston and C. H. E. Phlipin, 1987: *The Brenner Debate: Agrarian Class Structure and Economic Development in Pre – industrial Europe*, Cambridge: Cambridge University Press, p. 324.

德和哈立法克斯的市场上销售，主要满足当地居民需要；另一种是采用“外包制”的形式，资本家呢绒商介入呢绒生产领域，发放原料交给工匠纺织，然后从散工处收集呢绒，最后雇人漂洗加工成产品。

显而易见，“外包制”下的生产者依附于呢绒商人，不像“家内制”下的生产者具有较大独立性。到中古晚期，随着生产和交换条件的变化跌宕，小手工业者独立经济凸显出很大脆弱性，尽管也依然在家里从事生产，有时也被称为“家内制”，但新型“家内制”已大大不同于传统“家内制”。中世纪城市史专家刘景华教授将两种“家内制”分别称为“家内制的初级或原始形态”和“典型的家内制”，后者更多地被学者们称为“外包制”或“外放制”。[①] 在“外包制”下，原本自由小生产者开始被纳入大呢绒商的生产和销售网络，他们一个个独立的家庭变成了一个个分散的生产作坊。这实际上是具有资本主义性质的手工工场的第一个阶段——分散的手工工场。

这种生产形式在东盎格里亚和英格兰西南部诸郡最为盛行，产品主要销往国际市场，像威尔特郡的卡斯尔库姆村生产的优质呢绒在欧洲市场上闻名遐迩，东盎格里亚以沃斯特德（Worsted）和克尔赛（Kersey）两个毛纺织村庄最为著名。纺织密实呢绒需要相当大的力气，为了保证呢绒质量，在诺里奇，妇女被禁止纺织“沃斯特德”呢绒，因为她们没有足够的力气织好这种呢绒。[②]“沃斯特德”成了英国精纺毛料和精纺羊绒的代名词，沿用至今；“克尔赛”呢绒则变为窄幅粗质呢绒的泛称。

据近代早期萨福克郡的一份账簿估算，在一周内生产20块“宽幅呢绒”（broad cloths）大概总共要雇用500人。当然在中世纪时呢绒纺织远未达到这样的规模，一星期也生产不出这么多呢绒。据王室度量官（ulnager）的呢绒海关税收账簿记载，理查二世在位末期，萨福克郡1395年全年生产了733块宽幅呢绒，需雇佣劳动力大约120人，不过该郡出产的大宗商品主要是“窄幅呢绒”（narrow cloth，每片12码宽，整块呢绒宽度也就24码），数量高达9200块，投入生产的人手大约有300人。[③] 埃塞克斯生产的主要也是窄幅呢绒，拥有资本的呢绒商活动频繁，想来也是呢绒行业发展的结果。

---

① 刘景华：《走向重商时代——社会转折中的西欧商人和城市》，北京，中国社会科学出版社，2007年，第96～98页。

② L. F. Salzmann, B. A. F. S. A, 1913: *English Industries of the Middle Ages: Being an Introduction to the Industrial History of Medieval England*, London: Constable, p. 150.

③ L. F. Salzmann, B. A. F. S. A, 1913: *English Industries of the Middle Ages: Being an Introduction to the Industrial History of Medieval England*, London: Constable, p. 157.

不过，资本雄厚的大呢绒商主要在西部从事贸易活动，由此可见，西部呢绒业发展更为兴旺。在“粮乡”巴恩斯特布（Barnstaple），约翰·帕门为1080打（dozen）窄幅呢绒缴税，理查·伯纳为1005打呢绒付税，还有9个呢绒商收购了约1600打窄幅呢绒。当然并不是所有地区都有如此规模的呢绒生产和贸易活动。像康沃尔郡产量就比较小，总产量只有90打，索尔兹伯里、温切斯特、约克、肯特的呢绒商人均收购量最少的还没有超过10打。如果按呢绒年出口5万宽幅计算，在14世纪和15世纪早期受雇人数约在15000~25000之间，如将兼职的生产者也计算在内，则呢绒业的就业人数是上述数字的二倍，至少占到总人口的2%~3%。[①] 实际上，我们知道，到16世纪中叶时，呢绒出口量已经达到16万匹，这个数字尚未包括国内居民消费的呢绒产品，显而易见，出口呢绒往往质地优于滞留国内者，但国内市场呢绒消费规模一般而言不会低于出口量，很有可能还高于出口额度。如此可知，呢绒生产者数量、比例还要高于我们目前作出的估算。

在15世纪初以前，拥有资本的呢绒商主要出现在上述几个固定城镇，影响相对有限，直至15世纪下半叶的60、70年代，伴随着英国农村和城镇纺织业性质和状态发生重大变化，资本雄厚的大呢绒商开始登上历史舞台，比较著名的像约翰·温奇科姆（John Winchombe）即“纽伯雷的杰克”、拉文纳姆的斯普林斯（Springs of Lavenham）等，都是雇用大量劳动人手的雇主。在这些大呢绒商的支配下，如上所述，乡村工业生产组织形式主要是“外包制”，“家内制”下独立的生产者已经消失不见，工匠、帮工以及其家庭成员等都处于依附呢绒商的状态，他们的家庭不再是享受天伦和亲情的场所，不再是以往从事家庭副业生产的处所，更主要的是已经演变为“组织者”呢绒商的一个作坊或工作车间，只不过这个“车间”分散在乡村许多农户家庭里，所以这时的家内制也称“分散的手工工场”。不过，正如一位历史学家说的：“分散只是一种表面现象；种种事实表明，家庭劳动已经陷入一张无形的蛛网之中，而蛛丝则掌握在几个包买商手里。”[②] 这里的包买商指的就是介入并支配了纺织行业的呢绒商人。

在分散的工场中，这些从事呢绒等非农行业生产者的职业结构最大

---

① Harrison, J. F. C., 1984: *The Common People: A History from the Norman Conquest to the Present*, Fontana Press, p. 68; Sybil M. Jack, *Trade and Industry in Dudor and Stuart England*, p. 27.

② 〔法〕费尔南·布罗代尔：《15~18世纪的物质文明、经济和资本主义》第2卷，顾良译，北京，生活·读书·新知三联书店，1993年，第335页。

特点是“亦工亦农”。一位学者对拉特兰郡人口研究表明，许多居民在一份表中被称为“工匠”，在另一份表中被称为“农夫”[1]，既是小土地所有者又是手工业者，这种状况从中古晚期一直持续到近代早期。泽尔（Zell）研究16世纪肯特郡威尔德乡村工业后也发现，对当地居民作严格的职业区别没有太大意义，许多有耕地的农民也是手工业者，很多都从事于呢绒纺织业，还有许多人从事金属冶炼、皮革制造、裁缝和木匠等行业。其实不只威尔德地区，很多村镇都存在上述情况，所以乡村居民的分野莫不如在拥有耕地和无地的居民中间进行划分。根据居民的财产清册或详细目录来看，一半以上的手工业者都是农民（farmer），比较贫穷的小工匠也饲养两头牛或猪，而比较富裕的商贩或呢绒商也都同时经营农业，从事商业活动的部分资金也许就来源于农业利润。[2] 因此，不仅普通纺织工人、小工匠身份是双重的，拥有雄厚资本的呢绒商人也具有双重身份，他们同时也是农场种植业经营者。见表4－3：

表4－3　1565～1599年一份呢绒商遗产清单中的地产价值

地产价值(英镑)	40以下	40～60	60～100	100～200	200～500	500以上
数量(47人)	7	2	13	15	6	4
百分比	15%	4%	28%	32%	13%	8%

资料来源：Michael Zell，2004：*Industry in the Countryside*：*Wealden Society in the Sixteen Century*，Cambridge：Cambridge University Press，pp. 210－211。

由表4－3可见，地产价值在100英镑左右（60～100英镑者13人，100～200英镑者15人）的呢绒商28人，大致占到该群体的50%～60%，而地产价值在100英镑以上者（不包括100英镑）则占到53%，由此可见，呢绒商兼营农业是一个非常普遍现象，他们在另一个税册中被称为“地主”、“农场主”或“乡绅”都是再正常不过的情形。迈克尔·泽尔提供的这份呢绒商遗产清单，尽管包含人数不多，但对我们理解呢绒商身份、呢绒工人身份的双重性有着重要的参考价值，所以上述对手工业者、呢绒商人的两种称呼都是正确的，它恰恰表明了社会转型时期乡村工业的特点：从组织者到生产者都具有两重性、模糊性。正如克里斯托弗·戴尔所言：大多数订立遗嘱者都不能归属于某一专门行业，

① H. S. A. Fox and R. A. Butlin，*Change in the Countryside*：*Essays on Rural England*，*1500－1900*，London：Institute of British Geographers，1979，p. 105.

② Michael Zell，2004：*Industry in the Countryside*：*Wealden Society in the Sixteen Century*，Cambridge：Cambridge University Press，pp. 108－109.

很难给他们轻易“分类”（*pigeon* - holed）[①]，像他们这样的人很多，有乡村的手工业者和小业主、各种中间人、介于绅士和约曼之间的农场主、放贷的教士、自己私下做买卖的仆人、自己打工而又雇用别人的工匠等，因为他们既不适合中世纪规定的等级秩序，也不适用现代史家使用的阶级和集团概念，为他们找一个合适的位置是史家面对的一个棘手问题。[②]

从中可以看出，从业者一方面占有土地，生活在农业自然经济之中，另一方面从事手工业生产，成为具有资本主义性质的雇佣工人、工场主。这种两重性是相互补充的，又是相互对立的。在相当时期内，手工业经济是农业经济的补充，共同构筑了前资本主义时期国家和社会的经济体系；当手工业经济日益增长，最后取代农业经济从而占据主导地位时，当两者的地位出现逆转、农业成为手工业经济的补充时，一个新的历史时期就到来了。中古晚期英国由羊毛出口国逐渐转变成呢绒出口国，正是手工业经济逐渐取代农本经济的一个重要表现。所以，从中古晚期向现代社会过渡时期的“亦农亦工”经济是封建“农本经济”瓦解的开始，也是走向重商和工业经济的历史起点，体现了历史发展的连续性法则。

（二）推动农村劳动力向乡村纺织业较大规模转移的外部因素

除农业生产本身的推动外，14、15世纪农村劳动力向乡村纺织业转移还有一些特殊因素。这一期间农奴制瓦解、农奴人身依附关系被削弱，为农业劳动力向乡村工业转移创造了便利条件；城市资本、技术向乡村的“回流”以及王室和议会的扶持也在一定程度上促进了乡村纺织业发展。[③]

1. 庄园劳役制与农村公社的瓦解

封建庄园的农奴制生产关系消长能够限制或促进工业生产的空间扩展。如前所述，对于农民内部的人口增长和社会分化，当地庄园和村社所采取的立场是非常重要的。一般说来，封建庄园限制人口流动或转业。无论是地域流动还是行业流动，都是同劳役制和农奴制的本质相矛盾的，所以农奴制和庄园劳役制在一定程度上也许是劳动力转移的最大制度性

① Christopher Dyer, 2005: *An Age of Transition? Economy and Society in England in the Later Middle Ages*, Oxford: Clarendon Press, p. 115, 125.

② Christopher Dyer, 2005: *An Age of Transition? Economy and Society in England in the Later Middle Ages*, Oxford: Clarendon Press, p. 243.

③ 蒋孟引:《英国史》，北京，中国社会科学出版社，1988年，第243页。

障碍。而在中古晚期，随着封建庄园和农奴制的衰落，农奴佃户包括各种身份不自由的农民，他们受到的人身束缚都在减弱，这种劳动力转移和人口流动的障碍正在消失。

从14世纪上半叶始，英国部分劳役制庄园开始衰落，多数地区则是在黑死病后走向崩溃。格雷根据《庄园收入调查书》具体考察了英格兰各郡521个庄园，在1334～1342年间沿波斯顿到塞汶河口一线上，几乎没有发现多少劳役制度，或者说只有一些微不足道的痕迹。在东南部地区的309个庄园中，充分发达的劳役制度只存在1/6的庄园中。总的说来，到14世纪30年代后，整个英格兰大约还有将近1/3的庄园里存在劳役制度，货币地租此时占据封建地租的主流形态。劳役地租向货币地租的转化，既反映了商品经济发展的一般趋势，也创造了农奴依附关系松弛、自由流动的条件。我们可以发现，在货币地租占主要份额的庄园里，自由佃户比例要高出劳役租庄园，主要交纳货币租的维兰佃户流动机会要大得多，小土地持有者从事茅屋工业、出入市场的程度也要高一些。无疑，农村劳动力转移的条件宽松了许多。

封建庄园除对农民进行压迫、剥削和束缚之外，也有一定保护作用，即抑制庄园内部出现两极分化——一小撮富人和一大群无产阶级，有学者将封建主义的人身依附称之为一张“束缚”与“保护”并存的“恢恢天网”：农民们若想得到保护，就必须接受束缚，而若要摆脱束缚，便不能依赖任何外在的保护。[①] 恰如马克思说“一切中世纪的权利形式，其中也包括所有权，在各方面都是混合的、二元的、二重的”[②]。封建庄园也充分体现了压迫与保护的两重特征。所以，在庄园制度最兴盛、最完善的13世纪，中等农户始终是农村社会中一个最稳定的中间阶层，且数量最多，尤其是在大庄园最为典型，那里农民分化程度最低。前文已述，J. E. 马丁（J. E. Martin）研究揭示出大庄园中等农民的比例占到71%，而在中小庄园中等农户数量要稍少一些。[③] 显然，封建庄园主并不希望农村社会出现严重的两极分化现象，两种庄园都同样显示了封建经济分化小、较平均的典型特征，而封建庄园越大，则农民分化程度越低。抑制农民分化、保持社会稳定不是出于封建主善良的美意，而是为

---

① 秦晖：《田园诗与狂想曲——关中模式与前近代社会的再认识》，北京，中央编译出版社，1996年，第132页。

② 《马克思恩格斯全集》第1卷，第146页。

③ Martin, J. E., 1983: *Feudalism to Capitalism: Peasant and Lord in English Agrarian Development*, Macmillan Press, pp. 32－33.

了维护统治阶级的根本利益需要。

就英国而言，对农奴们的束缚和保护集中体现在庄园法庭和农村公社上。庄园和村子并不等同，虽然两者有时处于同一地域，更常见的是，一个村子被分割隶属于两三个庄园，彼此互为邻居却可能向不同的领主缴纳地租和履行劳役。村子里的居民通常结合成一种自治组织，即农村公社。在很大程度上，农村公社已经成了“团结一致”的代名词，意味着“自我调节、相互扶持、抵抗外来压迫以及集体进行礼拜”等，当然也包括“偏僻、孤立封闭”的意思。[①] 不过，农村公社不是一种非常严格的组织团体，有的也没有刚性的规章制度。农村公社管辖地域范围不一定局限于一个村子，可能包括几个村子，甚至更大。因为一些居民同时在几个村子或教区拥有份地，村际甚或地区间流动常常是生产生活需要所致，因此，从单个村子出发显然不能充分了解农民家庭财产状况，也不能了解农民们的社会交往关系，所以从地区视角解读农村公社是有益的，也是必要的。[②]

当然，不同学者对于村社定义理解不同，麦克法兰（Macfarlane）甚至认为，作为一种真正的社会实体，农村公社在中古英国“从未存在过”，因为英国民众很早起就具有一种“个人主义”思想；[③] 拉兹（Zvi Razi）则认为农村公社是存在的，在常见的庄园法庭卷宗中，“村社”既用以指“庄园里的民众”，也指庄园下辖的“每一个居民点的居民”。[④] 显然，拉兹所指的“公社”含义既不明确，也不同一。当然我们没有必要陷入相互矛盾的村社定义中，或许考察村社的功能和作用更有利于厘清村社的性质。从职能上讲，农村公社负责关里村民农业生产事宜，也掌管村民们的集体公共财产像耕地、荒地、池塘等，公社的习俗、惯例都对农户们具有约束力，而庄园从性质上讲则是封建领主管理地方、征收租税的行政工具和王国基层组织。那么，村社和庄园之间是一种什么关系？实际上，两者是同一事物，既对立又统一。从组织生产、保护村

① Phillipp R. Schofield, 2003: *Peasants and Community in Medieval England, 1200 – 1500*, Palgrave Macmillan, p. 5.

② Anne Reiber DeWindt, 1987: “Redefining the Peasant Community in Medieval England: The Regional Perspective”, *The Journal of British Studies*, Vol. 26, No. 2, Apr., pp. 164 – 165.

③ Macfarlane, Alan, 1978: *The Origins of English Individualism: The Family Property and Social Transition*, Oxford: Wiley – Blackwell, pp. 162 – 163.

④ Zvi Razi, “Family, Land and Village Community in the Later Medieval England”, edited by T. H. Aston, 1987: *Landlords, Peasants and Politics in Medieval England*, Cambridge: Cambridge University Press, p. 369.

民利益角度看，它是农村公社，从征收赋税、压迫农民角度看，它又是封建庄园，两种对立、矛盾的职能都在庄园法庭上得到体现和统一。

欧洲大陆的公社具有一定“特权”组织，所以有争取自由和自治的“公社运动”，声势浩大，绵延数百年之久。英国农村公社则没有这样的特权地位，充其量在管理农村社会内部事务上有一定的自治权利，在反抗领主剥削压迫的斗争中成为维护集体利益的武器，这时的村社与庄园是对立的。不过更多的时候，村社还体现了政府之下的地方基层政权色彩，这时的村社与庄园又是统一的。两种相互矛盾的功能并存于农村公社身上，并不因村社内部的社会分化而消失，殷实富裕的佃农既是带领贫穷农民反抗封建领主的天然领袖，也是负责征收税款的代理人、庄园法庭的陪审员、教区的俗人执事，其职责在中世纪晚期有增无减，譬如在1334年后负责每个村子的人头税征收工作、安排人手维护路桥等。[①]当然，庄园和村社本身反对农村社会内部两极分化，这从土地定期重分、实行敞田制和公地权利等方面可以看出来，但是社会分化在倡导“集体利益”的农村公社内部还是不可避免地发生了。

从很早时起，农村公社就有一项救济功能，实施对象主要是村子里的鳏寡孤独、老弱病残之家，采用方式是多种多样的，有在家庭内部通过子女继承财产而赡养年迈父母的，还有很多是没有血缘关系的承担上述义务的，当着全体村民在庄园法庭上登记备案，实际上许多农户没有在法庭上留下书面文字，仅仅是由邻里街坊见证双方达成口头协定，协定主要依据当地的习惯标准，其中就包括食宿类型、数量等条款。这在很多村庄都是由来已久的“习俗”。[②] 据记载，许多村庄的“习惯法”还专门规定了“拾穗”条款细则，像伯克郡的牛顿隆维尔（Newton Longville）村社，禁止一天能够赚2便士或1便士加伙食的居民拾穗，而对穷人则宽容许多，允许“在地头拾穗”。[③] 显而易见，农村公社框架下或传统影响下的救济、赡养习俗有利于农村社会的稳定，在一定程度上

---

① Christopher Dyer, 1994:“The English Medieval Village Community and Its Decline”, *The Journal of British Studies*, Vol. 33, No. 4, Oct..

② 从中古晚期开始，农村公社逐渐解体，尤其是黑死病后，“约曼圈积土地、侵蚀公地以及贪婪的个人主义”都是破坏村社凝聚力的重要因素。这是学术界普遍认同的观点，不过宗教史家和文化史家则构建了一幅情形相反的画面，他们认为村社没有消亡，“不是简单残存下来”，而是演变成教区，“蓬勃发展”地进入了一个“黄金时代”。Christopher Dyer, 2005: *An Age of Transition? Economy and Society in England in the Later Middle Ages*, Oxford: Clarendon Press, p. 76.

③ Harry Rothwell, 1975: *English Historical Documents, 1189 – 1327*, London, Eyre & Spottiswoode, pp. 842 – 843.

抵消了由经济分化带来的社会矛盾和一些相关不安定因素。

因此，庄园当局权威强大时，管制严格，庄园法庭和村社控制居民向外迁移并禁止外来人口流入，使得这些地区人口增长相对缓慢；而在庄园权威和村社组织瓦解的地方，情况则恰恰相反。新西兰梅西大学（Massey University）社会史学者约翰·马丁考察发现，这里人口发展和村庄里的社会分化程度远较前者为甚，居民流动程度远远超出庄园控制能力。[①] 因而，乡村工业发展的最重要的前提，即劳动力供给的弹性在一定程度上还取决于当地封建领主实力的强弱。庄园权威越低对人口控制能力越低，则劳动力转移程度越大，乡村工业越易于发展，反之，则发展缓慢。换言之，乡村工业只有在农奴制瓦解和封建领主权力遭到严重削弱、村社组织及其功能也行将消失的地方，才能得到较大发展。

因此，农村公社这种组织的存在，或者说村社这样一种功能就在相当程度上降低了人口流动的可能性，反之，农村公社的瓦解也会相应增加人口流动的可能性，减少农村居民尤其是小土地所有者常年依附土地定居的几率，从而促进农村人口向城市流动和劳动力转移。所以随着庄园劳役制度和农奴制的瓦解，农村公社担当社会矛盾“缓冲器”的作用也处在衰落之中。像在13世纪，庄园里出现纠纷时，无论原告抑或领主都求助于公社或较大的社区以取得习惯法对其有利的支持，因为在法庭上整个公社或全体社区民众是“法律制定者”（law - giver），而到了14世纪，村官们的地位上升了，他们开始决定何种行径是社区内的标准行为，哪种做派又是不合法的，整个公社社区民众地位下降了，十户联保制的治安职能消失了，其地位与作用被由村官或头面人物组成的小团体或组织如“起诉陪审团”（the jury of presentment）所取代。[②] 这个小团体的利益显然日益脱离社区的广大普通民众，越来越成为农村公社的对立面，所以在中古晚期和近代早期，农奴制和庄园劳役制瓦解的另一面就是农村公社正逐渐退出英国历史舞台，其自治和保护农民集体利益的功能日益淡化褪尽，农村社会两极分化愈益严重，农村劳动力转移和人口流动现象更加频繁。

史学家迈克尔·泽尔发现，庄园领地分散、碎化和多人共有是导致领主权威软弱、权力不畅的重要原因，而专制权力缺失似乎是许多原工

---

① Martin, J. E., 1983: *Fedualism to Capitalism: Peasant and Lord in English Agrarian Development*, Macmillan Press, pp. 32 - 33.

② Phillipp R. Schofield, 2003: *Peasants and Community in Medieval England, 1200 - 1500*, Palgrave Macmillan, pp. 167 - 168.

业地区共有的一个因素，故而他将领主权威低落、管制不严的地区称之为“开放式”（opened）教区，反之则称为“封闭式”（closed）教区。[①] 14、15 世纪的英格兰历经黑死病和农民起义打击后，多数地区农奴制已经崩溃，庄园制度和农村公社也已瓦解，从而在社会制度上为乡村工业的发展铺平了道路。[②] 可见，封建主义的消失和自由劳动力出现是存在因果关系的历史现象，后者正是现代资本主义社会的基本经济特征之一。

2. 议会与王室的政策导向鼓励乡村纺织业发展

毛纺织业的巨大发展是在王权和议会鼓励政策的背景下出现的。一般而言，在中古早期，王室或政府政策对劳动力转移和人口流动的影响是有限的，远远不能同近代民族国家形成后的作用相提并论。尽管如此，中古英国王权（包括诺曼王朝、金雀花王朝）相对说来，远比欧陆国家强大，一度有“我的封臣的封臣还是我的封臣”之誉。历代国王通常而言也在相当程度上对贸易、生产进行一定管理，王室账簿、财政署档案以及王室颁布的大量法令、宪章和令状都是我们今天研究和了解中古英国生产和贸易的重要资料，诚如中世纪史专家波斯坦教授所言，在中世纪晚期，政治的“前重商主义”（pre－mercantilism）思想越来越浓，政府越来越多地干预经济……[③] 政府对经济和生产的影响正日渐加强，无疑也对农村劳动力转移和人口流动产生了一定影响。

英国政府制定的第一个管理呢绒生产的法令是 1197 年颁布的“呢绒法令”。该法令将染色呢绒生产只限定在城镇，并详细规定了其尺寸和质量。而对广大乡村生产呢绒采取了歧视性政策。不过，我们不能过高估计“呢绒法令”对城镇呢绒生产的促进和对乡村呢绒生产的阻碍作用，因为英格兰各地区很快通过“缴纳税金”摆脱了法令对乡村生产呢绒的限制。1202 年，为了获得该法令豁免，每个生产呢绒的郡县都向王室交纳赋税。可见，禁止广大乡村生产呢绒并不是为了推动城镇经济发展，至少制定这项法令的最初动机并非完全从城镇呢绒生产者阶层利益出发，而是像其他法令一样，是为了向生产呢绒的广大乡村征收赋税，譬如禁止商品出口实则是为征收出口税，从而解决王室窘迫的财政问题。尽管如此，1197 年法令的颁布依然将城镇呢绒生产者置于较之乡村更为有利

① Michael Zell, 2004: *Industry in the Countryside: Wealden Society in the Sixteen Century*, Cambridge: Cambridge University Press, p. 230.

② 尽管关于封建制度衰落开始时间的争论还没取得一致认识，但多数学者将 1348 年的黑死病和 1381 年农民起义作为封建主义衰落的两个标志性事件。

③ 〔英〕M. M. 波斯坦、H. J. 哈巴库克：《剑桥欧洲经济史》第 3 卷，周荣国译，北京，经济科学出版社，2002 年，第 243 页。

的竞争地位，给予了前者税收方面的优势，从而推动城镇呢绒产业的发展。

从1197年开始，英国王室公开表示，将对进入英国市场的呢绒质量予以关注。早在1303年，英国即对从事羊毛出口的外国商人额外征税；1315年，英国商人就要求王室官员检查国内精纺毛纱产品以杜绝劣质产品，对次品处以罚款以及对待售的呢绒征收补贴税；1317年，政府禁止出口粗糙的呢绒；1326年，伦敦市民被禁止向低地国家出口起绒机和漂白土；1328年的“北安普敦法令”规定，王室官员负责检查进口的呢绒质量。1328年，爱德华三世时颁布的呢绒法令还规定，标准呢绒未加工前长宽为28码×6夸特（1夸特=1/4码），彩色呢绒为26码×6.5码，缩水后应达到24码。违者将没收呢绒。该法令被多次重申、修改，最后1410年规定只适用于宽幅呢绒，窄幅呢绒不在条例规范之内。

这一系列措施都是促进呢绒纺织业健康发展的重要因素，也都成为王室官员在市政和工商业方面的管理内容。由于中古晚期的纺织行业逐渐成为分散的农村工业，城市行会对工业的影响正日渐缩小，所以政府和王室官员的管理监察无疑将对呢绒产业产生越来越重要的影响。政府或国家对经济的干预在很多方面都得到体现，像禁止向佛兰德斯出口羊毛、进口呢绒，欢迎外国呢绒工人来到英国等，例如1271年禁运期间，亨利三世规定，“所有毛纺业工人，无论男女，凡是来自弗兰德或其他地方的，都可以放心地来到我们国家，在这里生产呢绒”，并且给他们提供五年免税自由。英国当局还制订了许多其他刺激呢绒工业增长的方法，最重要的当属爱德华三世时期（1327~1377年间在位）的战时措施。

为了维持金雀花王朝在法国的领地，爱德华国王同法国不断进行战争，后来演变成英法百年战争，而军饷的主要来源是英国羊毛出口缴纳的税收。为了维持频仍的战事活动，爱德华三世不得不对羊毛出口征收重税。由于关税增加了羊毛原材料出口成本，许多羊毛出口商逐渐转而从事羊毛加工业——呢绒纺织，客观上促进了毛纺织业发展。1331年，爱德华三世邀请佛兰德斯的纺织工人定居英国，王室给予弗兰德的约翰·肯普（John Kempe）和其他想定居英国的呢绒工人以特殊保护。为此，国王专门发布指令给各地王室官吏：“我们要特别保护约翰及其仆人、学徒，他们的货物和动产……不允许任何人诽谤，让他们自由无阻地从事他的老本行，不论在城市、自治市抑或其他地方，只要他本人认为合适方便……如果他们的财物被没收，你们要立即补救修正。我们承诺同样的保护也施与同行业的其他愿意来英国定居的外国织工、染工、漂洗工……”① 7月23日，国王在林肯郡签署了该法令。

百年战争爆发后，1337年，英格兰全面禁止使用或进口外国呢绒和羊毛出口，还通令全国穿着本国呢绒。在上述开放性移民政策的吸引下，许多技术移民来到英格兰。在卡塞尔战败后，伊普雷大约有500名织工、500名漂洗工被逐出弗兰德，1344个波铂林赫织工被明确地放逐到英格兰。

当地织工不欢迎这些新来者，1340年，国王不得不发布命令给布里斯托尔的市长，禁止他干涉托马斯·布兰科特（Thomas Blanket）和其他已经架起机器准备生产呢绒的人，布兰科特申诉的苦衷似乎是地方当局关于新开业者的高税收规定，即城镇当局有权向使用织机从事呢绒生产的人收取赋税，每架新织机要向市长缴纳5先令1便士，向市议员（或高级市政官）缴纳40便士。如此一来，一架新织机投入生产总共要缴纳8先令5便士。这对初来者是一笔不小的负担。该规定在1355年被撤销。② 其他城镇也存在类似规定。譬如，在13世纪的温切斯特，每个“布尔”（burel）织机每年缴纳5先令，当然也有例外。如果市长、慈善组织和城镇书记官等人从事呢绒纺织，则可以各免税使用一个织机。诺丁汉也对使用织机征收税费。为了刺激呢绒工业发展，爱德华三世甚至取消了所有的限制，批准生产任何长度和宽度的呢绒，不过这种过度的自由很快被证明没有什么益处。

英国已故伦敦大学教授埃莉诺拉·卡勒斯－威尔逊对于外国技术移民曾作如下评论：他们大多数“定居在英格兰东部和南部……他们的到来是有意义的”，只是现在无法评估“这些移民的规模和进程”。③ 实际上，外国移民对英格兰经济，尤其是呢绒纺织业的推动作用是不言而喻的，而且是巨大的，因为中世纪英格兰大约70%以上的城镇居民仅有1000～2000人左右，居民数量达到5000人以上的很少，那么1344名外国手工业者移民来到英国不啻是增加了一个工商业城镇！如果我们再考虑到这一千余人在当地的“经济辐射”和“需求拉动”，大概其重要性远远超出我们预先的想象，这对英国东部和南部经济发展无疑作出了积

① H. E. S. Fisher and A. R. J. Jurica, 1977: *Documents in English Economic History, England from 1000 to 1760*, London: G. Bell & Sons Ltd., p. 180.

② L. F. Salzmann, 1913: *An Introduction to the Industrial History of Medieval England*, London: Constable and Company LTD., p. 141, 150.

③ 〔英〕M. M. 波斯坦、H. J. 哈巴库克：《剑桥欧洲经济史》第2卷，王春法译，北京，经济科学出版社，2002年，第564、565页。

极贡献，后来上述地区成为英国工商业最发达和城市化水平最高地区不能说同外国移民没有一定联系。

在税率上，英国王室和议会也采取了优惠和倾斜政策。政府规定，呢绒在13世纪时完全免税出口，14世纪时出口税最多支付2%，而羊毛出口税则达到33%。[①] 在这种情况下，许多牧场主不得不逐渐放弃羊毛原料出口而转向羊毛加工工业。在王室大力扶持之下，呢绒业迅速崛起，并成为乡村工业中的佼佼者。从14世纪中叶开始，英国政府对羊毛的税收远远重于呢绒的税收，从而使呢绒工业受到双重保护。一方面，使得英国的呢绒生产商可以较低价格收购羊毛原材料，降低呢绒生产成本；另一方面，低税率的呢绒出口，在同欧洲大陆的呢绒产品竞争中处于优势地位。此外，英国挑起的百年战争也为英国呢绒在欧洲大陆开辟了商品市场，由于战争主要在法国西部、北部和佛兰德斯进行，对当地经济包括呢绒生产造成很大破坏。尤其在战争初期，英国在战场上取得多次胜利，汤普逊写到："当1346~1347年的战役结束后，英格兰的每一所住宅甚至是农民的茅屋都是用从法国抢来的物品装饰得华丽起来；用从诺曼底遭到洗劫的城市里弄来的姑娘们的嫁妆装扮起来的时髦妇女变得华贵起来；食橱里来自法国的修道院和城堡内的餐具发着亮光；衣橱里塞满了法国生产的毛皮、丝和绸缎。"[②]

显然，由于战争在法国领土上进行，法国很多地区遭到"抢劫"和"毁坏"，像1356年普瓦提埃战役后，该区兴盛的制造业如呢绒贸易和金属制造都"衰落下去"。约翰·汤姆森甚至认为"战争本身直接重创了弗莱芒呢绒城镇，可能比关税保护更有利于英国呢绒生产"。因此，他直接断言，"尽管战争对英国经济的影响是不平衡的……但战争带来的最大变化很可能就是呢绒纺织业的发展以及资本雄厚的大呢绒商在商人集团中脱颖而出"。[③]

当然，爱德华国王对羊毛出口征收重税主要目的是维持英国在欧洲大陆的战争，此种战时措施就其本质而言不是经济的，而是一种政治和军事手段，具有相当浓厚的政治色彩和外交动机（向佛兰德斯施加压力）乃至财政目标。因此，我们不能无视英国政府对呢绒生产和羊毛生

① 马克垚：《西欧封建经济形态研究》，北京，人民出版社，1985年，第348页。

② 詹姆斯·W. 汤普逊：《中世纪晚期经济社会史》，徐家玲等译，北京，商务印书馆，1996年，第127、129页。

③ John A. F. Thomson, 1995: *The Transformation of Medieval England 1370 - 1529*, London and New York: Longman, p. 56, 72.

产采取不同政策的主观目的，王室的主观动机和意图依然是从财政需要出发，由于羊毛一直是英国主要的出口产品，故而也是王室征税的主要对象。对羊毛征收高关税是出于英国财政之需，关税已经构成了王室主要收入来源之一。此种税收模式在呢绒生产行业日渐崛起后依然保持下来。

但是，爱德华三世实行的这些经济措施客观上却是一个促进呢绒纺织业发展的有利因素，有利于呢绒工业的成长，促进了英国由羊毛出口国向呢绒出口国的转变。英国学者马克·奥姆罗德（Mark Ormrod）认为：这种（对出口羊毛征收高关税）“间接税像直接税一样影响了英国众多居民的生产生活”，并称其为“14 世纪中叶税收体制的变革是中世纪英格兰制度史上最重要、影响最深远的革新之一”。[①] 爱德华三世也由此获得了“英格兰呢绒业之父”的称号。当然，百年战争持续时期较长，英国最后遭到失败，无疑对国内经济也产生了不良后果，其中为战争而敛取的人头税导致了 1381 年农民大起义，阶级矛盾空前激化，统治阶级内部也出现严重的摩擦和内讧，这就是 1455 ~ 1485 年长达 30 年之久的红白玫瑰战争。

战争对英格兰各地区、各行业影响不平衡，其中南部沿海地区频频遭受法国军队的突袭侵扰，破坏甚重。1338 年，法军袭击南安普敦（Southampton），劫掠使得许多居民一贫如洗，并致港口贸易停滞了整整一年。但英格兰南部和中部地区并没有遭受入侵者的占领或破坏。这是英国土地最肥沃、人口最兴旺的地区，无疑有助于英国王室有效地调动其各种资源，打一场旷日持久的大陆战争。除在不同前线直接参加战斗的军人外，还有很多人员从事军队运输和各种服务工作。因此，实际上卷入战争的人员规模要大得多，在战争最紧张时期，大概有 10% 的成年男性以某种形式受雇从事军事服务活动[②]战争对经济行业的影响也是不可一概而论的。如果说呢绒行业是大大的受益者，那么羊毛出口商则遭受了巨大损失；除羊毛出口贸易下降外，英格兰同欧陆加斯科尼地区的酒类贸易也遭受了严重损失。这都是百年战争的一个“直接后果”[③]。总的说来，百年战争的失败不仅使英国失去了大陆领地，还损失了大量人

① Michael Jones, 2008: *The New Cambridge Medieval History*, *Volume VI*,, *c. 1300 – c. 1415*, Cambridge: Cambridge University Press, p. 284.

② Michael Jones, 2008: *The New Cambridge Medieval History*, *Volume VI*,, *c. 1300 – c. 1415*, Cambridge: Cambridge University Press, p. 281.

③ May McKisack, 1976: *The Oxford History of England*, *the Fourteenth Century* (*1307 – 1399*), Oxford University Press, p. 150.

员和物质财富，对英国自14世纪晚期以来和整个15世纪的经济衰退负有不可推卸的责任。当然客观上，也在相当程度上促成了英国经济结构和产业结构的变化，推动了民族工业——呢绒纺织业的兴起。

15世纪时王室干预经济的行为更为活跃。在1403年的一项法令里，羊毛跻身于“英格兰疆域内最最重要的商品”之列，王室继续执行禁止羊毛出口政策；1410年，我们发现，曾经在国外占有广阔市场的“沃斯特德”呢绒由于生产者和销售商的欺诈行为，结果遭到全面抵制。弗莱芒商人在港口要求检查所有的沃斯特德呢绒。面对海外需求量下降，英格兰各级当局采取应对措施。1442年，诺里奇市政要求沃斯特德呢绒织工每年选举四名市监督吏（warden）、两名郡督吏监督检查该行业。1455年，禁止丝织品进口以保护本国的制造业，尤其是爱德华四世采取了许多保护纺织工业的措施；1463年，禁止外国人输出羊毛；1464年，限制大陆呢绒进口。①

在1463年法令颁布前，爱德华国王先发表了一个声明以期得到良好反响，“在英国领土范围内，主要的、基本的货物就是不断增多的羊毛”，在不远的将来，“足够多的羊毛可以被继续留在国内，从而有效、合理地为纺织工人的就业服务”。在接下来的数年里，政府继续对羊毛、纱线和粗绒的出口进行管制，也禁止出口商预先购买羊毛剪。不过，政府和市政当局的上述措施并未在全国产生普遍积极效果。因为我们发现，30年后的1473年，英国某些呢绒品类不仅在海外已经声名狼藉，甚至在国内也很少有人问津，结果有的地区不得不大量进口外国呢绒。

1463年和1484年法令规定，禁止丝绸进口，禁止帽子、呢绒、精细纺织品、筛子、网球和火锅、祝圣铃、彩色肖像和圣水钵等物品进口。当然实际上，这些法令执行期限较短，也没有产生显著效果，不过它表明手工业生产者的利益和呼声得到政府的关注，在一定条件下，这些阶层的要求能够转变为议会或政府的经济政策，各种外国制成品进口管制无疑会促进英国国内相关手工业生产，扩大手工业产品市场需求，从而对其所从事的各种行业产生有利影响。

总的说来，英国15世纪的经济政策基本沿袭了上个世纪的经济政策，依然对呢绒生产实行保护和鼓励，压制羊毛原料直接出口。200年的呢绒保护政策最终结出了硕果，英国在15世纪末16世纪初变成了一

① 〔比〕亨利·皮朗：《中世纪欧洲经济社会史》，乐文译，上海，上海人民出版社，2001年，第205页。

个呢绒出口大国，“衣披半个欧洲”，呢绒成为国家出口商品中最重要的商品，上文呢绒出口数量剧增即是呢绒取代羊毛的标志之一，除此之外，我们从英国政府的其他行动亦可看出。譬如，1493 年，亨利七世为了对低地国家实行经济制裁，下令禁止呢绒出口，饶有趣味的是国王并不禁止羊毛出口。[①] 可见，羊毛出口对于此时的英国而言，已经处于无关紧要的地位了。

3. 城市资本、技术“回流”进一步促进了农村劳动力转移

当然，其他一些因素也有利于农村纺织业的发展，城市资本、技术在中古晚期向农村转移“回流”，促成了农村呢绒纺织业进一步走向繁荣，从而为农村居民向纺织业流动创造了便利条件。封建晚期英国城镇工业生产向乡村转移的一个首要原因是城市劳动力成本高昂。14、15 世纪城市人口相对稀少，劳动力工资上涨，不利于城市经济参与市场竞争，而乡村农民能够接受低廉工资，因为后者大多兼职从事副业，同时还耕种着一小块园地，饲养着一些家禽、牲畜。显然，降低生产成本对于英国呢绒业参与竞争激烈的国际市场尤为重要。精明的资本家生产商当然不会放过这一有利条件。

其次，城市经济的生产关系受缚于行会政策。从产品质量到种类、数量，从销售的价格到范围、时间，从从业人员的素质到性别、年龄，行会都有详细规定，犯者课以罚款乃至停业。在需求市场较为稳定时期，行会尚可适应环境，当经济社会条件剧烈变动之际，行会僵硬的管理方法使得城市工业无法对变化世界作出迅速反应，工业发展要求打破行会各种规章束缚，而诉诸议会和申请立法既耗费时日又靡费钱财。据中世纪英国议会问题的专家刘新成教授研究，为使有利于本市法案获得通过，城市当局不惜“支付名目繁多的礼金、酬谢费、活动费和贿金”，但“风险性”很大，很多时候不能得到预期效益。[②] 因此，避开行会监督将工业迁往乡村是较为明智的选择。

此外，乡村还是各种手工业生产，尤其是毛纺织业原料产地，就近生产也降低了运输费用，而更重要的是水力资源在乡村，特别是中西部山区非常丰富。作为英国主要的出口商品，呢绒行业由于工序繁杂，涉及纺羊毛（spinning）、织羊毛（weaving）、漂洗（fulling）、扯幅（stretc-

---

① John A. F. Thomson, 1995: *The Transformation of Medieval England 1370 - 1529*, London and New York: Longman, p. 60.

② 刘新成：《英国都铎王朝议会研究》，北京，首都师范大学出版社，1995 年，第 194 ~ 200 页。

hing)、起绒（teazling）、修剪（repairing）等多道加工流程，最后才能投入市场销售，无疑呢绒行业需要大量劳动人手。一般而言，最后的工序是在城镇完成的，城镇严格的行业管理和熟练的技术工人也能够保证呢绒产品的质量。其中，“漂洗”成为呢绒生产过程中最早机械化的工序之一。我们没有英国方面的统计数字，不过低地国家和意大利提供了一些数字可供参考。近来的研究表明，漂洗机“至少增加了3倍的生产率”，琉万（Leuven）和莱顿（Leiden）传统的“足踏漂洗法”（foot fulling）大约占据了产品生产成本的20%，而佛罗伦萨的机械漂洗所占成本仅为5%。[①] 后来，呢绒工业从英格兰东南部转移到西、北地区，从城镇转移到乡村地区，像约克郡西区（West Riding）、科茨沃尔德丘陵地区（Cotswolds）和沿海平原小丘（Mendips）等地，其中重要原因之一即是由于这些地区拥有丰富的水力资源能够驱动“漂洗机”（fulling mills）。

中世纪城市史专家刘景华教授亦对此有详尽、系统的论述，可参看其中相关章节。[②] 因此，城市各种手工业“重返乡村”推动了后者工业生产扩张，从而为农村劳动力向纺织业转移创造了便利条件。不只英国，低地国家亦是如此。J. A. 旺伍特的研究成果表明，在中世纪晚期，欧洲大陆低地国家尼德兰工业在城市、集镇和乡村之间往返迁移。[③] 大概与英国出于同一原因。这样，我们看到，英国最重要的毛纺织工业三大区形成了：西南部地区（包括威尔特郡、德文郡、萨默塞特郡、格洛斯特诸郡），约克郡西区和东盎格里亚地区，这些毛纺织业主要分布于乡村，生产者主要是当地农村居民。

据米勒等人研究，14世纪上半叶，农村存在剩余劳动力的地区，工业生产出现显著增长，主要产品销售也远远超出地方市场。呢绒生产出现了一轮“新的扩张浪潮”，在东盎格里亚、西约克郡（West Yorkshire）、科茨沃尔德丘陵地带、威尔特郡和萨默塞特郡这些地区的村庄和小镇里，到1349年英国本土生产的纺织品不仅“占据了国内部分市场，并在出口中占据越来越大份额”，而在1300年之前英国一直进口纺织品

① Paul E. Szarmach, M. Teresa Tavormina, Joel T. Rosenthal, 1998: *Medieval England: An Encyclopedia*, New York & London: Garland Publishing, Inc., p. 195.

② 刘景华：《城市转型与英国的勃兴》，北京，中国纺织出版社，1994年，第53~67页；刘景华：《西欧中世纪城市新论》，长沙，湖南人民出版社，2000年。

③ 〔法〕费尔南·布罗代尔：《15~18世纪的物质文明、经济和资本主义》第2卷，顾良译，北京，生活·读书·新知三联书店，1993年，第325页。

满足国内市场需求。①

需要注意的是，中世纪晚期农村社会发生了显著变化：许多地区中等农民数量增加，富裕农民数量也增加了，穷苦农民数量则大大减少，绝大多数农民地产规模扩大了。显然，中世纪晚期的农民比两个世纪以前生活水平提高，变得富裕了。我们从下面萨福克郡居民面包和肉类消费变化情况可略见一斑。

表 4－4　1256～1424 年萨福克郡塞奇福德（Sedgeford）收割工人消费食品一览表

年份/食物	1256	1264	1274	1286	1294	1310	1326	1341	1353	1368	1378	1387	1407	1413	1424
面包	41	48	49	47	48	43	39	34	31	19	15	14	17	20	15
肉类	4	4	7	14	8	8	11	9	15	25	24	30	28	—	28

资料来源：Christopher Dyer，2000：*Everyday life in Medieval England*，Hambledon and London，p. 88。

在这种情况下，劳动力向非农产业转移显然与“贫困”、“生存压力”不存在因果联系，或至少不会像中世纪盛期人口压力对劳动力转移和流动那样产生显著的推动作用。可见，劳动力转移在动力机制上或目标方面已经发生了一定变化，此时更大的转移动力或许源于对行业比较利益差额的追求——畜牧业、纺织业经济收益高于农业种植业领域。

（三）其他非农产业

农奴制的崩溃和瓦解为英国农村人口流动和农业劳动力向非农产业转移提供了历史性机遇。尽管在中古晚期的 14、15 世纪，英格兰农业生产整体上处于衰退和萧条时期，但是许多地区各种非农产业获得显著发展，尤其是畜牧业、呢绒纺织业不仅没有萎缩，而且“有所扩展”②。也正是在农奴制衰落和瓦解的 14、15 世纪，英国农村各种非农产业呈现普遍增长局面。

除养羊业和呢绒纺织业之外，其他乡村产业如林业、酿酒业、食品

---

① Edward Miller and John Hatcher，1995：*Medieval England：Towns，Commerce and Crafts 1086－1348*，Longman Group Limited，p. 410.

② 马洛斯特教授（Malowist）专门考察了 14、15 世纪呢绒业兴起与农业危机的关系，这并非英格兰独有之现象，在低地国家、德意志南部和意大利都存在。在他看来，纺织业的出现也许正是农业效率低造成的结果。F. J. Fisher，2006：*Essays in the Economic and Social History of Tudor and Stuart England*，Cambridge：Cambridge University Press，p. 88.

加工业以及利用当地资源的矿业等，也都开拓和发展起来。其中酿酒行业获得普遍发展，几乎每一个村子都有几个酿酒人。妇女从业者尤多，有时竟被视为妇女的“传统职业”[①]。14 世纪早期的法弗沙姆（Faversham），252 个缴纳塔利税的居民中有 84 人是“啤酒店女老板”（ale - wives），占到纳税人总数的 1/3。在诺里奇，城镇当局对违反卖酒法令者处以罚金，结果该项罚金成为该市“市政收入的一项主要来源”[②]，可见罚金数额之多和酿酒业发展之盛况。食品加工储备不仅在乡村分布广泛，也是城镇里最重要的非农产业之一。据研究，即使在以出口贸易为主导的城市，至少也有 1/4 的城市劳动力从事与衣食住行有关的行业，其中食品储备和加工是最大的非农产业部门，有时直接和间接从业人手竟达到城镇总劳动力的一半以上。从中古直至 16、17 世纪，该行业规模基本保持不变，其地位也不曾被动摇过。在比较小的城镇，譬如温切斯特，从事这个行业的居民则可能接近城镇人口一半。大多数中世纪城镇约有 1/4 ~ 1/3 人手从事该行业，像诺里奇 1525 年和 1569 年都占到 52%。[③]

这一时期的其他非农产业主要有分布在东南海岸从事捕鱼业和航海业的村庄、约克郡西区和诺森伯兰郡沿海地区以及威尔德的采煤和冶铁业村落。此外，在诺福克郡和柴郡一些制盐业村庄也恢复了繁荣，制盐生产规模较以往扩大了许多。锡矿开采是同煤炭一样古老的行业，在中古盛期非常兴旺，其中德文和康沃尔郡雇佣工人一度高达 6000 ~ 8000 人。[④] 黑死病对英格兰锡业生产的影响几乎是灾难性的，在经过许多衰退和停滞之后，14 世纪 80 年代晚期，锡行业的生产重新上升，产量仅次于历史最高水平。[⑤] 甚至那些认为经济停滞者也不否认，1349 ~ 1375 年间乡村手工业在持续增长。在英格兰中西部，农村工业在金属和纺织领域的增长发生在斯特拉福郡南部、沃里克郡北部、伍斯特郡北部及科茨沃尔德地区（Cotswold），采矿业在迪恩林区（Forest of Dean）依旧兴

① Hilton, R. H., 1976: *The English Peasantry in the Later Middle Ages*, Oxford University Press, p. 104.

② Edward Miller and John Hatcher, 1995: *Medieval England: Towns, Commerce and Crafts 1086 - 1348*, Longman Group Limited, p. 75.

③ David Nicholas, 2003: *Urban Europe, 1100 - 1700*, New York: Palgrave Macmillan, p. 122.

④ Edward Miller and John Hatcher, 1995: *Medieval England: Towns, Commerce and Crafts 1086 - 1348*, Longman Group Limited, p. 66.

⑤ Hatcher, J., 1984: *Plague, Population and the English Economy 1348 - 1530*, Macmillan Publishers LTD., pp. 34 - 35.

旺。[①] 这些都暗示着农村产业结构在逐渐发生变化，也表明农业劳动力的就业结构不是单一的农业种植业，他们同时在兼职或全职从事许多手工业生产。

各种非农产业获得显著发展的情况在王室政策和法规当中也得到间接证明。正是从14世纪晚期开始，手工业者阶层的社会地位和影响增强，政府开始日益关注各种非农产业发展状况，颁布了越来越多关于手工业管理的各项法规。当然，上述各类非农行业都没有脱离农业生产活动，从事畜牧业的农户没有放弃农业，乃是一手扶犁、一手牧羊，农业收入在农民生活中仍旧占有重要地位。这些非农产业的“农业性”也是与当时较低的农业生产率相适应的，又一次表明了农村劳动力向非农产业转移是一长期、缓慢过程。

三、中古时期的手工业管理

一般说来，中古时期对手工业的管理有两种方式，分为外部管理和内部管理。外部管理主要是王室和议会或城市通过制定一些相应的法规规范手工业生产；内部管理主要体现在手工业者成立自己的组织——行会，行会制定相应的、具有约束力的章程管理本行业生产销售等一应事宜。当然，实际上这两者也难以明确区分开来。在英格兰，行会和市政当局彼此协同工作，较少产生分歧和摩擦，这同欧洲大陆上的情形形成鲜明对比。手工业行会一般都承认商人公会或市政会的主导地位，而后者也在一定程度上保护行会的利益，并利用这些行会组织来管理各个行业。

比较而言，中国在唐宋时期才出现的行会不是工商业者保护自身利益的组织，而是封建政权对工商业者进行统治和征敛的工具。[②] 胡如雷先生称，直至明清之际，我国才真正形成了类似于西方行会的工商业组织，或称会馆、或称公所，或称行、或称帮，有的工商业不分，有的手工业行会则与商业公会已经分开。[③]

① Hilton, R. H., 1976: *The English Peasantry in the Later Middle Ages*, Oxford University Press, pp. 37 – 38.

② 中国最早的行会出现于唐代，已发现的《房山石经》题记中有关于天宝至贞元年间北方行会的记载。

③ 胡如雷：《中国封建社会形态研究》，北京，生活·读书·新知三联书店，1979年，第271页。

（一）王室或政府管理

一般而言，权威政府在中世纪早期基本上是不存在的，像欧洲大陆诸国一样，英格兰政府在不列颠岛也没有系统的行政管理机构或行之有效的权力。中世纪早期的王室或政府不仅是“地方性”的，而且在某种程度上是“私人性”的，在多数地区里，政府的监管经济或同一、连续的经济政策是不存在的……有的学者甚至认为“权力对经济的干预，比领地上的剥夺更低级”，在某种程度上或在某些地区可以说“退化成了掠夺”。[①] 但是，政府另一方面又的确在规范和管理经济生产，影响着经济生活，颁布的各项法规、经济政策也在不断变化。随着向近代的推移，王权和政府的“私人”属性逐渐退化，作为国家和民族代表的“公共权威”属性日渐凸现出来。

从10世纪以来，王权不断努力管制“度量衡”，防止贸易欺诈行为，这些措施无疑有利于城镇和贸易成长。[②] 在议会产生之前，关于诺曼王室或金雀花王室治下的贵族议事会制定的法规、法令和条例，我们没有发现系统的、重要的工商业立法痕迹。12世纪的英格兰王室曾颁发许多特许状，承认和批准手工业行会，可以说这些“特许状”就是王室最早的管理手工业生产的法规。不过，细细考察后，我们发现这些“特许状”被视为王室或政府的税收法令也许更为合适，因为它们的主要目标是确保王室能够从各种手工行业征收稳定的年度赋税，而不是对后者进行控制和管理，当然也就未制定任何关于产品质量、价格管理方面的具体措施。[③] 相应的，一些手工业生产，譬如呢绒行业，从业者只要向王室交纳了规定的费用，就可以垄断在该街区的生产。

1197年，英国王室颁布了‘度量衡法令’（Assize of Measure），规定统一整个英格兰王国的量制，不论“谷物、蔬菜还是其他类似物品”，无论在城市还是在自治市镇售卖，“葡萄酒和麦酒及所有酒类”也都实行一个标准的量制，量具上要铸上“标记”，防止有人伪造。法令卷宗专门用大量篇幅解说、规范羊毛纺织品的尺寸、质量，禁止各种欺骗、造假行径，并规定“每个城市和自治市镇选派4~6人，和郡长一同监督

---

① ［英］M. M. 波斯坦、H. J. 哈巴库克主编：《剑桥欧洲经济史》第3卷，周荣国译，北京，经济科学出版社，2002年，第253页。

② D. M. Palliser, 2000: *The Cambridge Urban History of Britain, Volume I, 600–1540*, Cambridge: Cambridge University Press, p. 125.

③ L. F. Salzmann, 1913: *An Introduction to the Industrial History of Medieval England*, London: Constable and Company LTD., p. 201.

'度量衡法令'执行情况，确保所有商品买卖使用统一量制标准……如果发现有人没有采用法定量具，就将其拘捕监禁，全部动产没收上交给国王……如果监督官吏玩忽职守，他们会受到起诉，其动产交由国王处置"①。法令执行效果显然不能加以夸大，因为各种法规主要由地方法庭和地方法官以及一些有关当事人执行贯彻，难免有地方保护主义行为，而中央政府执行能力较弱，主要关心的是维持稳定的社会秩序、控制物价等问题。

到13世纪，王室对各行业的管理逐渐深入、细化，动机也由"财政税收"向生产、销售方面转移。亨利三世时期，随着城镇增长、富有市民阶层出现，议会登上了历史舞台，这个具有鲜明民族色彩的政治机构逐渐将更多精力投入英伦三岛内部事务，在手工业生产、贸易等方面制定了更多数量的行业法规。尤其是13世纪早期呢绒法令、面包和麦酒法令的公布，标志着金雀花王室和英格兰政府开始在全国范围内管理手工业生产活动。当时政府管理目标主要是对呢绒、面包、酒等多种生活必需品进行"限价"，并对犯禁者处以惩罚。

据记载，1315年2月4日在伦敦召开议会，高级教士、贵族和普通议员商议如何降低物价，因为价格如此昂贵，"普通人几乎无法生活"。于是议会颁布命令，规定各种生活必需品的价格：一头优质肥牛售价为16先令，如以谷物饲养，最高不得超过20先令，一头优质奶牛售价为12先令，两年型肥猪每头40便士，一只剪过毛的肥阉羊售价14便士，未剪过毛的则卖到20便士，一只肥鹅售价2.5便士，一只育肥的阉公鸡为2便士，一只母鸡为1便士，4只鸽子售价1便士，等等。倘若有人违反限价法令，则"罚没货物"上缴国王。② 从这张详细的价目表上，可看到政府的确很重视物价管理。那么，对违反法令者如何惩处呢？伦敦城在第二年就提供了一个违反"面包法令"（Assize of Bread）的例子，违法犯禁者还不是普通居民，而是爱德华二世的儿子。

1316年，即爱德华二世在位的第九年，圣十字架诞辰节的前一个星期六，国王的儿子——拉夫伯勒的理查德（Richard of Loughborough）因"一块劣质普通面包"遭到传唤，理查德辩护说他是从萨瑟克区（Southwark）的某个烤面包匠处购买的，这块劣质面包不是他烤的，因为他不

---

① H. E. S. Fisher and A. R. J. Jurica, 1977: *Documents in English Economic History, England from 1000 to 1760*, London: G. Bell & Sons Ltd., p.467.

② H. E. S. Fisher and A. R. J. Jurica, 1977: *Documents in English Economic History, England from 1000 to 1760*, London: G. Bell & Sons Ltd., p.470.

是烤面包工匠。市长和高级市政官控诉他与面包匠“合谋均分”不法利润，理查德则大叫冤枉，说他既不是合伙人，也没有从中分利，他本人也是上当受骗者。下星期二，法庭组织了陪审团审理此案。伊斯特伍德的约翰（John of Eastwood）以及其他一些人都在陪审员名单上，他们起誓说理查德和上述面包匠是合伙人，一起从中牟利。于是法庭判决将理查德关进囚笼，处面包匠以戴枷示众。[①] 这种处罚案例无论是否具有代表性，都可以看得出与生活必需品有关的上述各类手工业生产、销售获得了王室和政府的高度关注，对其进行限价也就在所难免了。不过总的说来，王室或议会和市政当局对手工业的管理依然比较粗陋，一般仅限于产品质量和商品售价，很少直接介入生产活动。

从 14 世纪 30、40 年代开始，王室或政府对手工业的管理进入了一个新的阶段。爱德华三世认识到了英国呢绒生产的潜在价值和前途，通过制定一系列法规竭尽全力扶持该行业。正是在政府的大力扶持下，呢绒纺织业得到迅速发展，出口量与日俱增，开始了由羊毛出口国向呢绒出口国的转变，以致“衣披半个欧洲”。整个 14 世纪，政府对手工业的管理条例有增无减、愈益强化，尤其在黑死病发生后，由于手工业者数量遽然减少，剩余幸存者的劳动力价值不断提高。在这种情况下，英格兰议会颁布了《劳工法令》，强制要求“铁匠、木匠、石匠、船匠、泥瓦匠、皮革工人、裁缝以及其他手工业者的工资不能超过黑死病前三年的标准”，即在手工业生产者的“工资”方面给予管制，此举除了抑制物价上涨、稳定社会秩序外，更主要意图显然是为了保护封建统治阶级的利益。

14 世纪下半叶后，王室和政府对各手工业的管理更加严格，限制更多。大约从 1380 年以来，关于手工业管理方面的法规在法令档案中占据了越来越多的篇幅。无疑，这种严格管制在一定程度上束缚了手工业发展，在维护消费者利益的同时，也在某种程度上损害了从业者的利益。因而，各手工业行会反对政府干预、维护行业利益的呼声也愈来愈高。大部分手工业行会都要求获得政府或王室提供的“令状”保护，实际上一般都是要求政府放纵、不加干涉各手工业的生产和销售活动。

由于各手工业行会大多参与了市政管理，提高了政治地位，在社会上的影响也越来越大，王室和议会无法忽视他们的要求，而提供“令

① H. E. S. Fisher and A. R. J. Jurica, 1977: *Documents in English Economic History, England from 1000 to 1760*, London: G. Bell & Sons Ltd., pp. 470 – 471.

状”或颁赐特许权又可以收到不菲的费用，因此频频作出各种反应，甚至有的政策是前后矛盾的。譬如，雅茅斯发生的“鲱鱼事件”，就是其中很有代表性的一个例子。爱德华三世曾经授予特许权，据此雅茅斯在捕鱼季节垄断东海岸的鲱鱼销售，结果造成市场上鲱鱼价格飞涨。在这种情况下，消费者的利益有时不可避免会遭到侵害，故而他们也采取行动，要求政府保护。在社会各方面的压力下国王被迫取消了这项特权法令。雅茅斯人立刻私下进行活动，在1378年恢复了他们的垄断鲱鱼销售特权，然而消费者再一次向王室和议会请愿申诉，于是在1382年雅茅斯人的权利又被取消，直至1385年才最后得以恢复。① 可见，在生产者和消费者之间，王室的立场摇摆不定，政策也并不始终如一。

就生产者而言，议会制定了大量法令加以管理规范，同时也给予保护，这是毫无疑问的。不过另一方面，我们也会看到，议会也颁布更多的法令来保护消费者利益。因为中世纪的手工业者并不像人们想象的那样是一个热爱自己工作、勤勤恳恳的基督徒，他们会利用各种不为人知的肮脏手段和龌龊技巧来侵害顾客的利益。譬如，伦敦的面包匠在为顾客和面时，就在顾客的眼皮底下偷走了一部分面粉，其方法就是在揉面板上开了一个活板门（trap - door），一个男孩子藏蹲在柜台下面，用一器皿将漏下的面粉接住。其他行业也都存在类似欺诈顾客的行为，像将呢绒拉长遮盖瑕疵、将廉价布匹裹在高档呢绒中出售、把质地较差皮革在晚上卖给马虎粗心的顾客等，不一而足。②

在各行业当中，呢绒纺织业的地位是最为重要的，呢绒商在社会上的地位非常显赫，来自呢绒的税收是政府收入的大宗，呢绒行业的兴衰直接影响到政府的财政收入。在16世纪中叶以前，受到议会主要关注的就是呢绒行业。该行业最先受到政府的规范和管理，当然这也同呢绒行业存在的混乱秩序和不良经营行为密切相关。呢绒漂洗过后，必须在张布架上拉伸晾干，适度拉伸是必要的，也是合法的。但在一些地区，漂洗工自己购买尚未加工的呢绒，总是尽量多拉伸出几码。结果，呢绒的牢固度受到很大的损坏，萨里郡（Surrey）、苏塞克斯（Sussex）、汉普郡（Hampshire）生产的吉尔福德呢绒（Guildford cloths）逐渐失掉信誉。西部地区的萨默塞特、格洛斯特、多塞特等郡，呢绒生产者惯于弄虚作假，

① L. F. Salzmann, 1913: *An Introduction to the Industrial History of Medieval England*, London: Constable and Company LTD., p. 203.

② L. F. Salzmann, 1913: *An Introduction to the Industrial History of Medieval England*, London: Constable and Company LTD., p. 204, 150.

将尺寸不符合标准、质量低劣的呢绒都裹叠起来，外面包装上合格产品加以出售。结果，购买此类产品的商人在国外遭到殴打、监禁，甚至被愤怒的顾客杀死，给整个英格兰王国都带来了耻辱。于是在1390年政府规定，呢绒必须铺开售卖。1391年，（王室、议会或市政当局）不得不采取措施挽救“吉尔福德呢绒”的名声，即禁止漂洗工或其他人购买没有加工的呢绒，同时还通过其他法令处罚违法犯科者。

因此，英国西南部诸郡呢绒商的诈骗行为不仅损害了出口商的信誉，而且使英国在海外蒙羞。两年后，“吉尔福德呢绒”的声望亦由于使用不良手段经营而受到严重损害，诺福克郡的“沃斯特德呢绒”（Worsted cloths）早年在欧洲大陆深受欢迎，但到1410年时佛莱芒商人开始对诺福克郡呢绒的质量低劣感到愤怒。结果30年后，即15世纪40年代，国外对沃斯特德呢绒的需求几乎消失了。据时人记载，在1464年，英国呢绒不仅在海外声名狼藉，而且在国内也无人问津，结果不得不大批量进口外国呢绒以满足国内市场需求。直到此时，行会才意识到保持一个高水平的职业道德的重要性，开始同市政当局展开密切合作。王室颁布的各种法令的序言都表明，当权者们其中包括一些富有责任感的生产商，也已经认识到诚实、守法经营才是最好的生产管理方法。

为了推进海外贸易，也为了维持大陆的对法战争，政府甚至不得不采取各种措施。1406年，亨利四世命令将呢绒宽度由5.25码①加宽为6.25码，该命令最后不得不取消，因为这需要全国所有的毛线纺织工全都更换新的织机，显然王室的这道命令有些脱离生产实际。15世纪30年代，英国对法战争逐渐取得优势，但政府财政却日益紧张。1433年，财政署司库拉尔夫·克伦威尔爵士（Ralph, Lord Cromwell）的报告指出，累计债务已经高达160000英镑，而每年收入不足60000英镑。以格洛斯特和贝德福德为首的贵族们围绕着有限的军费，展开了一场关于“战略防御重点是加莱还是诺曼底”问题的争执。15世纪40年代晚期，英国王室财政事实上已经破产。1449年，王室债务和日常开支费用据估算高达372000英镑，而议会一次补贴仅有30000英镑。② 王室财政面临的严重危机，在某种程度上预示着战争的不祥结局。而因战争引起的巨额支出，大概也是王室所料不及的。

在1464年和1465年，爱德华四世实行货币贬值，以此促进呢绒

① 1码 = 3英尺 = 36英寸 ≈ 0.914米。

② Christopher Allmand, 1998: *The New Cambridge Medieval History Volume VII c. 1415 – c. 1500*, Cambridge: Cambridge University Press, p.465, 468.

向欧洲大陆包括西班牙、葡萄牙、加斯科尼和法国北部等地区出口，不过效果并不十分显著，主要对德意志南部的一些商人产生吸引力。德意志商人通过布拉班特集市在安特卫普、梅林斯（Malines，比利时北部城市）和贝亨奥普佐姆（Bergen - op - Zoom）购买英国呢绒。[①] 后来他们以汉萨同盟为依托在英国获取了大量特权，尤其在爱德华四世时期，由于资助国王重掌政权，同盟获得了贸易方面更为"慷慨的条件"[②]。直至16世纪初年，英国的海外呢绒贸易一直主要局限于上述地区和线路。

（二）行会管理

行会在英国很早就出现了。关于行会的起源，自19世纪起史家便提出了各种各样的假设，其中较为著名的有西比尔的"日耳曼氏族"说、梅恩的"原始村民互助兄弟会"说、温泽的"斯堪的纳维亚劫掠同盟"说、威尔达的"异教献祭节或基督教会"说、哈特威格的"法兰克王国牧师联盟"说、布伦塔诺的"家庭"说、科特的"罗马"说和施穆勒的"庄园"说等。在盎格鲁－撒克逊时代，档案中留有关于行会的最早记载，一般认为，7世纪时的英国可能已有行会组织的存在，《伊尼法典》和《阿尔弗雷德法典》中所使用的"gegildan"或"gegildam"，显然是一个较家庭范围为广的团体。[③] 伦敦城还有过治安行会、骑士行会。由于资料所限，这些行会的具体职能、内涵和外延都难以确定，它们同诺曼征服后英国出现的行会是否存在必然联系，我们也不得而知。

随着中世纪城市出现，从12世纪中叶以来，英国行会的数量和影响日渐增长，《不列颠百科全书》说，"12世纪末以前，大部分英国城市都拥有一个领取王室特许状的商人基尔特"[④]。此类行会成为中世纪英国城市的特征之一。到14世纪末时，甚至在英格兰几乎每一个村庄也存在一个行会。由于行会大多参与城镇管理，所以市政机关有时同行会管理合二为一，并行不悖。许多城镇的宪章里就明确规定了工商业活动的各种细致条款。由此推理，在城镇从事同一职业的成员更可能倾向于加入相同的职业组织——行会。不过，早期的多数行会基本上是纯粹的社会组

---

① Richard Britnell, 1997: *The Closing of the Middle Ages, England 1471 - 1529*, pp. 229 - 230.

② 〔美〕詹姆斯·汤普逊：《中世纪晚期欧洲经济社会史》，徐家玲译，北京，商务印书馆，1996年，第229页。

③ 金志霖：《英国行会史》，上海，上海社会科学院出版社，1996年，第5—6页。

④ 《不列颠百科全书》第10卷，第14页，转引自金志霖：《英国行会史》，上海，上海社会科学院出版社，1996年，第29页。

织，“照顾患者，料理死者，供养孤儿寡母”，管理和规范生产的行业经济特征并不突出，其成员来自社会各个行业和不同层次，包括“商人和手工业者，有富人也有穷人，有大人物也有小人物”，似与其成员的职业状况、生产活动没有必然联系。因此，在某种程度上，这种行会类似于庄园和公社组织，也是一种带有多种功能的社会组织，后来才逐渐增添了其他社会组织所没有的行业和经济特征。

莱斯特郡行会卷宗告诉我们，1196 年，该郡许多行会包容了各种职业和行业人员，像“织工、染工、梳毛工、剪毛工、裁缝、袜商、鞣皮工、皮革工、制鞋人、马鞍匠、羊皮纸匠、肥皂匠、医生、布道者、绸布商、金匠、兽医、车工、制桶工、陶工、面包工、厨师、屠户、石匠、木匠、磨坊主、船夫、管子工、搬运工、车把式、马夫”等 30 余种①，可谓包罗广泛，显然在行业和职业上没有排他性，只要是诚实守信之人，有能力缴纳入会费，找到担保人作保履行会员的应尽义务，都可以成为一个行会的正式成员。甚至在中古晚期形成的某些行会组织还具有相当浓厚的宗教色彩。譬如，1378 年伦敦织布工组建了兄弟会，它的规章完全是一个宗教性的章程，根本没有提及其成员的职业状况。

因此，早期的行会更有可能是包含各行各业成员的一种大联合组织，其经济职能并不特别突出，社会管理分工也不细致，是一“既包含贸易成分亦包含制作成分”的综合组织。中古早期行会的经济职能更多地体现在对市场的垄断上，领有王室特许状，其职权范围主要局限在商品交易方面，保护本行会成员利益，反对外来者、陌生人，对后者征收高额通行费。当然，本行会成员是无需缴纳通行费的，尽管本行会成员可能来自不同行业，但基本上都兼具商人身份。所以，A. L. 普尔（A. L. Poole）认为，从本质上讲，“商人基尔特”（gild merchant）是一种市场型的行会组织，重在垄断市场而非行业。② 中国行会史专家金志霖先生认为，这是英国行会组织发展的第一个阶段，直至 13 世纪上半叶，是商人行会的全盛时期，以下依次为手工业行会（craft gild）和公会（company）。③ 据统计，总共有 102 座英格兰城市、38 座爱尔兰城市和 30 座威尔士城市建立过商人基尔特。

---

① Austin Lane Poole, D. Litt., 1986: *From Domesday Book to Magna Carta, 1087 – 1216*, Oxford: Clarendon Press, p. 74.

② Austin Lane Poole, D. Litt., 1986: *From Domesday Book to Magna Carta, 1087 – 1216*, Oxford: Clarendon Press, p. 75.

③ 金志霖：《英国行会史》，上海，上海社会科学院出版社 1996 年，第 28、72、150 页。

构成

随着生产和分工的发展，行会的职业特征日益鲜明，手工业者结成各类基尔特以维护自身利益。不过，在城镇中占有最重要位置的是那些商业组织像布料商、绸布商、葡萄酒商、金匠、杂货商和鱼商等组成的，而不是手工业生产性组织，后者刚刚开始获得官方认可。因此，从12世纪以来，商人们在大多数城镇都掌握了市政权力。资本家和富有商人建立了商人基尔特或其他类似组织，在城镇牢固地确立了寡头统治地位，从而将手工业行会置于附属地位。在英格兰各地，市镇当局不论是市长、市议会还是商人行会，都能够对诸手工业行会实行强制管理，而这些手工业行会所制定的行业内部管理条例也只有被市政会认可、接受后才是合法有效的。从13世纪下半叶开始，英格兰的手工业行业组织发生转变，不仅变得商业化，而且政治色彩日渐明显，尤其是伦敦的手工业行会组织，对市政管理跃跃欲试。1328年，伦敦有25个行业组织参与市议会选举，到1377年则增加到51个。[①] 相比之下，欧洲大陆的商人基尔特已经解体，不再对城市议会拥有任何有影响的支配力。

提及市政管理，我们发现，直至13世纪多数较大城镇只有一个市长的政务会（mayor’ council），在14世纪，许多城镇增加了一个市议会（Common Council），其规模大约有市长政务会的两倍，现在市长政务会已被称为“高级市政官议会”（Council of Aldermen）。伦敦的26名高级市政官组成的“市政官法庭”（Court of Aldermen）领导着市政府，而市议会最后则全面接管了财政机关。随着时间推移，市议会成员数量不断增加，16世纪时已经达到200人。[②] 由于手工业行会和商人基尔特的上层成员大多参加了市政会或市议会，所以行会管理在很大程度上就是市政管理，甚至在某些城镇市政机关和行会本身就是同一事物。譬如，许多城镇在选举市政官员时，往往同时选举商人基尔特的管理人员，而且市政官员和基尔特管理者有相当一部分是相互兼职的。

最典型的是1200年伊普斯维奇自治市市议会选举，市政官员人选有2个市镇长官、4个验尸官和12个港口管理人，同时还选出商人基尔特的会长和4名顾问，会长与其3名顾问同僚都是上述港口管理人，剩下的1人则充任一名验尸官。所有的自由市民都要接受商人基尔特的管理。同年王室颁发给格洛斯特市的特许状也有如上类似规定。所以在某种程

① R. H. Hilton, 1992: *English and French Towns in the Feudal Society*, Cambridge: Cambridge University Press, p. 67.

② David Nicholas, 2003: *Urban Europe, 1100 - 1700*, New York: Palgrave Macmillan, p. 101.

度上，城镇当局对手工业生产活动的管理也属于内部管理。当然，此时的商人基尔特组织已经变成城镇的公共管理机关。需要注意的是，一般认为，伦敦、诺里奇和五港市（多佛尔、桑特切、罗木乃、黑斯廷斯和亥斯）属于例外情况，它们基本上没有出现过商人行会组织。

显而易见，英格兰城镇统治阶层在社会构成上多出自商业集团，其经济利益多趋向于商业，当然一些家族也在农业和地产方面进行投资，尤其在中世纪早期，像伦敦的小寡头统治团体在12世纪末之前主要由一些从事地产的家族构成。直至13世纪时，富有的商人家族获得了越来越多的政治声望，而那些古老的地产家族也转而从事商业和货币借贷，商业利益在伦敦统治阶层内部开始占据压倒性优势地位，富有商人像葡萄酒商、绸布商等都逐渐通过基尔特主导了伦敦政坛。此种格局在14世纪、15世纪不曾有大的改变。

除首都外，英国其他许多地方省城管理阶层的构成也大致如此，只不过某些城镇中地产贵族的统治维持更长久一些而已。像约克市和贝弗雷市的地产贵族直至14世纪60年代还保持统治地位，而在科尔切斯特（Colchester），教士和地主在市政府的地位则在14世纪中叶就已经被从事海外贸易的商人取而代之。相形之下，欧陆法国城市从首都巴黎到地方省城，市民统治阶层则越来越政治化和官僚化，最后完全融入王权的官僚集权体制中。看来，17世纪的伦敦成为英国资产阶级革命的中心并不是偶然现象。也许，正是英格兰城市中这些商业精英集团的存在，英国才率先实现了从封建主义向资本主义过渡。

管理

“商人基尔特”主要严格控制手工业者从事商品的零售贸易，倡导所谓的“一人一行”，从而保证中间商的利益。在自治城镇市场从事交易活动而无须交纳任何租税，这是商人基尔特成员的一种特权，当然具有市民地位的人也有这种权利，其他人则需通过加入行业组织或货币购买取得自由交易权利，经济成本自然非常高昂。所以许多大城镇的居民并不是“自由”的，他们不能自由地从事商品交换活动。在13世纪晚期的伦敦，拥有此种权利的这部分居民约占城市人口的2/3，牛津则为1/2，埃克塞特则超过了3/4。[①] 对于各种非法的零售行为，城镇当局都给予起诉，对当事人实行监禁、罚款等处罚。

① R. H. Hilton, 1992: *English and French Towns in the Feudal Society*, Cambridge: Cambridge University Press, pp. 92–93.

当呢绒行业落入拥有雄厚资本的大呢绒商手中时，市政当局发现有必要制定法规，一方面确保工人能够诚实工作，不偷窃羊毛原料，另一方面确保主人不会（通过付给食物或商品报酬而）欺压梳毛工和纺毛工，也不会使用假秤欺骗妇女，例如 1 斯通（stone）原本是 5 磅羊毛，有的梳毛商却让女工梳毛 7.5 磅。[①] 实际上，全国各地的市政当局常常处于进退两难境地：一方面，不得不限制织工数量，结果使得商品成本上升；另一方面，（如对织工从业者不加限制）又会有生产质量、工艺水平下滑的风险，使得城镇声誉蒙受污名。因为这些擅自私下纺织的织工常常没什么技术水平，也没有经过学徒训练期，而且她们使用大量质地低劣的原料，还买一些不法来源的羊毛和线头、绒边，织出的呢绒成品质量当然不会很高。

为了保证生产质量，布里斯托尔规定，所有的织机必须陈列于临街的作坊和房间，在公众的视野之下从事呢绒纺织工作，如果将织机安置在地窖或楼上，则要进行罚款。出于同样理由，市政当局禁止织工在晚上纺织。各行业通常都规定：禁止夜晚或天黑后工作，主要理由是没有人在夜晚工作能像白天一样规范标准。当然各行业还有一些额外具体的理由，很多行业夜晚工作会扰乱居民休息，这在冶铁行业是显著的例子，很可能是导致 1398 年议会颁布法令的一个重要原因。法令规定：皮革工人在晚上工作时不能使用锤子、刀子、剪子或锉刀，实际上就等于禁止夜间工作了。

温切斯特只允许为了庆祝圣诞节活动，在节日即将到来的几天里可以晚上工作。1320 年，伦敦法官进一步补充完善该法规，勒令织工行会禁止其成员在夜晚点蜡烛工作，并在圣诞节和圣烛节（2 月 2 日）之间实施强制休假制度。伦敦当局还规定，坎德维克大街（Candlewick Street，现名 Cannon Street）生产的粗糙廉价呢绒，工期不得少于 4 天，尽管两三天即可完工。[②] 由于上述规定，以及进入基尔特受到各种限制，伦敦城里的织机在 30 年里从 380 架削减到 80 架，呢绒售价则相应上涨了。

管制价格是基尔特管理的基本内容之一。尤其是食品价格，更是基尔特和市政当局乃至政府管理的重点内容。各地基尔特和市政当局不断

① L. F. Salzmann, 1913: *An Introduction to the Industrial History of Medieval England*, London: Constable and Company LTD., p. 149.

② L. F. Salzmann, 1913: *An Introduction to the Industrial History of Medieval England*, London: Constable and Company LTD., pp. 151 – 152.

采取措施，防止人为原因造成食品、玉米、鱼、肉等物价上涨，因为食品价格的变动，即便“上涨一点”、不很显著，也会造成许多城市居民陷于饥馑之地，继而引发城市骚乱。囤积居奇者通常被视为恶棍而受到市政当局的严惩。各地法庭的大量诉讼记录证实了这一点。例如1306年，一名妇女被发现在城外的萨瑟克区“囤积母鸡和阉鸡”，于是被判处监禁，继而“罚款40便士”。同年，11名家禽贩子被拘捕，罪名是“在寄宿处囤积鸽子、母鸡、阉鸡、小母鸡、鸡蛋和干酪”。1338年，两名女商贩和6名男性被控“垄断谷物市场”，在缴纳罚金之前，除一名妇女外，其余全部被处以监禁。1373年，有一人囤积3000枚鸡蛋，结果被“罚没”，低价公开销售。[①] 诺里奇、考文垂等其他城镇民事法庭也受理了许多诉讼，都是一些商贩囤积谷物、鸡、鱼等其他食品物资、或者高价售卖食品的类似案子，处罚措施同样都很严格。

1320年，伦敦织工基尔特强迫其成员在圣诞节和圣烛节（2月2日）之间休假，以此限制生产规模来保持呢绒价格稳定。1355年，议会干预并压低铁制品价格，禁止铁器出口，同时授权劳工法官惩罚那些高价售卖者。城镇地方当局的规定和信条是：手工业者应该满足合理的利润，不能利用邻居的日常需求为自己牟利。譬如，伦敦在1362年遭到巨大风暴袭击，造成严重损失，结果砖瓦需求量陡然上升，但市政当局命令砖瓦商继续生产并按照平常价格出售产品，不得擅自提高价格。即便是正常的“贱进贵出”做法，中世纪时期的人们也不认为是合理现象。譬如，制作蜡像这样具有艺术性的劳动，如果蜡的价格是每磅6便士，那么制成蜡像以每磅2先令（24便士）的价格出售，也会激起民众的愤慨，被人们认为是一种耻辱。1432年，市政当局命令制造商销售蜡像时，蜡像售价不能超出每磅蜡通行价格的3便士以上。[②]

如果由此认为行会管理的主要目的是为了保护公众利益，则严重误解了行会。市政当局和行会管理的首要目标之一“保护某个特定阶层利益”，即城镇里的上层人士像商人基尔特成员、享有特权的手工业者和市民阶层，上述这些人从来只是城镇里一小部分居民。因此，行会政策向来是以“牺牲非市民阶层”、城镇“外部居民”尤其是“农村工商业者”

---

① R. H. Hilton, 1992: *English and French Towns in the Feudal Society*, Cambridge: Cambridge University Press, p. 80.

② L. F. Salzmann, 1913: *An Introduction to the Industrial History of Medieval England*, London: Constable and Company LTD., pp. 208 - 210.

利益为前提来保护特权阶层的。[①] 对此我们要有清醒的认识，行会政策具有十分鲜明的等级性。

市政当局和行会也对工资、工时进行管理。中世纪的工资按照两种规则给付：计件和计时。1496 年议会规定，手工业者工作时间在 14 小时左右，除去早餐、午餐和休息时间外，纯劳动时间在 12 小时。14 世纪末，伦敦铁匠通常从黎明工作到晚上 9 点，冬季 11 月、12 月和 1 月劳动时间稍短，从上午 6 点工作到晚上 8 点。1496 年，考文垂的制帽行会规定，帮工们的工作时间从上午 6 点到晚上 6 点，在 1520 年工时增加，冬季从上午 6 点工作到晚上 7 点，夏季从上午 5 点工作到晚上 7 点。中世纪的经济学者看来接受了罗斯金的理论，即在同一种行业某一部门从事工作的全体成员应该享受同等的报酬。其结果是，优秀的工人受雇机会更多。

不过，我们不要误以为中世纪的手工业者终日在这样漫长辛苦的状态下劳动，其实他们的休息时间很多。所有的星期日、节日以及数不清的地方节庆日，像奉献教堂的典礼日，都不准工作；在星期六的劳动和准备节庆日的工作通常在 4 点或更早就停止。这样算来，手工业者在一年中的劳动时间并不是很多，相反，在一些时候还处于一种闲置和失业的状态，结果使某些行业的帮工们生计困难而出现骚动。所以在 1490 年，诺里奇市一度被迫取消了上述在节假日期间工作禁令，就是因为制鞋业工人的反对。

总的说来，王室和行会在两个不同层面上管理着手工业生产，行会管理从“部门和局部”利益出发，其细微之处甚至已经限制了手工业的发展，而王室和政府的“宏观管理”因政策出发点往往不在行业本身，且重在“事后惩戒”上，故而效果也不尽如人意，不过它也预示着规模大、范围广、措施细致和全面干预的“重商主义”政策即将登上历史前台。[②] 因此，在中古晚期城市化历史上，英格兰的地位和处境不容乐观，城市居民比例仅占总人口的 12% ~14%。而在 15 世纪，经历了数个世纪之久的商业化和城市化进程欧洲的一些地区（尤其是意大利北部和低地国家），平均每三个人就有一个人或更多居住在城市里，欧洲大陆大部分

---

① D. M. Palliser, 2000: *The Cambridge Urban History of Britain, Volume I, 600 – 1540*, Cambridge: Cambridge University Press, pp. 125 – 126.

② “商业”一词在现代用法中仅指流通过程的一个方面，而在重商主义时代其含义要广泛得多，“重商主义政策”不仅重视海外贸易，而且制定了一系列手工业法规来规范生产，体现在“农业保护和工业保护”的紧密结合上。参见李新宽：《论英国重商主义政策的阶段性演讲》，《世界历史》2008 年第 5 期。

地区每五个人当中就有一个人从事工业或贸易为生。① 可见，直至中世纪晚期，英格兰在欧洲城市化舞台上依然处于落后地位。对英国而言，中世纪晚期不仅是衰退和危机时期，也是对旧的发展模式逐渐“打破”的一个过程，是一个新时期的“准备阶段”。国家在都铎王朝时期开始对工商业实行全面保护政策，农村劳动力转移与城市化即将进入一个新的发展阶段。

① Christopher Allmand, 1998: *The New Cambridge Medieval History*, *Volume VII*, *c. 1415 – c. 1500*, Cambridge: Cambridge University Press, p. 113.

第五章　英国农村劳动力转移与城市化的发展时期（一）

——16 世纪的劳动力转移

16 世纪[①]的英格兰走出了经济衰退的低谷，迎来经济全面复苏。政治上，英国在历经百年战争和玫瑰战争的封建无政府状态之后，重新建立了统一、集中的王权，即“新君主制”[②]。这一时期也被史家称为中世纪和近代的“分水岭”，像价格飞扬、海外殖民和宗教改革等“惊人的新闻”事件充斥着历史舞台，让我们透过这些喧嚣的浪花观察一番海洋深处的潜流和暗礁，看一下它们的存在如何影响和制约了历史发展的方向和进程。就劳动力转移而言，16 世纪也是一个重要的分界线。农村社会内部的地域流动依然存在，但内部行业流动较以往更为显著，同时长距离的外部流动也获得了较大发展，地域流动高级表现形式是城市化，行业流动的高级表现形式是工业化。我们将主要分析一下 16 世纪英格兰农村劳动力转移地域流动和行业流动状况，即乡村工业和城市化。

16 世纪是英国历史上城市化和工业发展的一个重要时期，据此，桑巴特认为“整个文明进程中最有意义的事件之一”就是一批城镇人口出现“快速增长”，结果，人口数量达到六位数的大城市出现了。[③] 农村劳

① 在欧洲经济史上，“16 世纪”时限较长，有学者将起始年代定在 15 世纪晚期，因为此时一些地区人口、经济已经显示出恢复征兆，有学者将结束时间定在 17 世纪初 20、30 年代，因为一些地区经济扩张繁荣势头在 17 世纪上半叶依然得以保持，所以许多人称 16 世纪为“大 16 世纪”或“扩大的 16 世纪”。本书沿用了学界的这种概念，故在阐述 16 世纪劳动力转移与城市化问题时，17 世纪初年的材料、数字多有引用。

② “新君主制”一词最早出现于 19 世纪 70 年代，由辉格派史家提出，始见于格林所撰的《英国人民简史》，沿用至今。参见我国著名史学家戚国淦：《十六世纪中英政治制度比较》，《历史研究》1987 年第 4 期。

③ 〔德〕维尔纳·桑巴特：《奢侈与资本主义》，王燕平、侯小河译，刘北成校，上海，上海人民出版社，2000 年，第 29 页。

动力转移高级形式的出现意味着英国农村劳动力转移迈出了中古初级阶段，进入了“发展时期”。

一、16 世纪英格兰农村劳动力转移的几个特殊因素

（一）人口膨胀与“马尔萨斯陷阱”

英格兰近代早期的婚姻模式——高婚龄、低生育率，还有一部分人保持独身，哈吉奈尔（Hajnal）、L. R. 普尔斯（L. R. Poors）等人称之为独特的“欧洲模式”，具体说来，初婚年龄男性不低于 26 岁，女性不低于 23 岁，终身不婚的人在 10% 左右。[①] 在这种模式下，尤其在 16 世纪中叶以后，人口的增长和生育受到人为的控制。也有学者认为西欧的人口控制产生于中世纪盛期，美国历史学家罗素甚至认为，人口控制承自古代。尽管时间有异，多数学者认为人口控制机制最迟在 16 世纪后已经形成，人口盲目增长现象开始得到控制，对欧洲社会发展产生了积极影响。如英国历史学家 J. D. 钱伯斯（J. D. Chambers）认为，人口增长缓慢、人均资源水平较高，从而为经济起飞奠定了基础，同时导致社会建立了一种以独立个体家庭为基础的社会制度。[②] 因此，这种婚姻模式至少提供了欧洲经济起飞的部分原因。直至 18 世纪中叶，这种低增长的人口模式才发生显著变化。圣安德鲁斯大学人口史专家 R. A. 休斯顿（R. A. Houston）甚至认为，英国这种通过调节婚育水平来平衡人口与资源关系的方式，在欧洲是“独一无二”[③] 的。我们不否认这种婚姻模式在西欧广大地区不同程度存在着，在一定程度上反映了历史实际状况，但它并不是在任何时期、任何国家都始终占据主导地位的婚姻模式。英国 16 世纪的人口增长特点就对上述观点提出挑战。

---

① 理查德·M. 史密斯（Richard M. Smith）通过更为翔实的庄园卷宗材料证实这种模式符合英国大多数阶层的婚姻特点。只有两个特例不符合该模式，一是伍斯特郡黑尔斯欧文（Halesowen）庄园，另一个是精英阶层婚姻，他们的初婚年龄比较低，属于“非欧婚姻模式”。Peter Fleming, 2001: *Family and Household in Medieval England*, Palgrave, pp. 19 – 20; Paul E. Szarmach, M. Teresa Tavormina, Joel T. Rosenthal, 1998: *Medieval England: An Encyclopedia*, New York & London: Garland Publishing, Inc., p. 607.

② Chambers, J. D., 1972: *Population, Economy and Society in Pre – industrial England*, Oxford University Press, p. 58.

③ R. A. Houston, 1995: *The Population History of Britain and Ireland 1500 – 1750*, Cambridge University Press, p. 80.

16世纪英格兰人口增长很快，在不到一个世纪的时间里（大约80年）就增长了170万，而此后在1600~1750年间150年中才增长了160万。[①]实际上，人口在1470~1520年之间某点上开始增长，在16世纪第二个25年时，人口增长明显加快了，食品价格急剧上涨，实际工资已经降低了1/3。16世纪40、50年代汇编的最早的教区登记簿表明，当时人口出生率非常之高，人口年增长率达到1%即10‰左右，因此，英国人口史家哈彻尔认为，基本上接近于典型的“非欧生育”模式——婚龄低、结婚率高、出生率高。这种模式以古代中国和印度为典型代表。其实具体分析古代中国的人口增长模式，也是同西方学者所理解的存在差异的。

中国早婚现象自秦汉以来确实相当普遍，但在古代中国并不完全实行早婚，“二十曰弱冠，三十曰壮，有室”，“媒氏掌万民之判，令男三十而娶，女二十而嫁”。因此，在先秦，一般以男子30岁、女子20岁为初婚年龄，那时并未流行早婚制。自战国秦汉起，婚龄才逐渐提前。《韩非子》中曾提到齐国齐桓公下令，“男二十而室，女十五而嫁”。到汉代时女子十几岁时成婚愈来愈普遍，汉惠帝规定，女子法定结婚年龄为15岁，15~30岁不结婚者分五等罚税。

另一方面，我们还要看到，早婚的风习主要流行于地主阶级家庭，一般劳动民众由于经济条件限制，不少人被迫晚婚，有的甚至保持独身。决定人们婚姻和生育行为的最根本因素是社会经济条件，是人口与资源的配置状况和生产发展程度。中国传统社会人口之所以能得到高度发展，关键还在于中国古代社会经济的高度发展，在于中国的劳动密集型经济、集约化农业得到了较高程度发展。集约化农业对劳动力投入有较大需求，助长了早婚、多育的婚姻和生育行为，推动人口不断增长。同时集约化农业在外延（地域）上的扩张、内涵（单位面积产量）上的提高，使总产量不断增长，也为人口增长提供了物质保障。

英国统计学家米切尔为我们提供了16世纪部分年代英格兰人口增长的具体数字，可参见表5-1。

表5-1 1541~1651年间不列颠人口变化一般趋势 （单位：千人）

人口	2774	3011	2085	3271	3598	3899	4110	4416	4693	4893	5092	5228
年代	1541	1551	1561	1571	1581	1591	1601	1611	1621	1631	1641	1651

资料来源：转引自陈曦文：《英国16世纪经济变革和政策研究》，北京，首都师范大

① E. A. Wrigley, 1992: *People, Cities and Wealth: The Transformation of Traditional Society*, Blackwell, p. 170.

学出版社,1995 年,第 19 页。

为了更直观观察 16 世纪英国人口变化,我们将上表数据绘制成图表,参见图 5-1。

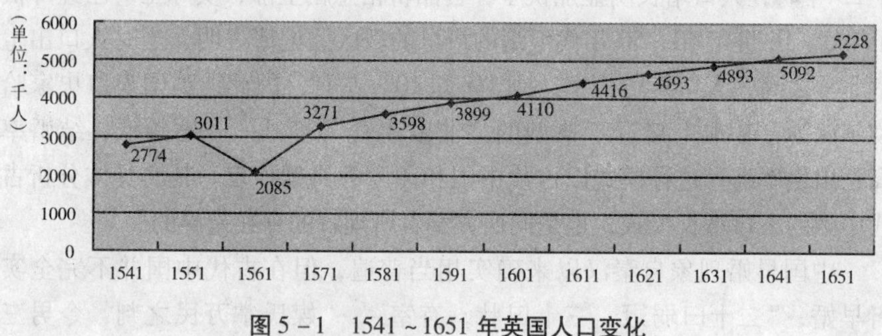

图 5-1 1541~1651 年英国人口变化

由图 5-1 可见,在 15 世纪晚期 16 世纪早期时,英格兰人口数量大约在 225 万~275 万人之间。16 世纪中叶时,人口增长到 301 万,10 年后(1561 年)又降为 208 万人,这表明所谓的 16 世纪"人口膨胀"状况在上半叶并不存在,从 16 世纪下半叶人口才显著持续增加,在大约半个世纪的时间里从 1551 年的 301 万人增加到 1601 年的 410 万人,1641 年时人口超过 500 万,1651 年后人口基本上处于停滞状态,在 500 万边缘上徘徊。这意味着"16 世纪人口扩张"延伸至 17 世纪上半叶方告结束。这也是一个农业生产、工业产量、贸易、地租和收入全面增长时期,同时伴随着持续的人口增长和城市化的时期。① 英格兰人口已经恢复到黑死病前夕的数量,结果在 1500~1620 年之间,英格兰和威尔士的人口几乎增长了一倍,从 250 万~300 万增加到 500 万,农村劳动力队伍急剧膨胀。

可见,英格兰刚刚摆脱 15 世纪劳动力短缺的掣肘,又掉进了 16 世纪所谓的马尔萨斯"人口陷阱",人口和婚姻的"欧洲模式"显然并不符合 16 世纪尤其是 16 世纪中叶后英国的社会现实。由此亦可证明,近代早期的英格兰人口模式并非如某些学者所认为"在 14 世纪已经成功逃脱了"传统农业社会的"危机模式"②,恰恰相反,它同其他农业民族一样完全印证了这种模式,人口发展模式与社会经济发展并没有形成良性互动的关系。

① 〔美〕罗伯特·S. 杜普莱西斯:《近代欧洲早期向资本主义的过渡》,剑桥大学出版社,1997 年,第 47 页。

② 农业社会的人口模式被称为"危机模式",主要表征是人口增长十分迅速,然后由战争、饥荒或瘟疫削减人口,人口重新在低水平增长,开始下一个运行周期,如此周而复始。Macfarlane, Alan, 1978: *The Origins of English Individualism: The Family Property and Social Transition*, Oxford: Wiley - Blackwell, p. 4.

就个体家庭而言，婚姻和生育很可能有计划、符合各自的社会地位和经济条件，但从整个社会来看，人口增长和发展则是自发的、无序的，不存在社会调控机制。当然，上层社会和下层穷人具有不同的生育模式。在1500～1630年间，一份伊丽莎白时期关于诺里奇450家穷人的统计表明，平均每家只有2.2个孩子，相比之下，诺里奇和埃克塞特的富裕商人平均每家有4.25～4.7个孩子。同样的差异也存在于农村。①

16世纪人口恢复原因很多，一方面是疫病数量减少、死亡率大大降低，另一方面也是人口出生率升高的结果。在许多情况下，小农和无地无产者急速涌现很可能来自家庭工业的扩展及其生育模式，乡村工业的发展打破了传统农村中原有的人口控制机制，有利于居民早婚多育，从而刺激了人口增长。工业部门人口迅速增加，从而降低了整个社会的初婚年龄。一旦乡村工业在一个地区得到发展，从业人口经济状况改善，随之而来的就是婚龄下降、结婚率升高。所以，在乡村工业发展地区，当地居民尤其是年轻人易于自立门户，由夫妇和子女组成的核心家庭形式非常普遍，很少出现三代、四代人同居的大家庭。因此，英国农村许多地区出现核心家庭在很大程度上也是非农产业和乡村工业发展的结果，工业化村庄核心家庭数量多，婴儿出生率和人口数量远远超过以生产谷物为主的村落，相形之下，后者不仅经济结构相对单一，人口数量增加也较为缓慢。②

16世纪之后，工业对人口增长作用更加显著，其中工业革命时期是人口增长最为迅速时期，钱伯斯认为这是英格兰人口模式在18世纪晚期发生转变的重要原因。可见，英格兰乡村人口膨胀既创造了劳动力向乡村工业转移的前提，同时也是农村人口向非农产业转移的行业流动后果。16世纪劳动力转移与城市化正是在人口膨胀背景下发生的，乡村日渐增多的人口使得城镇获得了稳固丰富的移民来源，造成人口大量迁移，从而推动着城市化进程。譬如，正是由于移民数量充足，埃克塞特城市人口显著增加，从1377年的3000人增加到16世纪20年代的7000人，从而一跃而成为英格兰第四大省城。在多数城镇，其移民的2/3来自城镇周围20英里范围内，其中女性移民大概是男性的两倍。

---

① Lawrence Stone, 1966: "Social Mobility in England, 1500－1700", *Past and Present*, No. 33, p. 40.

② 克里德特考察了诺丁汉郡62个农业村庄和40个乡村工业村庄在1674～1801年间的人口增长率，证实这一结论。见 Peter Kriedte, Hans Medick, Jurgen Schlumbohm, 1981: *Industrialization before Industrialization: Rural Industry in the Genesis of Capitalism*, Cambridge University Press, pp. 64－65；王渊明：《历史视野中的人口与现代化》，杭州，浙江人民出版社，1995年，第130页。

农村女性移民数量多于男性，年轻女性尤多，这主要同农村家庭财产继承制度存在重要关系。一般说来，农户家产很少传给女性，多传给长子或幼子，这就减少了女性留在当地的机率。另外，按农村惯例保护寡妇的权益，寡妇可获得家产的1/3甚至一半，有的庄园规定，妇女在寡居期间可持有整块份地，直至再婚，而年轻未婚女性则无此相关权利，大概这是造成年轻女性频繁流动的原因之一。[①]

此外，据泽尔考证，16世纪城镇居民雇用女仆非常普遍，很多富有家庭甚至包括普通中等家庭至少雇有一名居家女仆，其中肯特郡威尔德地区的斯泰普尔赫斯特（Staplehurst）教区中114个家庭里有63户雇有仆人，约占55%，克兰布鲁克（Cranbrook）教区大约也有近40%居民家里住有与主人前名不同的人，他们很可能是仆人，也可能是学徒或帮工，在教区的登记簿上没有体现出什么不同。许多仆人往往就是主人家里的亲属。农村也是如此，比较穷的坎特伯雷郊区在1563年亦有27%的家庭有仆人，剑桥在17世纪20年代时是35%，在埃塞克斯郡的罗姆福德（Romford）比例接近40%。[②] 像16世纪早期在诺里奇市登记的新学徒有3/4来自诺福克，只有17%来自东盎格里亚地区之外。[③]

可见，在近代早期，英格兰中古时期的农村人口流动模式亦未发生显著改变，印证了法国著名史学家勒高夫"一个扩大的中世纪"的结论，这在某种程度上也符合英国史学家克里斯托弗·戴尔的判断：中世纪晚期的英国社会不是一个社会转型时期，某些原有的社会特征一直持续到16世纪上半叶甚至到17世纪。[④] 从这个意义上说，农村劳动力转移与城市化毋庸置疑是一个"长时段"的历史运动。无论如何，16世纪人口膨胀无疑是劳动力转移与城市化获得快速发展的一个重要原因，当然也是推动16世纪物价不断上涨的重要原因，萨里大学的玛格丽特·斯普福特将人口增加称为"16世纪价格上涨的发动机"[⑤]，其实物价上涨的最直接因素是农业生产连续歉收，歉收又是由于16世纪晚期气候恶化、夏季变短变湿，结果造成农作物生长光照不足、生长周期不足，粮食产量下降是必然的。谷物供应减少了，而需求却由于人口增加大幅上升，则

① Peter Fleming, 2001: *Family and Household in Medieval England*, Palgrave, pp. 42 – 43.

② Michael Zell, 2004: *Industry in the Countryside: Wealden Society in the Sixteen Century*, Cambridge University Press, pp. 79 – 80.

③ David Nicholas, 2003: *Urban Europe, 1100 – 1700*, New York: Palgrave Macmillan, p. 43.

④ Christopher Dyer, 2005: *An Age of Transition? Economy and Society in England in the Later Middle Ages*, Oxford: Clarendon Press, p. 7, 40.

⑤ Margaret Spufford, 2000: *Contrasting Communities, English Villagers in the Sixteenth and Seventeenth Centuries*, Sutton Publishing, p. 166.

"价格革命"的发生就在所难免了。许多小土地所有者被迫卖掉耕地，其中相当一部分辗转迁移到城市讨生活。在此意义上，我们认同维尔纳·桑巴特的观点——"正是消费的集中带动了城市的早期发展"，大城市尤其如此[①]，这在一定程度上也是与马克思关于城市发展理论相吻合的，即城市本身体现了"人口、生产工具、资本、享乐和需求"[②] 的集中。

（二）16 世纪农村劳动力转移中的"推动"因素——圈地运动

农业人口是一个相对静止的群体，农业劳动力无论在地域抑或行业间流动程度较之其他非农群体而言都是最小的。当地"家庭团聚的欢乐、熟悉的社区环境和长期形成的社交网络"等都使农民依恋本乡本土，安土重迁，而"流动带来的骨肉分离、陌生的生产生活环境及激烈的竞争压力"等也使得迁移者前途晦暗不明，逡巡不前。[③] 因此，背井离乡的"生存型"移民和主动迁徙、谋求生活地位改善的"发展型"移民只是农村人口中的一小部分，大部分农民依然固守家园，从事着祖祖辈辈不变的职业。迈克尔·泽尔通过考察 16 世纪乡村工业比较兴旺的肯特郡威尔德地区，发现该区尽管人口流动性很大，但迁移路程很短，居民绝大多数依然在本郡内部的各个教区之间往返，流动半径如数百年前一样保持在 10 ~ 20 英里之内。[④] 农村社会发生的一场变革——圈地运动改变了这种劳动力流动局面，由此英国农村劳动力转移与城市化进入一个新时期。

关于圈地运动对农村经济和人口流动及城市经济的影响，中外学者

---

① 〔德〕维尔纳·桑巴特：《奢侈与资本主义》，王燕平、侯小河译，刘北成校，上海，上海人民出版社，2000 年，第 31、33 页。

② 《马克思恩格斯选集》第 1 卷，《德意志意识形态》，北京，人民出版社，1995 年，第 56 页。

③ 钟水映：《人口流动与社会经济发展》，武汉，武汉大学出版社，2000 年，第 17 页。

④ Michael Zell, 2004: *Industry in the Countryside: Wealden Society in the Sixteen Century*, Cambridge University Press, p. 85.

作了较详尽研究①，大都认为圈地运动造成“大量农民脱离了土地”，许多村庄“荒芜”，出现资本主义大农场和大量无地农业雇工，为城市工业提供了劳动力，城市里流民数量“急剧增多”。马克思在研究资本主义起源问题时，也认为圈地运动加速了“生产者和生产资料相分离”的过程，如此等等，都为我们研究这一阶段农村劳动力转移与城市化现象提供了有益帮助。

作为一种个体和偶然的行为，圈地现象很早就发生了。从14世纪中叶时，一些富裕、积极进取的农民合并、圈围自己的条田，以便于耕作和收割，多数时候征得了邻里的同意，没有引发什么争论和骚动。② 也有一些农民圈围公共牧场，放牧羊群踏坏庄稼，被村民告上法庭，这种状况在庄园法庭卷宗中也常有记载。据记载，1358年12月12日，在约克郡布拉福德（Braford）举行的庄园法庭上，罗杰（Roger）起诉艾丽丝（Alice），她本应该将双方在米克尔顿（Mickleton）的份地之间“圈围”起来，但她没有这样做，结果水牛闯进农田，吃掉了他的庄稼（黑麦和燕麦），造成10先令的损失。但艾丽丝为自己辩护说，负责“圈地”的是罗杰而不是她，于是她要求陪审团审判。陪审团判决如下，罗杰为其过失承担4便士罚金。③ 法庭卷宗中同时还有数起牲畜践踏庄稼的诉讼，当事人都受到不同额度的罚金。从中可以发现，庄园当局和村民们并不反对圈地，相反认为圈地是防止牲畜损坏庄稼、维护他们各自利益的一种有效手段，不过在庄稼收割后要拆除圈围条田的篱笆墙作为公共牧场。

① 耿淡如：《英国圈地运动》，《历史教学》1956年第12期；蒋孟引：《十六世纪英国的圈地狂潮》，《南京大学学报》1963年第2期；郭振铎：《略论英国的圈地运动》，《史学月刊》1981年第1期；李景阳：《略谈英国的圈地运动》，《北方论丛》1981年第2期；陈曦文：《英国都铎王朝早期的圈地运动试析》，《史学集刊》1984年第2期；王乃耀：《英国早期圈地运动》，《北京师范学院学报（社会科学版）》1989年第1期；王章辉：《圈地运动的研究近况及资料》，《世界史研究动态》1984年第5期；王章辉：《欧美农村劳动力转移与城市化》，北京，社会科学文献出版社，1999年；林广、张鸿雁：《成功与代价——中外城市化比较新论》，南京，东南大学出版社，2001年，第6页；〔苏联〕施托克马尔：《十六世纪英国简史》，上海外国语学院编译室译，上海，上海人民出版社，1958年；〔法〕保尔·芒图：《十八世纪产业革命——英国近代大工业初期的概况》，杨人楩、陈希秦等译，北京，商务印书馆，1997年，第142页；G. Slater, 1907: *The English Peasantry and the Enclosure of the Common Fields*, London; Chambers, J. D., 1972: *Population, Economy and Society in Pre-industrial England*, Oxford University Press; G. E. Mingay, 1979: *Enclosure and the Small Farmer in the Age of the Industrial Revolution*, Macmillan Press Ltd.; J. M. Neeson, 1996: *Commoners: Common Right, Enclosure and Social Change in England, 1700-1820*, Cambridge University Press。

② Penry Williams, 1964: Life in the Tudor England, New York: G. P. Putnam's Sons, p. 36.

③ H. E. S. Fisher and A. R. J. Jurica, 1977: *Documents in English Economic History, England from 1000 to 1760*, London: G. Bell & Sons Ltd., p. 20.

敞田制度在缓慢地变化着，并没有造成什么社会动荡。早期圈地的一个典型特征是，无论是支持圈地还是抵制圈地的各种行为主要来自“农民自身”，领主并不是此类事件中的主角，只是偶尔被拉进这种冲突中，当然他们常常保护和偏袒“圈地者”，因为圈地后“地租收入增加了”，领主们的首要目的是“维持良好治安，保护其地租收入”，而不是“促进或阻止变化（指圈地行为）”。[①] 大约从15世纪中叶起，封建领主越来越多地圈围耕地、公地，圈地行为影响扩大了，农民出现请愿、抗议并酿成骚乱和起义。从此，圈地作为一种运动进入了政府视野和官方档案，开始以较大规模出现在历史舞台上。

16世纪时期的圈地形式多种多样：有个人主动积极圈围条田耕地的，获得领主许可或没有征得领主同意，也有采取集体协议圈围土地的，当然并不都变耕地为牧场。有些地主圈地是为了提高土地价值以增加地租收入，有的变耕地为牧场是为了降低劳动成本，用当代人的话来说“没有什么事情比将一块耕地交到一些仆农手里更无利可图，因为主人不能时常监督管理它们”[②]。无论采取何种方式，圈地都会导致土地利用方式的改变，都意味着公地的共有权利消失。“凡是圈地的地方，需要少得多的劳动人手”，其中小农、小屋农、无地者受到打击最为严重。对于他们而言，公地的价值远远超出了圈围之后给予他们的补偿。

对于小屋农而言，圈地之前他是有土地的劳工，圈地之后，他变成了没有土地的劳工，同时也失去了原先所享有的有关使用公地的一切权利。他不能再在公地上割荆豆、挖泥炭，也不可以喂养牲畜。[③] 大多数小屋农根本得不到任何补偿，拥有小屋的主人可以得到一小块菜地，通常在很远的地方。按规定，这一小块菜地要圈围起来。小屋农大多承担不起圈围费用，只好卖掉，所得之钱仅够喝一顿酒而已。[④] 无地者是落魄的外来户，一般说来，居住长达20年者才能享有使用公地的权利，按习惯也可以在公地上放牧。当然，像小屋农一样他们也一无所有了。

因此，圈地使得农村剩余劳动力骤然增加了。我们发现，1560年

---

① Christopher Dyer, 2005: *An Age of Transition? Economy and Society in England in the Later Middle Ages*, Oxford: Clarendon Press, p. 66, 75.

② Joan Thirsk, 1984: *The Rural Economy of England Collected Essays*, The Hambledon Press, p. 71.

③ Hammond, J. L., 1948: *The Village Labourer*, London: Longmans, Green & Company, p. 93, 95.

④ 圈地成本在各地差别很大，多数情况下每亩只有几先令，在18世纪晚期显著升高，在对法战争时期达到顶峰。G. E. Mingay, 1979: *Enclosure and the Small Farmer in the Age of the Industrial Revolution*, Macmillan Publishing, p. 23.

前，只拥有一间茅舍和园地的农村劳动者只有约11%，1640年后，他们的数量增加到40%，没有牲畜的农村人口比例从5%上升到13%。……乡村中最贫困的居民占农民总数的1/3~1/4，无力购买正常年份所必需的事物，许多16世纪编年史家提到，芜菁、葡萄渣、根菜类、花球根类、树叶野草都是饥荒时期仅有的充饥食物；根据16世纪20年代的课税记录，大约有1/3~1/2的人口生活在或接近贫困之中。当时人描绘说："除了蔽体的衣服、干活的工具和几件家具之外，别无财产。"① 此外物价急速攀升，工匠、小屋农、日工们的实际工资购买力减少了50%。② 对于这一时期贫困人口的增加，即"劳苦大众"（the labouring poor）③ 的大幅度上升，圈地运动显然负有主要责任。

随着农业经济结构和耕作制度的变化，英国农村社会人口迅速分化，地主、资本家农场主和劳工三个阶层阵野逐渐分明，同时"季节性"失业现象更加严重。史学家K. D. M. 斯内尔（K. D. M. Snell）研究发现，农民失业状况由圈地前的一年中均匀分布变为集中于每年的冬季，夏秋之后的失业现象明显突殊起来，同时圈地教区的济贫税较敞田地区也大为增加。④ 可见，大部分农村人口的生存压力较以往任何时期都要严重，小农或者移民美洲，或者移民工业城镇，或者沦为日工。贫穷的农村移民潮一波一波，像浪潮一样涌向城镇。生存压力在近代早期依然对劳动力转移和人口流动产生重要影响，贫穷和救济恰在此时成为城市主要关注的社会问题并非偶然现象。前文已述，这一时期移民中贫民数量巨大，需要大量工作和就业机会，但城市生产力并未随农村生产关系变革而发生质的飞跃和提高，传统工业、商业和服务业提供的就业机会是很有限的，这是一种没有工业化同行的"城市化"，单纯的"城市化"

---

① A. L. Beier, 1983: *The Problem of the Poor in Tudor and Early Stuart England*, London, pp. 4-5. 转引自戚国淦：《十六世纪中英政治制度比较》，《历史研究》1987年第4期。

② Sybil M. Jack, 1977: *Trade and Industry in Tudor and Stuart England*, London: George Allen & Unwin Ltd., p. 44；姜守明：《英国前工业社会的贫困问题和社会控制》，《史学月刊》1997年第2期，第79~80页。

③ 武汉大学向荣教授根据欧美学者最新研究成果得出结论，认为英国穷人的贫困程度并不像人们想象的那样严重，16、17世纪的"穷人"（the poor）包括两类：一类是按照生产资料标准，完全或部分失去生产资料、不得不靠出卖劳动力为生的雇佣劳动者，如雇工、茅屋农和仆佣，他们属于"劳苦大众"（the labouring poor），数量的确很多；另一类是按照生活资料标准，需要政府或民间救济才能生存下去的人被称为"贫民"（paupers），这部分人数量不是很多，约占总人口的5%，在经济危机时期可能上升到20%。参见《社会转型时期英国下层民众的贫困程度》，见侯建新主编：《经济—社会史评论》（第一辑），北京，生活·读书·新知三联书店，2005年。

④ K. D. M. Snell, 1985: *Annals of the Laboring Poor—Social Change and Agrarian England, 1660-1900*, Cambridge University Press, p. 140.

不可避免地给城市经济发展和社会稳定带来难题。

因此，圈地运动将农村社会大部分生产者“推出”了土地。据主持“圈地调查委员会”的约翰·黑尔斯（J. Hales）称，原先有1万或1.2万人的地方，现在不到4000人，原先有1000人的现在不到300人。[①] 可见，圈地地区至少一半以上的农业生产者被“推出”了土地。一些地区采取和平的圈地方式，而有些地区采取暴力手段驱逐农民，后一种方式主要发生在英格兰中部平原和附近地区。[②] 尽管圈地面积占英国耕地总的面积的比例不大，但因主要集中于英格兰中部地区数郡之内，实际上占到上述地区耕地的一半甚至更高的比例，致使这一地区的农民生活及其利益受到严重侵害和影响，所以蒋孟引、耿淡如、郭振锋等许多学者强调圈地运动的“暴力”色彩和英国农村居民所遭受的疾苦，有时圈地和村庄的“人口灭绝”几乎成了同义语。[③] 就此而言，托马斯·莫尔“羊吃人”的论断在很大程度上还是符合历史事实的。

因此，史学家克里德特认为：“圈地运动在乡村社会制度上留下了深深的印记。必须寻求某种副业的家庭数量急剧增加了，当公地在私人所有者之间被分割时，失去了主要收入来源的小屋农实际上被迫转入乡村工业。随着英国农村社会分化成地主、佃农和乡村劳工，传统结构完全坍塌了。没有一个地方的乡村工业发展像在英格兰那样，依据市场法则与乡村生产关系的重组同时发生。”[④] 可见，圈地运动剥夺了农村大多数居民依照“习俗和惯例”所享有的权利，摧毁了社会“传统结构”，重组了“乡村生产关系”，所以英国著名史学家G. R. 埃尔顿（G. R. Elton）认为“真正的农业革命”就存在于这种“地权和乡村社会结构发生变化”[⑤]，它迫使乡村居民向乡村工业或城市转移。

---

① 见蒋孟引：《十六世纪英国的圈地狂潮》，《南京大学学报》1963年第2期。

② 盖伊（Gay）根据1517年、1519年、1548年、1566年和1607年官方调查结果得出结论，“整个16世纪共有516000英亩土地受到圈地法令影响，15、16世纪的圈地政策虽然借口因为圈围公地为牧场……从而使乡村人口减少，但绝没有达到像人们常常所断言的那种宏伟程度；……它在重要性上受到限制，在地区范围上也受到限制，它主要只触及英格兰中部地区，就连在这一带也只表现为偶发的性质”。简言之，盖伊认为圈地运动在农村影响有限，但托尼认为，盖伊所利用的统计很不完全，无法解释农民频繁的骚动和起义，圈地运动严重打击了传统的农业组织。见〔法〕保尔·芒图：《十八世纪产业革命——英国近代大工业初期的概况》，杨人楩、陈希秦等译，北京，商务印书馆，1997年，第423页。

③ 耿淡如：《英国圈地运动》，《历史教学》1956年第12期；蒋孟引：《十六世纪英国的圈地狂潮》，《南京大学学报》1963年第2期；郭振锋：《略论英国的圈地运动》，《史学月刊》1981年第1期；蒋孟引：《英国史》，北京，中国社会科学出版社，1988年，第279页。

④ Peter Kriedte, 1981: *Industrialization before Industrialization: Rural Industry in the Genesis of Capitalism*, Cambridge University Press, p. 21.

⑤ G. R. Elton, 1991: *England under Tudors*, New York: Routledge, p. 231.

16世纪正是农业生产力开始大幅度提高时期，化农为牧或实行农场式经营显著地降低了农业劳动力需求。无论圈地采取何种方式，圈地运动实质是农业生产力提高的表现。关于敞田制下农业生产的低效率问题，学者们已经普遍达成共识，像西博姆（Seebohm）、格雷（Gray）、钱伯斯（Chambers）和明盖（Mingay）等人都是如此，人们感到困惑不解的是这种落后的农业生产模式为什么竟会存在了千年之久，答案显然不是生产效率，而是它所坚守的"社会效益"——公平。[①] 在落后的生产条件下，敞田制及其相联系的社会习俗无疑为广大农村居民提供了某种慰藉和希望。随着敞田制的废除，大部分农村人口被迫离开土地，大量安土重迁、固守田园的农民或向城市迁徙或转入乡村工业，归根结底还是生产力提高的结果。因此，农业史专家侯建新说，通过明确耕地的归属和个体所有权，圈地运动打破了中世纪庄园共同体敞田制下的"平均主义"，最终降低了劳动成本，提高了土地价值和农业生产力；[②] 所以，经济史家琼·瑟斯克将圈地定义为"提高土地生产率或利润率的一种方法"，其本质上是农业生产力提高的重要表现[③]，史学家埃尔顿也认为，这是英格兰农村发生的一场土地所有权和生产方式的革命，是一场"真正的农业革命"。当然，敞田制并不是一蹴而就地退出了历史舞台，在中部诸郡开展圈地运动的同时，北部某些地区，如坎伯兰郡还出现了"引入敞田"、"扩大公地"的迹象。[④]

从表象上看，中国古代的土地兼并与英国圈地运动有某种相似之处，官僚地主大量兼并土地，自耕农和佃农纷纷失去土地而变为流民，或涌向城市，或四处流浪。与英国不同的是，他们当中绝大部分并没有变成手工业者和手工工场的工人；元朝和清朝也有"圈地"行为，旗人权贵圈占了大量农田，将之转化成牧场，不过有清一代畜牧业并没有得到较大发展，也未形成农牧混合经济结构，更没有改变封建经济中农业的"本"位。因此，从结果看，英国圈地运动与我国古代的"土地兼并"现象存在本质区别，圈地运动不仅仅是贵族、领主通过超经济强制手段剥夺农民土地等生产资料的一种暴力运动，也是通过经济手段、经济力

① Carl J. Dahlman, 1980: The Open Field System and Beyond: A Property Right Analysis of an Economic Institution, Cambridge University Press, pp. 28 - 29, 31 - 38.

② 侯建新:《社会转型期的西欧与中国》，北京，高等教育出版社，2005年，第280～281页。

③ Joan Thirsk, 1984: "Tudor Enclosures", in *The Rural Economy of England Collected Essays*, The Hambledon Press, p. 71.

④ Carl J. Dahlman, 1980: *The Open Field System and Beyond: A Property Right Analysis of an Economic Institution*, Cambridge University Press, pp. 28 - 29.

量推动的一场经济和社会变革。被“推出”土地的许多农村居民辗转迁移到了大大小小的各类城镇，更多的则利用当地和附近现有的资源转入各种非农行业，他们间或作为雇工受雇于采用资本主义方式经营的各个大农场。简言之，随着圈地运动的发展，英国广大农村经济结构实现了转换，乡村各种非农产业获得蓬勃发展，形成了蔚为壮观的“原工业”浪潮。

总之，圈地既是劳动生产率提高的表现，同时也是生产关系的一种变革。16 世纪农村劳动力转移既是在农业生产力提高、也是在生产关系变革的前提下出现的，原本“蜗牛般”的劳动力转移速度由于农村生产关系的巨变而加快了。

（三）国内贸易对农村劳动力转移的促动

16 世纪农村劳动力转移获得较大进展同国内外贸易带动有着密切关系，不过国外贸易并不是劳动力转移增长的主要原因，就同波罗的海地区各国贸易而言，英国人一直处于入超的不利地位，呢绒出口根本不能支付进口木材所需金属通货。① 英国在海外扩张刚刚开始，海外市场刚刚建立，殖民征服和统治尚未产生预期效果。如我国已故史学家吴于廑先生所言，工商业发展的主要原因还是由英国国内需求增长造成的。② 譬如，据克里斯托弗·戴尔推测，在 1500 年就呢绒交易量而言，国内需求量约有 400 万码，是呢绒出口量的 2 倍。

在整个漫长的 16 世纪，英国人口迅速增长，从 1500 年的 230 万人增加到 1650 年的 550 万人。在伦敦带动下，城市化水平提高了 3 倍（从 3% 到 9%）。1500 年时伦敦是一个拥有 40000 人的中等城市，1650 年时已变成了一个国际性的大都市，拥有 40 万居民，在欧洲仅次于巴黎（拥有 43 万人口）。因此，史学家罗伯特·S. 杜普莱西斯（Robert S. Duplessis）认为，都市膨胀的人口大大增加了对工业制成品的需求，从而拉动了各种非农产业生产。③ 当然，大城市居民数量快速增加还意味着对农产品提出更多需求，而不仅仅是手工业制成品。据约翰·查特斯（John Chartres）统计，伦敦谷物消费无论按食物抑或酿造酒类计算，在 17 世纪从 0.5 百万夸脱增加到 1.3 百万夸脱，以此推算，大概需要 1000

① Sybil M. Jack, 1977: *Trade and Industry in Tudor and Stuart England*, London: George Allen & Unwin Ltd., p. 38.

② 吴于廑主编：《15、16 世纪东西方历史初学集》，武汉，武汉大学出版社，1985 年，第 17 页。

③ Robert S. Duplessis, *Transitions to Capitalism in Early Modern Europe*, p. 112.

~2500平方英里耕地提供农产品，这还不包括居民所消费的牛油、奶酪、鸡蛋等畜产品，也不包括生产生活所需的木材、煤炭等其他原料、燃料。① 同期，伦敦居民日常生活品如床单、衬衫、内衣等制作需要的亚麻进口量也大为增加。所以，里格利（Wrigley）也认为，近代早期伦敦城市的超级膨胀对农产品创造了"集中需求"，这或许是工业革命前引发农业变革和进步的"最重要因素"。②

另一方面，在整个16世纪和17世纪大部分时期，农业收入大为提高，许多农民变成了工业品消费者。可见，不仅城市市场扩大，农村市场也在扩大。吴于廑先生说，一家一户的消费需求固极有限，千家万户之消费需求汇合起来则"蔚为壮观"，尤其约曼以上各阶层物质生活水平有了显著提高。威廉·哈里森和其他学者都提及这一时期城乡居民室内家具增多，屋里房间增加，房舍改造，窗户镶上玻璃，炉灶经过改装以便烧煤；死者遗产清单开列出许多物品：家具、内衣、帐幔、锡餐具等，以至于从15世纪以来直至16世纪被称为"大建设"（the Great Building）时期。

据学者们研究发现，这一时期城乡各地房屋的建筑质量明显提高，越来越多地使用"石板瓦"和"瓷砖"等耐用材料，传统的"茅草屋顶"大多已被放弃。同时房屋的格局和构造也更加舒适和适于居住，其中有的增加了公共活动的"客厅"，将个人起居的"卧室"隔离开来，还出现了"单人套间"；一些农民单辟了"储存谷物和存放工具的仓库"以及"牲口棚"等。像在英格兰东南部地区，乡村还出现了"威尔德式"房屋，即两端分为"上下两层"，中间大厅上方是敞开式的木梁或椽子，设有一个开放式的火炉。在这方面，乡村无疑是受到城镇建筑风格的影响，纷起仿效，不过走在前面的是乡村的富裕农民，而不是土地贵族。经过近五个世纪的风雨后，中世纪晚期这批新建的房屋中在肯特郡还有1/10以上保存下来。据记载，当时木匠等技术工人的日工资达到了有史以来的最高点，平均5便士/日，这也是建筑需求旺盛的一个有力证据。③

因此，不论在城市还是乡村，英国民众的购买力都显著提高了，对

① Peter Clark, 2000: *The Cambridge Urban History of Britain, 1540 – 1840, Volume II*, Cambridge University Press, pp. 173 – 174.

② S. R. Epstein, 2001: *Town and Country in Europe, 1300 – 1800*, Cambridge University Press, p. 8.

③ Christopher Dyer, 2005: *An Age of Transition? Economy and Society in England in the Later Middle Ages*, Oxford: Clarendon Press, pp. 136 – 138, 150 – 154.

包括农产品、工业品在内的各种生产、生活用品需求大大增加，英国国内市场逐步形成并扩大了。当然，归根结底，生产率提高还是得益于农业生产向近代资本主义农业的成功转型。在某种程度上，城乡市场的联结汇通形成了英国初步统一的民族市场，并得到国家政权的保护和扶植。据李新宽博士研究，国家对经济进行了全面控制，呈现出三个显著特点：第一，对经济的干预范围十分广泛，不仅大力促进海外贸易而且制定一系列手工业法规，还将对农业的保护置于同等重要地位；第二，国家权力深入到民众的日常生活，表现在控制物价、1556 年设立粮食管制委员会、1563 年颁布"工匠法令"限定工资额、救济穷人和通过济贫法促进就业等；第三，国家控制经济的措施全面细致，如"布品法规"规定了 22 种毛织品标准，"工匠法令"规定了详细的学徒章程，对呢绒采取检验和盖印、向小商贩颁发执照，具体规定了经营的地域范围和食物品种等；第四，对外贸易实行特许制定，相继成立莫斯科公司、东印度公司等进行开拓贸易和海外殖民。① 简言之，英国正在实施重商主义政策，借助于国家力量在国际舞台上为国内经济发展扫除障碍。

1558 年，托马斯·格雷新创立证券交易所，从此摆脱安特卫普的控制；1597 年，英国政府关闭汉萨同盟在伦敦的商行，取消其特权；1651 年，"航海法令"迫使荷兰接受英国的贸易保护措施，正如年鉴派大史学家费尔南·布罗代尔所认为的那样，英格兰比欧洲任何其他国家都更能"保护其民族市场和新兴工业"②，显而易见，重商主义政策成为政府行动的一面旗帜，由此英国在欧洲率先形成了以伦敦为中心的民族市场，统一的国内民族市场产生巨大的需求无疑会刺激工业生产、商业和对外贸易，尤其是推动英国乡村工业发展的巨大力量。因此，著名经济史家布伦纳认为，英国工业尽管最初受到呢绒出口贸易的促动，但工业生产的持续增长则是建立在"国内市场扩张"基础之上的。③

此外，在整个 16 世纪物价飞升，同英国政府的干预措施也存在密切关系。以离婚案为借口，亨利八世实行了自上而下的宗教改革，重要措施之一是解散在英国存在了千年之久的修道院，大量土地流通到社会上层和一些有经济实力的乡绅手中。经济史家内夫（Nef）本人倾向于认为，此举促进了英国工业发展。一个明显的事实是，许多购买了修道院

---

① 李新宽：《论英国重商主义政策的阶段性演讲》，《世界历史》2008 年第 5 期。

②〔法〕费尔南·布罗代尔：《资本主义论丛》，顾良、张慧君译，北京，中央编译出版社，1997 年，第 112 页。

③ T. H. Aston and C. H. E. Phlipin, 1987: *The Brenner Debate, Agrarian Class Structure and Economic Development in Pre-industrial Europe*, Cambridge University Press, p. 325.

土地的新主人"在原修道院土地上开始采掘煤炭和铁矿石"①。而在亨利八世末年和爱德华六世即位之初，政府两次实施货币贬值，无疑在相当程度上进一步推动价格上涨，在这种经济环境下劳动力供过于求不只是提高了失业率，还降低了实际工资。② 布朗·法尔普斯指数表明许多行业实际工资跌幅达50%，雇主们乐于雇用廉价工人从事像纺织、烧炭、木材加工、金属冶炼等劳动密集型产业。尽管历史学家们关于货币贬值的影响并未取得一致意见，因为价格过快上涨也可能将经济引入低谷，但多数学者普遍认为货币贬值对海外贸易尤其是呢绒出口起到很大促动作用，特别是货币贬值措施实行后的18个月，其间呢绒出口出现繁荣景象，这显然是上述政策驱动的直接后果。③ 因此，随着这些非农行业部门兴旺活跃，其对劳动力的需求量也相对扩张，从而为农村劳动力向工商业和城市流动提供了机会。

二、16世纪英格兰农村劳动力转移的地域流动状况

近代英格兰早期，城市依然不能自己主宰自己的命运，这体现在城市居民的供养和人口数量的增长很大程度上取决于外来移民，因而取决于农村人口的剩余量，取决于农村劳动力转移程度的大小。城市作为市场和分配中心的功能，也建立在农业专业化和腹地消费需求的基础之上，脱离了广大农村的城市是没有发展前途的。但是，农村流动人口在为英国城市发展作出贡献的同时也给后者带来许多棘手的社会问题，农村移民对城市的负面影响日渐凸现，这是英国城市在中世纪早期和中期所不曾面临的新问题。

（一）劳动力向城镇移民类型

主要表现为三种类型：生活改善型移民、维持生计型移民和外国移民。

① Sybil M. Jack, 1977: *Trade and Industry in Tudor and Stuart England*, London: George Allen & Unwin Ltd., p.134.

② 不只是英国采取此类措施，在16世纪中叶以前，因为贵金属的缺乏，欧洲各国都在减轻钱币重量和降低钱币成色。据估算，从9世纪到15世纪，欧洲货币流通总额仅及16世纪末的1/10。只有在16世纪中叶后，由于美洲贵金属大量流入西欧，英国钱币成色才得以恢复，但重量却继续下降，因为此时英国钱币需求量已大大增加。参见辜燮高：《11～17世纪初英国的钱币问题》，《南开大学学报》1956年第3期。

③ Sybil M. Jack, 1977: *Trade and Industry in Tudor and Stuart England*, London: George Allen & Unwin Ltd., p.56.

第一种移民属“改善型”（betterment migration），渴望改善社会和经济地位，主要是一些商人和富裕的手工业者。他们先进入城市学徒行列，继而获得自由，担任低级民事和行会官员，最后完全融入城市的上流社会。这种移民通常距离较短，依赖城镇和当地之间的家庭关系网。一般说来，这种移民活动都是精心策划的，数量也比较少。

第二种移民属于“生计型”（subsistence migration），主要指农村人口中的穷人，被城市就业机会和救济政策所吸引，长途跋涉远道而来，除仆农和穷手艺人外，还有许多是处于社会最底层的乞丐，其中1/5的乞丐流浪者跋涉路途超过了100英里，他们已经成了英国城镇棘手的社会问题。到1518年时，考文垂和伦敦采取了特别措施限制乞丐流入。16世纪末，乞丐流民超过了其他各阶层移民的总和，其数量在灾荒年头尤为膨胀。直到1660年之后，随着全国范围内人口增长减缓，并强制推行1662年定居法，乞丐流民带来的社会压力才得到显著缓解。

一般说来，这些贫穷的“生计型”农村移民中的绝大多数永远不会融入城镇的正式结构内，因为他们是没有技术的劳工，从事诸如从送水到建筑工地的搬运等体力劳动，不能进入行会和商会等社会组织，也没有能力购买城市自由人的权利。此时城市已不再对一切移民敞开大门，城市当局规定成为自由人须具备一定财产资格，或成为行会成员，或出钱购买自由人权利，或缴满一定年限费用等，这些都是贫苦移民难以企及的。他们住在城镇里，但城镇不属于他们；他们处于社会底层，被隔离在特殊的区域，并被称为“边缘人”①。这种边缘人尽管频频出现在法庭卷宗中，但数量众多难以计算。一般说来，他们很少停留在小城镇，而是更多地出现于大城市，因为大城市中存在大量就业机会和各种有魅力的事物。“自由”不再是城市居民的一种特权和引以自豪的事物，逐渐演变成一种必须履行的义务，变成城市市民的财政负担。

因而，在1350年后，一些城镇像约克强迫手工业者购买自由，以此作为在城里开业的一项条件。显而易见，城镇当局是迫于财政需要而出此下策的。于是，一种原本人人争相竞取的特权变成了人人避之唯恐不及的负担。所以，在近代早期，城市人口与市民数量存在明显差异，两者并不等同，许多居住在城市里的居民并不享有市民权利。最典型的伦敦和约克，前者在1450年只有不到1/4的成年男性拥有“城市的特权”，伦敦还颁布法令，新学徒需要有一定知识文化，能够识字。这固然对提

---

① R. H. Hilton, 1992: *English and French Towns in the Feudal Society*, Cambridge: Cambridge University Press, p. 61.

高城市居民文化素质，乃至学习和传承行业技能都具有积极意义，但无疑也设置了一道较高的进城“门槛”。对于广大乡村移民而言，与城镇“特权”联系在一起的更多的是“金钱”而不再是“自由”。[①] 对于此种代价高昂的自由，乡村移民并不像早期那样趋之若鹜。中世纪“城市的空气使人自由”格言早已淹没在城市利己主义的潮流中，成为历史。[②]

第三种移民数量较少且来自国外，严格说来并不是本书研究的对象，不过外国移民的到来直接促进了英国某些地区、某些行业的发展，拉动了英国经济增长，转而也对农村劳动力转移和人口流动产生了积极影响，由此也就进入了本书的考察范围。前文已述，14 世纪爱德华三世鼓励尼德兰纺织工人移居英国，并给予特殊保护。这种状况一直存在，在 16 世纪有增无减，还出现扩大化趋势。如 1571 年科尔切斯特有荷兰移民 185 人，1573 年达到 534 人，1586 年则为 1293 人。[③] 16 世纪 60 年代尼德兰的政治动乱是酿成尼德兰人出现向英国移民高潮的主要原因。

作为欧洲北部经济发达和贸易活跃区域，尼德兰居民大多信奉新教，而其宗主国西班牙却是欧洲天主教的传统堡垒，宗教分歧既引发了尼德兰新教徒起义，也遭到西班牙方面的政治迫害和镇压。1567 年，尼德兰总督——西班牙阿瓦尔公爵变本加厉的残暴统治使得向英国避难人数剧增，1565 年诺里奇仅有外国移民 300 人，两年后就增至 2826 人，1571 年增至 3900 人，1582 年又增至 4678 人。这些尼德兰移民主要集中在英国东部和南部，像诺里奇、科尔切斯特、坎特伯雷及其他一些城市。人数庞大的外来定居者带来了呢绒新技术、新品种。英国著名史学家屈勒味林称：“他们的技艺成为一种国宝，愈传而愈精，其益亦愈大……发展英吉利织布业之功，亦不亚于中古时代的先驱者。”[④] 评价甚高。

中国社会科学院赵文洪研究员称，这些新品种呢绒的引进，使得 15 世纪中叶趋于衰落的东盎格里亚呢绒业重新走向繁荣，外国织工聚居的

---

① Heather Swanson, 1989: *Medieval Artisans: An Urban Class in Late Medieval England*, Basil Blackwell, p. 109.

② 即便在中古时期，该格言也仅仅传播到法兰西和低地国家，甚至在德意志本身，这项城镇接纳法规也没有产生实际效果，生活在城镇里的大多数农奴是得到领主许可的。“一年零一天”的时限已经失效，譬如 16 世纪的马赛将市民权利只授予那些在城镇里生活 10 年之久的人，意大利托斯坎尼的城市则要求居住时间长达 30 年之久。David Nicholas, 2003: *Urban Europe, 1100 – 1700*, New York: Palgrave Macmillan, pp. 120 – 121.

③ E. Lipson, *The Economic History of England, Vol. 1*, London, 1935, p. 435，转引自赵文洪：《私人财产权力体系的发展——西方市场经济和资本主义起源问题的研究》，北京，中国社会科学出版社，1998 年，第 189。

④ 〔英〕屈勒味林：《英国史》（上册），钱端升译，北京，中国社会科学出版社，2008 年，第 316 页。

诺里奇等地则成为“新呢绒工业”的织造中心。[①] 无疑，这些外国移民的到来是促成16世纪英国东南地区纺织业发展的重要因素。受益最为典型的城市就是诺里奇。16世纪70年代时，来自尼德兰的新教徒避难者最多时竟占到该市人口的1/3，毋庸置疑，国外移民的生产和消费都构成了诺里奇城市经济生活的重要组成部分。[②] 当然这是一个比较突出的例子，其他城镇像坎特伯雷、桑维奇、梅德斯通（Maidstone）和科尔切斯特等城镇都吸纳了一些外国移民。虽然数量不是很多，但至少表明英国东南地区高水平城市化局面出现与外国移民到来之间，存在某种必然联系。海尔斯台德地区曾违抗枢密院命令，驱赶外来移民，结果该地区的贝斯呢产量马上从每周160～180匹下降到7～8匹。[③] 这个例子从反面证明了外来移民对英国呢绒业发展的重要性。

近代早期城市人口流动数量之巨，更替之频繁，远远超出了现代人的想象。之所以出现这种状况，主要原因是来自乡村的移民数量巨大，在城市人口中占据相当大比例，同时与城市人口死亡率也有一定关系。在一些城镇里，死亡率造成了这样的环境：绝大多数成年人都是外来移民。例如，教会法庭的证据表明，在16世纪晚期和17世纪早期生活在坎特伯雷和东伦敦的证人中，出生于当地的不到10%。即使在人口停滞的马尔登（Maldon）小镇，在16世纪70年代的居民中，近一半成年男人都是外来移民。[④] 此外，城镇不同教区之间人口死亡率也不相同，一般说来穷困教区人口自然增长几率很小。因而，尽管1571～1700年间埃克塞特总人口出生率高于死亡率，人口增加了一倍，但是穷人聚居的城郊教区圣·西德韦尔（ST. Sidwell）却是死亡率高于出生率；1562～1641年间格洛斯特所有教区受洗人数高于死亡者，最贫穷的圣·奥德特（ST. Aldate）教区却是死亡人数超过受洗人员。[⑤] 伦敦和其他几个省城也是如此：贫穷教区生育率低、死亡率高，人口中儿童比例小、家庭平

---

① 赵文洪：《私人财产权力体系的发展——西方市场经济和资本主义起源问题的研究》，北京，中国社会科学出版社，1998年，第190页。

② Peter Clark, 2000: *The Cambridge Urban History of Britain, 1540－1840, Volume II*, Cambridge University Press, pp. 50－51, 200.

③ 李普森：《英国经济史》第一卷，伦敦，1937年版，第498页，转引自夏继果：《伊丽莎白一世时期英国外交政策研究》，北京，商务印书馆，1999年，第185页。

④ 〔英〕彼得·克拉克、保罗·斯莱克：《1500～1700年过渡时期的英国城镇》，牛津大学出版社，1979年，第91页。

⑤ 城市人口自杀率较高也是近代早期不同于现代城市的特点之一。在一定程度上，这也是近代城市人口增长缓慢的原因之一。大体说来，英格兰中古晚期城市人口自杀比例是现代城市的2倍，而英国自杀比率最高的则是牛津城。David Nicholas, 2003: *Urban Europe, 1100－1700*, New York: Palgrave Macmillan, pp. 178－179.

均规模小。贫困并不是造成死亡率升高的唯一原因，疫病也是重要原因之一。

16世纪时鼠疫虽很少光顾乡村，但仍反复肆虐于大小城镇，造成城镇人口死亡率明显高于乡村，尤其是婴儿死亡率，在一些贫困教区超过了250‰。[①] 即便是最小的城镇在此期间也都经历了至少一次规模较大的瘟疫，大城镇则在1479年大瘟疫和1665年最后一次瘟疫之间发生过多次瘟疫。伦敦1563年发生瘟疫，数月之间1/4人口死亡，随后1593年、1603年、1625年和1665年瘟疫频频爆发，又卷走城市人口1/5～1/8；诺里奇在1579—1665年间发生了六次较大的瘟疫；布里斯托尔在1565～1603年间的三次瘟疫中损失了1/6人口。这一时期城市人口死亡率一般都在10%左右，严重时可能超过30%，像1579年的诺里奇、1636～1637年间的纽卡斯尔、1645～1646年间的利奇菲尔德，最严重的是科尔切斯特，瘟疫在1579年、1586年、1597年、1603年、1626年、1631年、1644年间高频率爆发，最后在1665～1666年间流行的疫病造成将近一半的城镇人口死于瘟疫。鼠疫破坏了城镇固有的生活，造成失业、市场停滞，随之引发食品短缺和疾病流行，更多的城镇居民身染疫病。据记载，1627年瘟疫期间，索尔兹伯里（Salisbury）“1/3人口饥不果腹，脸色看起来像死人一样苍白”。

疾病也是城市人口减少的重要原因。1557～1559年的流感波及了大量城镇，内战期间战乱不休，牛津、布里斯托尔和普雷茅斯都爆发了伤寒。1524年，布里斯托尔谷物非常缺乏，以至于用橡子和蕨菜根制成面包；1527年，诺里奇发生粮荒，结果普通市民准备劫掠富人；最严重的谷物歉收发生在16世纪90年代晚期，这些都造成城市居民营养不良，“为流行病敞开大门”，增加了死亡率。[②] 无论瘟疫抑或食品短缺，都主要在城镇的郊区和贫民住宅区造成大量人口死亡，而城镇中心和富人住宅区受到影响小得多，社会分野和贫富差别在瘟疫和死神面前再次变得鲜明起来。

在许多城镇，教区记载的死亡率高过出生率，而城市人口数量反而增长了。因此，只有来自乡村的迅速而大量的移民才能够解释这种城市人口的持续增长现象。据估计，每年迁移到诺里奇市的移民在17世纪末时已经达到400人，伦敦对周围各郡移民的需求量更大。1573～1574年，

---

① C. A. Clay, 1984: *Economic Expansion and Social Change: England 1500 - 1700, Volume I*, Cambridge University Press, p. 188.

② Peter Clark and Paul Slack, 1979: *English Towns in Transition 1500 - 1700*, Oxford University Press, pp. 86, 88 - 89.

市长和市议会估算，首都每周要消费谷物2571夸特，但是有1409夸特（接近消费额的55%）是由外地人消费的。[①] 可见，市内暂住或流动人口规模相当之大。到1700年时，仅仅保持伦敦的人口数量不变每年就至少需要8000移民，如果考虑到伦敦人口向外迁移的数量，那么伦敦每年吸收的移民可能还要高出约50%。此种规模的流动速度暗示着，整个英格兰约有近1/6的人口在17世纪末很可能在伦敦居留或生活过，大都市的魅力披及遥远。

一般说来，16世纪的人口增长改善了市场小镇的处境，但给古老的中等城市造成严峻的问题。城市移民的主要成分由乡村贫民构成，这在英格兰城市移民史上还是第一次。乡村大量贫民、流浪者的涌入既对城市的经济发展作出贡献，也对城市社会控制和政治管理造成冲击和威胁。许多城市的移民政策也随移民成分的变化而变化，由早期的欢迎变为晚期的排斥乃至驱逐，由此我们也不难理解多数城市在近代早期贸易活动中采取的垄断措施和保护主义政策，因为这不过是中古晚期城市固有政策的翻版和延续。

（二）“城市之花”——16世纪的伦敦

从伊丽莎白时代起，观察家们莫不把伦敦看做一个例外的世界。托马斯·德克曾断言，伦敦是“世上一切城市之花”，泰晤士河气象万千，甚至威尼斯大运河岸边的绮丽风光也无法与之比肩。[②] 在一定意义上，16世纪伦敦发展状况代表了英格兰农村劳动力转移与城市化的最高水平。急剧膨胀的政治首都成为这一时期欧洲和英格兰城市化舞台上的重头角色，就整个欧洲而言，城市经济大约有1/3的扩张来自于国家和地区政治中心城市的增长，英国伦敦和法国巴黎都是这样的城市。

早在13世纪，威斯敏斯特就已成为英国王室常驻之地，人口逐渐集中在修道院和王宫周围，14、15世纪时，为旅行者提供住宿和方便的服务业、奢侈品零售业日渐发达。伦敦成为国内最重要的政治中心，经济地位日渐提高。到1334年，伦敦拥有的财富是第二大城市布里斯托尔的5倍，纳税额超过其后三个城镇（布里斯托尔、纽卡斯尔和约克）的纳税总额，占王国财产估值总额的2%。在16世纪20年代，伦敦财富在全

① Sybil M. Jack, 1977: *Trade and Industry in Tudor and Stuart England*, London: George Allen & Unwin Ltd., p. 136.

② 〔法〕费尔南·布罗代尔：《15~18世纪的物质文明、经济和资本主义》第1卷，顾良、施康强译，北京，生活·读书·新知三联书店，1992年，第652页。

国比例上升为10%，是第二大城市诺里奇（已经超过布里斯托尔[①]）的10倍。伦敦的海外贸易份额在13世纪，主要在爱德华一世时期增长1倍，占到全国的35%，1500年时达到68%，1540年时达到85%。伦敦的萨瑟克区主要从事工业生产，聚居了许多外国移民，到1543年时，该区上缴税收已经超过布里斯托尔；在16世纪晚期，伦敦1/4的劳动力从事呢绒生产和贸易，纺织业雇用劳动人手超过所有其他行业（除食物储备外）的总和。[②] 首都财富的增长带来了市民阶层地位的上升，尤其是城市统治阶层地位提高。

据记载，1482年7月，英王爱德华四世作出种种姿态以“取悦伦敦统治阶层”，诸如请伦敦市长及其同僚欣赏“精彩的运动比赛”（goodly sport），享受“各种美味佳肴”，还专门品尝了“红鹿肉和各种加斯科尼产的葡萄酒”，就餐期间，王室总管及其他贵族“两次被国王派来祝酒”，总管指给市长他们看“国王在他们用餐之前一直没有用膳”等……时隔不久（接下来的8月），国王还派人给市长夫人及其他市政官妻子“送去2只雄鹿、6只公羊和一大桶加斯科尼葡萄酒”。时人普遍认为，国王慷慨大度的主要原因是“每年从伦敦市长那里收取大量货币作为关税”[③]。无疑，伦敦统治阶层得到国王上述如此殊荣和礼遇，都是伦敦城市扩展和经济发展的重要结果。

就全国而言，16世纪，英格兰农村人口向城市流动的目的地主要是伦敦。伦敦老城加上周围卫星城如威斯敏斯特、萨瑟克区和东伦敦，在此期间人口增加了4倍，其中老城人口增长最慢，增长最快的是怀特开普尔（Whitechapel）、斯特普尼（Stepney）及沙德威尔（Shadwell）以东地区和威斯敏斯特以西地区。1550年时，伦敦东部这些地区大部分还是乡村，工业和城市发展非常有限，150年后该地区人口超过20万，纺织业和造船业异常发达。穷人和手工业者阶层逐渐聚居在都市东部郊区，富人则向西推移，因为西部接近议会政府驻地。在1630年，贝德福公爵

---

① 在约翰·A. F. 汤姆森（John A. F. Thomson）看来，法国对英国大陆领地加斯科尼的战争是造成布里斯托尔衰落的主要原因，因为该市很多人在加斯科尼从事航运贸易。无疑，英国第二大城市布里斯托尔成为战争的主要受害者。百年战争结束后，亨利七世在1486年、1489年还曾经颁布过两个“航海条例”，主要意图仍然是发展同加斯科尼之间传统的航运贸易。John A. F. Thomson，1983：*The Transformation of Medieval England 1370 - 1529*，Longman，p. 67，62.

② David Nicholas，2003：*Urban Europe，1100 - 1700*，New York：Palgrave Macmillan，pp. 60 - 61.

③ A. R. Myers，1969：*English Historical Documents，1327 - 1485*，Eyre & Spottiswoode，pp. 329 - 330.

在女王大街上扩建了科文特加登广场（Covent Garden）[①]，威廉·牛顿（William Newton）兴建了瑰丽辉煌的新居，为土地贵族、成功的城市金融家和宫廷显贵修缮宏大广场和豪宅树立了典范。经营奢侈品的商人们不愿失掉客户，也紧随向西移动。据估算，到16世纪早期，英格兰超过5000人的城市有14个，当时伦敦约有60000人口，也有学者认为伦敦人口在50000～65000之间，其他六七百城镇中大部分人口低于2000人，很多不到1500人。[②] 无论采取哪种说法，伦敦无疑都是英国城市史上当之无愧的巨人英雄。

整个16世纪期间，除伦敦外只有纽卡斯尔城市人口比例增加了，而农村移民之所以偏爱纽卡斯尔，是由于伦敦人口迅速膨胀使得泰晤士河东岸的煤炭贸易繁荣起来，给纽卡斯尔带来了大量就业机会。当然在1560～1650年间，像诺里奇、纽卡斯尔、约克和布里斯托尔这些地方人口可能也增长了1倍或2倍，达到12000～20000人左右，但同伦敦相比则大为逊色，因为伦敦及其郊区人口增长了5倍，达到350000人。当然，供给如此迅速增加的人口以足够食品维持生存，这也给首都市政当局提出了一个不小的难题——如何供养城市（Feeding the City）。伦敦不得不从外省，尤其是周围郡区大量购买谷物等生活用品，并在郊区种植燕麦、蔬菜。[③]

泰晤士河——这条穿过英国历史的河流，承担起了上游农业区小麦、黑麦等大量谷物运输的工作，成为英国最为繁忙的内河运输路线。在某种程度上，为了保持首都等大城镇居民生活水平，周围郡县农村居民利益不可避免地“受到伤害”，一些具有强烈垄断色彩的城镇贸易组织形成了，它们往往垄断谷物采购贸易，“牺牲了农业耕作者”的利益，以至于当代一些人将大城镇视为“乡村的寄生虫”。[④] 这种诬蔑性的称呼无疑反映了农村居民对大城镇的不满情绪，不过也确实表明后者在经济上缺乏独立性，尤其在生活必需品方面对周围乡村地区的严重依赖程度。城市经济已经与周围乡村生产紧密地联系在一起，城市规模越大，其与周边农村的经济联系也越加密切。

① 英国伦敦一广场名，为花卉、蔬菜和水果市场。

② Paul E. Szarmach, M. Teresa Tavormina, Joel T. Rosenthal, 1998: *Medieval England: An Encyclopedia*, New York & London: Garland Publishing, Inc., p. 737.

③ John Langdon, “City and Countryside in Medieval England”, *Agricultural History Review*, Vol. 43, No. 1, p. 67.

④ Peter Clark, 2000: *The Cambridge Urban History of Britain, 1540 – 1840, Volume II*, Cambridge University Press, p. 175.

16世纪初期，英格兰首都伦敦城人口尚低于英格兰其他城市人口之和，历经100余年后，首都人口远远超过了王国内所有城市人口总和，伦敦城市人口在全国总人口中的比例从1520年的2.25%上升到1670年的9.5%，而其他城市人口增长幅度很小，加在一起共20万人，总人口比例仅从1520年的3.0%微弱地上升了1%，达到4.0%。（具体数字见表5－2和表5－3）到1600年，英格兰全国城市人口大约为33万余人，首都伦敦一个城市即独占20万，约占全部城市人口的60%，这一比例势头在17世纪继续增长，1670年约占到全部城市人口的70%，1700年时亦约占70%。[①] 一个城市巨人开始出现在16世纪英国城市化历史舞台上。

表5－2　英格兰1520～1801年城市人口估计　（单位：千人）

年代 / 地区	1520	1600	1670	1700	1750	1801
英格兰	2400	4110	4980	5060	5770	8660
伦敦	55	200	475	575	675	960
其他城市人口	70	135	205	275	540	1420
城市人口总数	125	335	680	850	1215	2380

资料来源：〔英〕E. A. 里格利：《人民、城市和财富——传统社会的变革》，布莱克威尔出版社，1992年，第162页。

表5－3　英格兰1520～1801年城市人口占总人口比例　（%）

年代 / 比例	1520	1600	1670	1700	1750	1801
伦敦	2.25	5.0	9.5	11.5	11.5	11.0
其他城市	3.0	3.25	4.0	5.5	9.5	16.5
城市总人口	5.25	8.25	13.5	17.0	21.0	27.5

注：对于工业革命之前英国城市人口比例，学界存在不同观点。中国人民大学徐浩教授提及欧美学者近年来研究英国城市化，认为以往的城市化水平估计偏低（多在10%左右），现在研究成果表明英国在16世纪20年代已经达到20%，该数字水平远远高于上表5－3中的城市人口比例，主要原因在于学者们采取了新的城镇定义，认为职业的多样性是城镇"最本质的属性"，非农职业自身的发展状况是城乡分

① David Nicholas, 2003: *Urban Europe*, 1100－1700, New York: Palgrave Macmillan, p. 16; 2000: *The Cambridge Urban History of Britain*, *Volume I*, 600－1540, Cambridge University Press, p. 197.

界的“根本所在”。见徐浩：《中世纪英国城市化水平研究》，《史学理论研究》2006年第4期。笔者认为，关于中世纪英国城镇传统的“政治、法律制度”旧定义，似不应轻易抛弃，因为中世纪城镇是特定时代的历史产物，其之所以不同于农村庄园正是因为享有特殊的“政治和法律权利”，正是体现在“政治和法律制度”方面，完全舍弃这一标准，代之以纯粹“经济”方面的定义，这是将历史研究和认识“现代化”了，以21世纪的眼光和标准来看待、评论数百年甚至上千年前的事物，无论如何都有阉割和苛求历史之嫌。所以，笔者对根据新定义得到的城市化水平数据保持谨慎态度。

资料来源：E. A. Wrigley, 1989: *People, Cities and Wealth: The Transformation of Traditional Society*, Blackwell, p. 162。

因此，16世纪英格兰城市化在很大程度上就是向首都伦敦迁移，16世纪首都伦敦城市发展状况在相当程度上就代表了整个英格兰城市化水平，其绝对领先地位直至17世纪依然丝毫不减，只有在这个意义上，我们才能够理解詹姆士一世的预见：

不久以后，伦敦就是英格兰。①

对于伦敦的超速发展，以达维南特（Davenant）为代表的一部分人士持批评态度，认为“有害于英国，整个王国像一具摇摇晃晃的躯体上承载着一个超大的头颅”，他们甚至由此认为“16、17世纪是英国经济史上的‘黑暗时代’（the Dark Ages）”，伦敦的发展造成了其他城镇的停滞甚至衰落。② 从表象上看的确如此，首都作为全国政治、社会和文化中心，拥有无与伦比的政治、地理优势，几乎吞噬了整个王国的经济贸易成长果实，譬如1559年英国呢绒出口关税93%来自伦敦港，毛皮商控制了皮革进口贸易，食盐70%以上的进口份额属于伦敦，远远超出其后的雅茅斯和布里斯托尔③，其他城镇只能在英国经济恢复和发展进程中分得一杯残羹冷炙。不过，从长远来看，伦敦的膨胀缔造了一个长期稳定、需求可观的国内市场，推动了一个以首都为中心的民族市场的形成，这对于其他城镇经济、乡村各行各业尤其是制造业的发展都起到不可估

① E. A. Wrigley, 1989: *People, Cities and Wealth: The Transformation of Traditional Society*, Blackwell, p. 133; John Patten, 1979: *Pre-industrial England, Geographical Essays*, Kent, England: Wm Dawson & Sons Ltd., p. 191.

② Jonathan Barry, 1990: *The Tudor and Stuart Town: A Reader in English Urban History 1530-1688*, London and New York: Longman, p. 36, 38.

③ John A. F. Thomson, 1983: *The Transformation of Medieval England 1370-1529*, Longman, p. 61.

量的积极作用。所以，著名经济史家费希尔（Fisher）有过一个形象比喻，称伦敦为英国“经济增长的火车头”①。

同其他城市一样，伦敦城市人口出生率很高，但死亡率也是居高不下。几乎每个城市都有整个家族死绝的可怕例子。人口过于拥挤、卫生设施不完善及偶尔发生的食品短缺、地方病和疾疫流行等，这一切造成伦敦人口，特别是在婴儿和儿童当中死亡率比较高，尤其是鼠疫常常造成城市人口大量死亡，有时“甚至危及女王本人的生命，造成整个民族的死亡率上升”。1603 年，伦敦大约有 4 万余人——几近全城居民的 1/5 死于瘟疫，其中大部分是城市郊区居民，圣·吉尔斯克里普格特（ST. Giles' Cripplegate）贫民教区死亡达 2879 人。② 为了补充人口，伦敦从各省吸纳大量移民。所以，首都人口这种大规模增加本就是一个证据：每年乡村有很大比例的剩余人口涌进首都。

一般说来，城市越大，城市经济专业化程度越深，城市对周围农村人口“拉力”越大，城市移民来源范围越广阔。伦敦就是英国“拉力”最大的城市，它的移民迁移距离远远超过其他城市。在 16 世纪，大约有一半新学徒来自 90 英里以外的地区。早在 14 世纪早期，奔向首都的长途移民就已经拉开了序幕，其中相当一部分来自东盎格里亚和英格兰北部。尽管中世纪向首都迁移的移民中常有体面的人物，他们后来通过加入城市行会进入了上流社会，不过在 1500～1700 年间大量移民都是贫民和一无所有者。他们逶迤而来期望找份临时工作或获得施舍，挤在贫困教区的小房子里或蜷缩在城郊的贫民窟里。在斯图亚特王朝晚期，伦敦每年吸收大约 8000 人移民，这些贫民很可能占了其中绝大部分。所以，即使当 1603 年和 1625 年城市遭受瘟疫袭击，居民减少 15%，但因移民大量涌入，城市人口在两年内就得到了恢复。③

随着穷人的到来，陋屋大批涌现，寄生虫和害虫滋生，对包括富人在内的全体居民生命安全构成严重威胁。都铎王朝一系列“惩治流民和乞丐”的血腥立法相继出现，正是为了遏制大批贫民、流民涌入首都的

---

① Jonathan Barry, 1990: *The Tudor and Stuart Town: A Reader in English Urban History 1530–1688*, London and New York: Longman, p. 37.

② Peter Clark and Paul Slack, 1979: *English Towns in Transition 1500–1700*, Oxford University Press, p. 64.

③ Lawrence Stone, 1966: "Social Mobility in England, 1500–1700", *Past and Present*, No. 33, pp. 30–31.

浪潮，出于对“成群结队到城市去的无产者加以惩罚性限制”。[①] 1580 年“禁止建筑新房屋法令”（富人可享例外）也是在同样背景之下出台的，并于 1593 年、1607 年、1625 年重申禁令，尽管如此，来自农村的移民如潮水涨破江堤，势不可挡，究其原委除人口大量膨胀外，此时如火如荼的圈地运动大概负有不可推卸之责任。

总而言之，在 16 世纪期间农村劳动力转移的长距离地域流动显著增强，除伦敦外，农村人口也向其他城市流动，只不过规模甚小，因此其他城市均发展缓慢。伦敦是这一时期乃至下一世纪农村人口选择流动的首要目的地，首都城市化得到迅速发展。[②] 这是 16 世纪英国城市化进程的显著特点之一，也是城市化发展地域不平衡的表现。据史学家里格利估计，到 17 世纪初，英格兰城市人口达到 50 万左右，约占全国总人口的 10%，城市化可谓初具规模。不过，在欧洲城市化舞台上，英格兰在 16 世纪还处于落后地位。（见表 5－4）

表 5－4　1500～1600 年间西欧各国城市化比例[③]　（%）

国家＼时间	1500	1600
奥地利－匈牙利－捷克斯洛伐克	4.8	4.9
比利时	28.0	29.3
英格兰和威尔士	7.9	10.8
法兰西	8.8	10.8
德意志	8.2	8.5
意大利	22.1	22.6
尼德兰	29.5	34.7
葡萄牙	15.0	16.7
斯堪的纳维亚	1.5	6.9
苏格兰	7.4	7.9
西班牙	18.4	21.3

① 姜守明：《英国前工业社会的贫困问题和社会控制》，《史学月刊》1997 年第 2 期，第 81 页。

② Sybil M. Jack, 1977: *Trade and Industry in Tudor and Stuart England*, London: George Allen & Unwin Ltd., p. 24.

③ S. R. Epstein, 2001: *Town and Country in Europe, 1300－1800*, Cambridge University Press, p. 10.

（续表）

国家＼时间	1500	1600
瑞典	1.7	1.2
瑞士	6.8	5.5
平均值	12.3	14.6
变动系数	76.7	73.4

资料来源：Bairoch，Batou and Chevre，*Population*。

由表5－4可见，在16世纪初年，英国城市人口仅为7.9%，在欧洲城市化历史舞台上处于落后地位，位于尼德兰、比利时、意大利、西班牙、葡萄牙之后，甚至低于法国（8.8%）和德意志（8.2%）的城市居民比例。在1500年，欧洲超过10万人以上的大城市没有一个是英国城市，它们分别是巴黎、米兰、威尼斯和那不勒斯，伦敦处于第24位，在154个超过万人以上的城市中，大部分出现于法国、低地国家、地中海周围地区像意大利、西班牙等地。见图5－2。

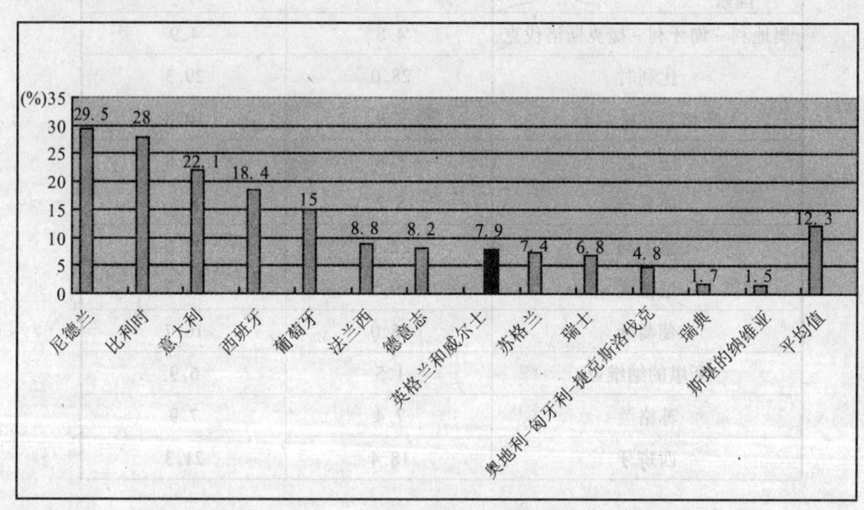

图5－2　1500年时西欧主要国家城市人口比例

由图5－2可见，1500年时西欧城市化水平最高的国家是尼德兰和比利时，分别为29.5%和28%，最低的是斯堪的纳维亚半岛，城市化水平仅为1.5%。黑色柱体代表英国城市化水平，为7.9%，名列第8位，居于欧洲主要国家之后，其城市化水平甚至还没有达到当时欧洲的平均值12.3%。该图清晰而直观地表明英国在16世纪初年在欧洲城市化舞台上的落后地位。在整个16世纪期间，英国城市化进程平稳发展，稳步上升，到1600年，伦敦已经一跃成为欧洲第四大城市。尽管上表提供的是1500年和1600年两个年度的城市化水平数据，我们仍然可以作出合理估算：各个国家在1550年时城市化状况与发展趋势，应大体与半个世纪后1600年的结果相吻合。

表5－4没有提供欧洲各国在1550年左右的城市化水平数据，笔者根据1600年的数据制成图（参见图5－3“1600年时欧洲主要国家城市人口比例”），同样可以发现，英国城市化水平尽管依然低于欧洲14.6%的平均值，不过由第8位上升到第6位；此外，我们从其他方面的材料得知，到1700年时，地中海地区和大陆一些国家城市化出现停滞甚至倒退，城市化程度最高的北欧（尼德兰和比利时）开始逐渐丧失领先地位，其中比利时出现最明显衰退，意大利、葡萄牙、西班牙也出现不同程度停滞。因此可推断，“整个16世纪（1500～1650年左右）尤其是1600～1650年”是英国劳动力转移的历史地位在欧洲城市化舞台上开始逐渐提高的一个重要时期。

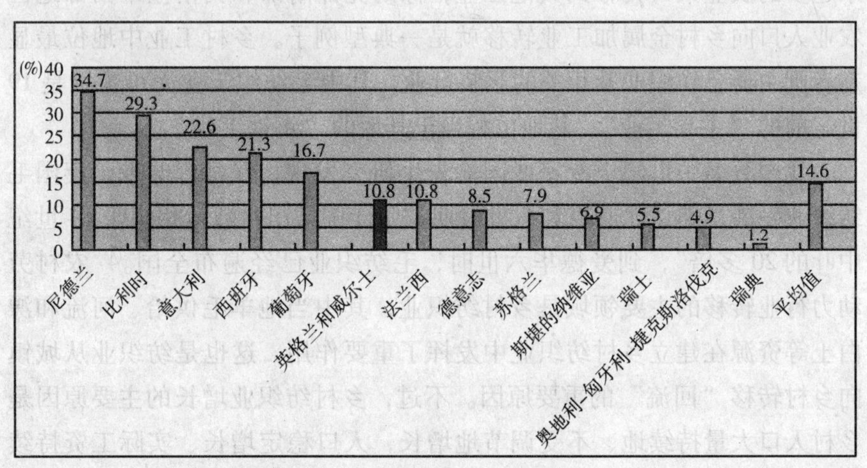

图5－3　1600年时欧洲主要国家城市人口比例

三、16世纪英格兰农村劳动力的行业流动状况

在工业革命以前，技术革新与经济发展不是同步的。在技术发明和它的普遍使用之间明显存在时间上的滞后现象，也许技术革新永远不能

成为社会经济进步的起点。① 在科技手段落后的古代社会，经济发展和社会进步更多地依赖于人口发展状况，劳动力本身构成了历史进步的基本动力源泉之一。正如恩格斯所说，历史中的决定因素归根结底是直接生活的生产和再生产，但生产本身又有两种，一方面是生活资料即工具的生产，另一方面是"人类自身的生产，即种的繁衍"②。两种生产互为条件，彼此制约。物质生活资料的生产制约着人类自身的生产，同时人类自身的生产也制约着物质生活资料的生产，尤其在工业革命之前的社会中，由于劳动发展的程度较低，人口再生产对社会生活、社会制度的决定性作用就愈加明显，对物质生活资料生产的影响也愈大。③ 因此，在一定意义上，人口增长的幅度就是经济和社会发展的尺度，16 世纪人口复苏为英格兰迎来了乡村工业发展的黄金时期。

（一）16 世纪的"钢铁工业"

农村劳动力向非农产业转移的行业流动不仅仅流向纺织业，也有越来越多的农业人口转移到其他工业，像约克郡南部和英格兰中西部地区农业人口向乡村金属加工业转移就是一典型例子。乡村工业中地位最显赫者则主要是纺织业及相关的服装行业，其中毛纺织工业无可置疑是 19 世纪前的"主导工业"，其地位相当于其后的"钢铁工业"。

我国著名中世纪史专家戚国淦先生研究发现，在都铎时期，英国毛纺织业发展迅速，尤其亨利八世时期"每年呢绒出口数量相当于 14 世纪中叶的 20 多倍"，到爱德华六世时，毛纺织业已经遍布全国。④ 农村劳动力行业转移的主要领域是乡村纺织业，其中当地羊毛供给、河流和漂白土等资源在建立乡村纺织业中发挥了重要作用，这也是纺织业从城镇向乡村转移"回流"的重要原因。不过，乡村纺织业增长的主要原因是乡村人口大量持续地、不受调节地增长，人口稳定增长、实际工资持续下降，加之圈地运动的"推动"效应，这一切造成了少地和无地穷人数量膨胀，他们需要额外的工作谋生。至于从农业转移出来的劳动力从事

---

① 重犁的采用、风磨和挽具的发明都是在经济停滞时期，前者可以追溯至公元 8、9 世纪，后者甚至在公元 5 世纪时就已出现了，直至 11、12 世纪它们才被普遍采用。可见，在技术革新和经济进步之间并不存在简单的因果必然联系。〔意〕卡洛·M. 奇波拉：《欧洲经济史》第 1 卷，徐璇译，北京，商务印书馆，1988 年，第 8 页。Jean Baechler, 1976: *The Origins of Capitalism*, translated by Barry Cooper, New York: St. Martin Press, p. 31.

② 《马克思恩格斯选集》第 4 卷，北京，人民出版社，2006 年，第 2 页。

③ 王渊明：《历史视野中的人口与现代化》，杭州，浙江人民出版社，1995 年，第 8 页。

④ 戚国淦：《十六世纪中英政治制度比较》，《历史研究》1987 年第 4 期。

何种非农产业，还要取决于当地具体的历史条件。一些农民迁移到大都市，更多的则留在乡村，为简陋的加工业提供了丰富廉价的劳动力。

前文已述，乡村毛纺织业繁荣的一个重要原因是英国政府的鼓励支持。事实证明，英国王室和议会对促进工业发展具有“相当稳定的兴趣”，有时甚至表现出“近似天真的乐观”态度。[①] 这种情况在16世纪也未发生变化，像亨利八世1531年颁布的“学徒制管理法令”，从今以后禁止“师傅、行会会长或成员对任何进入该行业的新学徒”征收超过2先令6便士的费用，学徒期满结束时收取费用也不得超过3先令4便士，违者处以“40英镑”的巨额罚款，一半上交给国王，另一半归当事人所有。此前亨利七世法令规定学徒费用在“40先令和3先令4便士之间”[②]，而亨利八世的规定则大幅度降低了学徒费用，这对各项手工业的发展无疑将起到巨大推动作用。

在伊丽莎白女王时期，英国政府依然颁布各种政策鼓励国外先进技术、人才流入，刺激毛纺织业发展。许多大陆难民新教徒流亡英国带来了“新式布料”（New Draperies），为英国呢绒纺织业注入新的生机。在16世纪，政府又颁布法规禁止使用配有杠杆、绞盘和绳子的大架子漂洗呢绒，因为通过上述工具能获得更多呢绒，却损害了产品质量。例如，我们从1597年的税册得知，30码的一块呢绒，利用配备杠杆、绳子等工具拉伸后达到35码，另一块呢绒用绳子拉长后，增加了7.5码。[③] 鉴于许多生产者偷工减料、违禁犯科，议会和市政当局专门任命了度量官（ulnager），执行统一的尺寸标准，以确保呢绒生产规格整齐划一。度量官的职责就是在符合法定标准的呢绒商品上印上标记，反之，则禁止售卖。无疑，上述措施促进了毛纺织业在近代早期的发展。

对于16世纪农村劳动力向毛纺织工业的转移，史学家们通常寻求一些比较严格的政治、经济和人口方面的原因等，很少考虑“时尚”作用。时尚之影响是不容低估的，中古晚期以来，英格兰居民消费水平得到显著提高，研究消费有助于我们重新评估整个中世纪的经济形势。戴尔教授认为，这些消费需求都是在相当程度上受到“时尚”影响的，受到裁缝、木匠、丝绸商等获益人群鼓励和促进的。服装时尚如同今天服

① Sybil M. Jack, 1977: *Trade and Industry in Tudor and Stuart England*, London: George Allen & Unwin Ltd., p. 54, 60.

② C. H. Williams, 1967: *English Historical Documents*, *1485 – 1558*, London: Eyre & Spottiswoode, p. 1002.

③ L. F. Salzmann, 1913: *An Introduction to the Industrial History of Medieval England*, London: Constable and Company LTD., pp. 155 – 156.

装业广告令消费者眼花缭乱一样，数百年前它同样影响和引导着各阶层人士的消费选择，从而影响了工业生产规模和结构。所以，尼古拉·巴蓬说："讲究时髦和花式翻新是推动贸易的重要因素，因为它促使人们不等旧衣服穿破就花钱买新衣服：时装是商业的灵魂和生命，它使整个商业机构转动不息……"[①] 英国的服装出口行业在14世纪即已出现，并获得较大发展，其兴旺势头一直持续到15世纪早期，当时许多城镇像约克、科尔切斯特和诺里奇等都从服装大量出口中获益匪浅。以下我们从16、17世纪英国长筒袜编织业发展实例看一下服装时尚如何影响了英格兰乡村农民向纺织工业流动。

（二）"荒唐时尚"与袜业纺织

直到都铎时期，英国各阶层人士腿上穿的裤子和袜子缝连在一起，当时称之为"hose"，倘若偶尔缝合不上，就用带子将二者连上，分别名之"upper stocks"和"nether stocks"。在意大利、西班牙和法兰西服装风格影响之下，16世纪上半叶英国服装款式发生了变化。贵族和绅士是这方面的领导者，普通市民紧随其后。初期，一双长丝袜对英国人是非常珍贵的物品，似乎是国王专有的特权。亨利八世偶尔才穿一双产自西班牙的长筒丝袜，爱德华六世是第二个以拥有丝袜而自豪者。根据伦敦港1567~1568年税簿，海关官员估价12双来自西班牙马拉加（Malaga）的丝袜，每双价值在4英镑左右，实际销售价格可能接近8英镑，考虑到当时政府规定土地所有者地产年收入10镑以上即可购买绶带，跻身于乡绅行列，8英镑应该是一个不菲的价格，可见丝袜价值之昂贵。但到伊丽莎白女王时期，丝袜就不再如此珍贵，1582年海关新税簿发布时，西班牙丝袜的价值为26先令8便士，已不及20年前的一半。[②] 由羊毛编织成的长袜开始获得社会的青睐，老式的外裤和袜子一体的"hose"逐渐失宠，为编织长袜取代。从王公贵族到普通平民几乎人人争相购买，脚穿长袜，竟被史学家称之为"荒唐时尚"，可见时人痴迷程度。

·在时尚导引下，以生产日用品的毛纺织业获得发展契机，乡村人口从事羊毛编织业出现了热潮。数年之间，羊绒长袜被大量生产出来，逐渐大众化。从事毛纺织业者大部分都是牧区农民，兼职从事羊毛编织工作。15世纪和16世纪早期，在英格兰村庄里处处可见纺线、织布和漂

---

① 〔法〕费尔南·布罗代尔：《15~18世纪的物质文明、经济和资本主义》第2卷，顾良译，北京，生活·读书·新知三联书店，1993年，第327页。

② 〔英〕琼·瑟斯克：《英格兰农村经济论文集》，汉布敦出版社，1984年，第238~239页。

洗。在阿尔丁（Arden）林区，33%的家庭在1530~1569年从事布匹生产，1570~1609年达到60%。[①] 在林区和北部的沼泽地区出现了一些重要的编织中心，其他地区像唐克斯特（Doncaster）附近的乌斯休伯尔（Ousehumber）、格洛斯特郡的蒂克斯伯里谷地（the Vale of Tewkesbury）、柴郡的乳酪制造区以及一些渔业生产中心，特别是诺福克郡的雅茅斯（Yarmouth）羊毛长袜编织，都为当地农民创造大量就业机会。

我们通过研究1580~1630年的“aulnage”卷宗和港口税簿发现，先是诺里奇继而约克郡成为英格兰著名编织业中心。像唐克斯特有120个[②]织工，里士满有1000个织工，附近的16个村镇包括温斯利代尔（Wensleydale）的阿斯克里格（Askrigg）、米德尔赫姆（Middleham），以及蒂斯代尔（Teesdale）的巴纳德（Barnard），还有1000个羊毛编织工人。此外，威尔士、柴郡、格洛斯特郡、康沃尔郡、德文郡、诺丁汉郡、北安普敦郡、约克郡、诺森伯兰郡、坎伯兰郡、威斯特摩兰和达勒姆，都有大量农民从事羊绒长袜生产，其中威尔士、康沃尔郡和英格兰北部生产的羊绒长袜质地粗糙厚重，比较适合士兵、孩童、劳工和农民在各种天气下穿着，一双仅售12便士。精纺羊绒长袜则细密精美，是由英格兰中部出产的长羊毛先行疏理而后织成，一般是富有商人脚上之物，产量则相对较小。比精纺羊绒袜还要精美的是紧身长袜，质地更精致，乃精品中之精品。各种价位的羊绒长袜从7便士到10余先令，应有尽有，适合不同层次的消费群体。最大的羊毛袜消费群体当然是普通平民。

据估算，如果每人每年穿两双长袜，则需要每年生产900万~1100万双；如果一个织工每周织两双长袜，那么每年需要9万~11万人工作50个星期；实际上一个人每年穿两双袜子是非常保守的估计数目，为御寒和美观人们常常一次同时就穿两双长袜，如此则上述数字相应为1800万~2200万双袜子和18万~22万个织工；这还不包括供给国外市场的羊绒长袜，尽管出口量只占总产量一小部分。16世纪70年代以来羊绒长袜出口稳定增长，到17世纪末时大约有100~175万双羊绒长袜出口。由此可见，羊绒编织业是纺织行业的一个重要部门，吸纳了大量农村劳动力。

譬如，1525年在诺里奇市，将近1/3的劳动力从事纺织业，劳动力

① ［美］罗伯特·S. 杜普莱西斯：《近代欧洲早期向资本主义的过渡》，剑桥大学出版社，1997年，第113~114页。

② 疑为印刷疏漏，根据上下文判断应为1200人。Joan Thirsk，1984：*The Rural Economy of England Collected Essays*，The Hambledon Press，p. 245.

向编织业流动为农民家庭带来可观的经济收益，托马斯·威尔森（Thomas Wilson）认为，到1600年时诺里奇编织紧身毛衣的童工每年可赚到12000英镑。[①] 除编织业外，农村劳动力还从事新式呢绒（New Draperies）和克尔赛粗呢（kerseys）、彩色呢绒生产加工，既供给地方市场需求，又向欧洲大陆出口。毛纺织业从16世纪中叶以来发展成为在国内外贸易中占有重要地位的工业部门，为大量乡民提供了生计，是一种商业化比较成功的农村手工业。

（三）第一次工业革命

一般来说，“工业革命”是指在18世纪下半叶纺织业领域内发生的技术变革以及引发其他生产部门产生连锁反应，由此导致英国工业生产力急剧提高。对于英国工业革命的历史地位，中外学者们并没有严重的分歧，不过许多学者依然认为在工业革命之前、即16、17世纪，英国工业在许多领域也出现过生产力的快速增长，尤其以约翰·内夫等人为代表，他们将此期间英国工业发展称为“第一次工业革命”，甚至还有学者（拉兹洛·马凯，匈牙利科学院院士、布达佩斯大学教授）认为中世纪时就已经发生过“工业革命”[②]，英国的埃莉诺拉·卡勒斯-威尔逊教授亦持此种观点，前文已述。

当然，此种称呼是否准确和恰当有待进一步加以斟酌考虑，不过这为我们提供了一条重要信息，即16、17世纪是工业快速发展时期，借此我们从一个侧面了解到16、17世纪英国工业确实出现了较为快速增长，同时也表明英国农村劳动力转移在行业流动方面获得较大进展，所以这一认识也是同我们关于英国农村劳动力转移在16世纪进入“发展时期”的判断相一致的。

下面我们简要考察一下除呢绒纺织业外，英国农村劳动力转移在其他非农行业的发展状况。英国工业在政府的扶持和保护下，由16世纪前期的毛纺织业一枝独秀，发展成为16世纪后期的矿冶业、制盐业、采煤业和火药、玻璃、糖、肥皂等工业制造业百花齐放的局面，其中最突殊

---

① Joan Thirsk, 1984: *The Rural Economy of England Collected Essays*, The Hambledon Press, p. 240.

② 只不过这是一场技术革命，没有引发连锁反应。布罗代尔认为，“风磨和水磨在被模仿的过程中虽然有所改进，但其他技术还留在原地不动”，“挽牲畜的颈轭和肩轭，船舶的艉舵”，这些新技术的出现都不足以改变整个世界的面貌，所以一场真正的工业革命不仅能打破旧的平衡，而且还为今后的变革开辟道路。转引自〔法〕费尔南·布罗代尔：《资本主义论丛》，顾良、张慧君译，北京，中央编译出版社，1997年，第45、46页。

的是，16 世纪英国煤炭行业生产增长遥遥领先，煤炭的应用越来越广泛，以煤做能源开始成为英国经济的主要特征。纽卡斯尔盆地开发了英格兰规模最大煤田，当地绝大部分村民都变成矿工，并吸引更远地区劳动力迁移至此。后来约翰·内夫研究发现，在修道院被解散的 16 世纪和内战爆发期间，煤炭行业发展非常迅速，产量大幅度增加，在贸易和行业生产中不可或缺，以致被视为“国家财富”①。据说开采煤井深入地下 40 ~100 米，1560 年前后煤炭产量为 3.5 万吨，17 世纪初时达到 20 万吨。在 1540 ~1640 年间，英国煤炭产量增长了 8 倍。② 因此，约翰·内夫称这一时期工业飞速发展为英国历史上的“第一次工业革命”，其变革速度之快只有工业革命高潮时期方可与之媲美。③ 原文大致如下：

> ……煤矿开采业的发展无疑快于其他工业……这种发展在英格兰早期经济史上并非孤立的现象……不仅包括许多商品产量的显著增长，而且包括了技术上的改进和组织结构的变迁，再加上迅速增长的证据，这就导致我们尝试性地指出，在 16 世纪末和 17 世纪初可能发生过一次工业革命，它的意义仅次于在 18 世纪末叶所开始的那场工业革命。④

16 世纪劳动力向其他工业转移也得到一定发展，像食盐工业。16 世纪初，英国居民生活所需食盐主要从法国进口。为了改变这种局面，国务大臣塞西尔请来奥格斯堡专家亚斯伯·泽勒，颁发给他生产食盐的特许状，此时法国的食盐生产和贸易因宗教战争遭到破坏，使英国食盐工业获得进一步发展的机遇。1586 年，英国政府授予托马斯·威尔克斯 (Thomas Wilkes)“生产白盐”的专利权。据载，这位“令人尊敬的”威尔克斯先生是枢密院的一个文书，在诺福克的林恩港和林肯郡的波斯顿港、赫尔的金斯顿港生产“白色的食盐”，专利证书期限为“1 ~20 年”，当地海关官员及其他人士不得“收费和辖制”，任何臣民不得“阻挠破坏白盐的生产、运输和销售”；未经他本人及其代表同意许可，任何人不得在专利权期限内“从事白盐生产”。“如果威尔克斯和他的学徒、仆人

① Sybil M. Jack, 1977: *Trade and Industry in Tudor and Stuart England*, London: George Allen & Unwin Ltd., p. 18.

② Penry Williams, 1964: *Life in Dudor England*, New York: G. P. Putnam's Sons, p. 30.

③ 〔法〕费尔南·布罗代尔：《15 ~18 世纪的物质文明、经济和资本主义》第 3 卷，施康强译，北京，生活·读书·新知三联书店，1996 年，第 639 页。

④ 转引自〔美〕罗伯特·金·默顿：《十七世纪英格兰的科学、技术与社会》，范岱年译，北京，商务印书馆，2000 年，第 185 页。

未能生产出质量上乘、数量充足的白盐以满足上述地区居民的消费和生活必需”，那么专利权不再有效，或者说“其他人可以合法地在该地区售卖白盐”。[①]“到伊丽莎白女王统治末期，这一工业……已发生了一场革命”[②]。泰恩河（Tyne）上希尔兹（Shields）村落也是一个著名的制盐中心，居民主要从海水里提炼食盐。法国洛林和诺曼底移民还把先进的玻璃制作技术带到英国，使得英国玻璃制造业获得空前发展。

据记载，伦敦商人亨利·史密斯（Henry Smyth）意欲将一些“陌生人”带回英国，专门生产“不值钱的玻璃”（broke glasse），当时人们都称其为“诺曼底玻璃”。其实各色人等已被遣至该地“工作、生活，及时地掌握生产知识，并已经能够自行制造上述玻璃”。于是，爱德华六世授权亨利·史密斯将他们带回英国，专利权期限为20年，可以在王国“任何地方生产诺曼底玻璃”。[③] 此外，约翰·伊夫琳（John Evelyn）的祖父招募乡民进行火药生产；鼓风炉于15世纪末引入英国，农村劳动力从事冶金工业者逐渐增多。都铎王朝初期，苏塞克斯林区农民就使用鼓风炉冶炼生铁，大多配有水力锤和熔铁炉；东南部的威尔德地区（the Weald）农村居民也开始用鼓风炉冶炼生铁。17世纪初期时，鼓风炉数目达100，年产25000吨生铁；[④] 坎伯兰和萨默塞特郡还请来德国矿工发掘铜矿和菱锌矿 。1546年，爱德华六世还批准布里斯托尔商人约翰·派克斯（John Pykes）生产“白色的肥皂”，时人称“塞维利亚肥皂”（Seville soap）[⑤]。看来该技术是由西班牙引进的。

尽管在16世纪初期，英格兰非农产业生产者人员少，工业产量也远远落在欧洲生产中心像意大利、西班牙、尼德兰、德国和法国等国家后面，国家出口产品主要是羊毛、兽皮、锡和铅等原材料，唯一出口量较大的工业产品就是未染色的、老式的羊毛半成品，进口则主要是制成品，但到“扩张的16世纪”时期结束时，英格兰非农行业的劳动力比例大为

---

① R. H. Tawney and Eileen Power, 1953: *Tudor Economic Documents: Being Select Documents Illustrating the Economic and Social History of Tudor England, Volume Two: Commerce, Finance and the Poor Law*, London: Longman, pp. 254 -257.

② 夏继果:《伊丽莎白一世时期英国外交政策研究》，北京，商务印书馆，1999年，第184页。

③ C. H. Williams, 1967: *English Historical Documents, 1485 -1558*, London, Eyre & Spottiswoode, p. 1007.

④ 陈曦文:《英国16世纪经济变革和政策研究》，北京，首都师范大学出版社，1995年，第96页。

⑤ C. H. Williams, 1967: *English Historical Documents, 1485 -1558*, London: Eyre & Spottiswoode, p. 1008.

增加，达到40%，“主要不从事农业”[1]，英国商品出口结构也陡然一变，不仅原材料出口已经消失，而且相反大量进口国外原材料，外国原料已经成为国内一些工业生产的必需品。对外贸易结构的变化反映英国逐渐摆脱了工业落后状态，乡村很大一部分人口从事非农产业，接近一半（43.3%）农村人口间接脱离农业过活，为经济起飞和工业化奠定了初步基础。这一成就的取得得益于英国政府采取积极引进欧洲大陆先进技术、人才的开放政策，鼓励国民模仿、学习外国先进技术知识，这一幕历史画面与古代日本向中国派遣的“遣隋使”、“遣唐使”有异曲同工之美，也与后来第三世界欠发达国家在学习、引进西方发达国家资金、技术方面惊人地相似。

美国普林斯顿大学詹森教授和劳伦斯·斯特教授在“日本和英国的教育与现代化”一文中考察了英国都铎王朝和日本德川时期的历史，同样也发现英国在欧洲取得技术领先地位，主要“不是依赖自己的大量发明”，而是依靠“率先利用其他国家的发明”，与明治时期的日本“相似”，“……模仿德国的采矿技术……模仿法国的铸炮技术……模仿荷兰的纺织技术……向葡萄牙和西班牙模仿造船和航海……”总之，英国人表现出对外部世界“强烈的好奇心”。实际上，英国人模仿和引进的技术远远不止上述几个方面，其动机也不全是为了经济增长本身，但最终刺激了国内企业的发展。那么，是什么原因推动英国人学习其他民族呢？詹森和斯特认为是“伊丽莎白时期英国人对本民族文化遗产并无盲目的自豪感”[2]。换言之，抱有一种平等的观念和心态是借鉴、学习他人的前提条件，高高在上和盲目自大只会导致故步自封、抱残守缺，最终落得落后和被动挨打的下场。如此看来，引进先进技术就不是一个简单的技术操作问题，而是要解放思想，打破一种自大、僵化和落后的思维观念。

总而言之，整个“16世纪”是英国农村劳动力转移与城市化历史进程中非常重要的一个阶段。正是在这一百余年的时间里，英国劳动力转移在行业流动方面取得长足进步，开始扭转了先前在国际贸易中所处的不利地位，逐步在欧洲国家中开始处于领先地位。但在地域流动方面，英国取得的成就则较为有限，如上文所述，城市化水平在欧洲依然处于落后状态且处于一种失衡状态，大部分流动人口迁移目的地是大城市，

---

① Christopher Dyer, 2005: *An Age of Transition? Economy and Society in England in the Later Middle Ages*, Oxford: Clarendon Press, p. 244.

② 〔美〕西里尔·E. 布莱克编：《比较现代化》，杨豫、陈祖洲译，上海，上海译文出版社，1996年，第332～333页。

尤其是首都伦敦。可见，16 世纪英国农村劳动力转移在行业流动和地域流动两个方面并没有实现统一，非农化和城市化还没有形成直接的良性互动关系，非农化的很多成果没有转化成城市化。由此，英国著名历史学家 G. R. 埃尔顿断言，16 世纪依然是这样一个时期，即“为经济发展打下基础，这些基础在 17 世纪得到扩展，并成为 18 世纪真正的工业革命得以发生的条件”①。这种评价就农村劳动力转移整体发展水平而言，也是比较恰当的。

① G. R. Elton, 1991: *England under Tudors*, New York: Routledge, p. 243.

第六章 英国农村劳动力转移与城市化的发展时期（二）

——17 世纪的劳动力转移

在欧洲经济史上，“17 世纪”是一个“危机”[①] 年代：在 17 世纪初的 1621 年，商业和货币危机再次席卷整个北欧，1630 ~ 1631 年，贸易危机又一次降临欧洲。[②] 有的法国史学家甚至提出了“黑暗的世纪”（a dark century）之说。就英国而言，城乡人口和经济发展速度也开始趋缓，一些城市在 1640 年后甚至出现萎缩，一些乡村工业发达地区出现了“逆工业化”（de - industrialization）现象，农业生产部门也同时进入调整时期。年鉴派史学大师费尔南·布罗代尔认为，境况稍好的北欧各国亦与英国处于同一命运，虽“没有后退但也不再前进”，当然经济形势最为严峻的是欧洲大陆国家。[③] 此外，17 世纪还是一个政治危机和革命的年代，政治变革紧跟在经济危机之后而来。英国爆发了有史以来最大的一次内战，最后君主制被废除，建立了资产阶级共和国和君主立宪政体。

就英格兰农村劳动力转移与城市化而言，17 世纪有着特别的意义。

① 本书中“17 世纪”涵括工业革命发生前的 18 世纪上半叶，从经济运行趋势上讲，18 世纪初期与 17 世纪属于同一发展周期。当然“17 世纪危机”在各地持续时间、表现形式各不相同，欧洲大陆尤其是法国和德意志经济衰退最为严重；相对来说，英国情况要好得多，但也出现人口、经济增长放缓现象，还出现一些重要社会变化，英国史学家 D. C. 科尔曼（D. C. Coleman）称之为“新的时代背景”（the New Context），出于方便起见，他将时限大致定在 1650 年和 1750 年之间。D. C. Coleman，1977：*The Economy of England 1450 - 1750*，Oxford University Press，pp. 91 - 92. 其他学者稍有不同，像英国著名史家琼·瑟斯克主编的《英格兰和威尔士农业史》第 3 卷和约翰·查特斯（John Chartres）主编的《英格兰和威尔士农业史》第 4 卷在论述 17 世纪英国农业政策变革，农产品国内、国际市场贸易活动时，就以 1640 ~ 1750 年为“17 世纪”年限，不过大都涵盖了 18 世纪上半叶则是没有什么疑问的。

② Michael Zell，2004：*Industry in the Countryside：Wealden Society in the Sixteen Century*，Cambridge University Press，p. 242.

③〔法〕费尔南·布罗代尔：《15 ~ 18 世纪的物质文明、经济和资本主义》第 3 卷，施康强译，北京，生活·读书·新知三联书店，1996 年，第 643 页。

英国经历了这场政治经济危机，尤其在内战时期，一些经济部门如煤炭采掘业在17世纪40年代一度陷于萧条。不过，“17世纪”对英国来说不单纯是“危机”，还提供了漫长的16世纪之后的一次喘息之机：物价平稳，劳动力市场需求旺盛，实际工资稳定甚至在一些地方还增加了；16世纪出现的经济结构变化——农业商业化和专业化、制造业乡村化以及资本主义生产关系在17世纪也得到加强。更重要的是，农村劳动力转移的行业流动和地域流动在以往时期基础之上继续发展，到18世纪初，英格兰率先成功地克服“危机”带来的消极影响，获得新生，农业生产力、乡村工业和城市化水平均超过了海峡对面的欧陆国家，在欧洲获得领先地位。正是这一次成功，奠定了英国率先进入现代工业社会的基础和条件。

一、17世纪英格兰农村劳动力转移的几个推动因素

农村劳动力流动离开乡村农业状况是无法说清楚的，农村经济的起伏波动直接影响到农村人口流动程度，17世纪的英格兰也依然如是。农业生产率出现大幅提高，农村生产关系在圈地运动推动下得到进一步深化变革，农村社会出现了一个数量庞大的无地、少地的无产者阶层，也崛起了一个以乡绅、约曼为主体的租地农场主阶层，而畜产品、工业品市场的兴旺繁荣则为农村上述剩余劳动力流动提供了方向和目标。

（一）农业生产率大幅度提高是农村劳动力出现较大规模转移的首要原因

E. L. 琼斯通过对欧洲工业化国家的历史进行比较研究后指出，这些国家成功的首要条件是“农业生产增长速度高于人口增长”，其中英国经济发展的“关键时期”是“1650～1750年”。① 劳动力向城市流动和向非农产业转移虽然在农业生产率较低情形下也存在，但比较大规模的农村劳动力行业流动和地域流动必定以农业生产力的大幅度提高为其前提。以小麦单产为例，怀特尼认为1200～1550年间，英国小麦单产一直停留在平均每英亩6蒲式耳水平上，16世纪中叶以后亩产量直线上升，尤其以1550～1650年间增长最快，到17世纪中叶达到平均每英亩12蒲式耳。也有学者认为亩产量上升最快时期是1750～1850年，亩产量

① 〔法〕费尔南·布罗代尔：《15～18世纪的物质文明、经济和资本主义》第3卷，施康强译，北京，生活·读书·新知三联书店，1996年，第646页。

可达16蒲式耳。[①] 来自诺福克和萨福克郡的证据表明，17世纪晚期小麦的平均产量每英亩达到“14～16蒲式耳”，增长幅度约为75%，大麦和燕麦的耕种面积和亩产量更是高于小麦。总之，尽管估计有些出入，但都承认16世纪尤其17世纪后英国小麦单产以较快速度增长，粮食作物产量开始大幅度增加。可见，在传统社会转型之前，农业经济已经率先实现起飞。

无独有偶，史学家克里奇（Kerridge）所判断的英国农业革命也发生在“16、17世纪”。据杨杰教授考察，农业革命的核心内容是“改造传统的农村社会结构”，主要包括改革传统的土地关系，即我们在上一章述及的“确立个人土地所有权”，还有革新农业生产技术，最典型的如“诺福克轮作制”的发明和普及，即豆子与大麦夹种，萝卜种在两季粮食之间，充分利用休耕地，实现了小麦、萝卜、大麦和豆子连续轮种。[②] 到17世纪，即便不太开明、变通的农户也能够获得“两倍于中古晚期的产量收成”，那些勇于革新的进步者则取得了“四倍于中古晚期的产量”。[③] 这些农业进步都依赖于农业领域出现的一系列技术革新：像肯特郡的“可轮换耕作制”（up and down farming），使耕地地力耗竭时改为草场放牧10～12年，“施以粪肥和泥灰土”，待地力恢复后复种植谷物，如此及时改变土壤结构，增加土壤肥力，提高了粮食和饲草产量；该方法在17世纪初出现，早期仅为某些大农场采用，40年后，在斯图亚特复辟王朝查理二世时期逐渐普及到全国各地。[④] “引水灌草法”（water meadows）提高牧场肥力、提前获得鲜草，以此方法获得的牧草产量是传统方法的4倍。这些农业技术普及的时间与农业生产力大幅提高如此吻合，显然不是一种巧合。

畜牧业的发展也构成了英国农业革命的重要内容，推动了农业生产力稳步提高。在1843年劳斯（Lawes）发明化肥——过磷酸钙——以前，英国农业保持土壤肥力的一个重要方法是依靠牲畜粪便增加地力，这就需要牧养大量的牲畜群，但限于当时知识和技术水平，人们普遍不知如何生产大量草料以让畜群度过严冬，所以每年11月份都要大量屠宰牲

---

① 王乃耀：《16世纪英国农业革命》，《史学月刊》1990年第2期，第87页。

② 杨杰：《从下往上看——英国农业革命》，北京，中国社会科学出版社，2009年，第113、143页。

③ C. A. Clay, 1984: *Economic Expansion and Social Change: England1500－1700, Volume I*, Cambridge University Press, pp. 137－138.

④ Michael Zell, 2004: *Industry in the Countryside: Wealden Society in the Sixteen Century*, Cambridge University Press, pp. 111－112.

畜。这对于畜力和肥源都是很大的损失。“可轮换耕作制”和“引水灌草法”解决了牧草不足的难题，是畜牧业生产取得的一项重要进步措施，同时也为农业增加地力、提高谷物产量创造了条件。在这里，我们再次看到农业进步和畜牧业是相互促进的。英国科技史家默顿研究还发现，17 世纪农业技术革新不断涌现：大卫·拉姆塞和托马斯·威尔德格斯因为发明“不用牛马耕地”、“改良荒地”而获得 1618 年的专利，前者后来在 1630 年因为“发现能使土地比通常更肥沃”的方法获得另一项专利，加布里尔·普莱茨发明了一种播种谷物的“播种器械”，若干时间以后杰斯罗·塔尔发明了“条播犁”，后来家喻户晓、蜚声国内外。这些农业技术革新正是农业总产量和生产率提高的坚实保障。

为及时了解农业生产的实际需要，英国皇家学会建立了一个“乔治卡尔”（Georgicall）委员会，即农业委员会，负责审查和改进当时的农业实践，这充分表明当时的科学研究多么“敏锐地关注实际有用的事务……努力把书本学习和科学研究与无数的农场主的经验联系起来”①。此外，生产技术上的革新还有谷物与豆科及萝卜、芜菁等牧草套种，优良牲畜品种的培育等，这些也都为农牧业大发展提供了技术支持。

1600 年左右，从全国来看，英国农业水平与法国大致相当，而到 1700 年时，它已经超过了海峡对面的法国。此后，英法双方差距一直在扩大，英国始终保持着遥遥领先的地位。与此同时，英国农业产量和农业生产率也已超过低地国家最先进的省份——荷兰。这两个世纪（1500 ~1700 年）以来，英国农畜产品产量有了较大提高，尽管在 17 世纪 40 年代由于内战的负面影响，英国还从荷兰和法国进口谷物、奶酪，甚至还有蔬菜和水果，但从内战结束的 50 年代伊始，英国国内农产品就出现显著过剩现象，谷价长期低迷。这种农业困境并不是生产力落后造成的，实际上反映了农业生产率的巨大进步，商业化和专业化农业区剩余产品的增加速度超过了英国人口的消费需求。近代农业已经先于大工业在英国得到确立。经济史家 C. A. 克莱（C. A. Clay）认为，可以合理推测估算，英国农业总产量提高了大约 250%。② 到 17 世纪末，英格兰已经变成谷物大规模出口国。

因此，16、17 世纪农业生产率提高无疑为劳动力向非农产业转移和

① 〔美〕罗伯特·金·默顿：《十七世纪英格兰的科学、技术与社会》，范岱年译，北京，商务印书馆，2000 年，第 267 页。

② C. A. Clay, 1984: *Economic Expansion and Social Change: England 1500 – 1700, Volume I*, Cambridge University Press, p. 138.

向城市流动打下了坚实基础。经济史家布伦纳将其称为“一种独特的共生关系”，正是农业和工业之间的这种良性关系使得英格兰有可能成为第一个进行工业化的国家。[①] 我国已故著名史学家吴于廑先生也认为，历史上的“农耕世界孕育了工业世界”，农产剩余的长趋势增长，是农本经济孕育工业世界的前提，没有这个前提，也就没有工业世界的孕育，即使孕育了也难产。这个前提在英国、尼德兰的存在，“自13世纪以后，尤其是到15、16世纪，已经是日益明显的了”。[②] 中国农民问题专家侯建新更是明确断言，“英国高产农业孕育了乡村工业”，进而“孕育了整个工业世界”。[③] 由此可见，农村劳动力转移与城市化在17世纪取得较大成果实则是农业生产力进步的一个必然反映。

（二）农村生产关系的变革是推动农业劳动力转移的另一个因素

如前所述，圈地运动的发展加速了农村社会分化，推动了劳动力转移和流动。17世纪的圈地运动方兴未艾。通常，学者大多认为在16世纪地主野蛮强行圈地和18世纪议会圈地开始之间，17世纪是一个间歇期。通过详尽的研究，伦纳德（Leonard）和冈尼尔（Gonner）认为，这并不符合历史事实。在整个17世纪，圈地一直在进行着，只是采取了“协议圈地”（enclosure by agreement）新形式，尤其是17世纪30年代中期后，越来越多的人意识到圈地的益处，常常就圈地行为达成一致意见，遂不再需要政府详细审查，于是在官方文件中不再像16世纪那样频频出现。[④] 不过，协议圈地从整体上没有顾及佃户们的利益，殷实佃户、贫农、小屋农和劳工都同样遭到驱逐。

史学家帕克（Parker）举了莱斯特郡六个协议圈地的例子，发现这种圈地同样造成农业人口外流——在每个教区平均仅涉及11个自由持有农和佃户的这种协议，就造成教区十所农家房屋荒弃。无疑，这种圈地同样侵犯了农民的利益，激起了农民的强烈反抗。许多协议还造成了农民暴动和骚乱，1607年英格兰中部地区农民起义就是明证，大部分骚乱

---

① T. H. Aston and C. H. E. Phlipin, 1987: *The Brenner Debate: Agrarian Class Structure and Economic Development in Pre-industrial Europe*, Cambridge University Press, p. 54.

② 吴于廑：《历史上农耕世界对工业世界的孕育》，见《吴于廑文选》，武汉，武汉大学出版社，2007年，第127、148页。

③ 侯建新：《社会转型期的西欧与中国》（第二版），北京，高等教育出版社，2005年，第253页。

④ Joan Thirsk, 1990: *Agricultural Change: Policy and Practice, 1500-1750*, Cambridge University Press, pp. 144-145.

地区都经历了这种协议圈地。1600～1675年间，莱斯特郡发现21个允许协议圈地的大法官法令，北安普顿郡有16个，沃里克郡13个。[①] 换言之，协议圈地最流行地区恰恰是问题最多、农民抵制圈地最强烈的地区。上述三郡都卷入了1607年农民起义。1607年之后，政府没有再进行关于圈地情况的详尽调查，我们依据个人请愿材料及各地郡首和治安法官提供的报告仍可确信，在17世纪早期发生了相当多的非法圈地。在1630～1631年的两年中，莱斯特郡大约有1万英亩土地被圈占；德比郡、亨廷顿郡、诺丁汉郡、林肯郡和肯特郡的圈地情况在报告中亦可见一斑。

议会对非法圈地者、造成人口大量减少者进行罚款，以示惩戒。在1635～1638年间，对589人的罚款总额达4.7万英镑。禁令之下仍屡屡犯科，可见当时非法圈地的疯狂程度，其中受罚者大部分来自林肯郡（罚款18846英镑），莱斯特郡167人罚款9425英镑，北安普顿郡85人罚款8678英镑，其他郡按罚款金额依次为亨廷顿郡、诺丁汉郡、赫特福德郡、拉特兰郡、牛津郡、剑桥郡、贝德福德郡、白金汉郡和格洛斯特郡。[②] 显而易见，英格兰中部和内陆各郡在17世纪充当了非法圈地的急先锋，令其他地区望尘莫及。这些地区都曾经是农业较为发达的地区。

在圈地期间，农村劳动力继续被迫向非农产业或城市流动。如果说16世纪圈地后农村小农还有荒地、沼泽等可依赖农业生产资源，生存具有较大回旋余地，那么17世纪圈地运动则使得这种生存回旋余地大大缩小。在16世纪圈地基础上，17世纪圈地范围扩大、圈围耕地面积增加，驱使农村人口向外转移流动的“推力”较16世纪大为增强，英国乡村大多数居民的生存压力变得更大了。萨里大学的玛格丽特·斯普福特研究了16、17世纪剑桥郡的几个村庄，发现在典型的农业耕作地区，土地囤积运动和小土地所有者消失的现象在16世纪晚期和17世纪早期“加快了速度”[③]。据17世纪的格雷格利估计，当时茅屋农、贫民、帮工阶层占全国总人口的47%，为257万多人，他们因无地或少地而入不敷出。同时畜牧业对劳动力需求量大为减少，据瑟斯克估计，种植业与畜牧业所需的劳动力之比是100:20。圈地将一部分耕地转化为牧场意味着很大

① Martin, J. E., Fedualism to Capitalism: Peasant and Landlord in English Agrarian Development, Palgrave Macmillan, p. 139.

② Martin, J. E., *Fedualism to Capitalism: Peasant and Landlord in English Agrarian Development*, Palgrave Macmillan, p. 140.

③ Margaret Spufford, 2000: *Contrasting Communities: English Villagers in the Sixteenth and Seventeenth Centuries*, Sutton Publishing, p. 165.

一部分劳动力被排挤出了农业生产领域。①

正如圈地给资本主义大农场带来更大经济效益一样，17 世纪圈地给农村居民造成的影响倍增，对农村劳动力转移也产生了规模效应。圈占相同面积的耕地资源此时则触动了更多小农的脆弱生计，给更多小农生存带来压力，推动更多的农村人口向城市迁移、转入乡村工业。关于公地圈围给农民生活造成的影响，A. 斯特尔特教授（A. Sturt）曾经作过一个形象比喻，他说“公地被圈围就像砸掉了拱形门上的拱顶石一般。拱顶石并不是拱门，但一当拱顶石不在了，拱门的全部力量变得分崩离析。逐渐地，整个建筑就坍塌了”②。因此，在一些地区，圈地运动对农民经济和家庭生活的破坏作用是缓慢显示的，但却是不可逆转的。史学家 G. E. 明盖（G. E. Mingay）研究后发现，小土地所有者正是在 17 世纪晚期和 18 世纪上半叶大幅减少的。③ 保尔·芒图在论及圈地运动后果和影响时也频频提到“田里的人少了，城市中的人便多了”、“人们从乡村教区不断向市镇迁移……大批出生于乡村的人终于在大小城市选定了住所”以及“凡进行了圈地的地方……乡村中健壮的自耕农不得不到伯明翰、考文垂等地去找工作”，乡村教区居民“由于贫穷和缺乏工作而被大批地逼往工业城市”，等等。④ 可见，随着时间推移，圈地对农民生活的影响正逐渐展现出来，以农为本的小农经济不可避免地走向解体。

伟大的无产阶级革命导师马克思曾对圈地运动作过许多经典论述，其中之一即圈地运动剥夺了农民的生产资料——土地，这是一个“生产资料和生产者相分离”的过程，充满了血腥和痛苦，并引用托马斯·莫尔“羊吃人”的论断，对农村劳苦大众表示深深的同情。尽管这一运动并未如许多作家所认为的完全是采取暴力手段推进，许多地区通过经济的、和平的手段来完成圈地，但其后果则是确凿无疑的——生产资料和生产者相分离。这是一个“创造资本关系”的过程，这个过程一方面使社会的生活资料和生产资料转化为资本，另一方面使直接生产者转化为

---

① 薛惠宗：《15～17 世纪英国乡村工商业的发展及其早期近代化》，《世界历史》1987 年第 6 期，第 77 页；王晋新：《15～17 世纪中英两国农村经济比较研究》，长春，东北师范大学出版社，1996 年，第 175 页。

② K. D. M. 斯内尔：《贫民编年史——1660～1900 年的英格兰农业和社会变化》，剑桥大学出版社，1987 年，第 166 页。

③ G. E. Mingay, 1979: *Enclosure and the Small Farmer in the Age of the Induatrial Revolution*, Macmillan Publishers LTD., pp. 28～29.

④ 〔法〕保尔·芒图：《十八世纪产业革命——英国近代大工业初期的概况》，杨人楩、陈希秦等译，北京，商务印书馆，1997 年，第 140～142 页。

雇佣工人。就英国而言，圈地运动使农村大量原先的公地、荒地转变成了富裕约曼、商人和地主手中的资本，他们则变成了资本家，而广大失去土地的小土地所有者则变成了按照资本主义方式经营的大农场的雇佣工人和手工工场的雇佣工人。可见，资本主义社会的经济结构正是从封建社会的经济“母体”中产生的。

从历史进步的视角看，这一过程无疑具有积极意义，所以马克思说，在真正的历史上，征服、奴役、杀戮，总之，暴力起着巨大的作用。对农业生产者即农民土地的剥夺，形成了全部过程的“基础”，是历史上“划时代”的事情。[①] 从经济角度看，这是农业生产力提高的重要表现，使得农村一小部分人口就可以生产出足够的生活资料以供全部居民享用，而大部分人口从此可以脱离农业、脱离土地。恩格斯也曾说过，中世纪农民遭受剥削的根源就在于他们“离不开土地”，归根结底还是农业生产力落后造成的。现在圈地运动完成了这一历史任务，切断了广大农民同土地的联结纽带，从而为农村居民大规模流动、为英国城市化和工业化发展创造了条件。

相形之下，法国农民则在资产阶级大革命时期和资本主义发展过程中得到政府更多的庇护，不过小农经济大量长期存在却构成了资本主义发展的严重桎梏，正如经济史学家罗伯特·布伦纳所言：“法国农村居民最完整的自由和财产权利，却意味着贫穷和落后的自我持续循环，在英国，（大多数农民）恰恰是缺乏这种权利，促进了经济发展的开端。”[②] 看来经济发展和社会进步在一定历史时期与道义和道德进化并不同步，有时反而是以牺牲后者为代价的。

表 6－1　16、17 和 18 世纪圈地运动发生期间英国城市居民占总人口比例　（%）

年代 / 比例	1520	1600	1670	1700	1750	1801	1851
城市总人口	5.25	8.25	13.5	17.0	21.0	27.5	51.0

资料来源：E. A. Wrigley, 1992: *People*, *Cities and Wealth*: *The Transformation of Traditional Society*, Blackwell, p.162。

由上表可见，16 世纪圈地期间（截止到1600 年），英国城市总人口

① 《马克思恩格斯选集》第 2 卷，北京，人民出版社，2006 年，第 260 ~ 261 页。

② 〔美〕罗伯特·布伦纳：《前工业时期欧洲农村的阶级结构和经济发展》，《世界历史译丛》1980 年第 5 期，第 3 页。

比例从5.25%到8.25%增加3个百分点，在17世纪圈地期间直到18世纪初，城市人口比例从8.25%增加到17.0%，即城市化水平提高8.75个百分点。此外，据城市史专家詹·德·弗里斯（Jan de Vries）研究，1520年英国城市人口比例为4.4%，这里没有将2500~5000人之间的小城镇包括进来，如补充上，城市人口比例将有一定提高；在接下来的几个世纪，弗里斯补充了居民数量在5000人以下的小城镇，得出上述1600年、1700年、1750年、1801年和1851年城市人口比例分别为8.8%、18.2%、24.2%、30.1%和50.3%，城市化水平稍稍高出里格利的估算。①

笔者根据里格利和弗里斯的数据绘制成图表，下面图6－1比较直观地展示出英国城市化发展轨迹。

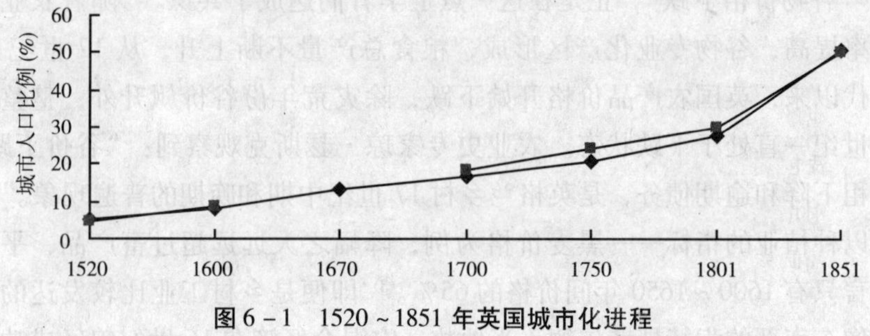

图6－1 1520~1851年英国城市化进程

詹·德·弗里斯没有1670年的数据，根据他的数据绘制的城市化曲线稍高出里格利的，不过这不影响我们对英国城市化发展趋势的观察和判断，总体说来，两支曲线走势大体吻合。可见，在圈地运动发生期间，英国城市化稳步发展，没有出现逆转和倒退现象，应该说，英国农村生产力和生产关系的变革构成了农村劳动力转移与城市化进程的坚实基础。而在此之前，即中古晚期，当农业生产出现衰退时，英国城市化进程也出现了倒退。当然，若由此得出圈地运动显著加速了英国城市化的论断，亦有些言过其实。据笔者研究，圈地运动对英国乡村社会的影响远超过城市，其在农村社会造成的后果和意义较之城市更为深远重大，它推进了英国乡村非农化和乡村工业发展进程，带来了农村社会结构和经济结构的深刻变革，为下一个世纪大规模农村劳动力转移与城市化运动奠定了雄厚基础。② 简言之，圈地运动期间，英国向现代社会转型主要体现

① Jan de Vries, 1984: *European Urbanization, 1500－1800*, Harvard University Press, p.64.

② 谷延方：《重评圈地运动与英国城市化》，《天津师范大学学报（社科版）》2008年第4期。

在农村社会结构和经济结构的变化上，而不是城市经济的起飞和变革上。我们由上图亦可见，城市化呈现加速发展和实现起飞阶段是在19世纪初年，最直接的推动力当是来自工业革命。

（三）农业劳动力向非农领域转移同谷物市场低迷状况存在着密切关系

大体说来，农业危机始于17世纪50年代。许多英国学者否认经济进入危机和衰退时期，D. C. 科尔曼即称之为"新的时代背景"，危机的一些表现如谷物价格下跌、耕地转为牧场以及种植饲料作物、对"纯粹农业问题"没兴趣等，有些实际上是反映了英国农业结构的进一步变化——由谷物种植转向畜产品、奶制品生产，而最能印证危机的表现只有"谷物价格下跌"，正是在这一点上学者们达成了共识。① 随着农业生产率提高，谷物专业化产区形成，粮食总产量不断上升，从17世纪50年代以来，英国农产品价格开始下跌，除灾荒年份谷价飙升外，整整一个世纪一直处于下跌状态。农业史专家琼·瑟斯克观察到："谷价下跌、地租下降和逾期债务，是英格兰乡村17世纪中期和晚期的普遍现象。"② 就以种植业的指标——黑麦价格为例，降幅之大远远超过畜产品，平均而言只有1600～1650年间价格的65%。③ 即便是乡村工业比较发达的地区像东南部的肯特郡威尔德，当地牧—农混合经济在16世纪曾经成功地为许多少地、无地农民提供就业机会而繁荣一时，但进入17世纪后也不能为不断增加的人口提供满意的生计，贫困人口日益增多，结果该教区济贫税一路攀升，1611年超过100英镑，1615～1616年达到146英镑。④ 17世纪晚期，肯特郡征缴的济贫税数额则位于英国各郡前列，达到29875英镑。萨里大学的玛格丽特·斯普福特还考察了剑桥郡的奇彭纳姆（Chippenham）村庄，发现早在1597～1636年间，中等份地农户就被迫卖掉耕地，放弃谷物种植，奥威尔（Orwell）村庄在17世纪头30年也

---

① D. C. Coleman, 1977: *The Economy of England 1450－1750*, Oxford University Press, pp. 111－112.

② Joan Thirsk, 1984: *The Rural Economy of England Collected Essays*, The Hambledon Press, p. 195, 200.

③ Margaret Spufford, 2000: *Contrasting Communities, English Villagers in the Sixteenth and Seventeenth Centuries*, Sutton Publishing, p. 91.

④ Michael Zell, 2004: *Industry in the Countryside: Wealden Society in the Sixteen Century*, Cambridge University Press, p. 111.

发生了同样的事情。[①] 可见，一些地区早在危机之前农业生产就已经出现衰退，陷于困难境地。

农业危机的普遍性由地方呈给议会的各种请愿书和报告亦可见一斑。1653年5月，林肯郡霍尔比齐（Holbeach）的约翰·梅纳德（John Maynard）写信给议会，倾诉"谷物卖不上价"；12月，诺福克郡圣菲斯修道院（ST Faith）的佃户们请求地主允许他们延期缴租，因为现在"无论谷物还是牲畜抑或牛油都卖不上价"。来自牛津郡的一份报告则提到，1蒲式耳小麦前些年价值10先令，现在只卖2先令6便士和3先令。可见，从17世纪中叶始，由农业生产过剩带来的市场饱和已经非常明显，谷物等农产品价格下跌是市场供求关系的一种必然反映。正是在这样的背景之下，1656年11月，英国议会通过法令，允许国内农畜产品价格在"不超过一定价位时"向外出口，包括谷物、啤酒、牛、马、奶油、奶酪、牛肉、猪肉、熏肉、牛皮、羊皮和蜡烛，其中小麦出口的最高限价为40先令/夸特。[②] 这意味着只要国内小麦价格在40先令以下，生产商或交易商就可以自由向国外出口。无疑，1656年法令在一定程度上扩大了英国农产品市场，极大鼓舞了资本主义农场主和约曼、小土地所有者的生产积极性，进一步推进了农业生产力发展和农业生产关系变革。不过，从短期来看，国内市场的谷物价格并没有出现明显回升。谷物出口状况也不尽如人意，60年代英国没有一个港口平均出口谷物超过2000夸特。[③]

为了摆脱日益严重的经济困难，护国公政府、"安全委员会"和"蒙克议会"轮番登台，但所采取的诸项措施在短期内难以速见成效，正是在这样的背景下，查理二世实现了斯图亚特王朝的复辟。在无限荣光的背后，查理二世大概没有料到他接手的是一个"负债高达3000000英镑的"烂摊子！这其中包括查理一世时期遗留下的债务，被普莱德上校清洗之前的"长期议会"的借款，当然还包括查理二世本人流亡期间的借贷债务。实际上，财政赤字总额可能还远远高于300万英镑。[④] 因

① Margaret Spufford, 2000: *Contrasting Communities, English Villagers in the Sixteenth and Seventeenth Centuries*, Sutton Publishing, p. 92, 118.

② Joan Thirsk, 1990: *Agricultural Change: Policy and Practice, 1500 – 1750*, Cambridge University Press, pp. 133 – 135.

③ D. C. Coleman, 1977: *The Economy of England 1450 – 1750*, Oxford University Press, p. 120.

④ Andrew Browning, 1953: *English Historical Documents, 1660 – 1714*, Eyre & Spottiswoode, p. 273.

此，与其说英国人重视传统、怀念君主制，莫不如说他们更看重眼前的利害、注重寻求一条走出现实危机的出路。这样一种经济代价高昂的政治复辟，或许为日后查理二世赖账、拒付债务以及在对外政策上屈服法国以换取法王的秘密津贴等一系列行为，埋下了伏笔。

为摆脱农业困境，政府鼓励一些小农实行多样化经营，种植像水果、蔬菜、草药、香料及大麻、亚麻等工业染料作物，密集地使用土地和劳动力。这些经济作物所需土地面积很小，非常适合缺少土地、资本但有富余劳动力的小农，4 或 5 英亩土地就可以供养一个家庭。一位格洛斯特郡的农业专家提倡农户种植大麻和亚麻。据他估算，40 英亩亚麻一年要雇工 800 多人，可以为农村大量失业人口提供生计和就业机会，即使工资计算在内，仍比 160 英亩的谷物种植或牧草获利为多。① 因此，17 世纪中期后在泰晤士河两岸、伦敦周围各郡及整个英格兰南部兴旺城镇附近，出现商品菜园一派欣欣向荣景象。由于种植经济作物可以获得比传统农业更高的收益，农地地租也随之上涨。

据约翰·霍顿（John Houghton）考察，17 世纪末，伦敦周围 11 郡土地租金除赫里福德郡为 10 便士/英亩——接近 1 先令外，其余 10 郡都在 1 先令/英亩以上，米德塞克斯郡（Middlesex，包括伦敦）则高达 5 先令 11 便士/英亩，而偏远的其余 40 个郡地租大多在 1 先令/英亩以下，其中有 18 个郡在 6 便士/英亩以下，最低的坎伯兰郡、诺森波兰郡、威斯特摩兰郡和卡迪根郡（Cardigan）、梅里奥尼思郡（Merioneth）只有 1 便士/英亩左右，租金分别为 1 便士、1.5 便士、1.5 便士、1.25 便士、1.25 便士②，可见伦敦周围诸郡明显高于北部和西部地区。当然，从事商品菜园和城市需求的经济作物最适合于居住在城市近郊的小农，偏远地区和广大农村的小土地所有者则无此福分。政府 1670 年颁布谷物法，1673 年给农民出口补贴，继续鼓励农民向海外出口谷物，希望藉此确保谷物产量，改善谷物价格。但一切努力归于徒劳，谷价在 1660～1750 年间依然无情下跌。农产品价格的长期低迷无疑为英国经济的发展蒙上了一层阴影。

相比之下，畜牧业行情依然看好，畜产品价格稳中有升。1660 年斯图亚特王朝复辟后，1663 年政府即通过法令对进口牛羊肉征税，1667 年

---

① Joan Thirsk, 1984: *The Rural Economy of England Collected Essays*, The Hambledon Press, p. 213

② Andrew Browning, 1953: English Historical Documents, *1660－1714*, Eyre & Spottiswoode, p. 520－522.

通过的“爱尔兰牛肉法案”则禁止进口一切牲畜，这一措施使得西部和北部许多林—牧业郡区像德文、兰开夏和诺森伯兰等获益良多。[①] 肉类和其他畜产品持续稳定的需求使畜牧业和畜产品加工业保持着兴旺势头，肉农和奶农亦受益匪浅。所以，在16、17世纪，当农业区农户尤其是中等农户数量大大减少时，许多沼泽地区居民点大为增加，人口日渐稠密，正是因为这些地区存在公地和荒地，可以放牧饲养牛羊。在17世纪下半叶，多数学者像查尔斯·达维南特（Charles Davenant）、理查德·韦斯顿爵士（Sir Richard Weston）、约翰·霍顿等认为，经营畜牧业比谷物种植更有利可图，为更多人提供了就业机会。这也符合1650～1750年西欧各国农业发展的普遍趋势。[②]

因此，农畜产品价格“剪刀差”现象的存在是英国17世纪农业劳动力向外转移的重要原因之一。其实，最早从经济发展角度解释人口流动原因的是17世纪经济学家威廉·配第，作为古典经济学创始人，配第认为比较利益差异的存在是劳动力从农业部门流向工业部门和商业部门的直接原因。在其代表作《政治算术》中，配第举例说，一个耕种土地的英格兰农民每天可挣8便士，如果他是一个工匠，每天则可挣16便士。这种比较利益差异的存在，会促使劳动力从农业部门流向工业部门和商业部门。[③] 看来，比较利益差异推动劳动力转移这一规律早在数百年前即已被人们所发现、认识了。

因此，农业利润率降低使得许多农民变耕地为牧场，向畜牧业等非农生产领域转移，也使一批批小土地所有者破产，最后变成了农业市场上的劳动力。许多小农包括自由农和公簿持有农，甚至还有小乡绅都被迫卖掉土地，他们只有到城市去碰碰运气；靠谷物过活的农民则扩大耕地面积以取得规模效益，结果催生了越来越多规模较大的资本主义农场。玛格丽特·斯普福特研究了剑桥郡的三个村子：奇彭纳姆（Chippenham）、奥威尔（Orwell）和威灵厄姆（Willingham），通过考察村民们留下的遗嘱结果发现，奇彭纳姆村里中等规模的份地或农场逐渐消失了，经济压力已经迫使这些农民们及其子女变成了挣工资的劳工，奥威尔村的证据尽管没有奇彭纳姆村那样充分，但也清楚表明拥有半份地和全份

① Joan Thirsk, 1984: *The Rural Economy of England Collected Essays*, The Hambledon Press, pp. 184－185.

② Joan Thirsk, 1984: *The Rural Economy of England Collected Essays*, The Hambledon Press, pp. 213－214.

③ 王亚南主编：《资产阶级古典政治经济学选辑》，北京，商务印书馆，1979年，第86页。

地的惯例农数量显著减少，而相应的大农场和小屋农数量大幅上升，经济两极分化十分突出，只有威灵厄姆村由于受到沼泽地环境限制没有出现大农场，但绝大部分村民份地都在10英亩以下，呈现单极化发展趋势。① 这些沼泽地的小农是依靠公地和畜牧权利才得以维持生存的。

此外，新航路的开辟、海外市场的形成也对17世纪英国农村劳动力转移与城市化产生了积极的推动作用。在16世纪，英国尚未开始向海外进行大规模殖民扩张，国外市场需求相对有限，国内民族市场的初步形成对英国农村劳动力转移与城市化产生了显著的推动作用，而在17世纪，随着新航路的开辟，欧洲贸易中心由南部地中海转移到北大西洋，商路中心的转移为英国海外贸易大发展提供了有利契机。在这一区域，英国先后通过颁布"航海条例"，对西班牙、荷兰等国进行战争等方式消除了竞争对手，控制了大西洋贸易，逐渐攫取了越来越多的海外殖民地，从而拥有了广大的海外市场。因此，海外市场无疑在英国17世纪工业品市场结构中占据愈来愈重要地位，不容忽视。重商主义的代表查尔斯·达维南特提供了17世纪中叶英国海外贸易的一组数字，"1666年关税的包收额不超过390000镑，而其后从1671年的米迦勒节（9月29日）到1688年的米迦勒节，17年间，国王陛下净得的关税达9447799镑，每年平均555752镑。这足以证明我国的贸易扩大了"②。

如果说国内市场为16世纪英国工商业发展打下稳固而坚实的基础，那么17世纪海外市场则在此基础上为英国农村劳动力进一步大规模向非农行业转移提供了条件。英国伦敦大学教授乔杜里在《1800年以前亚洲的商业资本主义和工业生产》一文中论及两者关系时说："非农业财富的增长、货币经济的扩展和农业生产的专业化"，在很大程度上取决于"工业活动如何开拓本地以外的市场"，这与马克思关于资本家商人"在组织商品生产和销售中起着至关重要的作用"的论断有很大相似之处。③ 所以，英国史学家G. R. 埃尔顿认为，在17世纪，英国"海外市场的开拓"也在很大程度上刺激了工业生产和制造业活动扩展。④ 这种判断还是有一定道理的。当然还有很多因素也影响着农村劳动力向外流动。

---

① Margaret Spufford, 2000: *Contrasting Communities, English Villagers in the Sixteenth and Seventeenth Centuries*, Sutton Publishing, p. 87, 118, 161.

② 〔英〕查尔斯·达维南特：《论英国的公共收入与贸易》，朱泱、胡企林译，北京，商务印书馆，1995年，第156页。

③ 转引自〔法〕费尔南·布罗代尔：《资本主义论丛》，顾良、张慧君译，北京，中央编译出版社，1997年，第17、18页。

④ G. R. Elton, 1991: *England under the Tudors*, New York: Routledge, p. 238.

一方面，城镇的就业前景、富裕繁荣、娱乐活动和贫民救济，对移民产生了普遍的诱惑力；另一方面，农村的各种压力也促进了人口的流动性。这其中包括将成年孩子打发到别人家里做仆人的普遍习惯、继承习俗的影响，像长子继承制限制了家庭其他子女在当地的发展机会，他们或移居其他村庄，或迁移到城市。

有学者认为，由于美洲新大陆的发现，加之斯图亚特王室对清教徒的迫害，结果许多英国人移民国外前往美洲，以寻求信仰自由、逃避宗教迫害，譬如美洲最早的殖民地之一——马萨诸塞州的普利茅斯就是他们开创的，这在很大程度上缓解了英国近代早期乡村移民浪潮带给城市的人口压力，否则，城市化进程还要迅猛。据不完全统计，17 世纪中叶英国约有 38 万人横越大西洋①，1630～1699 年间约有 54.4 万人离开英国，其中 70% 去了新大陆。人口外流总量约占当时总人口的 1/10。由此分析，倘若没有海外移民，17 世纪劳动力转移与城市化水平或许还要高一些。当然海外移民潮的出现不仅是 17 世纪英国宗教迫害和革命内战的产物，也是英国城市经济相对低迷、无法吸纳农村剩余劳动力的一种表现。

笔者认为，“海外移民缓解人口压力”这种论断在一定程度上是正确的，也是符合事实的。不过，单方面关注人口外流而忽略人口回流，则有失片面。向新大陆的海外移民高峰期主要是在 17 世纪上半叶，尤其是在 30、40 年代之前，而在 40 年代内战或资产阶级革命发生后，海外移民速度和人口外流规模都大大降低了。耶鲁大学的苏珊·哈德曼·莫尔（Susan Hardman Moor）以“家的呼唤”为题目考察了新大陆的殖民者，发现在 1640 年后的数十年间，有很多在殖民地定居的人由于建种植园想法破灭、受到国内发展机遇吸引而纷纷回国。由新英格兰回国的殖民者中比较著名的男性移民如“弑君者”休·彼得（Hugh Peter）、“变节者”乔治·唐宁（George Downing）等人，都借助在新英格兰的声望而在国内政治舞台上崭露头角，还有很多人去了爱尔兰和苏格兰。②

此外，17 世纪英国在向海外输出移民的同时也在接收外来移民，这在一定程度上“补偿”了人口外流损失，而且其接收的移民数量很可能

---

① Peter Clark, 2000: *The Cambridge Urban History of Britain, 1540 - 1840, Volume II*, Cambridge University Press, p. 200.

② Susan Hardman Moor, 2007: *Pilgrims: New World Settlers and the Call of Home*, New Heaven, Conn: Yale University Press.

超过流出人口，尤其是“苏格兰人”大量流入。① 所以，单纯认为海外移民降低劳动力转移与城市化水平是不全面的，至少在17世纪中叶之后，有相当数量回流移民不仅从事了反封建反专制的革命运动，也参与了英国国内的社会经济建设，英国在17世纪取得的城市化成果当中应该有他们的贡献份额。

二、17世纪英格兰农村劳动力转移的行业流动

17世纪英国乡村工业获得很大发展，在谷物种植区，尤其在牧区，劳动力向非农领域转移规模进一步扩大。旺伍特将17世纪工业在乡村发展称为“18世纪再次丧失阵地”之前的“反扑”，由“反扑”一词，可见17世纪乡村工业发展之规模和速度。牛津大学的约翰·帕滕（John Patten）在20世纪70年代的一篇论文里也曾经将16、17世纪视为英国乡村非农产业增长的“一个关键阶段”②。这些都提示我们，17世纪农村劳动力向非农行业转移取得了重要成果。下面简要介绍一番乡村工业发展状况。

（一）17世纪非农产业发展概况

经过16世纪的人口增长后，到17世纪时英国人口又恢复到大瘟疫前的状态，人口压力甚至超过14世纪中叶。而经历过16世纪农村生产关系变革——圈地运动后，17世纪的英国乡村正在进一步大规模推进农村社会变革，越来越多的农场采用资本主义方式经营，专业化的谷物生产区出现，农业劳动力生产率日渐提高。简言之，农村剩余劳动力越来越多。在这样背景下，人口由稠密的谷物种植区向稀少的牧区流动就成为十分正常的选择，像西部林区、北部山区和东部沼泽区都成为农村居民迁移的重要目标，对移民构成莫大吸引力的正是上述地区拥有大量公地、草场。

在17世纪的英格兰牧区，牧民们从事工业工作不是偶然的、辅助性的权宜之计，尤其是西部和北部地区，各种矿产资源颇为丰富，它们为

① R. A. Houston, 1995: *The Population History of Britain and Ireland 1500 – 1750*, Cambridge University Press, p.53.

② John Patten, “Changing Occupational Structures in the East Anglian Countryside, 1500 – 1700”, compiled and edited by H. S. A. Fox and R. A. Butlin, 1979: *Change in the Countryside: Essays on Rural England, 1500 – 1900*, London: Institute of British Geographers, p.104.

牧民向农业之外行业转移提供了优越的自然条件，而牧区耕地少，主要生产行业无论牛羊育肥、放牧抑或挤奶等工作比谷物种植业需要的劳动力少得多，这进一步推动劳动力向非农领域转移。因此，劳动力向畜牧业与工业行业流动是非常普遍的，这种行业流动与以家庭为核心的生活融为一体，构成牧区生活方式的内在组成部分。如果说17世纪早期牧区吸引移民的主要因素是存在大量荒地资源的话，那么到该世纪晚期则是因为牧区各种繁荣兴旺的非农产业提供了大量的就业机会。除从事畜牧业外，农牧民们开发各种自然资源、采矿、发展家庭工业：制陶、制钉、金属加工、制袜、麻纺织等，一些企业家还引入了新的产业，将牧区的当地手工业发展成面向全国市场的乡村工业。像农业地区广泛种植的工业作物一样，在牧区种植亚麻和大麻非常普遍，通常也被视为获利较大行业。一般而言，亚麻和大麻地租为3英镑/英亩，劳动力成本为2英镑或3英镑，但作物产值达10～12英镑。因而，每英亩利润为5～6英镑。[①] 这些经济作物提高了农民收入，还为纺织工业提供了廉价原料。政府早在16世纪（1533年和1563年）就颁布法令，规定60英亩耕地至少种植1/4英亩大麻和亚麻，诺福克和萨福克还曾因大麻和亚麻种植量没有达到规定数额而被课以罚款。

因此，在政府的大力提倡下，许多地区尤其是英格兰中西部、赫里福德郡部分地区、伍斯特郡、沃里克郡、诺丁汉郡、德比郡和斯塔福德郡，农村劳动力从事亚麻种植、纺织业现象显著增加。随着大麻和亚麻种植，家庭麻纺织业也一同发展起来，其中东盎格里亚一跃而成为全国闻名的大麻和亚麻纺织中心，登记的麻纺织乡村教区数量由1%上升到接近1/4。[②] 一些地区的亚麻和大麻纺织工业还受到波罗的海国家进口原料贸易活动的促进。纺织工业发展盛况在对外贸易中也得到体现。在出口商品中，虽然纺织品所占份额有所下降，由17世纪初的80%～90%降至1699～1701年间的70.9%，但总量仍占据首要地位，为其他行业难以企及。当然，出口贸易结构的变化反映了这一时期英国经济结构发生了相应变化。对于大多数农村居民而言，17世纪牧区展示出一派较农业地区繁荣得多的景象。西部和北部地区在17世纪中叶后普遍发生的“农舍重建”现象，也是这种繁荣的进一步体现。

---

① Joan Thirsk, 1984: *The Rural Economy of England Collected Essays*, The Hambledon Press, p. 210.

② H. S. A. Fox and R. A. Butlin, 1979: *Change in the Countryside: Essays on Rural England, 1500–1900*, London: Institute of British Geographers, p. 116.

17世纪其他产业也得到发展，其中发展最为迅速的是煤炭能源产业。在1551～1560年和1681～1690年间，煤炭产出增加了1400%，大部分增长发生于17世纪。罗伯特·默顿详细列举了英格兰主要矿区相应年代的总产量和增长幅度，见下表6－2。①

表6－2　英格兰主要矿区相应年代的总产量和增长幅度　（单位：吨，倍）

年代	1551～1560年	1681～1690年	1781～1790年	1901～1910年
总产量	210000	2982000	10295000	241910000
增长幅度	—	14	3	23

可见，从16世纪后半叶开始，煤炭在英格兰得到“广泛的应用”，从此煤炭成为国民生产生活不可或缺的重要资源，煤炭产量则逐年上升，其中在17世纪晚期增长幅度最大，超过工业革命发生的18世纪晚期，有力批驳了“燃料生产落后于工业革命”的观点。据估计，1650年煤炭工业雇用了大约8000工人，100年后达到15000人。② 伦敦是国内最大的煤炭消费城市，所需煤炭源源不断地从达勒姆和诺森伯兰经海路运到首都。据利物浦大学的约翰·兰顿（John Langton）所言，伦敦居民“厅堂取暖”普遍燃烧煤炭，犹如“面粉之于烘烤面包”一样重要，不可缺少。③

除居民日常生活用煤外，许多制造业如肥皂、砖、玻璃生产和酿酒以及食盐、蔗糖和明矾提纯等行业，迅速采用煤炭取代了木材燃料，铅、锡和黄铜生产也开始应用煤炭。铁器生产也从1620～1660年间危机中恢复，冶铁炉数目虽有所减少，但生产能力提高了，在17世纪产量增加30%～40%；锡产量增加也十分显著，“几乎所有欧洲国家都从英格兰进口锡”，其中康沃尔和德文两郡是重要产区。制盐和玻璃工业同样经历了“一场革命性的发展”，其中玻璃工业在1662年之前的20年间发生了“非同寻常的显著增长”，到17世纪末，英国玻璃年产量达到100000箱或10000吨，而在1560年以前大约不及该数字的1/15。④

① 〔美〕罗伯特·金·默顿：《十七世纪英格兰的科学、技术与社会》，范岱年译，北京，商务印书馆，2000年，第187页。

② Peter Kriedte, 1983: *Peasants, Landlords and Merchant Capitalists—Europe and the World Economy, 1500–1800*, Cambridge and New York: Cambridge University Press, p.77.

③ H. S. A. Fox and R. A. Butlin, 1979: *Change in the Countryside: Essays on Rural England, 1500–1900*, London: Institute of British Geographers, p.124.

④ 〔美〕罗伯特·金·默顿：《十七世纪英格兰的科学、技术与社会》，范岱年译，北京，商务印书馆，2000年，第189页。

据记载，1635 年 6 月 23 日，威廉·布里尔顿爵士（Willian Brereton）乘船前往希尔兹，看到“安置在河口的盐锅不计其数，利用水路从纽卡斯尔运来的煤炭炼制海盐……每排有 4 口盐锅，6 排组成一个生产单元……配有 12 台火炉”，“炼制出来的大块黑盐主要运往科尔切斯特，在那里进行精加工，然后高价出售。……每口盐锅一周炼制 4 块盐，每块海盐价值 1 镑 10 先令，除去燃料成本和工人工资，净利润 2 镑 10 先令……该地 250 口盐锅年利润高达 600 英镑”①。繁荣的食盐工业生产规模日渐扩大，以至于笛福（Defoe）后来旅行途经此处时，在 16 英里远处就看到山丘上弥漫着厚厚的烟雾。

因此，在私人家庭使用和生产、商业应用需求推动下，贵族、骑士和乡绅、地主阶层开始大量投资、介入煤炭采掘业。詹姆士一世统治时期，在当地蕴藏有煤炭矿藏的庄园里，开采煤炭已经变成庄园经济的“内在组成部分”，有的领主甚至“免费为佃户提供煤炭”。煤炭产业得到迅速、广泛发展，17 世纪末时，英国煤炭甚至远销欧洲大陆。兰顿考察了 17～18 世纪的兰开夏郡西部和南部，该郡是英国重要采煤中心。他将该郡煤炭采掘业分为三个阶段：1590～1689 年、1690～1749 年和 1750～1799 年。在第一个阶段，煤炭行业同数百年前中世纪时期没有多少差别，每个煤矿只有一两个矿井，每个矿井只有三五个挖煤工人，年产量在 1500～3000 吨左右。在第二个阶段，煤矿开工数目缓慢但持续增加，尤其从 18 世纪 20 年代开始，煤炭产量显著上升，增长幅度都在一倍以上。利润大幅上升，进一步刺激地产贵族增加生产投资。随着矿井深度增加，许多煤田都配备了蒸汽机“排水”②。随着 1757 年桑基运河（Sankey Canal）、1774 年利物浦运河开凿通航，兰开夏煤炭行业进入了 18 世纪“加速发展”的第三阶段。此不赘言。

可见，农村劳动力转移的行业流动在 17 世纪得到迅猛发展，无怪乎后来被学者们称为“原工业化”阶段。当然，此时英国工业的主要结构和特点尚未发生显著改变。就生产组织而言，17 世纪英国纺织业和金属冶炼加工业的生产组织形式没有太多变化，大多数农村乡民仍采用“家内制”或“外包制”，比较现代的生产方式只在玻璃、纸张生产和酿酒、食盐、蔗糖提纯等行业得到发展，这些行业固定资本集中程度比较高。

---

① H. E. S. Fisher and A. R. J. Jurica, 1977: *Documents in English Economic History, England from 1000 to 1760*, London, G. Bell & Sons Ltd., pp. 204－206.

② H. S. A. Fox and R. A. Butlin, 1979: *Change in the Countryside: Essays on Rural England, 1500－1900*, London: Institute of British Geographers, pp. 127－131.

"家内制"这种生产组织形式是手工工场的第一阶段——分散的手工工场。一般而言，英国南部和北部的分散手工工场各有其特点：

南部手工工场更具资本主义生产的特点，呢绒商资本雄厚，直接经营但不参加生产，许多小工匠和手工业者已基本失去了独立生产地位；北部手工工场一般规模较小，工场主较多地保留了生产者传统，工匠本人及其家属和雇工一起参加生产，并种有一小块土地，饲养几头牛或几十、十几只羊，兼营农业和畜牧业。显然，从生产组织形式上讲，南部手工工场比北部更发达，南部的手工业者比北部的更接近于工厂制下的雇佣工人，故而英国经济史家利普森将北部的手工工场称为家内制"初级阶段"，而将南部称之为"发达阶段"。

家内制发达阶段比之初级阶段，是否更接近大工业下的工厂呢？

从逻辑上似乎如此，但答案是否定的，历史提供了相反的事实：大工业诞生于英国北部！为什么出现这种状况？看来，生产组织形式或发展程度同大工业之兴起没有简单的、必然的因果关联。另一个显著的例证是南部德意志的富格尔家族。在15、16世纪之交，富格尔家族积累了巨大财富，在欧洲历史上是"空前的"，南部德意志输出的生产技术和企业组织模式影响了欧洲"极为广大的地区"，英格兰就曾引进德意志的铜矿开采技术。美国学者亚·格尔申克隆认为，南德的银矿开采和一系列先进的生产技术组织"打破了前一时期造成欧洲经济停滞的通货紧缩压力"①。遗憾的是，南部德意志也没有成长为工业革命的摇篮。可见，近代大工业的兴起是由多种因素促成的。限于主题，我们这里不再探究。

（二）原工业化出现

"原工业化"（proto – industrialization）是20世纪60年代末出现的一个词汇，美国经济史家弗兰克林·门德尔斯（Franklin Mendels）首先提出这个概念并不断加以完善，他认为原工业化的特征是农民制造业生产者为远方的通常是国际市场生产工业品，它源于茅屋工业，但有别于为当地消费者提供产品的传统茅屋工业。② 该理论在欧洲大陆引起强烈反

---

① 转引自〔美〕塞缪尔·亨廷顿等：《现代化——理论与历史经验的再探讨》，罗荣渠主编，上海，上海译文出版社，1998年，第178页。

② 见〔美〕罗伯特·杜普莱西斯：《近代欧洲早期向资本主义的过渡》，剑桥大学出版社，1997年，第206页；王加丰、张卫良：《西欧原工业化的兴起》，北京，中国社会科学出版社，2004年，第2~11页。

响，激起历史学家、经济学家、经济史家的热烈讨论，出版了许多关于原工业化的重要研究成果。

英国学者对于工业革命前手工业生产没有系统的理论总结与建树，起初对原工业化概念及相关理论一度持怀疑和否定态度，不过稍晚也接受了原工业化概念，并利用原工业化理论的分析框架开拓了新的研究领域，如沃尔顿出版了《兰开夏社会史 1558～1939》、赫德森主编了《地区和工业：考察英国工业革命的一个视角》、罗林森出版了《现代社会的地方起源：格洛斯特郡 1500～1800》等。[①] 前文已述，农村劳动力向乡村工业转移在 13 世纪晚期时已经出现，主要是畜牧业，在 14、15 世纪则重点转移到了呢绒纺织业以及一些其他非农行业。根据原工业定义，一些学者认为，英格兰 15 世纪以来的呢绒纺织业即属于原工业，不过 15 世纪的乡村工业与 300 年后工业革命缔造的近代大工业并不存在必然联系，许多曾经工业化的村落和城镇又恢复了农业生产。故笔者认为，原工业化的本质特征是它同工业革命存在内在联系，创造了向工业资本主义过渡的一定前提，从而为 18 世纪产业大革命在行业领域方面做了先期准备工作。在此意义上，笔者赞同多数学者的观点：英格兰工业在 17 世纪进入了所谓“原工业化”时期。

在 17 世纪，英国各种（手）工业活动获得了新的推动力，个别地区工业早在 16 世纪晚期就出现了繁荣景象。总的说来，这一时期许多因素对乡村工业生产的发展非常有利：农业周期的长期波动、人口的长期增长、乡村失业人口增加、17 世纪和 18 世纪早期的农业收入危机，以及国内需求特别是国际需求包括殖民地市场（自从 17 世纪以来对工业品需求迅速增长）的扩张，都促进了乡村工业进一步发展成为原工业地区。保罗·M. 霍恩伯格将 1000～1950 年欧洲农村劳动力转移与城市化进程分成了三大阶段。其中第二阶段“原工业化时代”（Protoindustrial Ages）涵盖了“中世纪晚期”（14、15 世纪）和“近代早期”（16、17 世纪）两个阶段。霍氏认为，虽然乡村加工业的单个生产单元在“技术和规模上没有出现什么变革”，但是生产总量的增加带来了“社会和经济重组”，许多乡村地区实现经济结构转换，从“食品生产转向加工业”，从而紧密地同城市联系在一起。[②]

---

① 王加丰、张卫良：《西欧原工业化的兴起》，北京，中国社会科学出版社，2004 年，第 149 页。

② Paul M. Hohenberg, 1985: *The Making of Urban Europe 1000 – 1950*, Massachusetts: Harvard University Press, p. 104.

在乡村工业向原工业转变过程中，不平等的国际贸易交换体系也占有重要地位。对于英格兰而言，它是欧洲政治上和军事上最强大的国家。1651年、1660年、1662年、1669年、1673年、1696年的“航海条例”以及1652~1654年、1665~1667年和1672~1674年的三次对荷“商业战争”成功地消除了竞争对手威胁，在1663~1669年和1699~1701年出口贸易额增加50%，从殖民地进口商品达到进口总额的31.9%，同期再出口贸易量增加1倍有余，占出口贸易比例由22%增加到30.9%①，实际上在一定程度上垄断了原工业化时期建立的海外殖民地，残酷地剥夺殖民地和依附地区，将这些地区作为商品市场和原料提供国。海外殖民地和依附地区被强行拖进欧洲经济轨道。殖民地市场的存在缓和、消除了因国内市场波动给经济造成的消极恶果，供给和需求稳步增长，共同造成了一个促进经济积累、起飞的宽松环境，推动农村人口源源不断向乡村非农产业流动，从而使乡村工业达到了一个新的发展高度。这是一个将乡村工业推进到原工业化的重要条件。

原工业化阶段的到来标志着17世纪英格兰农村劳动力转移在行业流动方面开始突破传统工业模式，发展到一个新的历史高度。农村劳动力加快向乡村工业转移步伐，因而经济重心开始向工业倾斜，并创造了向资本主义大生产过渡的前提条件：

1. 在原工业化期间，一个数量众多的手工业技术工人群体出现了，他们构成了早期工厂创立者能够招募的劳动后备力量；

2. 一个商人工厂主、中间商，有时还有小工匠出现了，他们在原工业化期间积聚资本，转变为工业化的代理人；

3. 至于生产组织，“外包制”（putting－out system）使商人资本同生产领域联系起来，从流通领域的优势出发调节商品生产；马克思称，这种在保存旧生产方式的幌子下而孕育、成长的资本主义的“前提”②，实则正是封建生产方式向资本主义过渡的途径之一；

4. 在原工业化期间，一种共生关系在农业部门和密集工业地区之间发展起来；

5. 一个地方、地区、国家和国际市场网络在原工业化期间发展

① Peter Kriedte，1983：*Peasants，Landlords and Merchant Capitalists—Europe and the World Economy，1500－1800*，Cambridge University Press，pp. 86－87.

② 《马克思恩格斯全集》第25卷，北京，人民出版社，1974年版，第374页。

起来。①

因此，在17世纪和18世纪早期，英格兰乡村工业开始向近代大工业演进，是"近代工业世界孕育于传统农本经济母腹中的即将呱呱坠地的胎儿"，是走向近代大工业的起点。② 也是在此意义上，我们才称这一时期的乡村工业为"原工业"。

当然并不是所有的原工业都成功地成长为近代工业，英格兰南部许多地区出现了"逆工业化"（de - industrialization），重新转向农业种植业。列宁说过，逻辑上错误的东西，在世界历史上可能是正确的。同样，逻辑上是正确的东西，在历史上也可能是从未发生过的。家内制发达阶段在"逻辑上"更接近近代工厂，但在历史上，家内制发达的南部地区恰恰没有产生大工业，近代大工业兴起于北部的家内制"初级阶段"盛行地区。家内制发达地区像索尔兹伯里（Salisbury）、伍斯特郡（Worcester）以及肯特郡威尔德等地区的传统工业都没有发展成现代工厂工业，相反日渐衰落，最终消失。③

肯特郡的呢绒业是14、15世纪建立的，在坎特伯雷、梅德斯通（Maidstone，肯特郡首府）等城镇很是兴旺，在乡村主要分布于威尔德的克兰布鲁克（Cranbrook）、高德赫斯特（Goudhurst）、滕特登（Tenterden）、霍克赫斯特（Hawkhurst）、黑德科恩（Headcorn）等教区，当地还出产呢绒生产所需要的漂白土，狭长的谷地地理优势也易于拦河筑坝以驱动漂洗机。不过，到17世纪早期，情形已经发生了显著改变。大多数威尔德农民的遗产清单都提到"奶房"（milkhouse）与"奶酪和牛油仓库"，普拉基（Pluckey）的呢绒商威廉·休格特（William Hugget）在1614年除了拥有568夸脱羊毛外，还有264磅的奶酪，斯马登（Smarden）的约翰·米尔斯（John Mills）不仅有11夸脱羊毛，也有13夸脱重达100磅的奶酪。④ 可以合理推测，17世纪初期的威尔德地区主要是一个奶制品生产区，或正在向饲养、育肥牛羊方面发展。事实上，此时的威尔德正是伦敦城一个重要的肉制品供应地，为首都提供大量肉、

① 〔德〕彼得·克里德特等：《工业化前的工业化——资本主义起源中的乡村工业》，剑桥大学出版社，1981年，第141～142页。

② 吴于廑：《15、16世纪东西方历史初学集（续编）》，武汉，武汉大学出版社，1990年，第18、32页。

③ Michael Zell, 2004: *Industry in the Countryside: Wealden Society in the Sixteen Century*, Cambridge University Press, p. 229.

④ F. J. Fisher, 2006: *Essays in the Economic and Social History of Tudor and Stuart England*, Cambridge University Press, pp. 79 - 80.

奶等生活必需品。曾经繁荣一时的肯特郡呢绒业已经消失了。

威斯特摩兰郡（Westmorland）同肯特郡命运相同。该郡一半地区是山区和沼泽地，纺织业生产中心是肯德尔（Kendal），在14世纪末即以“绿色粗呢绒”闻名，15世纪扩展到该郡乡村各地，盛极一时。在都铎王朝早期（15世纪晚期），仅在格拉斯米尔（Grasmere）一地就有18架漂洗机，但在伊丽莎白女王统治时期，肯德尔呢绒也神秘地消失了。或许伦敦商人不再对肯达尔绿呢绒感兴趣，也许1570年和1590年的两次瘟疫造成人口大量死亡，不论什么原因，但没有一种解释能够令人完全信服。该郡由于耕地贫瘠，适宜谷物种植的土地很少，不过草地、牧场和沼泽地资源很丰富，所以后来主要发展畜牧业，饲养牛羊。此后直至19世纪，威斯特摩兰郡一直以盛产优质牛油而享有盛誉。

如何看待这一现象？一度发达的呢绒纺织业为什么消失了？

对上述地区“原工业”夭折命运的解读，直接关系到对17世纪英国农村劳动力转移与城市化的评价。一些学者据此认为这正是17世纪“危机”的具体表现之一，危机打击了许多原工业地区，尤其是英国东南、西南地区的乡村工业，致使这些地区农村劳动力转移与城市化进程遭受挫折。就上述地区而言，这的确是不争的历史事实。

不过，倘若我们将上述郡区“乡村工业回归农业”纳入英国整体劳动力转移与城市化范围内加以考察，会发现威尔德等地区虽是“挫折”表现，但同时也是英国其他地区劳动力转移与城市化取得重大成就的前提条件，即伦敦迅速城市化正是有赖于威尔德等地区提供大量农副剩余产品，数量巨大的城市居民方能赖以为生，首都才能够成为英国城市化速度最快的城市。否则，一个巨型城市的出现是难以想象的。正因为伦敦城市化造就了一个庞大的农副产品需求市场，带来农产品价格上涨，经营农业有利可图，所以上述这些原工业地区才回归农业，而后通过为首都居民供给衣、食等生活用品就能够获得相当高的经济收益。[①] 不只威尔德，伦敦近郊许多郡区乡村工业后来都转入谷物、蔬菜、果品等园林农业，为伦敦城市化顺利、高速发展提供了基本保障。

牛津大学的约翰·帕滕（John Patten）考察了东盎格里亚地区3个城镇：诺里奇、大雅茅斯和伊普斯维奇，发现距首都最近的伊普斯维奇自16世纪末、17世纪以来日渐衰落，斯陶尔河流域（Stour valley）出产

① Michael Zell, 2004: *Industry in the Countryside: Wealden Society in the Sixteenth Century*, Cambridge University Press, p. 112.

的“宽幅呢绒”已经萎缩，纺织业逐渐让位于腹地的谷物和奶制品生产，其港口地位也大不如前，几乎被伦敦“吞噬”了。[①] 其命运同上述城镇如出一辙。所以，从整体上讲，某些地区原工业“受挫”与英国劳动力转移与城市化，尤其是与伦敦在17世纪取得巨大进展之间存在密切关联，是同一事物的不同侧面，孤立视之似为不妥，或许称它们“转型”更为合适。正是这些地区完成了由“原工业恢复为农业”的经济结构转型，首都伦敦才实现了巨大飞跃，一举成为欧洲最大城市。据统计，伦敦在17世纪末就达到了575000人，超过巴黎，而巴黎在1801年时人口还不到550000人，其时，伦敦人口则已经达到900000人。[②] 如果我们考虑到法国此时总人口是英国的4倍，则更加凸显了伦敦城市化的巨大成果。

此外，原工业化的出现也促成了许多农业地区专业化、商业化。原工业化地区的居民对农牧产品、生产原料等都提出了更大、更高要求，旧有的农业生产格局已经不能满足需要，于是专业化的谷物生产区、畜产品区逐渐形成，农业商业化趋势得到加强。这些专业化的农牧业生产区就是资本主义大农场，在英格兰南部、英格兰中部地区最为显著。而随着资本主义大农场的形成，英国农村发生了深刻的社会变革，一个农业无产者阶层出现了。他们间或有一小块耕地，更多地依靠出卖劳动力为生，并从事各种手工业生产活动。此时，他们的非农生产活动地位已经由“副业”跃居主业，不过却失去了以往那种独立性。据格雷戈里·金估计，1688年工业产值约占国家收入40%以上，这样工业经济地位逐渐上升，赶上乃至超过农业。尽管乡村人口总量大幅度增加，但农业人口并未显著增加，尤其是在1600年之后农业人口增长十分缓慢，因为乡村工业吸收了农村大量闲散劳动力就业，相当一部分人口是在农业之外谋生的。

与此同时，我们必须牢记，工业资本家主演历史的时期尚未到来。不论在资本主义最发达的尼德兰北部还是英格兰，17世纪都是商业资本主义鼎盛时期。流通领域和生产领域在不同水平上发展着，自由贸易在前者占据主导地位，国内市场盛行保护主义，利用关税壁垒排除外国竞争者，两者之间尚缺乏一种利益共识。从殖民地进口的烟草、蔗糖、印

① John Patten, 1979: *Pre-industrial England, Geographical Essays*, Kent, England: Wm Dawson & Sons Ltd., pp. 144-145.

② John Patten, 1979: *Pre-industrial England, Geographical Essays*, Kent, England: Wm Dawson & Sons Ltd., pp. 191-192.

花布等商品多数直接再出口到欧洲大陆，国内制造业由此受益很小。1700年2月，国内制造业生产商第一次获得了反对“商业利益至上者”的胜利，促使议会通过立法“禁止进口波斯、印度和中国的丝绸、棉布”，从而首次在损害本国重商主义者利益前提下为工业产品市场开辟道路，这一立法预示着下一世纪工业发展的广阔前景，为劳动力进一步向非农行业转移创造了条件。

三、17世纪英格兰农村劳动力转移的地域流动

17世纪英国乡村人口流动在地理上同以往时期一样，从人口密集区向落后的林区、沼泽和高地转移，更多的农村人口则从乡村向城市尤其是向伦敦流动。据统计，到17世纪中叶时，伦敦居民常住人口四十余万人，每年流动人口数量达几十万人。① 甚至最偏远落后的居民点，人口流动也很频繁。譬如，沃里克郡和贝德福郡两个村庄的详细统计资料和卷宗表明，十年内人口更替比例达到50%～60%，扣除约20%的死亡率仍达30%～40%。1606～1641年，诺丁汉郡村庄的补助金卷宗研究也表明，超过了37%的原有记录名字消失了，一些新名字代替它们出现在登记簿上，继而它们也消失了。② 因此，农村人口源源不断地加入了寻求改善生存条件的移民大军，他们首先奔向城镇去寻求出路。对17世纪的英国农村劳动力转移和人口流动，威尔士大学艾伦·戴尔（Alan Dyer）认为，在城市化方面，英格兰获得了巨大发展，1500～1800年出现了一个缓慢却持续的城市化进程。③

17世纪的城市化表现出自己的特点：类型多样化。

（一）新型城镇涌现

17世纪英格兰城市化历史上除去以往的商贸城市外，出现了一些新型城镇。一批新生竞争者涌现出来，主要有旅游疗养小城（spa towns）、船厂城镇（dockyard towns）和工业城镇。

旅游疗养小城

① 王觉非：《近代英国史》，南京，南京大学出版社，1997年，第16页。

②〔英〕J. D. 钱伯斯：《工业革命以前英格兰人口、经济和社会》，牛津大学出版社，1972年，第45页。

③〔英〕艾伦·戴尔：《1400～1640年英国城镇兴衰》，剑桥大学出版社，1995年，第50页。

自从罗马统治时期起，英国就有药用矿泉，旅游疗养小城便是将医疗和娱乐活动结合的产物。在1600年后这类城市开始崭露头角，引起世人瞩目。16世纪末、17世纪初英国相当多的绅士来这类地区旅游观光，仅仅两代人的时间里就涌现了大大小小十几个旅游疗养小城，其中比较著名的有巴斯（Bath）、埃普索姆·威尔斯（Epsom Wells）、坦布里奇·威尔斯（Tunbridge Wells）、巴克斯顿（Buxton）、斯卡伯勒（Scarborough）等。巴斯小城主要有五个矿泉，16世纪20年代时拥有了比较稳定的旅游客源，1700年时拥有3000定居人口。当然多数疗养小城没有如此众多人口，但在旅游旺季这些小城人口可能会增加一倍。

医学界人士常常为矿泉的治疗功能大肆宣传。1705年，巴斯和坦布里奇·威尔斯的医生彼此相互攻讦，夸耀本地矿泉疗效的同时诋毁对方。17世纪末时较大的疗养中心多数都有开业医生，专门为游客服务。看来，17世纪随着英国医生职业的重要性日渐提高，这些疗养小城成为重要的受惠者。不仅普通贵族，英国王室成员也经常光顾此地，其中巴斯最受青睐。1663年查理二世王后、1687年詹姆士二世王后、1702～1703年安妮女王都曾到过巴斯，坦布里奇·威尔斯在17世纪60年代也曾频频接待皇家造访，其他疗养小城则很少迎来如此显赫贵宾。这些疗养小城的娱乐设施像巴斯有礼堂供跳舞、打牌及举办音乐会等，埃普索姆·威尔斯则相对简单，仅有“一件咖啡屋和一间娱乐室、一间卖糖果的小店”而已，有的如斯卡伯勒还留有传统城镇的特征——市场。[①] 总的说来，绝大多数疗养小城娱乐行业等服务性特征日渐发达，逐渐退去传统城镇色彩，形成了一种新型城市社会。

船厂城镇

船厂城镇主要是斯图亚特王朝期的产物。16世纪时，都铎王朝英国皇家主要的造船厂坐落于泰晤士河上的德特福德（Deptford）和伍利奇（Woolwich），但是从17世纪20年代始，大量外省造船厂发展起来，船坞条件更为优越。1640年，位于梅德韦（Medway）河口的查塔姆（Chatham）作为政府首要的造船厂，牢固地确立了自己的地位，拥有干船坞、港口和其他复杂设施；朴茨茅斯（Portsmouth）是另一造船中心，主要是在17世纪50年代克伦威尔战争和90年代英法战争期间发展起来的，其他比较小的船厂城镇有法尔茅斯（Falmouth）、普利茅斯·道克

---

① ［英］彼得·克拉克、保罗·斯莱克：《1500～1700年转折中的英国城镇》，牛津大学出版社，1979年，第33、34、35页。

(Plymouth Dock)、希尔内斯(Sheerness)、哈里奇(Harwich)。一般说来，这些船厂城镇的人口很难统计。德特福德在17世纪60年代时大概有常住人口4000~5000人，1600年查塔姆居民有1000人，一个世纪后增长到5000人。

对于船厂城镇的选址和发展，军事因素占有极其重要的地位。自16世纪40年代以来，英国参与的每一次对外战争都促进了船厂城镇的扩展。在17世纪下半叶三次英荷战争及其后1689年的对法战争几乎造成(除德特福德外)所有船厂城镇的飞速发展。例如，查塔姆不仅为大型战舰提供了港湾，而且坐落于梅德韦河与泰晤士河交口处，是防卫伦敦和附近诸郡的无价战略基地。据说，到1686年，查塔姆人口增至原先居民数的3倍。朴茨茅斯既是海峡舰队的避风港，又是防卫外地袭击南海、维护索伦特海峡(the Solent)等脆弱区域的屏障。到1700年时，该港受雇人手超过1000人。① 除此之外，这些城镇常常开发腹地，从16世纪末时船镇官员就沿梅德韦河逆流而上，采购木材、绳索和军需品，到1700年船坞城镇控制了肯特郡中部大部分地区承包商和供应商的活动。由于内陆腹地纺织工业衰落和农业停滞(至少在1660年以后)，这一地区也变成船厂劳动力的一个重要来源地。流入工人数量在1688年后由于战争达到了顶峰。在1704年，仅在肯特船厂受政府雇用的工人数量就已经超过3000人。② 总之，到1700年时，船厂城镇已经在英格兰迅速崛起，成为农村劳动力迁徙流动的一个重要目的地。

工业城镇

工业城镇是新型城镇中规模最大、增长速度最快的。1700年时，英格兰至少已经有十几个工业城市，大如伯明翰和利兹等城镇居民在7000~8000人，小者像设菲尔德(Shefield)人口则还不到3500人，还有曼彻斯特、蒂弗顿(Tiverton)等城镇扩展非常迅速。一些工业城市可能会追溯至16世纪或更早，但几乎在所有的专业化城市中，工业大幅增长还是斯图亚特王朝时期的现象而不是在都铎王朝时期发生的。1600年以前，伯明翰居民不仅从事金属加工业，还从事农业和鞣革业，但此后，主要家族利用迁到冶铁工厂附近的移民，日益集中于金属制造业和金属贸易。在一代人时间里，伯明翰不仅变成了重要的工业中心，而且成为

① C. A. Clay, 1984: *Economic Expansion and Social Change: England 1500 - 1700, Volume I*, Cambridge University Press, p. 197.

② Peter Clark and Paul Slack, 1979: *English Towns in Transition 1500 - 1700*, Oxford University Press, pp. 36 - 37.

英格兰中部平原地区（Midland Plain）制造的五金产品的主要销售地。1650年时，曼彻斯特也出现了显著的工业专业化现象，“同王国内许多城市相比毫不逊色，主要生产起绒粗呢、粗斜纹布、麻袋布、混纺织品、帽子、亚麻有色织袋、针绣花边等廉价日用品。因此，不仅有技术工人找到工作，许多儿童也能自食其力”。到1750年时，伯明翰、曼彻斯特和利物浦等都超过了20000人，其增长幅度堪与伦敦前期相比肩。

到18世纪初之际，英国工业城镇的地理分布已经完全形成，工业城镇在北部和英格兰中部地区最为密集。矿产资源对工业城镇的地理选址具有相当影响。这些工业城镇多数在原料产地附近形成，像中部地区的伯明翰、沃尔索尔（Walsall）、温斯伯里（Wednesbury）的金属制造业充分利用当地铁矿、煤炭和木材，而约克郡的纺织城镇依靠白垩和沼泽地区出产的粗质羊毛生产廉价粗布，呢绒商也利用高地溪流漂洗呢绒。

此外，新工业中心不存在老城镇那种昂贵的市政管理费用，也不存在对竞争和劳动力供给的垄断，其开放性吸引了源源不断的乡村移民。因此，就劳动力成本而言，新兴工业城镇比老城镇拥有更大的竞争优势，这种开放性和灵活性大概正是新兴工业城镇崛起的重要原因之一，而许多老城镇却放弃了曾经使它们在中世纪早期发达辉煌的这些特性，越来越“敌视外来移民”，有的城镇甚至也“不欢迎体面的、有名望的移民”。像在坎特伯雷、罗切斯特（Rochester）、梅德斯通以及肯特郡其他城镇，外来移民无论在获得“自由”抑或开业方面，需缴纳的费用都在“急剧增加”。[①] 正如维多利亚时期自由党人J. T. 邦斯（J. T. Bunce）所言，“伯明翰的荣光、力量之源和人口、财富膨胀的缘由，就在于它是一个自由的城镇，既不存在个人也不存在集体的制约因素。”[②]

就疗养小镇而言，移民大部分是上流社会的体面人物，涌入船场和工业城镇的移民则绝大多数是穷劳工，他们受到城镇繁华和就业机会吸引，从很远的地方慕名而来。查塔姆相当多工人来自伦敦，而17世纪晚期伯明翰的移民不仅来自附近的沃里克郡、伍斯特郡和斯塔夫德郡，而且有近1/4移民来自更遥远的格洛斯特郡、牛津郡和莱斯特郡。曼彻斯特17世纪晚期很可能从兰开夏郡、约克郡和坎伯兰山地吸纳了许多移民，还有一些移民来自业已衰落的更小的市镇。这些新型城镇移民比例

---

① C. A. Clay, 1984: *Economic Expansion and Social Change: England 1500 – 1700, Volume I*, Cambridge University Press, p. 191.

② Peter Clark and Paul Slack, 1979: *English Towns in Transition 1500 – 1700*, Oxford University Press, p. 38, 39, 40, 42.

如此之高，与17世纪晚期其他外省城镇形成鲜明对比，后者移民数量正在减少，而且大部分迁移的距离很短。这既是老城镇更严格地执行移民法造成的结果，也在一定程度上反映了古老外省城镇经济发展迟缓，对周围乡村的吸引力在逐渐消失。

（二）传统城镇中的佼佼者

在17世纪，许多传统的中等城镇处于停滞、衰落甚至下降状态，比较突出的有索尔兹伯里、考文垂、贝弗雷和南安普敦等城镇。而在1640年前市场小镇尚能繁荣发展，但在17世纪行将结束之际，两者已经同病相怜，再度走向衰落。1500年时，索尔兹伯里和考文垂繁庶兴旺一时，此后日渐衰落；英格兰中部地区和南部诸郡没有产生特别发达的地区性大城市，也许是地理位置太接近伦敦的缘故；在威尔士和英格兰接界的边境地区，伍斯特、格洛斯特和什鲁斯伯里都不能完全压倒其他城市脱颖而出。有些城镇在1700年时还不及半个世纪之前的水平。这也是一些学者认为17世纪英国出现危机的重要表征。出现这种情形的原因或者是由于传统制造业的衰落，或者是由于国内、国际贸易路线转移，也可能是腹地经济停滞所致。当然，并不是说所有的地方老城市都处在危机阴影笼罩之下，一些古老地方省城对城市化贡献了自己的力量，比较著名的有诺里奇、布里斯托尔、埃克塞特、约克和纽卡斯尔等城市，它们都是传统城镇中的佼佼者。

布里斯托尔和约克从中世纪早期以来就是西部和北部的经济生活和文化中心，诺里奇则是东盎格里亚地区无可置疑的首府，埃克塞特和纽卡斯尔在1500年前就已经奠定了在远西和远北地区的显赫地位。直至1700年时，诺里奇、布里斯托尔、纽卡斯尔、埃克塞特和约克这五个城市依然是英格兰最富庶繁华的省城，人口各在12000～30000人之间，其中诺里奇约有30000人，布里斯托尔约有20000人，纽卡斯尔、埃克塞特和约克分别有16000人、14000人、12000人。[①] 这些城市长期兴旺的原因很多，譬如它们全部位于交通枢纽要路，尤其是借助内河水运通往广阔内陆腹地；商业范围广阔、交易种类繁多，不易受到地方需求波动影响；此外，这些城镇还都是重要的地方宗教和政治中心，等等；当然它们也同小城镇一样没有完全脱离乡村生活，这是工业革命以前所有城

---

① C. A. Clay, 1984: *Economic Expansion and Social Change: England 1500－1700*, Volume Ⅰ, Cambridge University Press, p. 169.

市的共性。

但是，它们之所以获得大量农村移民的青睐是以下三个关键因素：长途和海外贸易、地区工业专业化以及地方最大社会活动中心。例如，约克商人通过赫尔和雅茅斯从事商业贸易，出口铅和布匹，进口谷物、亚麻、铁、酒和油；而纽卡斯尔被誉为英国"北方的眼睛"，以煤炭交易为中心，同时也从事食盐和玻璃贸易，供应伦敦和欧洲北部日益增长的煤炭需求，年出产量从16世纪60年代的35000吨增加到1660年的500000吨，超过了欧洲其他煤田产量总和，城镇人口则增长了四倍，从16世纪早期的4000人增长到17世纪90年代的16000人。① 埃克塞特是西部同法国贸易往来的商业中心，出口西南诸郡呢绒换取法国的帆布、亚麻、酒以及从面粉到扑克牌各种商品。布里斯托尔则垄断了同欧洲南部的各种贸易，成为西南诸郡和威尔士提供原料和消费品的地区中心，逐渐取代了布里斯托尔内河水路上迈恩黑德（Minehead）、巴恩斯特布（Barnstaple）和比迪弗德（Bideford）这些小港口的贸易。② 正是通过进口原料和消费品、出口地方产品的长途贸易，地方省城经济保持了旺盛活力，能够为源源不断到来的乡村移民提供就业机会，逐渐获得了跨地区影响，调节着地区经济的生产和生活节奏。

这些省城的海外贸易状况与其工业密切相关。所有地方首府在中世纪晚期时都是著名的呢绒生产中心，在16世纪早期时均衰落了。哈利法克斯、利兹和韦克菲尔德的竞争削弱了约克纺织工业，布里斯托尔和诺里奇也同样如此，但它们都迅速调整产业结构和贸易方向，像埃克塞特针对德文郡其他地区纺织业发展势头，主攻纺织业成品工序：漂洗和染色，布里斯托尔也从事染色并将威尔特郡、萨默塞特郡相邻地区生产的纺织品加工成衣，以及生产肥皂、精炼蔗糖；诺里奇的工业重要性是所有省城城市中最为显著的，尽管经常发生周期性的危机，但诺里奇仍旧是一重要呢绒生产中心。诺里奇的工业首先由于荷兰和瓦龙（Walloon）难民引入的新品种纺织品复苏了，在1580~1620年间繁荣一时。1660年后，国内市场对诺里奇当地生产的著名"呢绒"（stuffs）国内需求日大，纺织工业得以更大规模扩展。相形之下，许多其他老城镇没有抵挡住乡

---

① 在17世纪早期，纽卡斯尔曾经历了两次疫病，其中1636年的疫病据说造成5000多人死亡，城镇人口在数年间迅速恢复，这充分证明该城经济在17世纪充满活力。Jonathan Barry, 1990: *The Tudor and Stuart Town: A Reader in English Urban History 1530 - 1688*, London and New York: Longman, pp. 46, 54.

② Peter Clark and Paul Slack, 1979: *English Towns in Transition 1500 - 1700*, Oxford University Press, pp. 50, 51, 53.

村纺织业的竞争。

诺里奇城市纺织工业之所以能够持续存在发展，其重要原因之一是，诺里奇城市管理阶层和精英人士较为开明，城市当局实行开放的移民政策，并在17世纪晚期放宽了对行业的限制，行业结构具有相当的开放性；因此，得益于大量农村居民的到来，其中也包括许多外国技术移民。直至17世纪末叶，诺里奇纺织业在国内外贸易的波动中稳如磐石，依然是英格兰重要工业城市之一，在多数外省城镇衰落的背景下脱颖而出，获得“小伦敦”之美誉。

从17世纪中叶开始，英格兰农村劳动力向城市迁移规模变大，城市化水平超过西欧，在欧洲脱颖而出。17世纪英国城市化取得了显著成就，10000人以上的城市人口比例从世纪初的6.1%增加到1700年的13.4%，到1750年时人口在万人以上的城市由三四个增加到14个；[①] 而欧洲其他地区城市化速度则明显缓慢下来，城市化水平最高的西欧和北欧（含英格兰）从8.1%增长到13.0%，也比英格兰低2.4%；倘若不包括英格兰则城市化水平还要低一些。同期整个欧洲（含英格兰）城市人口比例仅从8.0%增加到9.5%，提高1.5个百分点。[②] 显而易见，17世纪是英国与欧洲城市化水平和地位显著提高的时期。详细情形可见图6-2。[③]

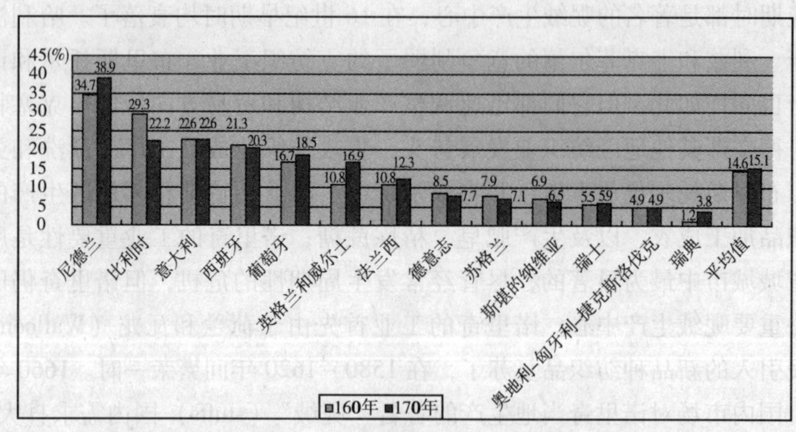

图6-2 1600~1700年时欧洲主要国家城市人口比例

① D. C. Coleman, 1977: *The Economy of England 1450-1750*, Oxford University Press, p. 97.

② E. A. Wrigley, 1992: *People, Cities and Wealth: The Transformation of Traditional Society*, Blackwell, p. 176.

③ 本图主要采用S. R. 爱泼斯坦提供的数据制成，见S. R. Epstein, 2001: *Town and Country in Europe, 1300-1800*, Cambridge University Press, p. 10。

由图6-2可知，到1700年时，欧洲许多国家，像比利时、意大利和西班牙、德意志、苏格兰、斯堪的纳维亚半岛等国的城市化进程出现衰退或停滞，其中比利时衰退最为明显，跌幅达7.1个百分点，由第2位跌落到第3位，而意大利则出现零增长现象，可见“17世纪危机”对上述国家的经济发展和城市化产生了明显的消极影响。英国是为数不多的“成功克服”危机的国家之一，城市化保持了稳定增长，而且是城市化水平增长幅度最大的国家——6.1%，虽然依然排名第6位，不过第一次超过了欧洲城市化15.1%的平均水平，达到16.9%。据统计到1700年，英国城市人口约为17.0%和乡村非农人口约占28.0%，两者合计约占总人口的一半（45%）；到1750年，城市人口和乡村非农人口比例分别上升为21%和33%，合计约占总人口的54%。[①]可见，英国总人口中已经有一半以上的居民摆脱了“依附于土地”和以农为生状态，主要依靠从事各种非农行业生活，乡村工业发展到原工业化阶段，为迎接农村劳动力更大规模转移——工业革命到来打下了坚实的基础。

可以合理推测，农业在国民经济中大概也退出了“主导地位”。山东大学顾銮斋教授的研究成果印证了我们的判断：11~15世纪是西欧国家赋税结构演变的重要阶段，早期政府财政仍以农业税为主体，但自中后期起农业税比重出现下降，以关税为主体的商税地位日渐重要，在15世纪晚期的玫瑰战争期间关税一直是是构成王室收入的主要来源。到17世纪，关税的发展由都铎王朝时期的“鹅行鸭步”速度发展为斯图亚特王朝时期的“扶摇直上”，构成了政府财政收入的大部分。[②]换言之，税收体系中的商业化或农业税的边缘化在某种程度上反映了传统社会的转型，也是农业社会向现代社会转型的表现之一。既如此，我们大概就不能称此时的英国是一个“传统的农业国家”了。

上述数字和分析表明，17世纪末18世纪初的英国已不再是传统意义上的农业国家，已经处于传统农业社会向现代工业社会之间的过渡阶段，可称之为“半工半农”或“半商半农”社会。当然，正如有的农民（peasant）已经摆脱了农业生产（farm）进城务工或经商，可依然没有接受市民文化、没有融入市民社会一样，如果从人文和文化角度而言，则

① E. A. Wrigley, 1992: *People, Cities and Wealth: The Transformation of Traditional Society*, Blackwell, p. 162, 170.

② 顾銮斋：《西欧农业税现代化之旅》，见侯建新主编：《经济—社会史评论》（第二辑），北京，生活·读书·新知三联书店，2006年，第88、96页。

17世纪的英国依然还是一个农业社会[①]，而且在18世纪完成工业革命之后甚至到19世纪，农本社会的一些价值观依然占据主流地位，土地贵族依然把持着议会两院多数议员席位和政府主要职位。今天某些完成城市化和工业化的国家也依然充斥着浓浓的“农业社会”特征。

（三）结语

在17世纪中叶之前，英格兰城市化水平一直低于整个欧洲的平均水平，法兰西无论在城镇数量和城镇规模方面都高于英格兰，城镇人口也多于后者。倘若与城市化程度较高的北欧相比，英国与之差距更大。不过，在与欧陆的差距中，我们发现英格兰城镇依然拥有不容忽视的积极因素，即英格兰城镇的现代气息浓于法兰西。从表象上看，法国城市化水平高于英格兰城市，但法国城镇市民在生活必需品方面，像蔬菜等甚至包括酒类更多地依赖于自给自足而不是通过市场获得，法国城市市民更多地兼职从事农业工作，在城里耕种小菜园，在城外也有许多菜地。[②]因此，法国城市有着更浓厚的“农村”色彩，相形之下，英格兰城市则更接近于现代城市。

17世纪中叶之后，英国劳动力转移与城市化步伐加快，到1750年时万人以上城市居民比例约占总人口的17.5%，若人口按5000人以上城市计，则城市人口比例达到21%，远远超过同期的法国（10.3%）以及西欧、北欧绝大多数国家（平均城市化水平为13.8%）。与此同时，英格兰农村劳动力向非农产业转移的行业流动也取得重要成果，工业获得稳步发展，而欧陆国家的工业生产则陷入停滞状态。据统计，到1750年时法国乡村农业人口依然高达68.5%，荷兰为66%，而英国乡村农业人口则为58%，非农人口比例是上述国家中最高的，已经走在欧洲最前列。显而易见，“17世纪”的100余年是英国在农村劳动力转移与城市化历史上缩小差距、扭转劣势和实现超越的一个重要阶段。对于这一点，英国人自己也有明确的认识。经济史家布伦纳说：在危机面前，英国经济能够不同于欧洲邻居之处，不仅在于它有能力保持人口增长，而且还在

---

① 许洁明教授通过考察17世纪英国的社会结构、社会管理、社会纽带、社会细胞和社会观念，认为17世纪英国社会的特征是“一个高度分层的农业社会”、“等级制农业社会”。参见许洁明：《十七世纪的英国社会》，北京，中国社会科学出版社，2004年，前言及第二章。实际上，从农业作为一种职业和生产部门的技术角度而言，17世纪末和18世纪初的英国已经很难再称做一个“农业社会”了。

② R. H. Hilton, 1992: *English and French Towns in the Feudal Society*, Cambridge: Cambridge University Press, p.32, 83.

于它能够保持工业持续增长，英国在近代早期工业发展的独特性就在于其“连续性”，能够为自己的发展提供“自我长存”（self – perpetuating）的动力。①

① T. H. Aston and C. H. E. Phlipin, 1987: *The Brenner Debate: Agrarian Class Structure and Economic Development in Pre – industrial Europe*, Cambridge University Press, p. 53, 325.

第七章　工业革命以前英国农村劳动力转移与城市化的透视

从中世纪盛期至工业革命前的近代早期，农村劳动力向非农产业和城市的流动规模在逐步扩大，并取得一定成就。11、12 世纪城市复兴，13 世纪养羊业崛起，14、15 世纪乡村工业（毛纺织业）兴起，16、17 世纪出现历史上著名的“圈地运动”，这些都是农业劳动力向非农领域转移的一个个阶段，农村劳动力在农业种植业和畜牧业、纺织业、商业、采矿业等领域游移不定，往返于城镇和乡村之间。直到大工业创立，农业剩余劳动力才最后完全脱离土地，在城市落户，在工厂扎根。工业革命时期劳动力转移是以往历史进程的继续，在一定意义上，工业革命本身可视为英国数百年来劳动力向工业等非农产业转移这一“历史过程的高峰”。那么，工业革命以前的劳动力转移有何特点、占有一种什么样的地位呢？

一、中古时期与古典时期劳动力转移比较

古典时期也存在劳动力转移与城市化现象。在古典时期，像希腊各城邦海外殖民时代和罗马帝国扩张时期，在希腊半岛、意大利和地中海沿岸许多地区古典城市获得显著发展，大量城镇被殖民者建立。在某种意义上，西方在地中海地区出现了第一次城市化浪潮。罗马人以恢宏的城市建设、高效的市政管理而闻名于世。当代美国都市学者乔尔·柯特金（Joel Kotkin）说，“后来欧洲的主要城市像约克、伦敦、特里尔、巴黎、维也纳和布达佩斯等都从诞生于台伯河畔的这座天才城市中获益匪浅”①。罗马帝国一直致力于城市的发展。理查德·克伯纳教授认为，

① 〔美〕乔尔·柯特金：《全球城市史》，王旭等译，北京，社会科学文献出版社，2006 年，第 51 页。

“城市化是罗马政策的根本原则。城镇地区的自治政府是帝国政府的支柱”①。在一定意义上，“罗马化”成为城市化进程的“同义词”。当然，在蛮族入侵罗马帝国的浪潮中，古典时期所取得的这些城市化成果大部分都消失殆尽了。

同为前资本主义的劳动力转移和人口流动现象，古典时期劳动力转移与城市化和中古时期具有许多相似性，譬如两者城市主要居民都由自由人组成，都实行某种自治，都享有“自由”权利，城市都是自由人的集中居住地点，等等。当然古典城邦在自由、自治程度上远超过其后的中世纪城市，像顾准先生称希腊城邦在某种程度上是“独立主权国家”。除一些共性之外，古典时期城市还是有其鲜明的时代特点，同中古时期城镇存在一些显著差异，两者之间的差距较之与工业革命时期劳动力转移相比更为显著。马克思在《德意志意识形态》一文中明确说过，“古代的起点是城市及其狭小的领地，而中世纪的起点则是乡村”②，后者起源于城市和商业生活遭到严重破坏、社会在很大程度上又退缩回自给自足和半封闭状态的乡村。具体说来，两者的差别主要体现在如下几个方面：

第一，在古典社会，希腊罗马城市的主宰者是“土地占有者”，不论是实行民主制的雅典还是盛行寡头制的斯巴达，其行政规则必定是由土地占有者控制的。英国历史学家安德森说，城市里从来没有“手工业者、商人和生产者所控制的社团”③。凡是城邦之公民，必定拥有土地，反之，凡拥有土地者，必是城邦公民，城邦公民都是“土地私有者”。譬如，古希腊最大的农业城邦斯巴达实行“平等人公社制度”，每个成年男性公民分得一份土地及耕种土地的农业奴隶“希洛特”，全国土地分成9000份，从事手工业和商业的庇里阿西人没有公民权利，虽有人身自由、土地作坊和店铺，但只有纳税和服兵役的义务，没有任何政治权利可言。

另一重要城邦雅典尤以民主政治著称于世，相对说来，雅典奴隶主从事工商业者较多，不过城邦中绝大多数公民还是小土地所有者。从建国初期的贵族政治，历经梭伦改革、克里斯提尼改革、伯里克利改革，

---

① 〔英〕M. M. 波斯坦、H. J. 哈巴库克：《剑桥欧洲经济史》第1卷，郎立华、黄云涛、常茂华等译，北京，经济科学出版社，2002年，第7页。

② 《马克思恩格斯选集》第1卷，北京，人民出版社，1995年，第70页。

③ 〔英〕佩里·安德森：《从古代到封建主义的过渡》，郭方、刘健译，上海，上海人民出版社，2001年，第8页。

最后确立了奴隶主民主政治。这一系列改革中心内容之一是削弱贵族特权、扶持工商业奴隶主，更是要保护普通平民，其中梭伦改革使雅典平民摆脱了因借贷、抵押土地而沦为“六一汉”和债务奴隶的危险，从而保障了普通平民的人身自由，使他们重新成为小土地所有者。而克里斯提尼改革则强化了雅典民主机构的权力，建立“500人会议”，其成员从全体公民中经选举、抽签方式产生，由50人组成的“主席团”轮流抽签值班，在公民大会闭会期间负责处理国家日常政务、接见外国使团等活动。尤其在伯里克利改革时期，国家各级官职向一切公民开发，并且都以抽签方式产生，公民大会成为名副其实的国家最高权力机关，这意味着雅典公民政治走向成熟从而真正得以确立。这是古代社会民主政治的最高峰。因此，所有拥有土地的所有者组成城邦的公民团体，他们的多数决议拥有最高权威，决定整个城邦的一切重大事务，譬如可以罢免执政官、可以放逐贵族、可以对外宣战，等等。换言之，只有土地所有者才是城邦的主人。所以，现代史学家们普遍认为，古典奴隶制城邦的经济基础实际上是小农经济，这些小土地所有者也是城邦的政治和社会基础，他们的代表主宰了城邦的政治生活，有的本身甚或是城邦的政治首脑。所以，古典时期城镇的政治生活不局限于城镇的城垣之内，部落的每一个人，无论居住在城墙之内或之外，都同样是城镇的公民，只要他是一个土地所有者。

罗马帝国时期城市亦是如此。尽管城市里有许多富有的商人和手工业者，但他们的社会地位并不高，正如经济史家卡洛·M. 奇波拉说，他们“从来没有成功地在社会上获得显赫地位，也没有推翻地主士绅的价值标准”①。即使在城市自治制度仍发挥作用的条件下，他们之中的某些人被选进城市的管理机构，并促进了城市经济的发展和繁荣，但他们仍然是皇权、军队和元老贵族统治下的效力者，而不能掌握自己的命运。城市领导人对拖欠赋税负有个人代缴代垫或集体代缴代垫的责任，完不成任务便被逮捕、家产被没收，以抵偿城市的赋税欠额。这样一来的结果是，很多人怕被选入城市的管理机构，在罗马帝国后期尤为如此，有些工商业者一看到自己有可能被选为城市领导人，就赶快离开本地，躲藏起来。所以，我国著名经济学家厉以宁断言，可以称他们是“城市经济生活的原动力”，但不能称他们是“城市政治生活的主人”②，这就生

---

① 〔意〕卡洛·M. 奇波拉：《欧洲经济史》第1卷，徐璇译，北京，商务印书馆，1988年，第12页。

② 厉以宁：《罗马—拜占庭经济史》（上编），北京，商务印书馆，2006年，第422页。

动地描述了工商业者在城市政治生活中的低下地位，也反映了他们在罗马国家政治生活中受压迫、被支配的社会现实。

相比较而言，中古时期的城镇则呈现出另一种风貌。马克思说过，中世纪的起点是乡村。这在相当程度上是落后的“蛮族”入侵造成的。罗马帝国西半部尽为那些未开化而又对帝国文明羡慕不已的游牧部落所占，许多古代城市变成一片废墟、人口稀少。无疑，中古初期是一个倒退、落后的“黑暗时代”。直至11世纪，西欧各地才出现城市复兴的现象，被称为“城市兴起”。不过，中古城市居民不再是一个个由小土地所有者组成的公民团体，而主要是从事非农产业的各类市民、工商业者。尽管城市居民也间或从事农业生产，但主要还是以从事手工业和贸易交换活动为主要生计来源，他们组成的手工业行会“基尔特”和商人公会除管理本行业的生产销售外，还往往参与城镇的市政管理，有时他们自己的行业组织就构成了城镇管理机构——市议会或市政会，行会的上层分子和富裕的工匠、商人后来都逐渐变成了城市贵族，成为城市中的统治阶层。中古晚期许多商人还通过购买爵位而“贵族化”，最后成功地跻身于封建统治阶级行列。简言之，中世纪城镇在很大程度上是由商人公会和行会与郡守共同管理的。

而在古典时期城市中，手工业和商人群体地位较以农业为生的奴隶主地位低下，他们很少能够取得公民权，因而被排斥在城镇的市政管理之外，这大概源于该阶层本身经济力量的薄弱。我们知道，尽管希腊古典时期商品经济比较发达，但亦是与其他古代民族及其后中世纪相比较而言，雅典工商业最为发达，斯巴达则是农业城邦的典型代表，其他希腊城邦则处于两者之间的状态，总的说来，希腊城邦的经济基础还是小农经济，它在希腊诸城邦经济生活中占据支配地位。① 这是经典作家和古典史家公认的事实。这种状况持续到罗马帝国时期也依然如此。据记载，公元4世纪时罗马帝国各城镇的财政收入第一次被纳入帝国税收体系，不过在君士坦丁大帝“五年期纳税”计划中仅仅占到土地税的5%而已。② 在这里，城市工商业之经济地位远没有农业来得重要，同后世中世纪相比也是有相当差距的。由此，我们也不难理解古典城市里工商从业者的低下地位，也不难理解他们在古典和中世纪城镇政治自治、经济管理方面呈现出的地位近乎倒置的显著差异。

---

① 《马克思恩格斯全集》第23卷，北京，人民出版社，1972年，第371页。

② 〔英〕佩里·安德森：《从古代到封建主义的过渡》，郭方、刘健译，上海，上海人民出版社，2001年，第8页。

所以，希腊著名哲学家亚里士多德在《政治学》中得出如下结论："最杰出的城邦不会使手工工人成为公民，因为今天手工劳动的主体是奴隶或外国人"，"城邦不论哪种类型，它的最高治权一定寄托于'公民团体'，公民团体实际上就是城邦制度"。当然，这在古代社会实际的社会结构中并没有完全成为现实，个别和特殊情形总是存在的。不过，从总体上看，哲人的这番结论大体上还是符合古典社会的实际状况的。[①] 苏格拉底的学生柏拉图也将工匠排除在城市这个集体之外，在他看来，"劳动处于人类价值之外，在某些方面甚至与人的本质相对立"。姑且不考虑这对师徒的观点正确与否，我们从中已经可以清晰地窥见古典时期流行或通行的社会舆论和政治思潮，即政治权利或公民权主要属于土地所有者阶层。这是当时希腊罗马社会确凿无疑的主流观点。因此，古典世界的自由和权力是属于公民阶层的，上至奴隶主贵族下到自由的无产者，只有成为公民才会享有相应的政治权利——参与市政管理即是其中之一。手工业者和商人如果不成为公民，那么不论经济上如何富有，也难以进入城镇管理阶层。所以，马克思在《资本主义以前诸形态》一文中写道："古典古代的历史就是城市的历史，不过这是以土地财产和农业为基础的城市"[②]，就非常鲜明地道出了古典社会中城市的本质特征。

第二，古典城邦文明在本质上具有殖民的特点，即通过战争掠夺贡赋和奴隶，继而进行殖民，在海外建立子邦或城市。古典城镇的建立和发展也充分体现了这一特点。在希腊诸城邦大举进行海外殖民浪潮中，一大批城市涌现出来。最早的殖民城邦是优卑亚于公元前750年在意大利的皮提库萨岛建立的。此后200多年间，东到小亚和叙利亚，南至非洲利比亚、突尼斯沿岸，西至意大利、西班牙和法国南部，北至黑海广大地区（包括今土耳其、保加利亚、罗马尼亚、乌克兰、俄罗斯和高加索等地）希腊人共建殖民城邦至少在139座以上，参加殖民的希腊城邦达44个之多。[③] 典型的如科林斯的殖民城市叙拉古发展迅速，在戴奥尼索斯一世时期成为欧洲最大城市，控制了意大利南部和西西里大部分地区。

在希腊对外扩张中，各个城邦不是凭借市场竞争，而是依靠暴力，

---

① 〔英〕佩里·安德森：《从古代到封建主义的过渡》，郭方、刘健译，上海，上海人民出版社，2001年，第14页。

② 《马克思恩格斯全集》第46卷上册，北京，人民出版社，1979年，第480页。

③ 刘家和、王敦书主编：《世界史·古代史编》（上卷），北京，高等教育出版社，1996年，第231页。

尤其是以雅典为首的一些城邦，尽管工商贸易比较发达，依然依仗军事力量——主要是海军，掠夺国外财富，用于建设大型公共项目和补贴城市公民日常生活。由此，伯里克利说："因为我们城市的伟大，世界各地的劳动果实都奉献给我们。"① 这些"果实"正是雅典从海外掠夺而来的。正是随着公元前8～6世纪的殖民化扩张，希腊城邦经济在公元前5世纪进入繁荣阶段，即古典时期。简言之，城邦政治经济发展空间和繁荣程度在很大程度上取决于向外部扩张的条件和取得的成就，当然我们不否认公民政治也是城邦存在、发展、繁荣的内部理由和根据。其实，希腊城邦对外扩张本身也是由于内部因素所致：希腊农业不发达、物产贫瘠，仅仅通过周边农村地区显然难以供养城邦中心不断增加的人口。在这种情况下，向海外殖民就成为必然的选择了。

罗马共和末期和帝国初期的城市化运动亦是如此。这一运动首先发端于意大利，到奥古斯都时期开始向行省发展。据不完全统计，仅西班牙一地就有"好几百座城市，重要的城市有400座，次要的有293座"。高卢有近1200座城市，意大利约为1197座，阿非利加主教区有650多座城市，在希腊则共有城市900座，东部亚洲行省共有5000多座人口众多的城市。② 应该说，罗马时期城市化运动与帝国农业经济发展和商业贸易繁荣存在密切关系，但另一方面，城市化运动更是帝国统治者对外扩张的结果，是政治和军事政策的一种"产物"。帝国初期的元首们都积极鼓励和大力支持在所征服地区建立行省城市，而这些城市各自相应获得不同的政治地位，像"自治城市"、"同盟城市"、"拉丁同盟城市"和"纳税城市"，等等。尼禄时期的大臣彼特洛努斯（Petronius）关于罗马城市和对外战争的观点具有鲜明代表性，即帝国的任务是"无论以什么样的生命代价"，都要保护财富的来源以供给数量不断增长的城市人口。因此，城市的命运取决于"战争"和继续寻找"财富"。③

随着帝国扩张，越来越多的城市市民获得罗马公民权，原本适用于罗马公民的"市民法"——十二铜表法，也逐渐发展成"万民法"，而罗马也获取了被征服民族的巨大财富，由后者所供养和维持，城市经济产生了一种"寄生性"。所以，古典时期城镇发展途径主要通过"地理

---

① ［美］乔尔·柯特金：《全球城市史》，王旭等译，北京，社会科学文献出版社，2006年，第35页。

② 杨共乐：《罗马社会经济研究》，北京，北京师范大学出版社，1998年，第100页。

③ ［美］乔尔·柯特金：《全球城市史》，王旭等译，北京，社会科学文献出版社，2006年，第50页。

上的征服"——战争和殖民方式，通过在地中海沿岸"一成不变地繁殖"方式，建立子邦或殖民城市。由此可见，古典城市的发展和建立与殖民、军事扩张的力量异常紧密地联系在一起，随着殖民活动兴盛而兴盛，因军事胜利而获得发展，而当殖民活动停止、军事失利时，城市则陷于停滞不前状态。

相比之下，中古时期的城市发展主要依赖于经济发展和贸易活动增加，经济扩张是城镇发展的主要动力。无论是"贸易起源说"抑或"市场起源说"都在不同程度上反应了生产发展、经济活动的集中和增加是促成城市出现的主要原因。[①] 当然，这其中不乏封建国王、封建领主通过政治手段建立城镇的例子，尤其是在中世纪早期，政治、军事和宗教对城镇形成和发展具有不容忽视的重要影响。不过，即便是这样的城镇，其后的经济动因也是显而易见的。一般说来，中古时期西方许多城市具有显著"经济色彩"，是一个经济中心，东方城市的"政治色彩"则更为突出。这是古代东西方城市的显著差别之一。显然，这种差别也彰显了西方中世纪城市的经济职能，通过经济的、和平的手段建立城镇。这是中古时期城镇发展的基本途径，是没有什么疑问的，尤其在中古晚期和近代早期，城市随着商贸活动的兴旺而勃兴，随着经济活动的削减而萎缩，城市发展同经济活动、贸易交换之间一损俱损、一荣俱荣，两者关系之密切是不言而喻的。因此，古典城市与中古城市运动发展的途径和动力是不一样的。可以说，在某种程度上，它们体现了各自时代的特征。

第三，城镇在古典和中古时期各自的社会结构中其地位也不相同。古典时期城市同整个社会融为一体，是古典文明精华的承载者和体现者，在社会处于中心地位而非边缘地位。城镇是城邦的中心，居于统治地位，统治着周边农村地区，后者无论在政治方面还是经济方面都从属于城市，居于被统治地位。英国学者杰弗里·帕克说："希腊城邦从来就不仅仅指一个城市……从一开始它就意味着出生于其周边地区的同在。它最初是通过合并乡村小社区而形成的，这就是人们所熟知的城邦统一（synoikismos）过程……城邦的都市部分是城区（asty），而其周边领土是城郊

---

① 见〔比利时〕亨利·皮雷纳：《中世纪的城市》，陈国梁译，北京，商务印书馆，2006年；〔美〕詹姆斯·W. 汤普逊：《中世纪经济社会史》，耿淡如译，北京，商务印书馆，1997年；刘景华：《西欧中世纪城市新论》，长沙，湖南人民出版社，2000年。

(chora)，它们组成都市—乡村系统的整体，其中城市是商业和产业的中心。”[①] 由此推算，城邦的平均规模大致相当于英国的郡，像公元前5世纪的雅典有领土2500平方公里，与肯特郡大体相当。城镇生活与民族生活融合在一起，城镇的法律就像城邦的宗教一样为全民族所共有，城镇是全民族的首府。

因此，古代城市很少表现出同古典社会不相容的一面，没有什么不同于古典社会的异质特征。尽管中古城市一般说来享有某种特殊政治和法律权利，也具有政治自治倾向和较为独立的法律地位，但从独立性和主权角度而言，显然不能同古典城邦相提并论。希腊城邦类似于一个“享有独立主权”的国家，当然罗马时期的城市自治已大为逊色。[②] 而中古城市的“自由和特权”从法理上源于“领主恩惠”，或受赐于封建王权，或来自于领主权力不等的大小贵族，当然城市市民阶层也经过一些斗争以争取“城市自由和权利”，不过“货币赎买”和每年的“年度税”依然透露出城市的政治依附地位，而这种代价高昂的“经济成本”或许正是中古晚期一些城镇工业向外转移、城镇经济萎缩，最后逐渐失去自治地位的重要原因之一。

封建文明的主要场所是乡村庄园而非城镇。中古城镇法律地位特殊，被称为“飞地”——封建社会海洋中的一块非封建岛屿，虽有政治特权却不能在政治上支配、统治农村，相反，在某种程度上受制、隶属于封建领主的乡村庄园。当然也有例外情况存在，像英国达勒姆大学中世纪史教授理查德·布里特奈尔发现，英国中世纪晚期，城市也有类似于希腊城邦或意大利城市共和国的例子，主要以苏格兰城市为典型，在王室宪章里，有的内容条款就规定了城镇统治、管理周围乡村地区。[③] 不过总的说来，中古英国城市处于封建社会的政治边缘地带，对后者的影响主要体现在经济层面。因而，中古城镇同封建庄园存在着鲜明对立性质。随着社会发展、经济进步，这种对立性质愈加明显，在中古后期，城镇

---

① 〔英〕杰弗里·帕克：《城邦——从古希腊到当代》，石衡潭译，济南，山东画报出版社，2007年，第14~15页。

② 罗马帝国新征服地区许多城市并不享有希腊城邦的“独立和自由”，W. W. 富勒在评述公元前1世纪的情形时说：城邦“外形还在，可精神已经远离……城邦的真正生活到处受到严格限制或者迅速趋于消亡”。W. W. 富勒：《希腊与罗马的城邦》，伦敦，1952年，第318页，转引自〔英〕杰弗里·帕克：《城邦——从古希腊到当代》，石衡潭译，济南，山东画报出版社，2007年，第53~55页。

③ D. M. Palliser, 2000: *The Cambridge Urban History of Britain*, *Volume I*, *600–1540*, Cambridge University Press, p. 332.

逐渐转化成封建庄园、封建经济和封建制度的异己力量。当城镇在社会结构中日益居于主导地位时，封建社会则逐渐趋于瓦解，两者之间呈现出一种“此消彼长”的反比关系，这与古典城市在古典文明社会结构中的地位是截然不同的。

显而易见，古典城市在社会中不是居于边缘地位，而是居于煊赫的中心地位，城市代表了古典文明的最高成就，是古典文明的集中体现。比利时历史学家亨利·皮雷纳说，城市在“政治组织方面的作用”，在古典时期要比中世纪为大，在古典社会，全民族以城镇为中心建立起一个独一无二的共和国。[①] 古代城市越发展，古典文明取得的成就越大，在相当程度上可以说，古典文明的繁荣程度取决于城市的发展和扩散，古典城市的发展强化、巩固了古典文明取得的成果，而非削弱后者，两者之间体现了一种共存共荣的正比关系，而非反比关系。

第四，古典城市具有浓厚的宗教色彩。当然，中古城市本身也有一定宗教色彩，甚至有些城市就是从“主教驻地”发展而来；还有的城市就是由教会所建立，教会和修道院由此成了城市的“领主”，向城镇居民索取贡赋；还有许多城镇里遍布大大小小数不清的教堂……亨利·皮雷纳说，无数的“宗教建筑”和大量的“敬神”团体“挤满”城市，中世纪城市的“宗教性”由此可见一斑。亨利·皮雷纳甚至说到，市民阶级既是世俗的，也是“神秘主义”的[②]，这更给城市增添了一层宗教色彩。不过，这些都无法同古典城市的“宗教性”相提并论。

法国史学家菲斯泰尔·德·古朗士研究发现，古代城市的创建是一种“宗教性行为”[③]。他以罗马为例：建城之日，要奉献牺牲，继而点燃火炬，每个人都要从火焰上跃过，以净化众人身上附有的不洁之物，这还是宏大建城仪式的预备仪式。接下来，罗慕洛斯身穿祭司衣袍，唱着颂歌蒙着头，牵着一对纯白色的牛来拉铜犁犁地，它犁出的环状的沟就是城市的“围垣”，城墙就建在这里，其旁修建祭坛，点燃圣火，而犁出的泥土要小心地放在围垣内，不能流失在外；此外，建城者及众人还要依次向小沟投入一点各自从家乡带来的泥土，这是附有祖先灵魂的“圣土”，会永远保佑子孙后代。所以，李维在谈到罗马时说：“此城无

---

① 〔比利时〕亨利·皮雷纳：《中世纪的城市》，陈国樑译，北京，商务印书馆，2006 年，第 66 页。

② 〔比利时〕亨利·皮雷纳：《中世纪的城市》，陈国樑译，北京，商务印书馆，2006 年，第 146 页。

③ 〔法〕菲斯泰尔·德·古朗士：《古代城市——希腊罗马宗教、法律及制度研究》，吴晓群译，上海，上海人民出版社，2006 年，第 162 页。

一处不被宗教所渗透、无一处不居有神灵。此诸神之居所也。”这段话可以适用于任何古代城市，因为凡遵照仪式规定所建之城，其保护神必居于其中，所以每个城都是一座神庙，每个城都可以被称做是“神圣的”。不仅罗马，在罗马之前的许多城市就是以同样方式建立的，瓦罗说这种仪式在拉丁民族和伊达拉里亚人中都是一样的。老迦图为了写作《起源论》一书，曾研究过意大利各民族的编年史，他说所有的建城者都要举行类似的仪式。休昔底德在描述斯巴达建城时也提及庆典上用到赞美诗及祭礼，喜剧家阿里斯托芬的作品中有一幕是描写“鸟城”建城仪式的，其中有祭司点燃圣火、呼唤诸神、唱赞美诗和预言家解说神谕等，大概也是仿照人类建城的习俗。①

我们今天译作“城市”（city）的“civitas”和“urbs”这两个词在古代具有明显不同的含义，前者指“家庭与部落的宗教和政治联合”，后者指“集会的场所、地点或是这个联盟的神庙”，一旦家庭、胞族和部落同意联合并祭祀同一个神灵，便立即建城作为他们共同祭祀的神庙，这里是一种宗教和信仰的联合促成了联盟的出现。因此，在古朗士看来，古典城市的创建总是一种“宗教性”行为，甚至在一定意义上可以说，古典城市起源于宗教，起源于不同信仰的人们联合的需要。因此，在古典希腊城邦中，绝大部分人都相信神意，神意的真实含义往往是在人民大会上经过辩论后确定的。换言之，正如古典史学者所言，所谓神意“不过是城邦公民集体的意志而已”②，所以古典城市的宗教色彩和神意与城邦政治融为一体，体现了人类社会早期政治和宗教分离之前、宗教尚未脱离政治脐带的特征。

二、中古时期与工业革命时期英国农村劳动力转移比较

中古和近代早期英国农村劳动力转移与城市化一直存在并取得相当可观成果。据统计，截至工业革命之前，英国城镇居民数量已达到120万人，约占总人口的21%，城市化可谓初具规模；农村居民大量从事纺织、制陶、采矿、木材和粮食加工贸易等非农产业，已经逐渐摆脱以农

① 〔法〕菲斯泰尔·德·古朗士：《古代城市——希腊罗马宗教、法律及制度研究》，吴晓群译，上海，上海人民出版社，2006年，第166、168页。

② 晏绍祥、赵秋燕：《神人之际：希腊神话解析》，见侯建新主编：《经济—社会史评论》（第一辑），北京，生活·读书·新知三联书店，2005年，第161~171页。

为生的状态，从业人员占到总人口的33%，加上城镇居民则非农人口已占到总人口的54%[①]，已为工业革命和工业时代的城市化打下了良好基础。可见，中古和近代早期农村劳动力转移在英国城市化和工业化历史上占有不容忽视的地位，那么与工业时代比较，中古和近代早期英国农村劳动力转移与城市化具有哪些特点呢？

第一，动力机制不同。这是中古和近代早期劳动力转移不同于工业时代的重要特点。工业时代劳动力转移的主要动力是工业，与工业革命前城市工业和乡村工业对农村人口的吸引力截然不同，技术革新带动各行业产生连锁反应，整个社会对劳动力的需求魔法般膨胀了。近代大工业为劳动力创造的大量、稳定就业机会，产生强大“拉力”，吸引着农村人口向城镇和工矿转移。而在工业革命以前，中古时期农村劳动力无论向城市流动抑或向乡村工业转移，其动力主要都是来自农业本身，而不是旧式工业和城市经济。在劳动力转移过程中，农业具有决定性的作用。农业生产力和农村生产关系的变化制约着甚至决定着劳动力转移的规模和方向。农业生产率提高了则城市化和非农产业获得显著发展，农业生产萧条萎缩则劳动力转移停滞不前甚至倒退，这在16世纪以前劳动力转移的初级阶段尤其如此。

由于生产力提高较为缓慢，粮食产量小、灾荒多，难以供养较多的不事农业的非农人口，所以中世纪英国劳动力转移规模一直比较小。在庄园劳役制盛行时期，庄园里绝大多数农业生产者的自由流动和迁徙还受到法律制度限制。当时从事非农产业的农村人口都同时进行着农业耕作，生产活动重心放在农业种植业上，农忙时期全力投入农业耕种、生产和收割，大多在农闲时节方进行家庭副业生产。“副业”一词已经表明当时工业在农村生产生活中所处的地位，要服从和服务于“主业”，所以一些庄园禁止农民在农忙季节从事工业生产，有的城市甚至规定市民亦须赶往乡下帮助收割谷物。譬如，诺里奇城市当局规定织工在秋收季节从8月15日始停工一个月，以防乡下谷物收割期间劳动人手短缺；[②]有的城市则明确规定禁止工匠在秋收季节从事纺织品生产，以防耽搁农忙，违者将受到处罚。譬如，在1376年，科茨沃尔德的纱线被禁止出

① E. A. Wrigley, 1992: *People, Cities and Wealth: The Transformation of Traditional Society*, Blackwell, p. 170.

② L. F. Salzmann, 1913: *English Industries of the Middle Ages: Being an Introduction to the Industrial History of Medieval England*, London: Constable and Company LTD., p. 151.

口，原因之一是它在农忙季节从收割庄稼的农业地区招收了劳动力。①这些都是封建社会农本经济的一种表现。

因此，不仅农村居民的家庭副业、手工业活动，包括中古城镇的非农经济生产，都在很大程度上受到农村生产关系和农业经济活动的制约。城市和工业发展虽在一定程度上调节着农村劳动力向非农产业转移、向城市流动节奏，在更大程度上却受到农村经济环境和农业生产力制约。15 世纪英格兰瘟疫频频发生，农业生产处于下滑状态，加之农村土地多、劳动力稀少，这一时期城市化进程明显放慢。所以，在近代早期的 16、17 世纪农业生产力出现较大幅度提高之前，农村劳动力转移的规模始终较小，城市人口增长亦较为缓慢，绝大部分劳动力处于农村社会“内部流动”时期。

进入 16、17 世纪后，农村劳动力转移进入第二阶段——发展时期。农业生产力较此前有了较为迅速增长，带动农村生产关系出现变革，圈地运动就是农业生产力和生产关系变化的产物和体现。16、17 世纪圈地运动加速了农业劳动力转移的历史进程，无论畜牧业抑或大农场对农业劳动力需求较此前大大降低，许多小土地所有者生存的农业土壤被剥夺，不得不向城市流动和在农业以外行业谋取生计，因而圈地运动后，转入乡村工业和向城市流动的农村人口骤然增多。农业产生强大的“推力”，推动着农村人口向外转移。所以，工业革命以前劳动力转移的主要动力是农业，在劳动力转移过程中农业的“推力”起着主导作用。

当然，工业革命以前城市和工业对劳动力流动也有吸引力。不过，中古时期城市对农村人口的“拉力”与近代早期和工业革命时期是有本质区别的。同为农村人口流动的目的地——城市，中古时期“拉力”源自城市自身的特权地位，源自农村庄园和城市“自由”的巨大反差。可以说，在相当程度上，农村居民向城镇流动包括农奴逃亡主要都是出于对城市自由的渴望，渴望获得一种自由从事各种职业、自由迁移、自由婚嫁、自由处置财产等的权利。显而易见，是一种政治“拉力”吸引着农村劳动力向城市流动，一种非经济的力量在中古城市化过程中发挥着主导作用。

而在近代早期和工业革命时期，城市对乡村人口的“拉力”不仅在规模和强度上远远超过中古城市，而且在性质上不同于前者。“自由”

---

① 〔英〕M. M. 波斯坦、H. J. 哈巴库克主编：《剑桥欧洲经济史》第 3 卷，周荣国译，北京，经济科学出版社，2002 年，第 273 页。

已经不是这一时期城市的特权，许多城市由于各种原因失去独立地位而成为中央政府治下的地方郡县，“自由”也不再对居住在城市里的所有居民开放，来自农村的贫困移民更难问津市民身份，所以现代工业城市赖以拉动乡村人口力量的不再是一种政治因素，而是一种较之中古城市更为纯粹的经济力量。城市展示出能够为乡村剩余劳动力提供各种工作岗位和就业机会的广阔前景，而在乡村，由于农业生产力的进步和农业生产结构的调整，大量农村劳动力已经成为“多余的人”，在农村单纯依靠农业难以维持生计，城市繁荣富裕的生活水平和大量就业机会深深吸引了他们，吸引他们向城市迁移。在工业革命之前，尤其在17世纪和18世纪早期，当城市不能满足大量农村人口所需劳动岗位之际，很多乡村居民往往从事手工业活动，“茅屋”工业获得蓬勃发展机遇，规模之盛、影响之大以致被称为“原工业化”（pro－industrilization）阶段，为大量农村人口提供了就业机会，吸引着农村劳动力向乡村工业转移。随着劳动力转移从第一阶段向第二阶段过渡，城市工业对农村人口的“拉力”在逐渐增强，“拉力”最强时期当属工业革命。

第二，城市化水平不同。工业革命以前劳动力转移的规模比较小，如果从11、12世纪城市复兴算起，至工业革命前夕农业劳动力转移已历时六七个世纪之久，然城市人口仅占总人口比例的21%，农村人口中一半以上（58.2%）仍旧从事农业，从事乡村工业人口尚不及一半（41.8%）。[①] 大体说来，英国工业革命前城市人口增长率每100年仅为1.5个百分点左右，由此可见城市化速度之慢。

笔者通过对相关材料整理，估算出英国早期、中古盛期、中古晚期和近代早期城市居民比例的数据，借此来对英国城市化进程作一整体描述。图表前半部分采用估算数字，故有两个不同数据，后半部分采用E. A. 里格利的数据，我们就得到英国11世纪至19世纪中叶近八个世纪城市化的发展轨迹图，见图7－1。

① 笔者根据E. A. 里格利提供的数字估算得出。见〔英〕E. A. 里格利：《人民、城市和财富——传统社会的变革》，布莱克威尔出版社，1992年，第162页。

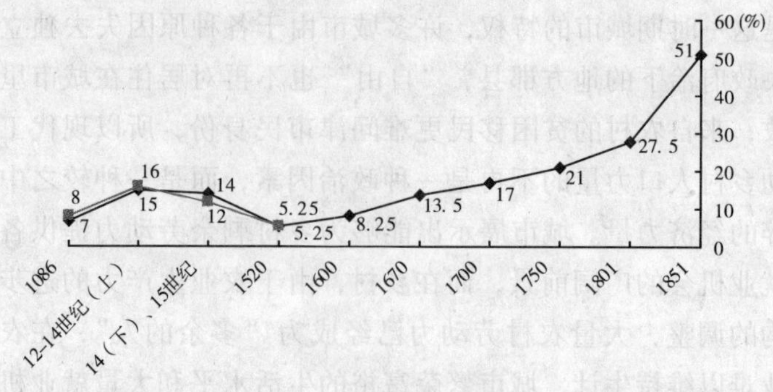

图7-1 11~19世纪中叶英国城市人口比例

资料来源：E. A. Wrigley, 1992: *People, Cities and Wealth: The Transformation of Traditional Society*, Blackwell, p. 162。

由图7-1可见，英国在中世纪盛期出现过一个城市化发展的小高峰，大体在12世纪下半叶和14世纪上半叶之间，这正是西欧城市运动蓬勃兴起时期，此后逐渐走向低谷。图中14世纪（下）和15世纪城市居民比例有12%和14%两个数字，只是表明城市下降或衰落程度不同，并不影响我们对城市变化总趋势的把握。16世纪后城市经济开始复苏，城市化走上平稳发展之路，再未出现大的波折和倒退，而且在19世纪加速发展，实现"起飞"，进入现代城市文明和工业社会。该图在具体年代和数字方面也许会存在一些误差，但城市化总体发展趋势应与历史事实相去不远。

英国中古和近代早期城市化踟蹰不前，源于低水平的旧式工业，城市旧式传统工业提供的就业机会限制了其吸收农业剩余人口的能力。中世纪史家米勒和哈彻尔教授总结了英国中世纪工业的基本特征：生产单元小、固定资本水平低、技术含量低和家庭作坊色彩。① 因而吸收就业人员数量非常有限，像多数手工业作坊仅三四个人，规模很小。即便是矿山开采等较大规模非农行业雇用劳动人手也不多。譬如，英格兰煤炭开采行业，从中世纪的采煤租约看，每个矿坑雇用的工人数量一般都在十人以下，多数在4~6人之间，规模很小。②

显然易见，中古城市规模有限的非农产业对农业人口和农村居民自然难以产生巨大拉力，从而决定了人口都市化的历史进程——农村人口

① Edward Miller and John Hatcher, 1995: *Medieval England: Towns, Commerce and Crafts 1086-1348*, Longman Group Limited, p. 53, 55.

② L. F. Salzmann, 1913: *English Industries of the Middle Ages: Being an Introduction to the Industrial History of Medieval England*, London: Constable and Company LTD., p. 18.

向城市的迁移，是一个漫长曲折的过程。这一历史过程不仅缓慢，还可能出现反复，像14世纪和15世纪农业出现经济危机之际，许多城镇都人口锐减、发展迟缓，还有的彻底退化成乡村。正因为如此，许多述及城市化的著作都认为城市化发轫于18世纪，人们也普遍认为城市化运动是近代以来工业革命的产物。这恰恰从一个侧面反映出中古时期农村劳动力在城市化和非农化方面所取得的成就相对有限，劳动力转移规模较小。

农村人口向城市进军的新号角是由18世纪的产业大革命奏响的。工业革命发生后，农村劳动力转移掀开了新的历史篇章。在1750～1851年一个世纪的时间里，劳动力转移的成果超过了工业革命以前七个世纪的成果总和。现代英格兰城市多数是在1801～1851年间迅速成长起来的，从中古时期发展而来的城市仅占很小的比例。譬如，曼彻斯特从95000人增加到303000人，利兹从53000人增加到172000人，布拉德福是工业革命期间人口增长最快的城镇之一，1801年时该城只有13000居民，1821年增加到26000人，1851年增加到104000人。19世纪初，伦敦是英国唯一一个人口超过100000人的城市，到1851年时，英国已有九个城市人口超过100000人。① 1851年的调查证明，英格兰和威尔士历史上第一次有一半以上的人口住在城市里，可谓初步实现了城市化。城市化对英国社会产生了显著意义，中国社会科学院英国史专家王章辉研究员撰文指出，“城市化加快了经济现代化进程”，“促进了国家政治制度的民主化”，还推动了“现代教育和科学技术的发展”，城市居民识字率大大提高。②

另一方面，农业生产所占用的劳动力份额也迅速下降。到1801年时，农村已有50%人口从事非农产业，1800年时，成年男劳力中还有40%以上的人从事农业，到1850年时，这个比例则降到了25%以下。这个数字雄辩地证明工业革命已经使英国绝大多数居民摆脱了“以农为生”状态，已经迈出传统农业社会，开始成为一个工业化民族。相比之下，同期欧洲男性劳动力从事农业比例较英国高得多，可参见下表7－1。

---

① Harrison, J. F. C., 1984: *The Common People: A History from the Norman Conquest to the Present*, Fontana Press, p. 227.

② 王章辉：《近代英国城市化初探》，《历史研究》1992年第4期。

表 7-1　1700~1840 年不列颠和欧洲经济结构变化的比较　（%）

男性劳动力		1700	1760	1840
不列颠	工业部门	18.5	23.8	47.3
	农业部门	61.2	52.8	28.6
欧洲	工业部门	12.6	16.9	25.3
	农业部门	72.0	66.2	54.9

由表 7-1 可知，1700~1840 年间，不列颠劳动力就业结构发生了巨大变化，1760 年工业革命后的变化尤为显著，工业部门的男劳力比例由 18.5% 提高到 47.3%，而同期欧洲仅从 12.6% 提高到 25.3%，农业部门的男劳力比例由 61.2 % 下降为 28.6%，同期欧洲由 72.0% 下降到 54.9%。① 可见，英国从事于农业生产的劳动力要比欧洲低许多，尤其在工业革命后劳动力向非农行业的转移取得了重要成果。截至 19 世纪 40 年代，英国从事于农业生产的男性劳动力比例是欧洲最低的，而从事工业部门的比例又是欧洲最高的，这充分表明英国农村劳动力转移在 18 世纪，尤其工业革命后在欧洲处于领先地位。图 7-2 比较直观地体现了不列颠工业和农业部门男性劳动力比例变化轨迹，我们从中可发现决定性的变化出现在 18 世纪 60 年代后，即工业革命加速了劳动力从农业领域向工业部门转移步伐，并使得英国最终成功地进入了工业社会。

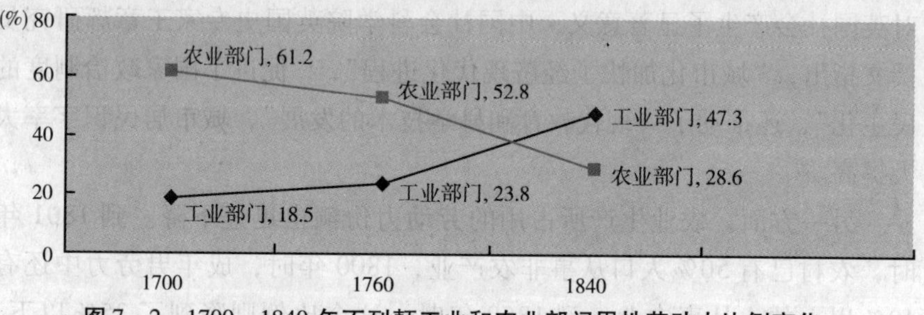

图 7-2　1700~1840 年不列颠工业和农业部门男性劳动力比例变化

第三，流动方向不同。工业革命以前农村劳动力流动由北向南，方向多为伦敦和英格兰东南部和西南部（West Country）地区。城市史专家詹·德·弗里斯（Jan De Vries）教授研究发现，在 1500~1700 年间，英格兰东南部地区城市人口比例大约从 8% 或 9% 增长到 40%，成为工业革命前英国城市化水平最高地区，而其他地区城市发展缓慢，城市人口增

① 〔英〕安·迪格比、查尔斯·范斯坦：《经济社会史的新方向》，麦克米兰出版社，1989 年，第 70~71 页。

幅很小，有的甚至处于停滞状态。① 农村劳动力转移与城市化之所以出现这种地区差异，主要由于上述东南和西南地区在中古时期已经是“教堂所在地、地方集市、大学发源地、商旅宿站和贸易货栈、（旧式）手工工场中心”②，各种非农产业尤其是呢绒纺织业较为发达，为农村居民提供了大量就业机会，而北部和西部高原地区则是以经营畜牧业为主，是一个落后的边缘地区，农村人口自然选择向富裕发达的东南部、西南部迁移。因此，英格兰东部和南部地区富裕繁荣、城市化走在其他地区前列，是同各项非农产业的发展分不开的，其中呢绒纺织业是最繁荣的，其所吸纳的劳动就业人手也是最多的。

纺织业是英国非常古老的一门行业。伊丽莎白（Elisabeth）等人根据伦敦出土的考古发掘实物考察了中世纪英国的纺织业，发现除呢绒业外还有亚麻纺织业、丝织业和混纺以及编织业。到 12 世纪中叶，伦敦、温切斯特、林肯、牛津、亨廷顿和诺丁汉等地织工以及温切斯特的漂洗工，都已经组建“基尔特”行会组织。他们每年向国王缴纳 40 先令到 12 英镑不等的费用，垄断了在其街区的纺织生产。其他地区也有纺织业组织，不过生产规模相对小得多。中世纪英格兰各地生产的呢绒质地不一，很大一部分都是粗糙的“布尔”（burel），价格低廉，一般说来这种呢绒的消费者主要是社会下层人士。还有一种粗糙的纺织品——“山羊毛纺织品”（Goathair textiles），考古证据指出这种在 11～17 世纪之间一直被普遍使用，尤其在沿海地区。③ 某些地区也生产质地考究精美的呢绒产品，林肯和斯塔福德因生产鲜红色的呢绒（scarlet cloths）而享有盛誉。上等呢绒主要供英国上流社会的贵族阶级消费享用，同时也向国外欧洲大陆国家出口。

因此，我们看到，随着人口向各种非农行业转移，英格兰在中世纪晚期从塞汶河入海口到威尔士地区，该线以南各郡经济地位得到显著提高，其中康沃尔、德文、萨默塞特和伦敦附近诸郡，即米德塞克斯、萨利、肯特和赫特福德郡、埃塞克斯和萨福克数郡的纺织业发展最为令人瞩目，最富裕的呢绒生产中心是东盎格里亚的萨福克，该郡最富城镇拉

---

① Jan De Vries, 1984: *European Urbanization 1500 - 1800*, Harvard University Press, p. 152.

② 〔法〕费尔南·布罗代尔：《15～18 世纪的物质文明、经济和资本主义》第 3 卷，施康强译，北京，生活·读书·新知三联书店，1996 年，第 697 页。

③ Elisabeth Crowfoot, Frances Pritchard and Kay Staniland, 1992: *Textiles and Clothing: c. 1150 - c. 1450*, London: HMSO, pp. 77 - 79.

文纳姆（Lavenham）3/4 的居民直接或间接从事呢绒生产。[①] 继而，伴随着上述非农产业发展，英国人口也发生了重新分布。西南部和东南部地区吸引英格兰各地大量移民，人口日渐稠密，逐渐成为英格兰人口和财富最集中地区，其中人口最密集的林肯郡“荷兰区”（Holland），每平方英里为 54 人，诺福克郡为 48 人，莱斯特郡、北安普顿郡和贝德福郡也都在 40 人以上。[②] 据保尔·芒图统计，东南部和西南部经济繁荣，人口密度每平方公里为 40～60 人，北部诸郡的经济地位远逊于南部，人口也大为稀少，其中人口最稠密的兰开夏和约克郡西区也低于南部的平均水平，每平方公里才 30～40 人。[③] 大体说来，西北部与东南部人口为 1:4（不包括伦敦），财富（按纳税额推算）为 5:14，其地域差异状况一直保持到 18 世纪工业革命前夕。[④]

产业革命使得劳动力转移和人口流动方向逆转，由南向北移民成为劳动力转移大潮的主要方向。工业革命后英格兰人口布局和产业结构发生了翻天覆地变化。西北部开始成为人口、财富集中地区，几乎包括了英国所有的大工业中心，人口密度达到每平方公里 270 人，人口在 10 万以上城市有 21 个，其中包括人口在 50 万以上城市 3 个、20 万以上城市 12 个；而南部地区只有 8 个城市人口在 10 万以上（包括伦敦），人口密度为每平方公里 199 人，如伦敦除外则每平方公里只有 135 人。[⑤] 劳动力转移和人口流向的变化，表明英格兰各个地区经济地位的升降沉浮：南部地区地位下降，北部地区地位上升；也暗示着经济结构变化：工业部门尤其是重工业产值在国民经济中日益提高，农业和轻工业产值则相对下降。当然在劳动力转移的第二阶段，尤其是 17 世纪晚期和 18 世纪早期，这种迹象已初露端倪。人口史家 R. A. 休斯顿研究发现，在 1486～1750 年间，“来自北方诸郡的流动人口中，青年男性比例从 1486～1500

---

① John A. F. Thomson, 1995: *The Transformation of Medieval England 1370－1529*, London and New York: Longman, p. 57.

② A. R. Myers, 1969: *English Historical Documents, 1327－1485*, Eyre & Spottiswoode, p. 925.

③〔法〕保尔·芒图：《十八世纪产业革命——英国近代大工业初期的概况》，杨人楩、陈希秦等译，北京，商务印书馆，1997 年，第 281 页。

④〔法〕费尔南·布罗代尔：《15～18 世纪的物质文明、经济和资本主义》第 3 卷，施康强译，北京，生活·读书·新知三联书店，1996 年，第 697 页。

⑤〔法〕保尔·芒图：《十八世纪产业革命——英国近代大工业初期的概况》，杨人楩、陈希秦等译，北京，商务印书馆，1997 年，第 281、284 页。

年的51%下降到18世纪40年代的4%"①。可见，北方诸郡不仅不再是昔日中世纪时期的人口流出地，而且变成了移民接收地，正在接收越来越多的南部移民。北部人口日渐稠密、经济日渐繁荣。

第四，向城市迁移模式不同。中古时期，英国农村劳动力向城市流动路线相对集中，农村人口向首都伦敦移民规模最大，农村劳动力向城市迁移是"一元化"模式。工业革命不仅创造了英国劳动力转移与城市化历史上史无前例的神话，而且打破了中古劳动力转移"一元化"地域流动模式。

工业革命以前劳动力向城市流动路线相对集中，农村人口向首都移民规模较大，因而伦敦城市化最为迅速。早在13世纪，伦敦即已在国内经济获得领先地位。伦敦的海外贸易份额在13世纪（主要在爱德华一世时期）增长一倍，占到全国的35%，在14世纪早期，奔向首都的长途移民就已经拉开了序幕，其中相当一部分来自东盎格里亚和英格兰北部。到1334年，伦敦拥有的财富是第二大城市布里斯托尔的5倍，纳税额超过其后三个城镇（布里斯托尔、纽卡斯尔和约克）的纳税总额。② 伦敦商人也在海外呢绒出口商中占据绝对主导地位，主宰了同尼德兰的呢绒贸易活动，组建了"英人同乡会"（English Nation），会长通常都是由伦敦人担任，著名的绸布商威廉·卡克斯顿（William Caxton）就是一典型代表，伦敦商人还从"勃艮地公爵那里获得了贸易特权"。因此，毫不奇怪，1486年伦敦市议会正式为伦敦的"商人冒险家"（Merchant Adventurers）团体创设了一个"议员资格"（Fellowship）席位。③ 作为全国的政治中心和经济中心，伦敦享有的政治自治和经济繁荣无疑对周边诸郡乃至全国移民产生不可估量的影响。

在这样的背景下，不难理解，英格兰农村人口向城市流动的主要目的地依然是首都伦敦，在16世纪20年代伦敦财富在全国比例上升为10%，是第二大城市诺里奇（已经超过布里斯托尔）的10倍，对外贸易额到1500年时则占到全国的68%，1540年时达到85%。到1543年时，伦敦的郊区萨瑟克区上缴税收已经超过布里斯托尔。当然在1560～1650年间，其他地方省城像诺里奇、约克和布里斯托尔以及纽卡斯尔这些城

① R. A. Houston, 1995: *The Population History of Britain and Ireland 1500－1750*, Cambridge University Press, p. 48.

② David Nicholas, 2003: *Urban Europe, 1100－1700*, New York: Palgrave Macmillan, p. 60.

③ A. R. Myers, 1969: *English Historical Documents, 1327－1485*, Eyre & Spottiswoode, p. 938.

市人口也增长了1倍或2倍，达到12000~20000人左右，但同伦敦相比则大为逊色，因为伦敦及其郊区人口增长了5倍，达到350000人，1670年增加到475000人，1700年则为575000人（详见下表7-2）。而纽卡斯尔本身之所以获得农村移民的青睐，主要在于伦敦人口迅速膨胀使得泰晤士河东岸的煤炭贸易繁荣起来，给纽卡斯尔带来了大量就业机会。相应的，伦敦城市人口在全国城市总人口中的比例从1520年的43%上升到1670年的70%，而其他城市人口增长幅度很小，在总人口中的比例仅从1520年的3.0%微弱地上升了1%，达到4.0%，在城市总人口中的比例则降为30%。①

表7-2　1520~1801年伦敦和其他城市人口估计　　（单位：千人）

年代／地区	1520	1600	1670	1700	1750	1801
伦敦	55	200	475	575	675	960
其他城市人口	70	135	205	275	540	1420

资料来源：〔英〕E. A. 里格利：《人民、城市和财富——传统社会的变革》，布莱克威尔出版社，1992年，第162页。

对于伦敦急速发展和其他地区城市停滞不前的巨大反差现象，城市史家詹·德·弗里斯对首都的经济作用产生了很大疑惑，以致说到“伦敦在1500年时的发展可能对英格兰和威尔士北部、西部的穷乡僻壤边区没有产生什么人口和经济影响”②，这种论断当然未必准确，因为首都商业辐射力远远超出东南地区，提交到普通法法庭的债务诉讼表明在15世纪初时，伦敦商人的商业联系就已经覆盖了整个中部地区。此外，首都从非常广泛的区域内获取各种生产和生活资料，譬如1522年，为了刺激谷物流向伦敦、保障市民生产生活所需，国王曾给18个郡的郡长下达指令，要求后者采取相应措施，鼓励向首都运送谷物。③不过从另一方面来说，弗里斯的言论也确实反映了英格兰劳动力转移与城市化之影响在不同地区之间，存在着巨大不平衡现象。实际上，其他地区城市化进程

① E. A. Wrigley, 2000: *People, Cities and Wealth: The Transformation of Traditional Society*, Blackwell, p. 162; *The Cambridge Urban History of Britain, Volume I, 600-1540, Cambridge University Press, p.* 197.

② Jan De Vries, 1984: *European Urbanization 1500-1800*, Harvard University Press, p. 152.

③ Richard Britnell, 1997: *The Closing of the Middle Ages, England 1471-1529*, Wiley-Blackwell, p. 211.

的滞后也许正是首都畸形膨胀造成的，它们都成了伦敦城市化的牺牲品，至少在短时期内伦敦对它们产生了一种负面的消极影响。

因此，16 世纪首都伦敦城市发展状况在相当程度上就代表了整个英格兰城市化最高水平，经济史家汤姆森（Thomson）将其称为“经济集中化或一元化”（centralization），这一过程在都铎王朝早期（即 15 世纪晚期）就已经开始了。[①] 英国莱斯特大学经济社会史教授彼得·克拉克教授将近代早期不列颠城市这种不平衡发展称为“极化”（polarized）现象。[②] 劳动力转移与城市化出现“极化”或“一元化”模式，则是政治、经济、人口和文化发展集中的一种必然反映。

历史证明，到 17 世纪初期，英格兰首都伦敦城人口远远超过了王国内所有城市人口总和。英格兰全国城市人口大约为 33 万余人，首都伦敦拥有居民 20 万，约占全部城市人口的 60%，这一比例势头在 17 世纪继续增长，1670 年约占全部城市人口的 70%，1700 年时亦约占 70%。到 1700 年，英国伦敦成为西欧最大的城市，是国内第二大城市人口的 20 倍。[③]直到工业革命前夕的 1750 年，伦敦城市人口数量增长到 67.5 万人，而国内其他城市人口增长缓慢，有的城市甚至出现衰退，合计则为 54 万人（5000 人以上城市），伦敦一市独占英格兰全国城市总人口的 54.8%，依然远远超过其他城市人口数量总和。一个城市巨人和一群侏儒出现在工业革命前英国城市化历史的舞台上。

但是工业革命发生后，英国农村劳动力转移与城市化模式出现显著变化：伦敦发展缓慢。

从 1750 年至 1801 年时只增加了 29.5 万人。与此相反，其他城市的人口则迅速增长，净增长城市人口 86.9 万人。如果说工业革命前（1750 年），其他城市人口数量在全国总人口仅占到 9.5%，那么到 1801 年时则上升至全国总人口的 16.5%。[④] 因此，从 18 世纪下半叶始，伦敦在全国城市总人口中的比例逐渐降低（此前一直超过了国内其他所有城市人口的总和），到 1801 年时，其他城市人口（共计 142 万人）已远远超过伦敦（96 万人），占城市总人口比例的 59%。到 1801 年时，其他城市人

① John A. F. Thomson, 1995: *The Transformation of Medieval England 1370 – 1529*, London and New York: Longman, p. 64.

② D. M. Palliser, 2000: *The Cambridge Urban History of Britain*, *Volume I*, *600 – 1540*, Cambridge University Press, p. 27.

③ David Nicholas, 2003: *Urban Europe*, *1100 – 1700*, New York: Palgrave Macmillan, p. 16.

④ 〔美〕詹·德·弗里斯：《1500～1800 年的欧洲城市化》，哈佛大学出版社，1984 年，第 64 页。

口（共计142万人）远远超过伦敦（96万人），占城市总人口比例的60%（参见表7－2）。而到工业革命完成时，据史学家弗里斯统计，其他城市人口总计达到575万人，比例上升到城市总人口的62%，伦敦所占比例继续下降，只占38%。[①] 看来，伦敦城市化一枝独秀的历史已经结束，是工业革命改变了中古英国农村劳动力向城市流动"一元化"模式，更多城市尤其是新兴工业城市成为农村劳动力选择的迁徙目标。在工业革命的魔棒下，更多城市尤其是英格兰北部新兴工业城市成为农村劳动力选择的迁徙目标，伦敦和其他城市之间的地位逐渐发生变化，后者开始摆脱了数百年来在英国城市史上的侏儒形象，逐渐成长起来。

第五，向非农产业转移重心不同。工业革命以前农村劳动力向城市工业转移数量较少，主要向乡村工业转移，尤其是在劳动力转移的第二阶段，15、16世纪城市出现资本向农村"回流"现象后，有些老城市毛纺织工业或发展缓慢，或一度中衰，农业人口向乡村工业转移则加快步伐，行业流动重心向乡村工业显著倾斜。乡村工业成长为原工业，更进一步吸引农村失业和半失业的剩余劳动力。随着工业时代到来，农村劳动力向非农产业转移模式出现变化。许多工业发达地迅速成长为城市，劳动力向非农产业转移实则同向城市工业转移合而为一，行业转移重心从工业革命以前的乡村工业转变为工业时代的城市工业。此外，工业革命以前的劳动力主要向纺织、服装等轻工业转移，从事金属加工、矿山开采人员较少。在劳动力转移第二阶段，煤炭工业和生铁冶炼开始崭露头角，在经济生活方面的作用日益显著。工业革命发生后，劳动力向重工业部门转移的比重迅速加大，煤炭、钢铁和汽车等部门成为国民经济的支柱产业，而纺织行业就业人数比例则相对下降。因此，工业革命发生后劳动力转移在工业内部出现结构性调整。

三、工业革命以前农村劳动力转移与城市化存在的制约因素

英国在工业革命以前，除推动劳动力流动的有利因素外，在农村劳动力转移的行业流动和地域流动方面也存在许多不利因素。

第一，农奴制的存在严重制约着劳动力转移和流动。这已是显而易见的事实。封建领主的庄园经济正是依靠广大农奴提供的无偿劳役才得

① Jan De Vries, 1984: *European Urbanization 1500－1800*, Harvard University Press, p. 64.

以实现的，失去农奴的劳役，庄园的自营地生产就无法维持，所以劳役制的庄园和农奴制是紧密相连的。领主一旦发现某个村民有迁移迹象，即会扣押其主要财物，会要求其亲友和邻居实行担保等预防措施，因此移民往往是以放弃相当大部分既有财产作为代价的，绝大部分农村居民都在这道鸿沟面前退缩了。此外，对于逃往农奴人等，封建领主大都进行追捕，被抓回的农奴会在领主庄园法庭上受到公开审理，受到没收财产、处以罚金等处罚，有的还会遭到肉体惩罚，此后成为重点监视对象。这些都令目不识丁、见识短浅和孤陋寡闻的农民感到恐惧，从而断绝逃亡念头……

因此，只有在庄园“萎缩”时期或农奴制松动之际，农村劳动力较大规模的流动才会成为可能，此时领主才会放松对广大农村居民的政治压迫和人身束缚。历史也证明，随着农奴制解体和近代社会到来，劳动力转移才由石缝间的细流转变成汹涌澎湃、不可遏止的移民大潮，农奴制的每一次松动都成为劳动力转移和人口流动发展的一次次契机和一个个界标。14 世纪初的农业危机、14 世纪中期的“黑死病”、14 世纪后期的农民大起义既是农奴制崩溃和瓦解的一个个环节，同时也是劳动力转移获得发展机遇的一个个标志。到 16、17 世纪，英国的“社会流动性大得多”，而在欧洲大陆，许多地区的农民依然隶属于“形形色色的农奴制度”，大部分人口依然束缚在土地上，“农之子恒为农”是一种强制性的法律规范或社会规范，“弃农经商是不自由的”。因此，哈巴库克认为这是“英国工业领先的条件”之一。[①]

第二，中世纪西欧各国政府对劳动力转移和人口流动并非持积极鼓励态度，相反，秉持一种相对抵制甚或阻挡态度。在中世纪，政府或王室实行经济政策的一些基本准则是：政府要确保整个社会得到其赖以生存的物资供应，使社会各阶层拥有合理的行业和职业。[②] 所有经济政策中最重要的当属“供应政策”。由于各地居民的食物供给主要取决于当地的粮食生产，因而一旦发生饥荒，很容易造成人口大量死亡。所以，当时各级“政府”都将粮食的生产和食物供给放在了最重要的位置上，实行典型的“重农政策”，非常重视农业生产，尤其是粮食生产和运输方面的事宜。在当时政府对经济事务的各项管理中，对粮食贸易的管理

---

① 转引自〔美〕塞缪尔·亨廷顿等：《现代化——理论与历史经验的再探讨》，罗荣渠主编，上海，上海译文出版社，1998 年，第 194 ~ 195 页。

② 〔英〕M. M. 波斯坦、H. J. 哈巴库克主编：《剑桥欧洲经济史》第 3 卷，周荣国译，北京，经济科学出版社，2002 年，第 241 页。

是最有“连续性”和最全面的，其中包括主要生活必需品如面包、粗啤酒和红酒等物品的价格和质量标准。

据记载，在欧洲大陆，农业劳动是第一项允许僧侣从事的工作，而有些兄弟会明确禁止其成员“从事商业和手工业劳动”。11 世纪初期，英国大主教艾尔弗里克（Aelfric）在《对话录》（*Colloquy*）一书中探讨了各行各业对人类贡献大小的问题，指出：最有价值的工作就是“耕种土地。一切手工业活动都是有用的工作，但是我们大家都喜欢同你——农夫，而不是你——铁匠住在一起，因为农夫可以为我们提供食物和饮料，而你呢？铁匠，你能在工场中为我们提供些什么呢？……让我们大家都同为我们提供食物的农夫携起手来”[①]。这是当时教会高级教士对农业和农民的态度，具有相当大的代表性，教会对农业的态度无疑具有鲜明的舆论导向作用，由此不难想象社会各阶层人士对农业的重视，当然这也是前资本主义社会的共同特征。

“重农政策”的一个重要表现是政府和当局严格控制物价。在 16 世纪物价上涨、通货膨胀时期，英国政府的限价法令更是频频出台。据记载，在 1534 年，亨利八世还颁布了一项关于“食品供应”的法令，涉及“奶酪、牛油、阉公鸡、母鸡、小鸡和其他食品”，法令颁布的目的是为了防止这些生活必需品匮乏以及价格上涨“损害国王臣民的利益”。1536 年，亨利八世还颁布一项“限制酒类商品价格”的法令，规定“每加仑加斯科尼或法国葡萄酒不能超过 8 便士，即每品脱 1 便士……违者则处于 4 便士/品脱罚款……甜酒零售价每加仑不能高于 12 便士”[②]。显而易见，酒类商品也是社会各阶层普遍消费的商品。

时隔不久，1550 年爱德华六世又颁布了“牛油和奶酪交易法令”，禁止任何人“批发牛油或奶酪”只允许在“敞开式小店、市场零售”，此举显然是为了防止倒买倒卖者“囤积居奇”。两年后，爱德华六世又颁布“打击囤积居奇者、倒买倒卖者”法令，专门对“囤积居奇者”作出明确界定，法令的第一条规定“任何人在 5 月 1 日后买或卖任何未进入市场或集市的商品……无论陆路或水路……无论交易、签合同或承诺……通过话语、信件、信息或其他方式造成价格上涨……”等大约数十

① 〔英〕G. N. 加蒙斯韦编：《艾尔弗里克的对话录》，伦敦，1939 年，第 219 ~ 237 页，转引自〔苏〕A. 古列维奇：《中世纪文化范畴》，庞玉洁、李学智译，庞卓恒校，杭州，浙江人民出版社，1992 年，第 302 ~ 303 页。

② C. H. Williams, 1967: *English Historical Documents, 1485 – 1558*, London, Eyre & Spottiswoode, pp. 960 – 961.

种行为均为“囤积居奇者”；法令的第二条规定“谷物、酒类、鱼、奶酪、牛油”等18种商品在上述禁止囤积之列，增加了“囤积居奇者”的范围；第三条继续补充“囤积居奇者的类型”，法网恢恢，范围之广，几乎将一切有囤积嫌疑的人都罗列其中；第四条则指定了各项“惩罚措施”：从监禁两个月、半年到根据国王意愿的任意长的拘押期限以及额度不等的罚款、没收货物。① 在食品匮乏、粮食紧张的情况下，上述食品管制措施是完全可以理解的。可以想见，中世纪和近代早期的英国同古代中国一样，都非常重视农业生产，实行“重农政策”也就势所必然。当然，不同于中国的是，英国等西欧国家同时还实行“重商”政策，而且“崇农重商”政策有着悠久的历史传统，罗马的“崇农重商”传统潜移默化地影响了帝国曾经统治过的西欧许多地区。②

在大瘟疫后，西欧各国更加重视农业生产，农奴制在某些地区也一度出现“强化”现象。政府对于劳动力流动政策更加保守。英国政府制定了《劳工法令》，先以瘟疫之前、后以当时的物价确定了工资最高限额，强迫劳工履行雇佣合同；同时为了农业利益而严格限制劳动力流动。如在1376年，科茨伍德的纱线被禁止出口，原因之一是它在农忙季节从收割庄稼的农业地区招收了劳动力。在1388年法令规定，任何人如果到12岁时已经从事农业耕作，那他以后就必须继续务农；15世纪时政府规定，那些每年在土地上的收益少于20先令的人，被禁止将儿子送到店铺去做学徒，因为从事农业耕种的劳动力和其他仆农非常缺乏。

同样，政府还通过立法禁止流浪和乞讨……当然立法不仅关注农村农业劳动力，也对各地工匠和手工业者作出了一些规定。1349年法令将许多工匠和手工业者的收入加以固定化。1416年法令规定，对于地主管家和其他农业仆人，以及城市和自治城市中的仆人和劳动力，要向这一领域其他地方的劳动力一样……给予固定的工资。实际上无论在城市和乡村，政府的法令都受到广泛抵制。③ 不过在这样的政策、主流意识和思想指导下，农业人口流动受到限制，非农产业也很难获得较大发展。

第三，中古时期城市无论从人口数量抑或比例上，相对于乡村农业人口的汪洋大海都是微不足道的。在劳动力转移初期，城市工业、乡村

---

① C. H. Williams, 1967: *English Historical Documents, 1485 – 1558*, London, Eyre & Spottiswoode, pp. 962 – 963.

② 参见朱寰：《罗马与中国汉代的农业》，见侯建新主编：《经济—社会史评论》（第一辑），北京，生活·读书·新知三联书店，2005年，第46页。

③ 〔英〕M. M. 波斯坦、H. J. 哈巴库克主编：《剑桥欧洲经济史》第3卷，周荣国译，北京，经济科学出版社，2002年，第273页。

工业规模狭小、分工简单、种类相对单一等决定了其吸收就业人口的程度；加之行会组织为了各自小团体利益设置各种制度性障碍，千方百计阻挠新成员进入等，这一切客观上限制了农业人口向城市非农产业转移和劳动力自由流动。12世纪上半叶伦敦的贸易习俗代表着一条原则：地方贸易应当被保持在当地人手中。

这一原则很快出现在其他城镇的宪章中。除老城镇外，新城镇的态度也是比较狭隘的。① 这提示我们，即便在农村移民普遍受欢迎的中古盛期和存在着"城市的空气使人自由"这一格言，农村人口流动和劳动力转移依然存在着诸多阻碍因素。尤其在中古晚期，城市失业人口日增、依赖教区救济贫穷市民渐多，城市市民愈加排外，当局对待农村移民政策更加保守，这都充分反映了城市劳动力市场饱和，难以吸收大量农村人口，蜂拥而至的农村剩余劳动力远远超出了城市工商业承受限度。可以说乡村工业的蓬勃发展，在一定程度上缓解了农业人口向城市流动和向非农产业转移的就业压力。正由于诸种障碍性因素存在，农村劳动力城市化和非农化进程进展缓慢。直至18世纪初，英格兰相当一部分土地还处在一种古老的公田制下耕作，充分反映了农业生活方式、生产方式的稳固性和持续性，更说明了中古时期城市化进程的曲折性和艰巨性。

由此可见，农村劳动力转移是两个历史过程——农业人口离开土地生产资料的过程和城市与工人也接受他们的过程的统一。只有前一个过程，农村人口实现了"非农化"却没有完成"城镇化"和"工业化"，只会变成流民和乞丐，不会变成城市市民和工厂工人，同中国历代土地兼并性质无异；只有农村人口完成了"城市化"和"工业化"，才能彻底保证"非农化"的历史成果。可见，这"后一过程"对农村劳动力转移的全过程至关重要，确保劳动力转移整个历史过程的全部完成和最后实现。从这个意义上讲，圈地运动只是使得英国农村劳动力转移的过程完成了一半：农民走出了农村，却没有真正进入城市，至少大部分没有变成稳定的城市人口。这些剩余劳动力不过变成"季节性"打工群，周期性游动于城市和农村之间，这些农村流民遭到了城市居民的鄙视、抵制乃至驱逐，实际上，相当一部分"身体强壮的"流民是由英国政府当局施以"鞭挞"、"割耳"等惩罚后遣送回原籍的，或者按照规定回到最

① ［英］M. M. 波斯坦、H. J. 哈巴库克主编：《剑桥欧洲经济史》第3卷，周荣国译，北京：经济科学出版社，2002年，第261页。

近三年居住的地方去"从事劳动"。①

在劳动力转移的"非农化"和"城市化"这两个过程构成的体系中，"城市化"过程占据中心地位。由于一般工业中心最后均发展为城市，故本书视工业化为英国城市化进程的一个组成部分，城市化过程即已容纳了工业化内容。② 当然，没有农民离开土地的前一个过程，农村劳动力"城市化"的这一历史过程又无从发生，在一定程度上"城市化"也依赖于"非农化"过程。因此，劳动力转移的上述两个历史过程的统一，缺一不可，它们都有赖于生产力的提高，有赖于农产剩余的增加，有赖于英国城乡经济结构的转换。

由上我们可以看到，工业革命前英国农村劳动力向城市转移就主要方面来讲是一个农村劳动力离开土地和农村的"非农化"历史过程，或者说是一部"没有工业化"的都市化的历史过程。农村人口"城市化"过程没有随之相应启动，因为城市和城市非农产业才刚刚露出端倪，规模有限，难以对乡村"非农化"造成的移民浪潮作出积极的、有效的回应。所以，整个劳动力转移过程犹如一跛足行人，行动迟缓，举步艰难，农村大量人口的"非农化"并没有直接导致城市经济结构的变革，英国包括欧陆的许多大城市并没有因为农村移民这样大量廉价的劳动力到来而成为"工业资本主义"的先驱。③ 所以，从中世纪盛期至工业革命，英国劳动力转移进程启动持续虽长达六七百年之久，但在城市化方面取得的成果依然是非常有限的。

除了经济和政治上的因素外，劳动力转移还受到其他一些因素的制约，绝不单单依靠"纯粹的经济力量"，社会主流观念、社区舆论态度都对农村人口地域流动和行业流动具有不容忽视的影响。④ 封建传统社会的特征之一是，农民依恋土地，渴望世代拥有土地，与此密切相连的是农民社会在地理上相对静止，流动性很小。当然并不是没有微许流动现象。因此，封建农本社会的思想和观念是同农民迁徙、转业的想法相

① ［英］约翰·克拉潘：《简明不列颠经济史——从最早时期到一七五○年》，范定九、王祖廉译，上海，上海译文出版社，1980年，第409～410页。

② 现在，第三世界许多国家人口过度膨胀，大量涌进大城市，城市化畸形发展，但工业化没有相应同步发展。英国城市史专家乔纳森·巴里（Jonathan Barry）称之为"伪城市化"（pseudo-urbanization）。参见 Jonathan Barry，1990，*The Tudor and Stuart Town：A Reader in English Urban History 1530-1688*，London and New York：Longman，p. 37。

③ R. H. Hilton，1992，*English and French Towns in the Feudal Society*，Cambridge：Cambridge University Press，p. 63.

④ Sybil M. Jack，1977，*Trade and Industry in Tudor and Stuart England*，London：George Allen & Unwin Ltd.，p. 40.

抵触的，二者难以相容。[①] 这种观念在何种程度上影响和制约着人们的行动，我们通过第一、二代市民经商致富后所作的决定，可以明了这一点。他们中间相当一部分人，致富后往往“放弃手工业和创业家的活动，移居乡间，购买土地，与贵族联姻”等，目的很简单，只不过是按照封建标准获得封建秩序中的正统地位。他们“企盼的乃是成为贵族……他们是在力求适应而非消灭封建社会的一切利益”[②]。所以，在相当程度上，西欧的非农从业人员同我们中国古代“士大夫一旦得志，其精神日趋于求田问舍”行径如出一辙。[③] 因此，工业家、商人们在何种程度上能够被社会所接受，这将是直接影响非农行业发展、阻碍或促进技术变革的一个不容忽视的因素。显而易见，在封建时代，城市市民阶层尽管已经开始崭露头角，但在社会地位上依然低于“拥有土地的阶级”，还时常成为文学作品中“讽刺和嘲弄的对象”。[④] 正如皮雷纳所言，在中世纪的领地时期，除了地产以外别无“其他财富”……巩固财富和声望的最好办法就是“购置土地”。[⑤] 地产确保持有人的人身自由和社会威望，是教士和贵族特权地位的保证。这两者正是中世纪社会上的第一和第二等级——统治阶级。

甚至在近代早期上述情形依然存在。在 16 世纪和 17 世纪早期，商人在许多方面尤其在社会地位上低于绅士。诚如一当代人所言，商人的确积聚了巨大的财富，但由于社会上的这种“轻视商人”观念，商人们把大部分财富用来购买土地，逐渐地他们渗进了绅士行列，出现商人“贵族化”潮流。这种潮流还得到英国政府的大力倡导。据吉林大学张乃和教授研究，在伊丽莎白女王时期，纹章院于 1568 年向社会新兴力量开放，为“绅士阶层”的形成提供了合法的制度空间；王室为了增加财政收入还鼓励乃至强令富有者出钱购买骑士、从骑士等相应等级爵位，

---

① Macfarlane, Alan, 1978: *The Origins of English Individualism: The Family Property and Social Transition*, Oxford: Wiley - Blackwell, pp. 23 - 25.

② 〔法〕泰格、利维：《法律与资本主义的兴起》，纪琨译，上海，学林出版社，1996 年，第 138 页。

③ 胡如雷：《中国封建社会形态研究》，北京，生活 · 读书 · 新知三联书店，1979 年，第 23 页。

④ Austin Lane Poole, D. Litt., 1986: *From Domesday Book to Magna Carta, 1087 - 1216*, Oxford: Clarendon Press, p. 73.

⑤ 〔比利时〕亨利 · 皮雷纳：《中世纪的城市》，陈国樑译，北京，商务印书馆，2006 年，第 138、139 页。

否则每年“处以罚金”。[①] 这虽是政府敛财的一个手段，不过许多富有的商人、工匠由此进入贵族行列。当时人们对爵位、纹章的追求成为一种社会狂潮，造成了斯通所说的“荣誉膨胀”（Inflation of Honours）[②]。这种情形恰恰说明了封建等级秩序和主流意识在何种程度上影响着人们的行为。

晚至1669年，钱伯雷·爱德华声言：“从古至今，商人就被认为是无关紧要的。”一个世纪以前的一本小册子还在争论商人之子是否因从事学徒而失去绅士资格。[③] 约翰·格隆特是政治算术的首批重要著作的作者之一。英国皇家学会拒绝接收约翰·格隆特为会员，只因为“他是一个商人”[④]。因而，商人变成一个流动性很强的群体，社会对中下阶级包括乡村富裕的“约曼”等人士越来越具有开发性，新鲜成分的不断补充使得王室和政府拥有越来越坚实而广阔的社会基础，传统社会的等级壁垒在金钱和物质财富面前逐渐松动，而另一方面，它也彰显着社会潮流和商人阶层流动的动机：成为土地贵族，进入上流社会。

直到19世纪初时，这种状况也依然在一定程度上存在着。在1803年制定的一个18世纪名人表里，人们找不到一个工厂主或发明家的名字，陶器工业的缔造者韦奇伍德继承人（他的儿子）在做多塞特郡郡长时，不得不忍受该郡绅士们不太隐匿的轻视，因为他毕竟不过是一个陶器工人而已。[⑤] 或许，这种轻视中也含有一定羡慕和嫉妒的成分。实际上，大量购买土地、从事地产经营的远不止商人，其他社会阶层人士像木匠、漂洗工、教士也都投身农业。这种地产投资者和经营者来源的广泛性，一方面充分表明地产是获利丰厚的行业，不过联系到19世纪30年代直至议会改革之前，英国土地贵族依然把持了议会下院绝大多数席位，另一方面上述行为更表明中世纪和近代早期英国社会的价值观所在，即拥有土地是社会地位的象征。

因此，英国著名史学家G. R. 埃尔顿断言，从封建主义开始走向衰

① 郭方：《英国近代国家的形成——16世纪英国国家机构与职能的变革》，北京，商务印书馆，2007年，第191、193页。

② 参见张乃和：《从国王名称和徽章等看都铎英国的王权》，《世界历史》2010年第2期。

③ 劳伦斯·斯通：《1500～1700年英格兰的社会流动》，《过去与现在》1966年第33期（Lawrence Stone，1966：“Social Mobility in England，1500－1700”，*Past and Present*，No. 33），第18～19页。

④ 〔美〕罗伯特·金·默顿：《十七世纪英格兰的科学、技术与社会》，范岱年译，北京，商务印书馆，2000年，第59页。

⑤ 〔法〕保尔·芒图：《十八世纪产业革命——英国近代大工业初期的概况》，杨人楩、陈希秦等译，北京，商务印书馆，1997年，第322页。

落的“1300年直至1850年工业社会和城市社会出现”，在这500多年间，大多数英国人的社会理想就是做一名“拥有土地的绅士”，通过贸易、律师或积累土地发家致富的人都想“挤进”这种地位。这种思想主宰着英国社会，赋予社会以其“价值标准、结构、目的和生活方式”。这既是生计需要和利润驱动使然，同时也是为了得到“社会地位”。① 鉴于这种社会风气，我们有理由认为，在工业革命以前，农村劳动力脱离土地向城市流动、向非农产业转移在相当大程度上受到社会观念制约，土地在人们心目中不仅是一种生活生产资料，还具有某种社会和文化的象征意义。每一块土地都记载着家族的历史，印有家族的名字。拥有土地是社会地位的象征，符合封建农本社会正统观念。由此也可以想象农业劳动力转移将是一个缓慢的过程，因为农村居民的情感、理念和文化意识都深深植根于土地。所以，英格兰有些城市市民在城里生活数代之后，还有迁回农村老家的习惯。一旦积攒些许钱财，一些无地农业劳工也往往重新购置土地，哪怕只是数目不大的一小块地。一些农民可能住进了城里，可言谈举止脱不了“农民”气息；他们可能在机器隆隆的工厂里工作，可总羡慕昔日农业生活的田园风光；所以有学者说，他们摆脱了“职业”上的农民（Farmer），可摆脱不了“身份”农民（Peasant），不过是城市里的“农民”、工厂里的“农民”、穿着军装的“农民”而已。此类结论也许言过其实，却揭示了一个道理：农村劳动力转移与城市化不仅是一个经济行业和生存方式的变化，也是社会价值观和个人心理意识的变迁过程。就后者而言，这一转移过程会更加缓慢。

四、工业革命以前英国农村劳动力转移与城市化的评价

（一）英国农村劳动力转移与城市化初级阶段的社会影响

在不同历史时期，劳动力转移与城市化水平不同；在不同历史阶段，劳动力转移与城市化对英国社会造成的影响也各有侧重。就劳动力转移的第一阶段而言，11～15世纪农村劳动力转移对封建农奴制度产生了强烈冲击，加速了封建社会解体和近代社会来临。

1. 地域流动的影响

中世纪时期，农村劳动力地域流动对封建庄园制度造成强烈的政治、

① G. R. Elton, 1991: *England under Tudors*, New York: Routledge, p. 258, 234.

经济冲击。由于庄园劳役制生产的内在要求，领主的自营地经济不仅建立在超经济强制的基础之上，更是建立在对农奴的人身占有之上。每一个农奴都是领主潜在的收入来源。庄园一般都采取了严格的预防性措施，实施请假制度、担保制度、扣押财产等限制农奴的外出活动，农奴的流动和迁移受到严重限制。然而，随着物质财富积累和精神能力增长，农奴们不再安于现状，逃亡事件不断发生。自治城市的影响当然并不仅限于城墙以内。自治市享有高度特权，这种状况的出现不仅对即将赢得特权的人们是一个榜样，而且吸引了逃亡者和不安分的农奴，更重要的是它对周围毗邻的农村地区产生了重要影响。当庄园农民发现自己负有数不清的负担，而旁边田地上的邻居却自由自在时，他怎么能够不怨天尤人、牢骚满腹呢？

城镇的档案卷宗清楚地表明，它们是如何不断地接收“外来者”的。例如，在13世纪末的诺里奇，哈德森先生可以告诉我们，该市市民来自诺福克郡和萨福克郡的450个以上的地区。而在13世纪的庄园法庭卷宗上则不断记载有人逃亡，在邻近的城镇定居；虽然法庭命令他们必须回来，但是城镇依然包庇他们。对此，中世纪史家H. S. 贝内特有感而言：“城镇的公地和周围不计其数的庄园的份地并排相连……穿过这道狭窄的条田就会得到城镇的庇护，他怎么能够挡住这种诱惑呢？”① 农奴逃亡以及其他形式的人口流动不仅使得迁移者本身获得了自由，为大大小小的各类城镇提供了劳动力和市民来源，而且逐渐腐蚀和破坏了封建庄园的各种制度，正如伊曼纽尔·沃勒斯坦所言：

> 城镇在整个西欧范围内普遍兴起，其作用远不限于向逃离庄园的农奴提供庇护所，他还改变了依旧留在当地庄园里的农奴的状况……不得不对他们作出让步……大规模逃向城镇本身并不是最重要的，而这件事的威胁（也许再加上一点小小的运动），可能足以迫使封建庄园主作出严重削弱封建制度的让步。②

因此，许多庄园的封建领主被迫放松农奴迁徙流动条件，一般要求农奴缴纳迁徙税，正式而合法离开庄园；有的还要求农奴在农忙季节时回来“帮工”，或者参加半年举行一次的庄园法庭等，目的不外是通过

---

①〔英〕H. S. 贝内特：《英国庄园生活：一项农民状况研究》，剑桥大学出版社，1956年，第295～296页。

②〔美〕伊曼纽尔·沃勒斯坦：《现代世界体系》第1卷，尤来寅、路爱国、王加丰等译，黄席群、罗荣渠等审校，北京，高等教育出版社，1998年，第53、54页。

这些“怀柔性”的措施企望维续既有的依附关系，从而获得传统旧体制余下一些经济收益而已。显然，这些残存的联系对庄园里的各类依附农民不再具有强制性约束力，它们都仅仅具有象征意义罢了。至此，领主只保持了封建封君、宗主权的外观而已。

此外，农村劳动力迁徙到城镇后对旧有的庄园体制还产生经济冲击。中世纪时期整个欧洲基本上是乡村的汪洋大海，乡村的经济生产和政治力量处于主导地位，乡村庄园里的农民处在封建领主的压迫之下，人身不同程度上依附于领主，从事低贱性的劳动，而城市则相对享有一定的“法权”。城市市民享有一定的、不同程度的人身自由、婚姻自由、财产自由和司法自由，因而“自治性”是中世纪城市最显著的特征之一，和封建庄园和乡村形成鲜明对照。但是，城市数量非常有限，其经济、政治影响虽然并不同样有限，却不能从整体上对封建社会产生根本性的或重大的影响。因而，无论在政治上、经济上，城市都是从属于农村，依然是封建社会的内在组成部分。R. H. 希尔顿在其著作中将小城镇直接称为“农民社会的一部分”、“农村社会的组成部分”，认为在中古时期市场小镇“同庄园和采邑一样，都是封建社会的一部分”。[①] 也正因为如此，一些城市史的研究者在研究城市化问题时，就将此类小城镇排除在外，认为它们不是真正意义上的城镇。

封建自然经济并不完全排斥商品交换或市场，在庄园经济占统治地位的情况下，农奴或手工业艺人偶尔零散的商品交换活动也会存在，是封建经济的组成部分或是自然经济的一种补充，对后者的解体不产生根本性的影响。如著名经济史家卡洛·M. 奇波拉认为，虽然城市从11世纪初期有所复兴，但一般说来在13世纪之前，城市的精神状态主要还是否定的和消极的……[②] 在很多时候，商业和贸易增长也可能强化封建社会秩序，而不是威胁、破坏它，像中国明朝初年的郑和下西洋，远洋船队前无古人、后无来者，东欧国家“二期农奴制”也是在商品经济大发展的背景下出现的，我们已经看到这一“悖论”现象，上述国家君主专制制度都得到了空前强化。实际上，在西欧，商业贸易发展在早期也起到巩固封建统治的作用，像在13世纪以前，各地封建主纷纷建立城镇和市场，从市场税和城镇年度税中敛取了大量钱财，加强了封建剥削，提

① R. H. Hilton, 1992: *English and French Towns in the Feudal Society*, Cambridge: Cambridge University Press, p. 33.

② 〔意〕卡洛·M. 奇波拉：《欧洲经济史》第1卷，徐璇译，北京，商务印书馆，1988年，第64页。

高了封建地租总额和地租率。因此，商品经济的发展没有直接导致封建制度的崩溃，反而，它“补充了封建经济，为这种经济开辟了新的前途”。事实表明，城市复兴和“商业化”潮流恰恰是封建统治在13世纪发展到顶峰的两个重要支柱条件。在这一阶段，城镇不对领主“提出挑战”，反而还享受到领主的“保护”，尽管有追求“自由”和“自治”的城市公社运动，但它们本身依然是在“现存的政治和社会框架内”①保卫其自由和特权，与封建制度不是完全对立的。可见，商品经济在不同的社会环境下具有不同功能，对经济制度影响也是各不相同的。

实际上，封建时代“商品经济”与资本主义商品经济的最本质区别，并不仅仅在于“小”与“大”、“简单”与否，而在于其是受权力意志支配抑或受价值规律、市场来调节。据中国农民史专家侯建新教授研究表明，如果直接生产者不参与市场交换，这种商品经济处于“领主—贵族”市场时期，其发展与农民、市民本身和与之相关的社会制度无甚重要关系。英国经济史家J. E. 马丁把这种经济称为“经营脱节的经济结构”(Economic Structure of the Dislocated Enterprise)、“错位的经济”。②因为这种经济的运行不是或很少依靠价值规律和市场机制，更多的是依靠超经济强制和权力意志、命令，所以一些中国史学者称之为“伪商品经济”或“命令经济”，这本质上依然是封建自然经济，而且是封建自然经济的一个重要方面。“命令经济”和“鲁滨逊式自给自足经济”都属于封建自然经济，“它们显示了封建共同体的两个特征：物的孤立性与人的依赖性”③。因而，只有当直接生产者“自由”参与商品交换，成为商品交换的主体时，这样的商业和贸易才是真正的商品经济；只有当“领主—贵族市场”转化为“农民—市民市场”且后者得到普遍发展时，这样的商品经济才会对生产制度产生有益且重要的影响。而民主革命的任务就是使农民从“封建束缚关系中”解放出来，“独立地和市场发生关系，同时造成人格的提高”(列宁语)。

---

① Christopher Dyer, 2005: *An Age of Transition? Economy and Society in England in the Later Middle Ages*, Oxford: Clarendon Press, p. 177.

② 侯建新：《现代化第一基石——农民个体力量成长与中世纪晚期社会变迁》，天津，天津社会科学院出版社，1991年，第219页；Martin, J. E., 1983: *Feudalism to Capitalism: Peasant and Lord in English Agrarian Development*, Macmillan Press, p. 18.

③ 秦晖、苏文：《田园诗与狂想曲——关中模式与前近代社会的再认识》，北京，中央编译出版社，1996年，第118、172～173页。

在中古晚期，农民生产者构成了英国市场的“主体”[①]。譬如，在东盎格里亚地区，小土地持有者数量最多，绝大部分为市场而生产，其他地区还有大量小农售卖谷物来交纳地租，不过史学家R. 布里特奈尔认为他们不值得考虑，因为其产量和交易量太小了。实际上，经济史家克里斯托弗·戴尔已经修正了R. 布里特奈尔的观点，认为无论谷物还是羊毛、奶油等畜产品，农民包括富裕农民交易数量都超过领主自营地提供的数额。[②] 我们知道，商品贸易规模大小、简单与否固然重要，但经济的运行机制和市场结构更加重要，只有生产者本身参与市场交换，才会对生产者形成一种新的品质、思想产生影响；只有商业和贸易利润返回生产领域，才会对经济生产产生直接促进和有益影响；同样，只有商品交换摆脱了权力意志，才能成长为健康的商品经济，才会对封建自然经济产生瓦解和破坏作用。

只有随着封建社会的解体和近代社会的到来，城市方获得较大发展，无论就个体或整体而言，数量都有大幅度增长，其政治地位和经济影响也不再是局部的或无关紧要的。农奴通过逃亡向城镇迁移，不断壮大了城市力量，偶尔的、零散的小商品交换活动汇集为大规模的、经常性的商品交易，开始对庄园经济“为使用而生产”的旧体系产生冲击。因而，城市开始由乡村封建庄园的“附庸”转变成“主人”，在社会生活中占据了主导地位。原先无关痛痒的影响现在对封建体制具有挑战性和威胁性，附庸已经取代了主人，原本服务于封建乡村社会的职能也变成了“腐蚀”和“颠覆”。所以，英国史学家普尔说，城市市民代表着“中世纪社会里最进步的因素”[③]，是从其发展趋势和后果来说的，而当中世纪城镇和商业贸易的角色在传统社会里的地位发生转变时，旧社会就将走向崩溃的边缘。

因此，城市发展与庄园衰落是同一事物的两个方面：此“长”彼“消”。自给自足的封建城堡正遭受着商品货币经济的侵蚀农奴制。经济上，封建城市不断从乡村庄园吸取养分、血液，政治上却与后者日益背离，其成长发展是以损害乡村庄园、侵蚀农奴制度为代价的。所以，恩格斯说：封建骑士的城堡在被资产阶级的大炮轰开以前，就已经被资产

---

① Richard Britnell, 1997: *The Closing of the Middle Ages, England 1471 – 1529*, Blackwell Publishers Ltd., p. 222.

② Christopher Dyer, 2005: *An Age of Transition? Economy and Society in England in the Later Middle Ages*, Oxford: Clarendon Press, p. 90.

③ Austin Lane Poole, D. Litt., 1986: *From Domesday Book to Magna Carta, 1087 – 1216*, Oxford: Clarendon Press, p. 73.

阶级的货币腐蚀瓦解了。在他看来，“城市异教——这才是中世纪真正的公开的异教——主要是反对僧侣，攻击他们的富有和他们的政治地位。”“……它是从封建社会生长出来的城市反对封建主义的一种反对派的表现。”[①] 正如法国著名中世纪史学家马克·布洛赫所言，城市市民阶级为欧洲的社会生活“贡献了一种新的因素”，即相互援助誓约，其显著特点是：将平等之人联合起来，它不同于封建社会占主导地位的、不同等级即领主与附庸之间的“保护和服从”誓约，它与严格意义上的封建精神是“格格不入的”。[②] 正因为如此，西欧封建主阶级中的一些人，从城市诞生之初就把它视为一种敌对势力，认为“城市公社（Commune）是一个可恶的新字眼”，因为“公社是平民的骄傲，是王国的威胁，是僧侣的耻辱”。[③] 正是在城市公社中，在等级社会的强烈的敌对情绪中，人们看到了“真正的革命因素”。也是在这个意义上，法国年鉴派史学大师费尔南·布罗代尔认为“城市只需壮大，革命便自会发生”[④]。当城市逐渐由封建社会的内在组成部分变成了封建农村的对立物时，我们看到，农村劳动力向城市转移正在一点一点地瓦解农奴制的根基。

2. 行业流动的影响

农村劳动力行业流动在政治、经济等方面逐渐侵蚀农奴制。无论畜牧业抑或简单家庭手工业，它们的存在由来已久，在中古初期或相当长时期两者都是庄园经济的补充成分，但畜牧业和乡村手工业的大发展却与农奴制庄园发生了冲突。中古时期的手工业者通常同时也是一个小商贩，间或务农，前两者身份要求一定自由。“生产者具有一定程度的自由和安全”是乡村工业发展不可缺少的前提之一。因此，农业劳动力中最先实现行业流动的生产者主要是小份地所有者、茅屋农和自由农，他们承担的劳役量最小，束缚少，较为自由，他们“偶尔可以自由支配自己的劳动力，因为闲暇时间较维兰大农为多”。所以在许多庄园里，木匠、铁匠、鞋匠等就是上述这些小农，但农村劳动力大规模向畜牧业和乡村工业的转移却超出了农奴制所能承受的限度。因为劳动力向非农产业转移规模越大，非农产业从业人口愈多，则要求自由流动、自由生产和自

① 《马克思恩格斯全集》第7卷，北京，人民出版社，1959年，第402页。

② 〔法〕马克·布洛赫：《封建社会》（下卷），李增洪、侯树栋、张绪山译，北京，商务印书馆，2004年，第578～579页。

③ 〔苏联〕Я·波梁斯基：《外国经济史：封建主义时代》，上海，上海三联书店，1958年，第309、314页。

④ 〔法〕费尔南·布罗代尔：《15～18世纪的物质文明、经济和资本主义》第2卷，顾良译，北京，生活·读书·新知三联书店，1993年，第21页。

由贸易的人员愈多。因此，将越来越多的农奴、半自由人卷入自由人行列，这不仅是农村人口从事何种职业的经济行为，也是一场封建农奴争取政治解放的“自由运动”。显然，这是同农奴制本质相抵触的，也是同封建庄园的劳役制度相对立的。“自由”首先意味着摆脱庄园的束缚，脱离同庄园领主的人身依附关系，因此当庄园里的劳动者获得自由时也就摆脱了封建依附关系，获得了一种新的社会地位。试问：当一个庄园绝大部分劳动者能够自由地从事手工业、商业时，我们还能够说这是一个封建庄园吗？

此外，农村劳动力转移还对庄园经济本身构成了挑战和威胁。典型的封建庄园经济实行劳役制，农奴为领主自营地各种生产活动提供劳动。这种庄园经济与乡村工业也是不相容的，因为“他们使用相同的劳动力供给来源”①，采取劳役制经营方式显然剥夺了农民向其他非农产业流动的机会，而农村劳动力转移无论是地域流动还是行业转移，都会挖空封建庄园制的根基，因为后者的自营地没有农奴们提供的劳役根本无法存在。在这里，劳役制是自营地的“附属物”，是为自营地服务而存在的，封建主在人身上束缚和控制生产者也是为了获取经济利益。在英格兰农业劳动力行业流动获得较大地发展的地区，像英格兰西南诸郡、东南部的肯特郡威尔德地区以及北部兰开夏等郡，都存在一个共同特征：封建庄园领主权威软弱、份地“碎化”、农奴各种负担很轻。② 相反，在劳役制度占主导地位的地区、在领主剥夺农民剩余劳动最彻底的地区，农业劳动力向非农产业转移的行业流动是非常缓慢的。譬如，在劳役制度主导地位的东欧地区，尤其是在俄国劳动力转移与城市化出现异常艰难、曲折的发展轨迹。15 世纪中叶以后，随着莫斯科中央集权国家形成，封建剥削形式出现了由实物租、货币租向劳役租“逆转”的趋势，许多中层世袭领主和采邑地主也积极仿效寺院做法，改行劳役制经营方式，剥削量由 1/4 而 1/3，甚至达到农民劳动量的 1/2。③ 结果，俄国工业发展长期落后，城市发展亦异常迟缓，市民阶层力量十分弱小。长期存在的封建农奴制无疑是造成这种状况的重要原因之一。

农业人口向乡村工业流动与向城市流动一样，挖空了劳役制度赖以

① Peter Kriedte, Hans Medick, Jurgen Schlumbohm, 1981: *Industrialization before Industrialization: Rural Industry in the Genesis of Capitalism*, Cambridge University Press, p. 19.

② Michael Zell, 2004: *Industry in the Countryside: Wealden Society in the Sixteenth Century*, Cambridge University Press, pp. 229 –230.

③ 朱寰：《亚欧封建经济形态比较研究》，长春，东北师范大学出版社，1996 年，第 235 页。

存在的条件之一——农奴为领主自营地提供劳役。显而易见，只有在庄园"萎缩"时期或农奴制松动之际，封建领主才会放松对广大农村居民的政治压迫和人身束缚，农村劳动力较大规模的流动才会成为可能。因此，就农村劳动力转移与农奴制的关系以及向非农产业流动的历史后果而言，德国工业史专家彼得·克里德特的判断是正确的："对人口流动施加限制是与农奴制相联系的，它会越来越变成工业发展的障碍，显而易见，后者的发展会促成农奴制的瓦解。"① 或者如中国农民史专家王晋新教授所言，英国农村纺织业的发展与封建经济结构之间的关系是离心的，"前者的发展促使后者的解体"②。

综上，在本质上封建农奴制与农村劳动力转移是不相容的，农奴制限制、阻碍劳动力转移，劳动力转移则不断瓦解着农奴制的根基。不过，两者之间并不是完全对立的矛盾关系，在一定时期，尤其是在中世纪早期，劳动力转移也可能强化农奴制，巩固和加强封建庄园经济地位。英格兰劳动力转移史上不乏这样的例子。最显著的是东盎格里亚诸郡1086年时已经有大量自由佃户（几近40%）。由于能向伦敦提供大量谷物和呢绒而获得丰厚收益，当地领主不仅扩大自营地生产，还组织农奴从事手工业，结果虽然向非农行业转移的农户数量大为增加，乡村纺织业也获得了显著发展，但自由农民数量反而减少了。③

因此，在封建庄园体制下，农村劳动力转移的作用是复杂的，对封建庄园不是单纯起破坏作用，甚至可能被封建农奴主所利用，起到巩固和加强封建经济的作用，尤其在中古早期，各种非农产业从属于封建庄园农本经济，这种地位决定了其服务于封建制度的本质。劳动力转移对封建庄园体制的破坏既取决于封建政治制度的坚固性，也取决于封建经济结构提供的发展空间，只有当劳动力转移到达并突破庄园经济承受的临界点，才会对封建庄园和农奴制产生破坏作用。

（二）英国农村劳动力转移与城市化发展时期的社会影响

在劳动力转移的"发展时期"，农奴制已经解体，如研究16世纪英国问题的史学家施托克马尔所言，"任何人只要踏上英格兰国土就会立刻

① Peter Kriedte, Hans Medick, Jurgen Schlumbohm, 1981: *Industrialization before Industrialization: Rural Industry in the Genesis of Capitalism*, Cambridge University Press, pp. 128 – 129.

② 王晋新：《15～17世纪中英两国农村经济比较研究》，长春，东北师范大学出版社，1996年，第201页。

③ R. H. Hilton, 1983: *The Decline of Serfdom in Medieval England*, Macmillan Press LTD., p. 23.

变得像其主人一样自由”。劳动力转移继续对英国社会产生重要影响，如果说初级阶段的影响主要体现在政治制度方面，那么第二阶段的影响则反映在社会经济方面，主要表现为农村人口较大规模向城市流动，加速了城市化进程；劳动力较大规模向乡村工业转移，推动了原工业化阶段到来，从而为迎接工业革命奠定了基础，具有不容忽视的历史进步作用。

1. 加速城市化进程，催生巨型城市伦敦

城市是“人口的集中”，也是“生产、消费和服务的集中”，近代早期农村劳动力转移充分实现了城市这一功能特征。城市的存在和发展首先要求一定人口数量。城市人口既是生产者又是消费者，没有相当数量的人口集中，城市也就不复存在。——这是城市构成的基本要素，城市的所有功能都维系于该要素。因而，城市发展首先表现在人口数量的保持和增长上。前文已述，工业革命以前英国城市死亡率较高，城市人口数量难以自我维续，主要依靠农村剩余劳动力的流入。城市命运在相当程度上就取决于移民的规模和质量。每当乡村移民潮流发生波动，城市经济变化就如同海面帆船随之起伏。因此，农村劳动力迁移和城市经济发展之间存在密切关系，不容置疑。没有农村劳动力的涌入，城市就会出现人口下降，继而衰落。15 世纪许多城镇衰落、一些小城镇甚至消亡的事实，证明了乡村移民同城市发展存在密切关系，而伦敦之所以保持长盛不衰的地位恰恰得益于其全国最大移民接收站的地位。

城市化——乡村人口向城市转移，是现代化题中应有之义。城市化水平标志着现代化发展程度。16 世纪伊始，英格兰城市化远远落在欧洲国家（不含东欧）后面，位居第八，排在欧洲主要国家之后。正是从 16 世纪开始，英国农村劳动力转移与城市化加快了步伐，乡村人口大批直接或间接脱离农业生产，开始涌向城市。翻开研究 16 世纪英国问题的学者们的著作，会发现最频繁的词汇“农村流民”充斥其中。16、17 世纪的城市化发展并不均衡，很多城镇增长幅度有限，有的甚至还出现衰落，而受益最大的是国家政治中心——首都伦敦于此时得到迅速发展，一跃而为欧洲大都市——1700 年城市人口数量达到 57.5 万人，1750 年达到 67.5 万人。一些新型城镇像旅游城镇、港口城镇和工业城镇也都得益于来自乡村源源不断的移民，逐渐成长起来，为英格兰城市发展注入新鲜血液。据统计，伦敦 17 世纪中叶时每年流动人口数量达几十万人[①]，由此可见，农村劳动力向城市流动对于伦敦城市的发展意义十分巨大。

---

① 王觉非：《近代英国史》，南京，南京大学出版社，1997 年，第 16 页。

关于工业革命前伦敦在英格兰众多城市中的领先地位，我们从下列扇形图可见。

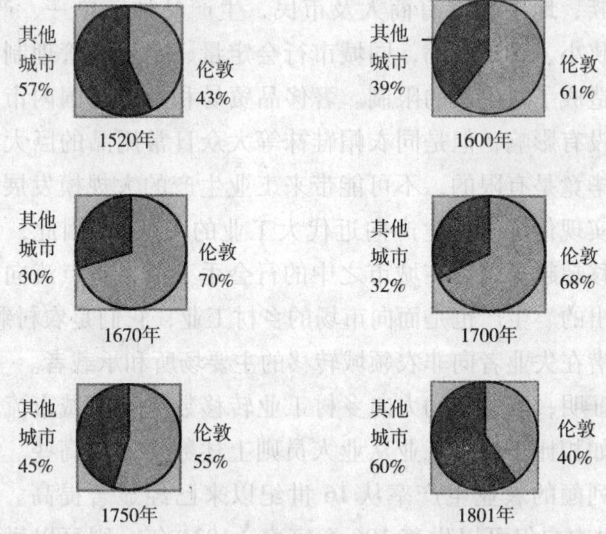

图 7－3　1520～1801 年间伦敦和其他城市在英格兰城市总人口中所占比例的变化

由上图 7－3 可见，伦敦在英国城市化进程中处于绝对领先地位。到 1750 年时，伦敦城市人口数量增长到 67.5 万人，而其他城市人口合计为 55.6 万人（5000 人以上城市），增长较为缓慢，甚至有的城市出现衰退，伦敦一市独占英格兰全国城市总人口的 54.8%。

与此同时，到 1700 年，英国城市化水平虽然排在第 6 位，但却是欧洲增长幅度最大的国家——6.1%。从 1500～1750 年，英格兰万人以上城市人口比例提高了 14 个百分点，相形之下，同期欧洲大部分城镇发展迟缓，城市化程度最高的西欧和北欧（包括英格兰）才增长约 7 个百分点，倘若不包括英格兰则只有 4 个百分点，一些城镇甚至出现负增长现象。英格兰从 17 世纪中叶开始缩短与欧陆国家城市化差距，经过两个多世纪劳动力转移的“发展时期”，英格兰城市化水平在欧洲走向前台。由此可见，工业革命前 16、17 两个世纪不列颠城市经济发展是同农村人口向城市流动分不开的。

2. 促进乡村工业发展，迎接工业革命到来

农村劳动力转移不仅促进了城市化和城市经济发展，更重要的是，劳动力向非农产业转移促进了工业尤其是乡村工业高涨，为工业革命发生准备了条件。产业革命首先发生于英国并非偶然现象，是与英国乡村工业发展分不开的。乡村工业主要面向国内千千万万的普通百姓，生产廉价实用的“新式呢绒”、新式针织羊毛帽袜等。而城市工业消费对象主要是贵族、地主和富有商人及市民，生产品种较单一、产品较昂贵，从而市场狭小、日渐萎缩，同城市行会定量、定质的管理制度相适应结合，这就造成了对生产的限制。奢侈品贸易和生产对国内市场和工业发展不能说没有影响，但是同衣帽鞋袜等大众日常用品的巨大需求相比其积极影响毕竟是有限的，不可能带来工业生产的大规模发展前景，从而也就无法实现传统工业生产向近代大工业的飞跃。① 因此，该阶段农村劳动力转移超越了聚集在城市之中的行会手工业，重点流向从封建农本经济蜕化出的、生产也是面向市场的乡村工业，它们是农村剩余劳动力、失业者、潜在失业者向非农领域转移的主要场所和承载者。

事实证明，农村劳动力向乡村工业转移数量是向城市流动总量的两倍以上，如相比于城市工业从业人员则上述数字还要高些。从国际标准来看，不列颠的农业生产率从 16 世纪以来已经显著提高。在 1520 年，100 个乡村农户仅可以供养 106 个家庭；1831 年，则可以供养 138 个家庭。据此，1801 年的生产率比 1520 年高出 30%，这还是假定从事农业的劳动力数量保持不变，但实际上农业劳动力的比例正在逐渐降低。② 1520～1801 年间，英国农村人口中越来越多的人从事乡村工业，如果说城市化进程步履维艰（1801 年仅为 27.5%），那么农业人口向非农行业转移可谓成就卓著。1520 年时，全部人口中 76% 从事农业，到工业革命前夕农业人口下降为 46%，同期乡村从事非农产业人口 1520 年仅占 18.5%，到 1750 年时，乡村从事非农产业人口已经增长为总人口 33.0%。就数量而言，在 17 世纪开始之际，乡村非农产业人口仅为 45 万人，一个半世纪后则从 1600 年的 45 万人变为 1750 年的 191 万人，增加了近 150 万人。相反，同期乡村农业人口不仅没有增加，甚至出现减少现象，从 1600 年的 287 万人变为 1750 年的 264 万人。③ 此时欧洲主要国家非农产业人口比例都低于英国，而农业从业人员均较英国为高。可见，英国不仅在农村劳动力转移与城市化方面走在欧洲前列，农业生产率无疑也位居欧洲之冠，而后者恰恰是农村劳动力转移与城市化领先的

---

① 〔美〕斯塔夫里亚诺斯：《全球分裂——第三世界的历史进程》上册，迟越等译，北京，商务印书馆，1993 年，第 42～43 页。

② E. A. Wrigley, 1992: *People, Cities and Wealth: The Transformation of Traditional Society*, Oxford, Massachusetts: Blackwell, p. 168.

③ E. A. Wrigley, 1992: *People, Cities and Wealth: The Transformation of Traditional Society*, Oxford, Massachusetts: Blackwell, p. 170.

前提条件。

农业剩余劳动力从农业部门游离出来，不仅提供了充足的现代工业发展所必需的劳动力资源，同时也建立了“国内市场”，因为“以前农民家庭生产并加工绝大部分供自己以后消费的生活资料，现在这些原料和生活资料都变成了商品”①。而当大量剩余劳动力滞留于农业部门时，农业生产的自给性就很难打破，劳动生产率和农产品商品率都难以提高；只有剩余劳动力从农业部门转移出来，现代工业才有更广泛和更加稳固的国内市场。由此可见，劳动力转移和非农产业的发展是相互促进的。

总而言之，16、17 世纪农村劳动力大量向乡村工业转移，其意义不仅仅在于对城市工业具有数量优势，更重要的是，它代表了英国经济发展一种新的趋势和方向。吴于廑先生对乡村工业给予了高度评价，认为乡村地区工业，主要是纺织业，是“孕育于农本经济中的工业世界的起点，它的最初的孢子”②。以提供大众消费品、满足大众需求为目的的乡村工业之崛起，即将或正在改变英国乡村的面貌，乡村中大多数居民脱离了农业生产，或不再直接以农业为生转而从事各种非农生产活动，这样的社会和地区显然不是传统意义上的农村和农村社会。

云南大学许洁明教授根据格列高里·金对英格兰和威尔士 1688 年进行的人口、财富统计，估算非土地阶层即非农人口（大商人、牧师、大小官吏、律师、科学艺术界人士、海陆军官）合计约为 6.5 万户，而与土地社会的中上层（绅士、贵族及富裕的自由持有农）人数接近对等，而且双方在社会财富的占有上也相差不大，稍逊一些而已，前者在 1688 年的收入总计为 768 万英镑，后者约为 964.58 万英镑。③ 上述数据也为我们判断 17 世纪英国社会性质提供了一条佐证，即此时的英国虽未进行工业革命，却已不再是传统意义上的农业社会。英国已经先于其他欧洲国家开始了大规模的原工业化进程，乡村工业蓬勃高涨，遍地开花，彼得·克里德特称其为工业化之前的“工业化”，一俟市场扩大，其前景就是生产社会化——工业革命。至此，近代大工业已经呼之欲出了。

可见，在 17 世纪和 18 世纪早期，英国工业已经走在了世界前列，

---

① 马克思：《资本论》第 1 卷，北京，人民出版社，1975 年，第 816 页，转引自朱方明：《农村剩余劳动力转移理论评说》，《经济学家》1995 年第 4 期。参见《马克思恩格斯选集》第 2 卷，北京，人民出版社，2006 年，第 264 页。

② 吴于廑：《历史上农耕世界对工业世界的孕育》，见《吴于廑文选》，武汉，武汉大学出版社，2007 年，第 148 页。

③ 许洁明：《十七世纪的英国社会》，北京，中国社会科学出版社，2004 年，第 52 ~ 53 页。

处在劳动力转移与城市化发展的领先阶段。到18世纪下半叶，劳动力转移和工业革命之间的关系就更为密切了。保尔·芒图说，正是大批闲置的、生力军到来“使工业革命成为可能”，而工业革命转过来又加速了劳动力向城市流动。劳动力转移与城市化由此进入下一个发展时期——工业革命和波澜壮阔的城市化运动，农村居民无论向城市流动抑或向非农产业转移都取得了历史性突破。

当然，农村劳动力转移为城市发展带来积极作用的同时，也给城市社会发展带来一些消极影响。农村人口向城市迁徙主要依据农业和乡村经济状况而定，并非出于城市经济发展的需求，往往超出后者就业接受能力，尤其在近代早期，圈地运动的发生使得农村社区里一半以上的人口被卷入了移民大潮，可是新型大工业还未出现，传统工业仅能提供非常有限的工作机会。于是，一部分农村移民变成了城市里的流民和乞丐，给城市经济发展和社会稳定带来隐忧。流民问题一度成为工业革命以前英国城市发展中一个严重的社会问题。在某种程度上，这是农村剩余劳动力转移与城市化历史上一个较为悲惨的时期：农民们被驱逐出传统职业——农业种植业，但却没有足够的新行业和充裕的就业岗位接纳他们，由于近代大工业尚未诞生，一部分农村移民就沦落成为流民和乞丐，周期性地游荡于城市和乡村之间。

第八章　英国农村劳动力转移与城市化对我国的启示

农村劳动力转移标志着一个国家、民族和地区的城市化发展水平，同时也标志着一个社会的现代化发展水平。正如江泽民同志在党的十六大报告中明确指出的，农村富余劳动力向非农产业和城镇转移，是工业化和现代化的必然趋势。[①] 因此，劳动力转移与城市化是我国现代化内容不可或缺的重要组成部分，也是我国全面建设小康社会的重大历史任务。可以说，劳动力转移是世界各国包括发达国家和发展中国家都面临的问题，所不同的是发展中国家劳动力转移起步晚、程度低，正在进行着城市化建设，而发达国家劳动力转移发轫早、程度高，已经完成了城市化，并开始由城市化向城郊化——郊区化方向发展。目前，我国正处于劳动力转移进程的第一阶段，同西方发达国家相比差距还很大，城市化建设虽不能说刚刚起步，但距最终完成目标还有相当远路程，可谓任重道远。英国是西方发达国家中最早完成劳动力转移的国家，其中的经验与教训可以给我们提供许多借鉴和启示。

启示之一：农业生产力的提高是实现劳动力转移的根本保证

英国在工业革命前，农村出现过三个农业生产力获得显著提高阶段，即11～13世纪时期、16和17世纪时期、工业革命时期，这三个时期正是农村劳动力加快向城市转移时期，尤其是工业革命时期，农业生产力水平提高幅度最大，以至于许多史学家惊呼为"发生了'农业革命'"，相应的城市化取得的成就也最大。[②] 在农业生产力获得大幅度提高的第一个阶段11～13世纪时期，粮食无论从单产还是从总量来说，都获得了

---

① 江泽民：《全面建设小康社会，开创中国特色社会主义事业新局面》，北京，人民出版社，2002年，第23页。

② Eric Kerridge, 1967: *The Agricultural Revolution*, London: George Allen and Unwin, p. 15.

较之中世纪早期战乱频仍造成农业衰败以来的最令人可喜的进步。在此基础上，农村出现了一股人口向城镇迁移浪潮，200 年间在英格兰大地上兴起了大约 150 个城镇，史学家称这一历史现象为“城市复兴”[①]。在第二阶段 16、17 世纪时期，农业生产率较前一时期又提高大约一倍以上，劳动力向城镇流动步伐加快，英国城市化水平稳步提高，到这一时期结束时已经超过海峡对面的欧陆国家，包括城市化程度最发达的荷兰。在第三阶段工业革命时期，“农业革命”发生了，与之伴随着农村人口大规模向城市迁移现象。在不到一个世纪的时间里，总人口一半以上的居民生活在城市里，英国初步实现了城市化。在农业生产力进步和劳动力向城市转移之间明显存在一种正比关系，这是毫无疑问的。而当农业每每出现衰退之际，农村人口向城市流动节奏放慢，城市经济也出现衰落，许多小城镇一度又变成农村，从反面证明了农业生产力同城市化之间的紧密联系。

改革开放以来，我国农业生产力取得了历史性进步和飞跃，但同世界发达国家相比仍存在相当差距。仍以英国为例，在 19 世纪中叶时，英国从事农业人口就已经降到总人口的 1/4 左右，而一个半世纪后，我国依然有 70% 的人口在土地上寻求生计。[②] 农业生产力水平较低，粮食产量的增加更多是依靠大量人力投入来实现，农业生产总体上呈现一种劳动力密集型特征。这就严重制约劳动力向城市转移。如果我国大面积推广农业机械化作业，发挥农业科技化、机械化和现代化的优势，就能够较为迅速地提高农业生产力水平，从而将一部分乃至大部分农业劳动力从土地上解放出来，就会推进我国城市化发展进程。因此，要实现劳动力向城市转移——城市化，就必须首先提高农业生产力，从而为劳动力转移奠定坚实的物质基础和前提条件，使农业变成劳动力转移过程中的“推力”，用科技手段推动经济发展，将剩余劳动力“推出”土地。

启示之二：劳动力转移道路上存在着制度制约因素，积极主动消解障碍性制度，为人口自由流动创造条件，才能促进和加速劳动力转移进程

英国在中世纪时期盛行庄园劳役制度。为了确保庄园拥有足够的劳动人手，封建领主大都限制农村人口向外流动，采取各种措施譬如实行

① E. 米勒：《中世纪英格兰：农村社会和经济变迁 1086～1348》，伦敦：朗曼出版集团，1980 年，第 73 页。

② 陈婴婴：《职业结构与流动》，北京，东方出版社，1995 年，第 2 页。

财产扣押制度、担保制和罚金制度等，人为地将大部分农村劳动力束缚在土地上。[①] 这样就在相当程度上削减了乡村向城市移民数量，从而阻碍了劳动力向城市转移的历史进程。因此，英国在农奴制鼎盛时期没有出现大规模农村人口向城市迁移现象，城市人口始终在总人口的5%～10%徘徊。[②] 大规模的劳动力转移只有在农奴制解体之后才有可能发生，英国的历史发展证实了这一点。随着农奴制和劳役制的崩溃，束缚和压迫农民们的各种制度也都逐渐松懈、瓦解，越来越多的农奴和依附农民获得了自由迁徙和流动的权利。[③] 至此，庄园和农村社区里劳动力向城市转移的制度障碍消失，为城市化发展创造了有利条件。在我国，绝大部分省区农村劳动力在向城市转移过程中，都不同程度上存在着一些制度性障碍因素，像户籍制度、劳动就业制度和入城收费制度等，这在一定程度上阻碍了劳动力向城市自由流动，既不利于农村人口城市化，也不利于市场的资源优化配置作用发挥。

按照古典经济学家亚当·斯密的理论，在市场这只“看不见的手”调控下，劳动力会自发地向人力资源稀缺、价格高的地区流动，但只有当劳动力市场中不存在障碍因素或障碍因素降到最小时，劳动力资源才会得到最有效、最优化的配置。因此，障碍性制度的存在无疑阻碍了人力资源在劳动力市场中的自由流动，阻碍了农村人口向城镇流动迁移，最终遏制了地区乃至区域性城市化发展。党的十六大报告明确提出要“消除不利于城镇化发展的体制和政策障碍”，在制度方面为人口流动创造便利条件，从而促进劳动力转移与城市化进程。消除城乡人口之间的制度差别，虽然对农业生产力没有产生直接的促进作用，但对农业劳动力顺利向城市转移、消除城乡二元经济结构和完成城乡一体化进程，无疑会起到积极的推动作用。正如列宁所指出的：“只有农村居民流入城市，只有农业人口和非农业人口混合和融合起来……正是农业人口和非农业人口的生活条件接近才创造了消灭城乡对立的条件。”[④] 这对于像我国等发展中国家，尤其是农业产值比重较大的国家显然是十分重要的。

① 〔英〕H. S. 贝内托：《英国庄园生活：一项农民状况研究》，剑桥大学出版社，1956年，第306～307页。

② 〔法〕P. 布瓦松纳：《中世纪欧洲生活和劳动：五至十五世纪》，潘源来译，北京，商务印书馆，1985年，第114、206页。

③ 侯建新：《现代化第一基石——农民个体力量成长与中世纪晚期社会变迁》，天津，天津社会科学院出版社，1991年，第157页。

④ 《列宁全集》第2卷，北京，人民出版社，1984年，第192页。

启示之三：发展工业化，拉动农村剩余劳动力向城市转移，建立完整的人口流动的“推—拉”机制，对于我国完成劳动力向城市转移具有决定意义

我们知道，英国在11～13世纪出现一股农村人口持续向城镇迁移的浪潮，史称“城市复兴”。然遍查统计资料却发现，当时城市人口仅占总人口的5%左右，城市化水平极低。直至工业革命前的18世纪60年代，历经五个世纪后城市化水平才达到20%，农村人口仍居于绝对多数地位，约占总人口的80%。[①] 而工业革命发生后，在不到一个世纪的时间里，农村居民降到总人口的一半以下，英国城市人口占到人口总数的一半以上，人类历史上第一次出现城市人口超过农村居民的国家，可谓初步完成劳动力向城镇转移，实现了城市化。[②] 显而易见，近代大工业的大规模发展对劳动力转移产生了巨大影响。大工业对农村人口的“拉力”远非传统农业的“推力”可比拟，也超过了封建社会任何时期手工业和商业的“拉力”之和。在这种拉力下，农村出现了大规模、长期地向城市移民现象，来自农村的流动人口构成了早期工厂最初的工人来源。伴随着居住位置变化，工厂代替了农田，机器取代了农具，他们身上的“农民”色彩逐渐退却，最后变成工厂工人，融入城市。现代大工业完成了城市化。这是古代和近代人口流动与城市化之间的差异。可以说，人口流动动力机制的变化从一个方面展现了古代和近代社会性质的差异，也造成两种不同的城市化结局。倘若没有工业革命带来纺织、机械等一系列工矿企业的大发展，劳动力转移与城市化不可能取得如此辉煌成就。正如法国经济史家保尔·芒图所言，产业大革命加速了农村居民向城市移动进程。[③] 在此意义上，没有大规模的工业化，就没有高水平的城市化。

目前，我们国家大部分人口依然生活在农村，还处于劳动力转移起步阶段，发展工业化的要求十分迫切。任何国家、民族和地区的现代化是断不可能背负农业大包袱实现经济腾飞的！世界历史上也没有这样的先例。因此，要提高城市化水平就必须发展工业化及相关部门产业，增

---

① 〔英〕E. A. 里格利：《人民、城市和财富——传统社会的变革》，布莱克维尔出版社，1992年，第162页。

② 王章辉：《英国工业化与农村劳动力转移》，《世界历史》1996年第6期，第22页。

③ 〔法〕保尔·芒图：《十八世纪产业革命——英国近代大工业初期的概况》，杨人楩、陈希秦等译，北京，商务印书馆，1997年，第142页。

加城市经济对农村经济的辐射区域和对农村社区剩余人口的“拉力”效应，从而在城市建立农村剩余劳动力接收机制，吸纳剩余劳动力参与城市经济活动。否则，农村剩余劳动力仅仅是被农业部门“推出”土地。农民们虽然摆脱了农业，但他们“离土不离乡”不会成为城市人口，至少大部分不会变成稳定的城市人口。劳动力转移的过程仅仅完成了一半：农民走出了农村，却没有进入城市。这些剩余劳动力不过变成“季节性”打工群，周期性游动于城市和农村之间，有的还会沦为流民、乞丐甚至变成罪犯，最后相当大数量的农民又回到农村。① 可见，在农村劳动力转移过程中仅仅将剩余劳动力“推出”土地是不够的，必须有相应工矿企业吸收他们，形成完整的“推—拉”机制。走出农村的农民才会在城市落地生根，变成城市市民。劳动力转移就会从地理空间的变化，转向生存方式和社会身份的变化。只有这样，农村剩余劳动力向城市转移才会真正完成，我国农村人口城市化目标才能实现。

启示之四：在城市现代大工业没有建立时，发展乡村工业，缓解劳动力向城市转移超快造成的就业压力，为劳动力向城市转移准备条件

工业化和城市化进程有时难以同步。如果工业化落后于城市化，显然，转移到城市的劳动力寻求不到足够的就业岗位而无法实现充分就业，导致失业率上升，闲置的劳动力可能会做出偷窃、抢劫等扰乱社会治安的犯罪行为，甚而酿成严重的社会问题。这正是许多发展中国家城市化过程中面临的问题。当然，如果工业化发展速度超过城市化，劳动力资源不足也会限制经济高速、良性发展，最后在一定程度上遏制了城市化发展进程。因此，劳动力向非农产业和城市的转移有时会带来矛盾，工业化和城市化严重失去平衡时会带来一系列社会问题，科学地解决这对矛盾就会加速和促进我国城市化事业健康、快速发展。英国作为“原生型”工业化国家，给我们提供了一个解决工业化和城市化“错位”问题的方法和视角。众所周知，英国在工业化发生前经历了一个“原工业普遍发展”时期。16、17 世纪，从农业转移出来的大部分剩余劳动力在当地建立大量“茅屋工业”、“乡村工业”，从事纺织、编织、服装、酿酒、粮食加工、皮革制作、冶铁、采煤、铁器制作、制盐等各种工业活动。②

---

① 肖桂云：《农村社会学》，北京，中国社会出版社，2001 年，第 177 页。

② 〔德〕彼得·克里德特等：《工业化前的工业化——资本主义起源中的乡村工业》，剑桥大学出版社，1981 年，第 142 页。

经济史家曼德尔斯称之为“原工业化”时期，彼得·克里德特则将之比为“工业化前的工业化”。[①] 不论称谓有何不同，均表明这一时期除种植业外，农村工业有了长足的发展和进步，农村经济产业结构发生了较大变化。原工业的发展不仅解决农村剩余劳动力就业问题，而且利用廉价、丰富劳动力开发了当地自然资源，使得这些农业地区成长为连接农村和大城市的小城镇。此外，原工业的出现在农村人口向城市流动过程中增加了一个“中转站”，分流了农村社区涌出的大量失业、半失业等剩余劳动力，从而缓解了大城市人口的就业压力，使得城市经济能够健康、稳定发展，可谓一举多得。这样一来，原工业的发展为下一个世纪的工业革命做了先期准备工作，为城市化健康、稳定进行创造了条件。

在我国的城市化发展进程中，工业化和城市化发展不同步的矛盾也很突出，工业吸收就业人员的有限性已经成为制约城市化发展的“瓶颈”，这种状况在全国许多城市不同程度存在，在工业发展薄弱地区尤其如此。具体说来，我们国家虽然某些地区工业较发达，但多数地区工业发展水平较低，其中中西部地区民营经济和外资企业很少，而东北地区重工业比重大、效益低，面向市场转轨难。简言之，我国工业发展水平参差不齐，少数现代工业像电子、信息等朝阳产业同一大批亟待改造的旧工业、老工业并存，工业总体上处于低水平阶段。因而，这种低水平工业吸收就业人口有限，现有的城市劳动力一部分尚需“下岗再就业”，在这种情况下，绝大部分工矿企业很难为外来农村劳动力提供大量就业岗位，同时吸收大量资金改造老工业、扩建或新建工矿企业亦需时日。工业对劳动力需求增加有限的局面在短期内难以改观，相应的，工业对农村人口的“拉力”减弱，农村富余劳动力向城市迁移和流动进程虽不会就此终止，势必将减缓势头。我国城市化正处于关键阶段，大江南北涌动的“民工潮”表明工业发展已经落后于城市化，解决不好就会带来一些棘手的社会问题，拖城市化的后腿。我们不妨借鉴英国，扶持农民发展乡村工业。而实际上，我国南方一些省份农村劳动力转移已经走上发展“乡村工业”之路，并正在这条道路上行进。这就是改革开放以来在全国各地涌现的“乡镇企业”。“苏南模式”、“温州模式”、“珠江模式”、“胶东模式”等遍地开花，在吸收农村剩余劳动力方面同数百年前英国的“原工业”有异曲同工之美。有的学者甚至认为，乡镇工业的发

---

① 吴于廑：《15、16世纪东西方历史初学集（续编）》，武汉，武汉大学出版社，1990年，第10页。

展在一定程度上将打破原有的城乡“二元经济结构”，形成“三元经济结构”，有利于形成良性的城乡关系。① 我们相信，乡镇企业的发展不仅会改写中国农村“以农为本，以粮为纲”的历史，还预示了一个农村劳动力转移——城市化的崭新前景。

启示之五：在劳动力转移过程中，中央和地方各级政府应建立相应的社会保障措施，维持社会稳定，降低劳动力转移造成的社会成本

在农村人口向城镇流动问题上，政府所持立场非常重要。无论积极或消极态度，都会对劳动力转移与城市化进程产生重要影响。例如，英国在16、17世纪及18世纪早期，落后的老式工业行将日暮，而新式大工业还未诞生，土地贵族却展开野蛮的“圈地运动”，用暴力剥夺农民的土地生产资料，强行驱使大部分农村劳动力向城市迁移。② 由于城市经济并未发生飞跃发展，传统旧式工业提供的就业机会十分有限。结果，涌入城市的大部分农村移民变成流浪街头的乞丐和流民，给城市社会治安带来隐忧。为维持社会秩序，政府颁布“血腥法令”，以烙铁、皮鞭和绞刑架来对待他们。这是英国农村劳动力转移史上最为悲惨的一页：农民们被驱逐出传统职业，却没有新行业来接纳他们。而这一切原本是可以避免的：假如政府禁止贵族地主的“圈地”行为，大量农民也许不必背井离乡、离开赖以生存的土地去城市谋生；假如政府不颁布“血腥法令”，农民们也许不会在流离失所之际又被套上枷锁，诬之以“小偷、懒汉和强盗”等社会治安破坏分子的恶名；假如政府为失业的劳动人员提供失业补助、养老救济……但是，地主贵族政权的阶级本质决定了这些“假如”不可能变为现实。结果，随着圈地运动发生，大量流民充斥城镇，骚乱、失业、疫病和各种犯罪活动加剧了城市社会的紧张动荡。当然，英国政府也对贫民进行了简单的救济和安抚。1601年颁布的《伊丽莎白济贫法》，以立法形式救济贫民，并强制他们进行社会劳动。但早期的社会保障政策主要目的是出于控制下层民众、防范穷人危害统治阶级利益，因此以惩罚为主，基本上是一个反流民、反乞丐政策。③

---

① 赵勇：《城乡良性互动战略》，北京，商务印书馆，2004年，第148页。

② 陈曦文：《英国16世纪经济变革和政策研究》，北京，首都师范大学出版社，1995年，第28页；王乃耀：《英国早期圈地运动》，《北京师范学院学报》1989年第1期，第66页。

③ 姜守明：《英国前工业社会的贫困问题和社会控制》，《史学月刊》1997年第2期，第77页。

这是英国劳动力转移史上的历史教训，给后人以警示。因为，第一，劳动力转移本质上是一个不以人意志为转移的经济过程，而非暴力过程；人为干预应当建立在尊重经济规律基础上，促进农村劳动力“合理有序流动”，促进农村和城市产业结构调整。第二，在大工业未成长、发展和壮大以前，用暴力手段驱动劳动力向城市转移，非但不会加速城市化反而会给城市发展带来负担。第三，在农村剩余劳动力大量涌入城镇、城市经济难以吸纳众多就业人员的情况下，政府应当建立失业救济、养老保险、劳动技能培训和医疗服务等一套系统的社会保障体系，降低农村移民过多对城市经济造成的冲击，从而减少劳动力转移带来的负面效应，将城市化的社会成本降到最低限度。只有建立、健全社会保障体系，保障城市化快速进行中农村移民等社会弱势群体的基本权利，保障他们的最低生活需求，才能发挥社会“稳定器”作用，才能引导农村劳动力合理有序流动，才能推动我国的城市化建设。社会主义国家是劳动人民当家作主的国家，有能力做到这一点，更有义务做好这一点。

以上是英国劳动力转移对我国城市化进程的几点启示，从中可看出劳动力转移涉及农村和城市、农业和工业、中央和地方以及团体和个人等多个方面，是一个复杂的系统工程。劳动力转移的顺利进行和城市化的完成，需要方方面面的支持和配合。当然，英国劳动力转移有其特殊之处，其中的经验、教训并非完全适合中国国情，样样照搬并不可取，但他山之石，可以攻玉，了解英国劳动力转移与城市化的历史，对于我国的劳动力转移与城市化建设事业不无裨益。

参考文献

（以下是文中引用的主要参考文献，一些相关中外文著作，尤其是论文限于篇幅未列其中，有兴趣读者可参阅文中脚注，敬祈见谅）

中文部分

1.《马克思恩格斯选集》（1~4卷），北京，人民出版社，2006年。

2. 侯建新：《现代化第一基石——农民个人力量与中世纪晚期社会变迁》，天津，天津社会科学出版社，1991年。

3. 侯建新：《农民、市场与社会变迁：冀中11村透视并与英国乡村比较》，北京，社会科学文献出版社，2002年。

4. 侯建新：《社会转型期的西欧与中国》（第二版），北京，高等教育出版社，2005年。

5. 刘景华：《西欧中世纪城市新论》，长沙，湖南人民出版社，2000年。

6. 刘景华：《城市转型与英国的勃兴》，北京，中国纺织出版社，1994年。

7. 刘景华：《走向重商时代——社会转折中的西欧商人和城市》，北京，中国社会科学出版社，2007年。

8. 刘新成：《英国都铎王朝议会研究》，北京，首都师范大学出版社，1995年。

9. 王章辉、黄柯可：《欧美农村劳动力的转移与城市化》，北京，社会科学文献出版社，1999年。

10. 王渊明：《历史视野中的人口与现代化》，杭州，浙江人民出版社，1995年。

11. 王晋新：《15~17世纪中英两国农村经济比较研究》，长春，东北师范大学出版社，1996年。

12. 王觉非：《近代英国史》，南京，南京大学出版社，1997年。

13. 钟水映：《人口流动与社会经济发展》，武汉，武汉大学出版社，2000年。

14. 陈曦文：《英国16世纪经济变革与政策研究》，北京，首都师范大学出版社，1995年。

15. 郭方：《英国近代国家的形成——16世纪英国国家机构与职能的变革》，北京，商务印书馆，2007年。

16. 沈汉：《西方社会结构的演变——从中古到20世纪》，珠海，珠海出版社，1998年。

17. 沈汉：《英国土地制度史》，上海，学林出版社，2005年。

18. 程汉大：《英国法制史》，济南，齐鲁书社，2001年。

19. 金志霖：《英国行会史》，上海，上海社会科学院出版社，1996年。

20. 蒋孟引：《英国史》，北京，中国社会科学出版社，1988年。

21. 徐浩：《农民经济的历史变迁——中英乡村社会区域发展比较》，北京，社会科学文献出版社，2002年。

22. 徐浩：《18世纪的中国与世界（农民卷）》，沈阳，辽海出版社，1999年。

23. 张卫良：《英国社会的商业化进程——1500~1750》，北京，人民出版社，2004年。

24. 王加丰、张卫良：《西欧原工业化的兴起》，北京，中国社会科学出版社，2004年。

25. 赵文洪：《私人财产权利体系的发展——西方市场经济和资本主义起源问题研究》，北京，中国社会科学出版社，1998年。

26. 钱乘旦、陈晓律：《在传统与变革之间——英国文化模式溯源》，杭州，浙江人民出版社，1994年。

27. 何兹全：《中国古代社会》，北京，北京师范大学出版社，2007年。

28. 吴于廑：《吴于廑文选》，武汉，武汉大学出版社，2007年。

29. 吴于廑：《15、16世纪东西方历史初学集（续编）》，武汉，武汉大学出版社，1990年。

30. 周谷城：《周谷城学术论著自选集》，北京，北京师范学院出版社，1992年。

31. 朱寰：《亚欧封建经济形态比较研究》，长春，东北师范大学出版社，1996年。

32. 马克垚：《西欧封建经济形态研究》，北京，人民出版社，1985年。

33. 马克垚：《英国封建社会研究》，北京，北京大学出版社，1992年。

34.〔美〕斯塔夫里亚诺斯：《全球分裂——第三世界的历史进程(上册)》，迟越等译，北京，商务印书馆，1993 年。

35.〔美〕詹姆斯·W. 汤普逊：《中世纪经济社会史》（上、下册)，耿淡如译，北京，商务印书馆，1997 年。

36.〔美〕詹姆斯·W. 汤普逊：《中世纪晚期欧洲经济社会史》，徐家玲等译，北京，商务印书馆，1996 年。

37.〔英〕亚当·斯密：《国民财富的性质和原因的研究》上册，郭大力、王亚南译，北京，商务印书馆，1979 年。

38.〔比利时〕亨利·皮雷纳：《中世纪的城市》，陈国梁译，北京，商务印书馆，1985 年。

39.〔意〕卡洛·M. 奇波拉：《欧洲经济史》第 1 卷，徐璇译，北京，商务印书馆，1988 年。

40.〔法〕泰格、利维：《法律与资本主义的兴起》，纪琨译，上海，学林出版社，1996 年。

41.〔英〕约翰·克拉潘：《简明不列颠经济史——从最早时期到一七五〇年》，范定九、王祖廉译，上海，上海译文出版社，1980 年。

42.〔法〕保尔·芒图：《十八世纪产业革命——英国近代大工业初期的概况》，杨人楩、陈希秦等译，北京，商务印书馆，1983 年。

43.〔美〕道格拉斯·诺斯：《西方世界的兴起》，厉以平等译，北京，华夏出版社，1999 年。

44.〔法〕费尔南·布罗代尔：《15 ~18 世纪的物质文明、经济和资本主义》，顾良译，北京，生活·读书·新知三联书店，1996 年，第 1 ~3 卷。

45.〔比利时〕亨利·皮朗：《中世纪欧洲经济社会史》，乐文译，上海，上海人民出版社，2001 年。

英文部分

46. Hilton, R. H., 1976: *The English Peasantry in the Later Middle Ages*, Oxford: Oxford University Press.

47. Macfarlane, Alan, 1978: *The Origins of English Individualism: The Family Property and Social Transition*, Oxford: Wiley - Blackwell.

48. Hatcher, J., 1984: *Plague, Population and the English Economy 1348 - 1530*, Macmillan Publishers LTD.

49. Chambers, J. D., 1972: *Population, Economy, and Society in Pre*

–industrial England, Oxford University Press.

50. Harrison, J. F. C., 1984: *The Common People: A History from the Norman Conquest to the Present*, Fontana Press.

51. Bennet, H. S., 1956: *Life on the English Manor: A Study of Peasant Conditions*, Cambridge University Press.

52. Peter Kriedte, Hans Medick, Jurgen Schlumbohm, 1981: *Industrialization before Industrialization: Rural Industry in the Genesis of Capitalism*, Cambridge University Press.

53. Thirsk, J., 1967: *The Agrarian History of England and Wales 1042–1350, Vol. 2*, Cambridge University Press.

54. A. R. Bridbury, 1977: "England before the Black Death", Second Series, *Economic History Review*, Vol. 30, No. 3.

55. R. H. Hilton, 1983: *The Decline of Serfdom in Medieval England*, Macmillan Press LTD.

56. Miller, E., 1980: *Medieval England: Rural Society and Economic Changes 1086–1348*, Longman Group Limited.

57. Huggett, F. E., 1975: *The Land Question and European Society*, London: Thames and Hudson Ltd.

58. Raftis, J. A., 1997: *Peasant Economic Development within the English Manorial System*, Sutton Publishing.

59. Alan Dyer, 1995: *Decline and Growth in English Towns 1400–1640*, Cambridge University Press.

60. Martin, J. E., 1983: *Feudalism to Capitalism: Peasant and Lord in English Agrarian Development*, Macmillan Press.

61. Susan Reynolds, 1982: *An Introduction to the History of English Medieval Towns*, Oxford University Press.

62. J. M. W. Bean, 1962/3: "Plague, Population and Economic Decline in England in the Later Middle Ages", *Economic History Review*, No. 15.

63. E. A. Wrigley, 1992: *People, Cities and Wealth: The Transformation of Traditional Society*, Blackwell.

64. Robert S. Duplessis, 1997: *Transitions to Capitalism in Early Modern Europe*, Cambridge University Press.

65. Lawrence Stone, 1966: "Social Mobility in England, 1500–1700", *Past and Present*, No. 33.

66. Peter Kriedte, 1983: *Peasants, Landlords and Merchant Capitalists, Europe and the World Economy, 1500 – 1800*, Cambridge University Press.

67. Penry Williams, 1964: *Life in the Tudor England*, New York: G. P. Putnam's Sons.

68. Joan Thirsk, 1984: *The Rural Economy of England Collected Essays*, The Hambledon Press.

69. Hammond, J. L., 1948: *The Village Labourer*, London: Guild Books.

70. K. D. M. Snell, 1985: *Annals of the Laboring Poor—Social Change and Agrarian England, 1660 – 1900*, Cambridge University Press.

71. R. H. Hilton, 1992: *English and French Towns in the Feudal Society*, Cambridge University Press.

72. Paul E. Szarmach, M. Teresa Tavormina, Joel T. Rosenthal, 1998: *Medieval England: An Encyclopedia*, New York & London: Garland Publishing, Inc.

73. T. H. Aston and C. H. E. Phlipin, 1987: *The Brenner Debate: Agrarian Class Structure and Economic Development in Pre – industrial Europe*, Cambridge University Press.

74. Phillipp R. Schofield, *Peasants and Community in Medieval England, 1200 – 1500*, Palgrave Macmillan, 2003.

75. Christopher Dyer, 2005: *An Age of Transition? Economy and Society in England in the Later Middle Ages*, Oxford: Clarendon Press.

76. Joan Thirsk, 1990: *Agricultural Change: Policy and Practice, 1500 – 1750*, Cambridge University Press.

77. Peter Clark and Paul Slack, 1979: *English Towns in Transition 1500 – 1700*, Oxford University Press.

78. Jean Baechler, *The Origins of Capitalism*, translated by Barry Cooper, New York: St. Martin Press.

79. G. E. Mingay, 1979: *Enclosure and the Small Farmer in the Age of the Industrial Revolution*, Macmillan Press.

80. L. F. Salzmann, 1913: *English Industries of the Middle Ages: Being an Introduction to the Industrial History of Medieval England*, London: Constable and Company LTD.

81. Edward Miller and John Hatcher, 1995: *Medieval England: Towns,*

Commerce and Crafts 1086 - 1348, London and New York: Longman.

82. Elisabeth Crowfoot, Frances Pritchard and Kay Staniland, 1992: *Textiles and Clothing: c. 1150 - c. 1450*, London: HMSO.

83. Sybil M. Jack, 1977: *Trade and Industry in Tudor and Stuart England*, London: George Allen & Unwin LTD.

84. Michael Zell, 2004: *Industry in the Countryside, Wealden Society in the Sixteenth Century*, Cambridge University Press.

85. Anne Digby and Charles Feinstein, 1989: *New Directions in Economic and Social History*, Macmillan Press.

86. Jan De Vries, 1984: *European Urbanization 1500 - 1800*, Harvard University Press.

87. Paul M. Hohenberg, 1985: *The Making of Urban Europe 1000 - 1950*, Massachusetts: Harvard University Press.

88. David Nicholas, 2003: *Urban Europe, 1100 - 1700*, New York: Palgrave Macmillan.

89. C. A. Clay, 1984: *Economic Expansion and Social Change: England 1500 - 1700, Volume I*, Cambridge University Press.

90. R. A. Houston, 1995: *The Population History of Britain and Ireland 1500 - 1750*, Cambridge University Press.

91. D. M. Palliser, 2000: *The Cambridge Urban History of Britain, 600 - 1540, Volume I*, Cambridge University Press.

92. Peter Clark, 2000: *The Cambridge Urban History of Britain, 1540 - 1840, Volume II*, Cambridge University Press.

93. R. H. Tawney and Eileen Power, 1953: *Tudor Economic Documents: Being Select Documents Illustrating the Economic and Social History of Tudor England, Volume Three: Pamphlets, Memoranda, and Literary Extracts*, London: Longman.

94. R. H. Tawney and Eileen Power, 1953: *Tudor Economic Documents: Being Select Documents Illustrating the Economic and Social History of Tudor England, Volume Two: Commerce, Finance and the Poor Law*, London: Longman.

95. Harry Rothwell, 1975: *English Historical Documents, 1189 - 1327*, London: Eyre & Spottiswoode.

96. A. R. Myers, 1969: *English Historical Documents, 1327 - 1485*,

London: Eyre & Spottiswoode.

97. C. H. Williams, 1967: *English Historical Documents, 1485 – 1558*, London: Eyre & Spottiswoode.

98. Andrew Browning, 1953: *English Historical Documents, 1660 – 1714*, London: Eyre & Spottiswoode.

99. H. E. S. Fisher and A. R. J. Jurica, 1977: *Documents in English Economic History, England from 1000 to 1760*, London: G. Bell & Sons Ltd.

后　记

拙著是在博士论文基础之上修改而成的。从2001年着手撰写，时至今日算来已十年整，也算得上“十年磨一剑”了。感谢我的导师侯建新先生，是他把我领进了英国史研究的学术殿堂，为我选择了“英国农村劳动力转移与城市化”，这一题目成为我日后十年研究的目标和努力的方向。作为国内著名的英国史专家，侯先生显然了解博士论文题目对于一个青年学人在成长道路上的重要性。惭愧的是，当然年轻稚气的我还同先生争辩，意图选择其他题目。现在想来，既是惭愧又是钦佩。在先生的鼓励、指引下，我在该问题上撰写了一系列的论文，并于2008年成功申请了国家社科基金后期资助项目，从而有机会对农村劳动力转移与城市化问题进一步深入研究。这部书稿即是项目的结项成果，也包含着先生的殷殷厚望。当然还有很多不足之处，我期待着专家和学者们的批评指正。

感谢答辩委员会主席朱寰先生、王敦书先生，他们的理解与宽容让我感受到老一辈学者的博大胸怀；感谢答辩委员王晋新教授、刘德斌教授、张广翔教授和王亚平老师，他们的宝贵建议使我看到了论文的不足和缺陷；感谢武汉大学陈勇教授，他的建议使本书减少了许多译名讹误。感谢我的朋友们——孙立田、赵文君、徐斌、王玉亮、李斌、袁柏顺和王存刚等诸位博士，他们陪我在天津师范大学度过了难忘的学习时光。

感谢我的爱人黄秋迪女士，十余年来她承担了绝大部分家务劳动，操劳父母和孩子，为我安心撰写书稿创造了条件。作为同行，她深深理解史学研究的艰辛，无怨无悔地支持我。这部书稿也凝聚着她的汗水和劳动。

感谢中央编译出版社侯天保编辑付出的辛勤劳动，在此致以谢意。

本书的研究还得到“黑龙江省普通高等院校青年学术骨干支持计划”（项目编号：1155G25）资助。

作者谨记

2011年3月5日

图书在版编目(CIP)数据

英国农村劳动力转移与城市化:中世纪盛期及近代早期/
谷延方著.—北京:中央编译出版社,2011.7
ISBN 978-7-5117-0931-8

Ⅰ.①英…
Ⅱ.①谷…
Ⅲ.①农村-劳动力转移-研究-英国-11世纪~18世纪
②农村-城市化-研究-英国-11世纪~18世纪
Ⅳ.①F356.133 ②F299.561.1

中国版本图书馆CIP数据核字(2011)第129928号

英国农村劳动力转移与城市化:中世纪盛期及近代早期

出 版 人 和 龑
策划编辑 贾宇琰
责任编辑 侯天保
责任印制 尹 珺
出版发行 中央编译出版社
地　　址 北京西城区车公庄大街乙5号鸿儒大厦B座(100044)
电　　话 (010)52612345(总编室) (010)52612341(编辑室)
(010)66161011(团购部) (010)52612332(网络销售)
(010)66130345(发行部) (010)66509618(读者服务部)
网　　址 www.cctpbook.com
经　　销 全国新华书店
印　　刷 北京中印联印务有限公司
开　　本 787毫米×960毫米 1/16
字　　数 334千字
印　　张 19.75
版　　次 2011年7月第1版第1次印刷
定　　价 58.00元